LE SYSTÈME STOÏCIEN
ET L'IDÉE DE TEMPS

DU MÊME AUTEUR

Le système stoïcien et l'idée de temps, 4e éd. revue et augmentée, Paris, Vrin, 1979.

Questions platoniciennes, Paris, Vrin, 1970.

Anthropologie et politique. Les principes du système de Rousseau, Paris, Vrin, 1974.

Le paradigme dans la doctrine platonicienne, Paris, P.U.F., 1947; 2e éd., Paris, Vrin, 1985; édition de poche, Paris, Vrin, 2003.

Essai sur le Cratyle. Contribution à l'histoire de la pensée de Platon, Paris, Champion, 1940; 2e éd., Paris, Vrin, 1981.

Les dialogues de Platon. Structure et méthode dialectique, 3e éd., Paris, P.U.F., 1971.

La doctrine d'Épicure et le droit, Paris, Vrin, 1977, 2002.

La religion de Platon, Paris, P.U.F., 1949.

Platonisme et pensée contemporaine, Paris, Aubier, 1970; Paris, Vrin, 1990.

Temps physique et temps tragique chez Aristote. Commentaire sur le Quatrième livre de la Physique *(10-14) et sur la* Poétique, Paris, Vrin, 1982.

Écrits:

– tome I: *Études de philosophie ancienne*, Paris, Vrin, 1984.

– tome II: *Études de philosophie moderne*, Paris, Vrin, 1984.

BIBLIOTHÈQUE D'HISTOIRE DE LA PHILOSOPHIE

LE SYSTÈME STOÏCIEN ET L'IDÉE DE TEMPS

par

Victor GOLDSCHMIDT

LIBRAIRIE PHILOSOPHIQUE J. VRIN
6, Place de la Sorbonne, V[e]
PARIS

Avertissement pour la deuxième édition

Cette édition reproduit, débarassé de ses erreurs typographiques, le texte de la première. Elle y ajoute quelques compléments bibliographiques et exégétiques. Pour ne pas toucher à la composition, on a placé ces *notes additionnelles* à la fin du volume; les endroits correspondants du texte ont été marqués d'un astérisque.

Imprimé en France

ISSN 0249-7972

ISBN 978-2-7116-0309-1

www.vrin.fr

AVANT-PROPOS

Ces études débordent le problème du temps chez les Stoïciens, sans toutefois viser à un exposé intégral de leur système. Elles se proposent uniquement d'établir que ce problème, en apparence modeste, permet d'éclairer, et même commande l'ensemble du système.

Au premier abord, en effet, la théorie du temps se présente comme une simple section d'un chapitre de la Physique, celui qui traite des Incorporels. Mais déjà la seule interprétation des quelques textes qui nous l'ont transmise, fait voir que cette théorie ne saurait, dans l'ensemble de la doctrine, être découpée comme à la hache ; elle tient étroitement à d'autres théories, comme celles des incorporels en général, des catégories, de la substance. Abordant ensuite les thèses majeures de la logique et de l'éthique, on s'aperçoit qu'à leur tour elles sont solidaires de la conception du temps qui, dans bien des cas, fait évanouir leur apparence de paradoxe. A cela même, il n'y a rien d'étrange, si l'on se souvient que le stoïcisme, plus que toute autre philosophie antique, constitue un système cohérent. Mais plus particulièrement, le problème du temps a dû former comme le nœud de la réflexion stoïcienne qui vise, contre les lourdes autorités de Platon et d'Aristote, à rétablir dans sa réalité et dans sa dignité, le concret, le sensible, disqualifié comme « sujet à la génération et à la corruption »[1], c'est-à-dire, en un mot, comme « l'être dans le temps ». Une telle tentative exigeait, et cela à tous les niveaux du système,

1. N'est « incorruptible et inengendré » que le feu originaire, c'est-à-dire, précisément, « l'artisan de l'ordre cosmique qui, à certaines périodes du temps, résout en lui-même l'ensemble de la substance, puis, à nouveau, l'engendre de lui-même » (Diog. Laërt., VII, 137). — Cf. plus loin, § 95.

non seulement une revalorisation, mais une totale refonte de l'idée même de temps.

Ces considérations, qui se sont imposées et vérifiées au cours d'une étude du stoïcisme, ne pouvaient pas être présupposées ici. Il était donc nécessaire de commenter d'abord la théorie du temps proprement dite et d'en dégager les implications et la portée. Il a paru suffisant, ensuite, d'en montrer l'intervention en matière de morale, à la fois parce que le stoïcisme se veut essentiellement une *ars uitae* et parce qu'en vertu même de la cohésion du système, la morale suppose (et oblige à envisager) les principales thèses de la logique et de la physique.

Dans le cadre ainsi défini, on s'efforcera avant tout de mettre en lumière cette sorte d'échange et presque d' « implication réciproque »[1] qui s'établit entre la théorie du temps et les autres *dogmes*. Dans ce sens, le livre est seulement une introduction au système dont il voudra montrer, au moins, que tout exposé d'ensemble devra s'appuyer sur l'idée de temps[2]. Il faut ajouter que cette idée même ne sera commentée exhaustivement que sur le point où les Stoïciens en ont formulé une théorie dogmatique. Mais on pourrait en étudier l'influence sur la conception de l'histoire, de la grammaire[3], de l'esthétique, et il faudrait surtout pousser beaucoup plus loin que nous n'avons voulu le faire, l'analyse du temps vécu et du temps moral ; les auteurs de l'époque impériale fourniraient à cet égard des matériaux abondants et de prix.

L'histoire du stoïcisme antique a duré cinq siècles, et il est bien certain qu'elle a eu ses variations. Peut-être même, si la transmission des textes était moins fragmentaire, devrait-on « ne plus considérer le stoïcisme comme un ensemble, mais s'efforcer de saisir chacune des personnalités » ; encore ne serait-ce que pour mieux comprendre, selon le critique même qui propose ce programme, « l'évolution de *la doctrine* »[4]. De fait, cette doctrine conserve, dans ses grandes

1. § 27.
2. §§ 26-28.
3. Voir p. ex. J. Humbert, *Syntaxe grecque*, Paris, 1945, § 181 ; et aussi, mais sous certaines réserves, M. Pohlenz, *Die Stoa*, Göttingen, 1948-49, t. I, p. 46 ; t. II, p. 27.
4. A. Gœdeckemeyer, préface à la 5ᵉ éd. de P. Barth, *Die Stoa*, Stuttgart, 1946 (c'est nous qui soulignons).

lignes, une constance certaine, qui avait déjà frappé les anciens et que les historiens contemporains retrouvent, non seulement dans la « pensée fondamentale » du stoïcisme[1], mais encore, avec les réserves requises, dans l'ensemble de « ce système, le plus synthétique sans doute qui ait jamais existé »[2]. — Cette constance se présente sous deux aspects. On la constate, tout d'abord, dans le contenu même de certains dogmes, à condition de choisir pour référence « l'ancien stoïcisme » et surtout, conformément à la tradition de l'Ecole, celui de Chrysippe. La théorie du temps, en particulier, se maintient, sans grand changement, de Zénon à Posidonius[3] ; Epictète et Marc-Aurèle ne lui témoignent plus un intérêt proprement spéculatif, mais leur philosophie la suppose et, en retour, l'éclaire en de nombreux points. C'est à cet accord fondamental qu'on s'est attaché, ici comme pour d'autres doctrines. Aussi bien, et sans nullement négliger les divergences, parfois considérables, d'un auteur à l'autre, fallait-il consulter les grands écrivains de l'époque impériale : Marc-Aurèle qui comprend et peut faire comprendre l'antique idéal, lors même qu'il en mesure toutes les difficultés ; Epictète, « dont on ne saurait trop recommander la lecture à qui veut comprendre l'ancien stoïcisme »[4]; enfin Sénèque, dont l'œuvre (et, malgré tout, la vie) reste un témoignage précieux ; il suffirait, pour l'interpréter, de surmonter les diverses préventions que la critique a rendues traditionnelles contre un auteur dont on se demande parfois si le principal tort, aux yeux des modernes, n'est pas de préfigurer, en ses moments de faiblesse, leur propre modernisme. *

A un autre point de vue, plus important, l'unité de la doctrine stoïcienne se manifeste dans « des directions générales de la pensée »[5], et cette remarque, étendue par E. Bréhier lui-même à toute autre philosophie[6], nous renvoie directement des *dogmes* à la *méthode*. — Ce n'est pas, en effet, d'elles-mêmes, prises en leur contenu matériel, que les différentes

1. Pohlenz, *loc. cit.*, t. I, p. 354.
2. E. Bréhier, *Chrysippe et l'ancien stoïcisme*, nouv. éd., Paris, 1951, p. 3.
3. Arius Didyme, *Epitome*, 26 (H. Diels, *Doxographi graeci*, p. 461).
4. E. Bréhier, *ap.* A. Virieux-Reymond, *La logique et l'épistémologie des stoïciens*, Chambéry, s.d., p. v.
5. E. Bréhier, *Chrysippe*, p. 1.
6. E. Bréhier, *La philosophie et son passé*, Paris, 1940, p. 41 : « Ce qui est essentiel dans une pensée philosophique, c'est une certaine structure. »

thèses d'une doctrine peuvent tirer leur justification et leur accord mutuel. Elles reçoivent l'une et l'autre de la méthode qui les engendre les unes après les autres et leur assigne à toutes leur place à l'intérieur du système. Cette méthode (non pas théorique, mais en acte) se révèle, de la manière la plus concrète, dans la structure des œuvres écrites, laquelle, à son tour, manifeste les structures fondamentales de la pensée génératrice, ses modes et voies de penser, c'est-à-dire, précisément, sa méthode. Et c'est même et surtout dans un système dogmatique, comme le stoïcisme, qu'il faut essayer de ressaisir ces structures de pensée, pour interpréter les dogmes proprement dits[1].

Nous avons esquissé ailleurs[2] cette méthode d'interprétation, déjà tentée dans un précédent ouvrage[3]. Il faut seulement ajouter que le mode de son application varie selon l'auteur étudié (et, en l'occurrence, devra tenir compte de notre information fragmentaire sur l'ancien stoïcisme et de l'intention protreptique du stoïcisme romain) ; il faut dire aussi, pour réserver l'avenir d'une méthode qui n'a guère encore eu le temps de se préciser en une tradition, que l'idée même de structure n'en doit indiquer que l'orientation fondamentale[4].

S'efforcer de comprendre les thèses d'une doctrine à la lumière de sa propre méthode, c'est s'interdire tout d'abord le facile succès de les critiquer. C'est une question de savoir où trouver, à l'encontre des grandes philosophies, une base légale pour la critique. Le moins douteux, c'est que tout

1. Cette méthode, telle qu'on la retrouve par exemple dans le IIIe livre du *de finibus* (cf. plus loin, p. 140, n. 3) ne doit pas être confondue avec les « arguments » (utilisés dans la discussion et la polémique) dont parle Chrysippe (Diog. Laërt., VII, 179)

2. *Temps historique et temps logique dans l'interprétation des systèmes philosophiques*, Actes du XIe Congrès international de philosophie (Bruxelles), Amsterdam-Louvain, 1953, t. XII, pp. 7-13.

3. *Les dialogues de Platon, structure et méthode dialectique*, Paris, 1947.

4. L'idée de structure n'est pas le titre pour une méthode universelle, d'application mécanique ; les recherches qui la prennent pour idée directrice peuvent se spécifier en plus d'une méthode et la réussite de celle-ci dépend, à chaque fois, de son exacte adaptation à l'auteur étudié, de sa rigueur interne jointe à une information intégrale, et enfin, il faut bien le dire (puisqu'il s'agit d'une méthode philosophique autant que scientifique), de celui même qui la manie. A quels résultats elle aboutit, toutes ces conditions réunies, on vient de le voir dans le premier tome du *Descartes selon l'ordre des raisons*. C'est là également qu'est annoncé un exposé théorique sur la méthode procédant par « l'analyse objective des structures de l'œuvre » (pp. 10-12). On connaît, en attendant, la *Leçon inaugurale* que MM. Gueroult a donnée, le 4 décembre 1951, au Collège de France *(Chaire d'histoire et technologie des systèmes philosophiques)*.

jugement suppose une instruction préalable. En ce qui concerne les Stoïciens, cette condition est difficilement remplie, quand on leur reproche, tour à tour, la banalité et le paradoxe, le sophisme et la ratiocination et, après Plutarque, les *repugnantia* ; mais la découverte de ceux-ci ne termine pas l'office de l'historien, elle ne fait que le requérir. De plus, les assertions stoïciennes, sur bien des points, nous sont connues surtout à travers les écrits et la polémique des adversaires, habiles à mettre de leur côté les rieurs et le sens commun ; à leur suite, l'interprète n'est que trop tenté de croire que ce sont là, surtout contre une philosophie des « notions communes », des instances ultimes.

Ce sont donc les textes[1] qu'il faudra essayer de commenter, plutôt que les critiques ou même les commentaires modernes. — En revanche, l'utilisation de certains textes non-stoïciens pourra être instructive et légitime, à des titres et à des degrés divers. On se référera, en premier lieu, aux philosophies antérieures, pour autant que les Stoïciens se sont opposés à elles, et dans la mesure où il n'est pas toujours aisé d' « expliquer sans situer »[2]. Il faut seulement reconnaître que si, de cette manière, on réussit à expliquer ce qu'on explique, on manque nécessairement d'expliquer ce par rapport à quoi l'on situe. L'imperfection, et même l'injustice, propre à toute comparaison entre deux systèmes philosophiques devra être acceptée comme une condition nécessaire ; c'est comme s'il y avait une loi de géométrie spirituelle qui interdirait de joindre deux centres, permettant seulement d'aller du centre du système étudié à un point périphérique du système comparé. Sans vouloir insister ici sur cette question de méthode, nous devons prévenir que toutes les références faites aux philosophies de Platon et d'Aristote se situent dans une perspective stoïcienne et, par là, sont très insuffisantes à l'égard de ces philosophies mêmes ; cela, en particulier, pour ce qui concerne le problème du temps chez les deux auteurs que nous étudierons dans un prochain tra-

1. Nous avons cru rendre service, surtout aux étudiants, en conservant un certain nombre de citations (originales ou traduites), même là où la démonstration n'eût exigé qu'une simple référence. Les fragments ont été traduits par nous ; la plupart des textes de l'époque romaine sont donnés d'après les versions classiques (coll. G.-Budé ou Garnier), auxquelles nous nous sommes permis d'apporter parfois des modifications, sans avoir cru devoir l'indiquer à chaque fois. ★

2. H. Gouhier, *L'histoire et sa philosophie*, Paris, 1952, p. 17.

vail. — Quant aux textes post-stoïciens, la comparaison, sous les mêmes réserves, portera, soit sur des thèmes de doctrine, soit sur des démarches de méthode. Malgré leur caractère fragmentaire, ces quelques parallèles pourraient indiquer au moins l'intérêt qu'il y aurait à examiner à nouveau, et du point de vue méthodologique aussi bien que doctrinal, le stoïcisme d'un Descartes, d'un Spinoza, d'un Kant et de certains auteurs plus récents. Notons enfin que ces comparaisons, comme d'ailleurs l'ensemble de l'enquête, s'attacheront moins au problème historique de l'évolution et des influences, qu'au problème philosophique des structures et, ici, des structures communes.

* Parmi les commentaires, nous aurons l'occasion de citer les principales études qui ont touché au sujet tel que nous l'avons conçu, chaque fois qu'un renvoi, une concordance ou une discussion nous paraîtront de nature à éclairer les sources. Plus fréquemment que d'autres, on rencontrera ici le nom d'Emile Bréhier. Ce n'est pas seulement parce que *La théorie des incorporels* a posé pour la première fois le problème du temps *dans l'ancien stoïcisme*. C'est parce que les travaux (*non multa*...) que Bréhier a consacrés au Portique contiennent une interprétation fondamentale et, à notre avis, décisive, de l'esprit même de cette philosophie. En cherchant sur tous les points qui pouvaient s'y prêter, l'accord ou la confrontation avec le grand historien, nous avons cru imposer à l'ouvrage une sorte d'épreuve, et voulu rendre hommage à la mémoire de notre maître.

Le livre reproduit partiellement un cours d'ensemble sur les Stoïciens, professé à l'Ecole Normale Supérieure de Sèvres, pendant l'année scolaire 1951-1952. Certaines de ses idées ont été soumises au public lors de deux conférences faites, l'une à l'Institut des Hautes Etudes de Belgique, en 1952, et l'autre, l'année précédente, au Collège philosophique. En accueillant ce livre dans la présente collection, M. Jean Wahl a bien voulu conserver à nos études stoïciennes le lieu d'expression qu'il leur avait accordé d'abord. Nous lui en exprimons ici tous nos remerciements. M. Maurice de Gandillac a accepté de lire les épreuves de l'ouvrage et nous a proposé plus d'une amélioration, dont les lecteurs, tout autant que l'auteur, lui seront reconnaissants.

PREMIÈRE PARTIE

La Théorie du temps et sa portée

A. *LA THÉORIE DU TEMPS*

CHAPITRE PREMIER : LA THÉORIE PHYSIQUE DU TEMPS

I. LES CATÉGORIES

1. Le « matérialisme » stoïcien a rejeté le temps, ainsi que l'*exprimable (lekton)*, le vide et le lieu, parmi les « incorporels »[1], c'est-à-dire parmi les êtres doués d'une moindre existence. Est-ce cependant une raison suffisante pour conclure d'une manière générale, avec Proclus : « (Les Stoïciens) ont placé le temps dans la simple pensée : il est sans consistance et tout près du non-être ? »[2]

Il n'est pas sûr, tout d'abord, que l'idée d'incorporel entraîne immédiatement et sans restriction celle de non-être. Sur ce point, on constate au contraire une hésitation apparente, ou plutôt un refus de précision, qui s'exprime surtout dans la théorie stoïcienne des catégories et plus particulièrement du « genre suprême ».

Le « genre suprême » est défini tantôt comme « l'étant » (or : « l'étant se dit seulement des corps »)[3], tantôt comme « le quelque chose » (qui englobe les corps et les incorporels)[4]. Mais cette seconde formule seule[5] donne l'expression

1. Sext., *adv. main.*, X, 218 (*S.V.F.*, éd. v. Arnim, II, 331).

2. « En effet », continue le texte, « le temps était l'un de leurs ' Incorporels ', qu'ils tenaient en mépris comme choses débiles, dépourvues d'être et n'existant que dans les simples pensées » (Proclus, *in Plat. Tim.*, 271 d = *S.V.F.*, II, 521).

3. Alex. d'Aphr., *Top*, 301, 19 Wall., *S.V.F.*, II, 329.

4. P. ex. Sext., *adv. math.*, X, 234.

5. La première formule ne se rencontre que dans deux textes : *a)* Diog. Laërt., VII, 61 : γενικώτατον δέ ἐστιν ὃ γένος ὂν γένος οὐκ ἔχει, οἷον τὸ ὄν. Le οἷον, sur lequel M. Pohlenz (*Die Stoa*, II, 37) appelle avec raison « l'attention », est fort remarquable ; s'il signifie : « par exemple » (emploi fréquent dans ce texte ; mais

exacte de la doctrine stoïcienne, et elle s'explique[1] précisément par le souci de ne pas abandonner entièrement les incorporels au « non-être ». Cette tentative d'inclure les corps et les incorporels (c'est-à-dire, en fin de compte, les êtres et les non-êtres) dans un même genre suprême (c'est-à-dire, depuis l'aristotélisme, dans un même « genre de l'être ») fut jugée sévèrement par les adversaires de l'École. « Ce *quelque chose* est incompréhensible », écrit Plotin, « et impossible à formuler ; il n'est pas possible qu'il convienne à la fois aux incorporels et aux corps... De plus, ce *quelque chose* est ou bien ce qui est ou bien ce qui n'est pas : s'il est ce qui est, il est donc une de ses espèces ; s'il est ce qui n'est pas, il en résulte que ce qui est est ce qui n'est pas. »[2] Cette objection, sans résoudre la question, contribue beaucoup à en préciser la portée ; une doctrine réputée « incompréhensible » par Plotin, mais affirmée par un Sénèque, pourtant si peu favorable à la *subtilitas*[3], a dû tenir au cœur du système ; on ne saurait l'expliquer comme une simple réplique à des polémiques[4], puisque c'est elle, au contraire, qui en provoquait.

l'on peut noter que la suite de la phrase porte, dans ce sens, ὥσπερ (ὁ Σωκράτης), un autre « exemple » pourrait être donné, c'est-à-dire, évidemment, le τί. L'expression produirait alors en pleine lumière l'ambiguïté de la doctrine, ou plutôt son effort de conciliation, car l'on ne conçoit pas d' « exemple » du genre suprême. — Mais l'on pourrait également donner à οἷον la nuance de ὡσανεί et, dans ce cas, la formule s'entendrait également des incorporels qui sont, précisément, des « quasi-êtres ».

b) Le second texte se trouve dans Sénèque, *Ep.*, 58 (*S.V.F.*, II, 332). Texte remarquable également, car, au § 13, Sénèque nous donne d'abord la thèse « orthodoxe » (cf. *S.V.F.*, II, 329, 333, 334, 371) ; après avoir mentionné le « quod est », il ajoute : « Stoïci uolunt superponere huic etiamnunc aliud genus magis principale », c'est-à-dire, le « quid » (§ 15 ; le « quibusdam » suivant ne restreint pas la portée du texte, cf. M. Pohlenz, *loc. cit.*). Mais c'est là une question de simple terminologie, car, même en adoptant le « quod est », il faut savoir qu'il se divise en corps et en incorporels : Ainsi le genre suprême est « Illud, cui nomen modo parum proprium inposuimus (renvoi au § 7), ' quod est '. Sic enim in species secabitur, ut dicamus : ' quod est ' aut corporale est aut incorporale » (§ 11). Et voici comment il rapporte la thèse orthodoxe : « In rerum, inquiunt, natura quaedam sunt, quaedam non sunt, et haec autem, quae non sunt, rerum natura complectitur, quae animo occurrunt » (15). — Autrement dit, le genre suprême englobe toujours les corps et les incorporels, peu importe, que ce genre même soit appelé : « quod est » (§ 11), ou « quid », ce « quid » étant immédiatement expliqué par « in rerum natura ».

1. M. Pohlenz, *loc. cit.* : « La doctrine même est la conséquence rendue nécessaire par l'admission des ἀσώματα, et n'est certainement seulement pas introduite par Antipater, comme le croit Schmekel, Posit. Philos., I, 621 sqq. »

2. Plotin, VI, I, 25, 6-10 (trad. E. Bréhier).

3. Sénèque, *Ep.* 58, 24.

4. Cf. n. 1. Le caractère tardif de la formule du τί a été affirmé d'abord par Ritter, et est repris par Zeller (*Phil. d. Gr.*, III, 1re sect., 5e éd., Leipzig, 1923, p. 94, n. 2).

2. C'est peut-être un texte d'Alexandre d'Aphrodise, qui nous permettra de mieux voir le sens de la formule stoïcienne. Comme Plotin, le commentateur d'Aristote dénonce l'ambiguïté du *quelque chose* ; car, dit-il, « s'il est *quelque chose*, il est évident qu'il *est* aussi »[1]. L'aristotélisme de cette critique nous ramène aux origines de cette thèse même contre laquelle il est, ici, invoqué.

Il est difficile, en effet, de ne pas reconnaître dans ces deux termes stoïciens, le τί et le ὄν, une décomposition de la formule aristotélicienne de l'οὐσία, du τί ἐστιν[2]. Cette formule elle-même présente un sens antiplatonicien très précis : elle joint en une unité le sujet et son attribut ; c'est donc proprement : l'essence existante ou l'existant dans son essence ; cet existant, ce sujet, étant une chose concrète. Que si, avec les partisans des Idées, on détache l'essence de son sujet sensible, ce sera, en effet, l'essence, et non plus le sujet, qu'il faudra appeler *substance*. Mais il en résulte qu'une telle substance, uniquement placée dans l'essence, aura besoin, pour *être*, de « participer » au sujet sensible ; ainsi se trouve renversé le platonisme, à l'aide de sa propre terminologie[3]. — Pour Platon, en revanche, aucune chose concrète n'*est* pleinement, parce qu'aucune n'est véritablement *l'essence* dont elle reçoit, dont elle « usurpe »[4] la qualité. Initialement, l'essence ne nous est donnée[5] que sous forme de qualité. En face d'un jugement concret, tel que : « Charmide est sage », tout l'effort philosophique consiste à détacher l'attribut du sujet et à en faire le sujet d'un

1. Alex. Aphr., *Top.*, 301, 19, Wall., *S.V.F.*, II, 329 : Δεικνύοις ἂν ὅτι μὴ καλῶς τὸ τὶ οἱ ἀπὸ τῆς Στοᾶς γένος τοῦ ὄντος τίθενται · εἰ γὰρ τί, δῆλον ὅτι καὶ ὄν.

2. Au sens où le τί ἐστιν, au lieu de signifier simplement le *genre*, est l'équivalent du τὸ τί ἦν εἶναι (cf. J.-A. Stewart, *Notes on the Nicomachean Ethics*, Oxford. 1892 ; *ad* X, 4, 1174a 13, et I, 7, 1098a 31, t. I, p. 108 sqq.)— Voir J.-M. Le Blond, *Logique et méthode chez Aristote*. Paris, 1939, p. 173 sqq.

3. *Métaph.*, Z, 6, 1031 b 15-18 : « Ἅμα δὲ δῆλον, καὶ ὅτι εἴπερ εἰσιν αἱ ἰδέαι οἵας τινές φασιν, οὐκ ἔστι τὸ ὑποκείμενον οὐσία· ταύτας γὰρ οὐσίας μὲν ἀναγκαῖον εἶναι, μὴ καθ'ὑποκειμένου δέ. Ἔσονται γὰρ κατὰ μέθεξιν. La force de l'argumentation nous semble affaiblie, si l'on donne à *participer*, ainsi que le préfère Sir David Ross, un sens passif ; mais le sens de la réfutation reste le même, puisque Platon « n'admettrait pas », ajoute le commentateur, « que (les Idées) existent uniquement parce qu'elles sont participées par (un substratum particulier) » ; *Aristotle's Metaphysics*, t. II, Oxford, 1948, p. 178, *ad loc.* ★

4. *Phéd.*, 99 b 5 ἀλλοτρίῳ ὀνόματι προσχρώμενοι.

5. *Lettre VII*, 343 b8-c 3 : Δυοῖν ὄντοιν, τοῦ τε ὄντος καὶ τοῦ ποιοῦ τινος, οὐ τὸ ποιόν τι, τὸ δὲ τί, ζητούσης τῆς ψυχῆς, τὸ μὴ ζητούμενον ἕκαστον τῶν τεττάρων (c'est-à-dire : nom, définition, image, science) προτεῖνον τῇ ψυχῇ λόγῳ τε καὶ κατ'ἔργα.

autre jugement, « essentiel » celui-ci, où la qualité, libérée de son support sensible, soit rétablie dans son autonomie plénière (αὐτὸ καθ' αὑτό) ; et c'est à un tel sujet, qui se pose en vertu de sa seule essence, qu'il convient d'attribuer « l'être »[1]. En sorte que le « donné » du jugement concret subit deux transformations : une purification qui va de la qualité à l'essence et, parallèlement et conjointement, une stabilisation qui va de l'existence à l'être[2]. — Autrement dit : pour Aristote, l'être actuel a un « caractère irrémédiablement 'donné' »[3], et donné dans et par sa détermination essentielle ; pour Platon, cette détermination signifie simplement la limitation et la mutilation de l'essence : il faut donc poser l'essence comme déterminée, comme définie uniquement par elle-même (non par le sujet concret qui ne peut la recevoir entièrement)[4], et c'est à elle seule que l'être peut s'attribuer, un être, non plus du tout « donné », mais (pour parler le langage du réalisme aristotélico-stoïcien) seulement « pensé ».

3. En plaçant la réalité dans les corps, les Stoïciens s'accordent donc avec l'aristotélisme ou, du moins, avec l'une de ses « tendances »[5]. Ils vont même jusqu'au bout de cette tendance et, par là, dissipent décidément l'ambiguïté propre à l'*ousia* aristotélicienne, hésitant entre la réalité et l'intelligibilité, la matière et la forme. Peut-être, d'ailleurs, Aristote lui-même avait-il déjà indiqué un moyen de lever la difficulté, disant : « Ce sont les *espèces* dernières qui sont substance, et elles sont indivisibles en d'autres espèces, par exemple Socrate ou Coriscus. »[6] S'il faut interpréter cette phrase à la lettre[7], il y aurait là un véritable « *universel indi-*

1. *Phéd.*, 75 d 2 : περὶ ἁπάντων οἷς ἐπισφραγιζόμεθα τὸ « αὐτὸ ὃ ἔστι ».
2. Un des problèmes que pose l'interprétation du *Parménide* provient précisément de l'emploi du mot *ousia*, signifiant, tantôt l'existence (des sensibles), tantôt l'être (des Formes).
3. E. Gilson, *L'Etre et l'Essence*, Paris, 1948, p. 51.
4. Cf. *La Religion de Pl.*, p. 48.
5. « L'ontologie d'Aristote est donc sollicitée par deux tendances opposées ; celle, toute spontanée, qui lui fait situer le réel dans l'individuel concret et celle, héritée de Platon, qui l'invite à le situer dans la stabilité intelligible d'une essence une, qui reste toujours identique à elle-même malgré la pluralité des individus » (E. Gilson, *loc. cit.*, p. 56).
6. *De part. anim.*, I, 4, 640 a 23-25.
7. *Contra*, J.-M. Le Blond, *Aristote, Philosophie de la Vie*, Paris, 1945, p. 178, n. 127.

vidualisé », une « individualité ' formelle ' »[1]. De toute manière, cette solution apportée au problème de la substance ne jouerait qu'en faveur de la réalité humaine (et non pas, par exemple, à l'égard des plantes et des bêtes)[2], et même dans ce domaine restreint, elle ne pourrait intervenir que parce que, ici, un des termes de l'énoncé du problème est modifié : la place de la *forme*, dans le composé humain, étant tenue par l'âme[3]. — Mais quelles que soient, dans l'aristotélisme, la valeur et la portée de cette solution, tout se passe comme si, dans le stoïcisme, elle était généralisée et rendue entièrement cohérente. La substance stoïcienne est l'être concret, à la formation duquel concourent une matière et une qualité déterminante (τὸ ἰδίως ποιόν). A partir de l'opposition : matière-forme, on pourrait dire que, de la matière, la substance tire sa matérialité et sa réalité ; de la forme, son information et son individualité. Mais cette explication dualiste méconnaîtrait l'unité profonde des deux éléments. De fait, la matière stoïcienne a besoin, pour être pleinement réelle, d'être tirée de son engourdissement, de son « inertie »[4], par la qualité qui la détermine ; d'ailleurs, c'est toujours à une matière qualifiée, individualisée, que nous avons affaire ; ainsi, dans un même contexte, Chrysippe emploie indifféremment *substrat* (ὑποκείμενον) et *essence* (οὐσία)[5], et Posidonius nous dit qu' « entre l'essence qui existe réellement et la matière, il n'y a qu'une distinction de raison. »[6] A l'inverse, la « qualité individualisante » est,

1. L. Robin, *Aristote*, Paris, 1944, pp. 96 sq.

2. « En ce qui concerne plantes et animaux autres que l'homme, il n'y a pas lieu de considérer *autrement qu'en général* chaque espèce d'âme de plante ou de bête » (*Id.*, *ibid.*, p. 96).

3. Aussi, à la théorie aristotélicienne de la forme, sera-t-on obligé de substituer, ici, une doctrine spiritualiste ; voici, en effet, où aboutit l'interprétation de L. Robin : « Dès lors, peut-être n'est-il pas téméraire de supposer que, de même qu'il y a une hiérarchie de natures et d'âmes, envisagées dans leur diversité *spécifique* en tant que moteurs immanents de leurs corps respectifs, il y a aussi une hiérarchie des esprits jusqu'à Dieu, moteur immobile et transcendant, c'est-à-dire une hiérarchie des âmes individuelles humaines » (*Ibid.*, p. 97).

4. Sénèque, *Ep.*, 65, 2 : « Materia iacet iners, res ad omnia parata, cessatura, si nemo moueat. »

5. Philon, *de aetern. mund.* (*S.V.F.*, II, 397) : il est impossible que deux ἰδίως ποιοί (mss) s'appliquent à la même οὐσία et, plus loin, περὶ τὸ αὐτὸ ὑποκείμενον.

6. Arius Did., 20 (*Dox. Gr.*, 458, 8-11) : Ἔφησε δὲ ὁ Ποσειδώνιος τὴν τῶν ὅλων οὐσίαν καὶ ὕλην ἄποιον καὶ ἄμορφον εἶναι, καθ'ὅσον οὐδὲν ἀποτεταγμένον ἴδιον ἔχει σχῆμα οὐδὲ ποιότητα καθ'αὑτήν · ἀεὶ δ'ἔν τινι σχήματι καὶ ποιότητι εἶναι. Διαφέρειν δὲ τὴν οὐσίαν τῆς ὕλης τὴν οὖσαν κατὰ τὴν ὑπόστασιν ἐπινοίᾳ μόνον. ★

elle aussi, corporelle[1], donc réelle ; principe actif et « pneumatique »[2], elle remplit pour chacun des êtres la fonction que, dans le composé humain, Aristote aurait attribuée à l'âme.

Ainsi, le réalisme stoïcien dépasse entièrement le dualisme entre matière et forme. Comme plus tard chez Spinoza[3], substance et attribut sont identifiés ; l'*ousia* dont Posidonius dit qu'elle « existe en réalité », est indissolublement et identiquement, *essence* et *être*. Mais après avoir, plus décidément qu'Aristote, « corporalisé » la *forme* platonicienne et, pour ainsi dire, l'avoir « incarnée », les Stoïciens sont d'autant plus libres pour faire ouvertement sa part au platonisme. Les incorporels et les « pensées » (or : « Les idées » platoniciennes ne « sont » que « nos pensées »)[4] jouissent d'un statut de quasi-existence[5]. C'est ce que signifie le genre suprême, le « quelque chose », englobant aussi bien les corps que les incorporels. Ce τί, dont on ne peut dire qu'il *est*, qui n'est pas une substance, mais un simple ἐννόημα[6], apparaît bien comme le τί aristotélicien, coupé de son ἐστι (coupure « incorrecte », on l'a vu, au jugement d'Alexandre)[7] et, d'une manière plus lointaine, comme l'essence platonicienne, réduite à la « simple pensée ». Le παντελῶς ὄν[8] de Platon est réalité suprême ; au delà de toute essence déterminée[9], il est à la fois plénitude d'essence et d'être. Symétriquement, le τί stoïcien est la pensée la plus vide ; en deçà de toute « quiddité », même simplement pensée, il est, à la fois dans son contenu et dans sa

1. Simpl., *Cat.* = *S.V.F*, II, 383 : « Les figures, ainsi que les autres qualités, sont des corps. »

2. Plut., *St. rep.*, 43, 1054 a (*S.V.F.*, II, 449) : τὰς δὲ ποιότητας πνεύματα οὔσας καὶ τόνους ἀερώδεις.

3. V. Delbos a montré que dans la formule : « Deus sive omnia Dei attributa », l'attribut a une « signification *substantive*, non *qualificative* » (*Le Spinozisme*[2], Paris, 1926, p. 36 ; cf. aussi p. 43).

4. Aët., I, 10, 5 (*Dox. Gr.*, 309, 9-10) : Οἱ ἀπὸ Ζήνωνος Στωϊκοὶ ἐννοήματα ἡμέτερα τὰς ἰδέας ἔφασαν. Cf. Galien, *hist. philos.*, 25 (*Dox. Gr.*, 615, 16).

5. Arius Did., 40 (*Dox. Gr.*, 472, 1-2) : Τὰ ἐννοήματα μήτε τινὰ εἶναι μήτε ποιά, ὡσανεὶ δὲ τινὰ καὶ ὡσανεὶ ποιὰ φαντάσματα ψυχῆς. Il est notable que τινά présente ici le sens de « substances » ; alors que le τί, comme ἐννόημα, englobe les corps et les incorporels.

6. Cf. aussi P. Couissin, *La critique du réalisme des concepts chez Sextus Empiricus. Rev. d'Hist. de la Philos.*, I, 4, 1927, p. 397.

7. Cf. p. 15, n. 1.

8. *Soph.*, 248 e.

9. Tel semble être le sens du fameux texte de *Rép.*, VI, 509 b, où cependant, comme on essaiera de le montrer ailleurs, οὐσία signifie également l'existence.

réalité, indétermination et virtualité pures. — Reste à savoir quelle démarche, à partir de là, nous permettra de rejoindre la substance concrète.

4. Cette pensée la plus vide ne tardera pas à se différencier, lors de sa division en incorporels et en corps et ceux-ci, à leur tour, se préciseront, dans la progression des catégories, à partir du substrat sans forme ni qualité, en des corps individualisés et pourvus de toutes les déterminations, même accidentelles et passagères, qu'ils tiennent, dans leur existence concrète, de leur voisinage mutuel. Cette précision progressive dans le jeu des catégories, attestée par les sources[1] et mise en lumière par Trendelenburg[2], ne doit assurément être interprétée, ni comme une procession, selon le mode néoplatonicien, ni comme un engendrement successif, à la manière des systèmes postkantiens. Peut-être, du seul point de vue de la méthode, n'est-elle pas sans analogie avec la déduction kantienne, elle-même d'intention très différente de celle d'un Hegel[3]. En tout cas, la théorie stoïcienne, bien

1. Plot. VI, I, 25 (*S.V.F.*, II, 371), 29, 6-10 ; Simpl. *Cat.* (II, 369).

2. Ad. Trendelenburg, *Gesch. d. Kategorienlehre*, Berlin, 1846, p. 220 : « Les genres indiqués sont dans un rapport de subordination, de telle sorte que ce qui précède demeure dans ce qui suit, mais reçoit une nouvelle détermination. La deuxième catégorie, exprimée complètement, se dirait : ὑποκείμενα ποιά, la troisième : ὑποκείμενα ποιά πως ἔχοντα, la quatrième : ὑποκείμενα ποιὰ πρός τί πως ἔχοντα. »

3. On sait que, non seulement le rythme triadique n'apparaît que dans la deuxième édition de la *Critique*, mais que, là même, il n'est introduit qu'après coup, et en compagnie d'autres « considérations intéressantes » (§ 11, déb.). — D'ailleurs Hegel a parfaitement vu et reconnu le véritable « fil conducteur » des catégories kantiennes, écrivant, par exemple : « Recevoir, de quelque manière que ce soit, la pluralité des catégories, d'une trouvaille, par exemple des jugements et s'en tenir là, — c'est ce qu'il faut en effet considérer comme une véritable honte pour la science » (*Phénoménologie*³, éd. Lasson, Leipzig, 1929, C (AA), V : *Certitude et Vérité de la Raison*, p. 179). En revanche, le point de vue de Kant est méconnu quand Hegel écrit ironiquement : « Heureusement, les différentes espèces du jugement se trouvent déjà indiquées empiriquement dans la logique ordinaire » (*Encyclopaedie*, § 42 ; éd. Hoffmeister, p. 67). Le recours à cette science très certaine, qui n'a pas fait « un pas en avant » depuis Aristote, est aussi légitime, dans les *Prolégomènes*, que celui aux mathématiques et à la physique. Mais il est légitime même à l'intérieur de la méthode synthétique de la *Critique*. Car la logique « contient les règles absolument nécessaires de la pensée, sans lesquelles n'a lieu aucun usage de l'entendement » (A 52), et l'enseignement de cette logique est si éloigné d'être « empirique », que « la conformité d'une connaissance avec les lois générales et formelles de l'entendement et de la raison est la condition *sine qua non* de toute vérité » — donc aussi de la vérité que vise à exposer la *Critique* ; cf. Arist., *Métaph.*, Γ, 3-6 —, et que le seul abus qu'on puisse en faire, consiste précisément à « décider », à l'aide de la logique, « de la vérité matérielle (objective) des connaissances » (A 59, 60).

La grande originalité de la doctrine kantienne des catégories réside dans son objectivité, également éloignée de « l'induction » « rhapsodique » et de la spéculation qui risque de l'être tout autant. Il est très remarquable que la critique hége-

qu'elle rentre, non pas dans la logique, mais dans la physique[1], n'entreprend pas une genèse ontologique[2], mais une analyse de plus en plus précise des propriétés qui constituent et qui manifestent l'être concret. En effet, les deux premières catégories peuvent être dites constitutives de la chose *(substances, qualités)*[3], alors que les deux dernières en expriment des manifestations extérieures *(manières*

lienne soit précédée de cette phrase : « Le Moi, l'unité de la conscience de soi, est entièrement abstrait et parfaitement indéterminé » (*Encycl., loc. cit.*). Ce reproche, souvent répété, où le « Je pense » de la première *Critique* est jugé inconsistant en comparaison implicite avec le Moi intelligible de la deuxième (suit un éloge de Fichte) achève de méconnaître l'intention kantienne. L'objet de la *Critique de la Raison pure* est exhaustivement indiqué dans la préface à la première édition : ce n'est « rien d'autre que l'inventaire de toutes nos possessions par raison pure, systématiquement ordonnées », et la citation de Perse (comme, d'ailleurs, en général les citations poétiques chez Kant) est pleine de signification (A XX).

Quant au procédé par lequel sont établies les catégories, il a une portée plus générale et n'est pas propre à Kant. C'est le procédé qu'on pourrait appeler celui des « séries correspondantes » ou, avec un terme platonicien, un *paradigme*. Il permet de déterminer une structure ignorée, en la coordonnant, « terme à terme », à une structure connue. « Si l'on donnait à lire de loin à des gens qui ont la vue basse des lettres écrites en petits caractères, et que l'un d'eux s'avisât que les mêmes lettres se trouvent écrites ailleurs en caractères plus gros sur un tableau plus grand, ce leur serait, je présume, une belle chance de commencer par lire les grosses lettres et d'examiner ensuite les petites pour voir si ce sont les mêmes » (*Rép.*, II, 368 d, trad. E. Chambry). Le problème, alors, ne porte pas directement sur la structure à chercher, mais sur la légitimité de la coordination des deux structures (établie au § 10, A 76-79). Or on peut dire que, non seulement la table des jugements, mais, une fois qu'elle sera trouvée, celle des catégories et même et surtout les divisions de la logique tout entière déterminent, par manière de *paradigme*, toute l'œuvre critique de Kant (la troisième *Critique*, particulièrement) et constituent, aux yeux de Kant, non seulement un « fil conducteur », mais une garantie et une preuve. L'interprétation aura donc intérêt à adopter un principe directement opposé à cette phrase de W. Windelband : « Le schématisme formel de la division que Kant a imité (« nachbildete » ; on ne saurait passer plus près de la vérité ; le mot même implique le « paradigmatisme » de la méthode kantienne) de l'arrangement alors coutumier des traités de logique, est absolument irrelevant » (*Lehrb. d. Gesch. d. Philos.*[12], Tuebingen, 1928, p. 460, n. 1).

Or, si l'on considère les différentes manières, non seulement de concevoir, mais aussi de constituer les catégories, il semble bien que la ressemblance doctrinale des catégories stoïciennes avec celles d'Aristote (§ 4) soit assez superficielle (§ 5), mais que la façon de les établir ne soit pas sans analogie de structure avec la déduction kantienne ; c'est un procédé logique (le raisonnement composé, § 5) qui sert, sinon à les découvrir, du moins à les exposer ; de plus, il y a, comme chez Kant, correspondance entre deux séries : le mouvement des catégories répond au mouvement *pneumatique* (§ 5).

1. On fait souvent reproche à Zeller d'avoir méconnu ce rapport ; mais s'il est vrai qu'il expose la théorie des catégories dans le chapitre consacré à la logique, Zeller a parfaitement vu « combien étroitement » cette théorie « se rattache à la métaphysique de l'école » (*loc. cit.*, p. 105).

2. Avec cette réserve que l'ordre des catégories figure le mouvement de la tension pneumatique (voir plus loin § 5).

3. *Plut.*, *St. rep.*, 43 (*S.V.F.*, II, 449) : (Chrysippe) ἐν τοῖς περὶ Ἕξεων « οὐδὲν ἄλλο τὰς ἕξεις πλὴν ἀέρας εἶναί φησιν · ὑπὸ τούτων γὰρ συνέχεται τὰ σώματα · καὶ τοῦ ποιὸν ἕκαστον εἶναι τῶν ἕξει συνεχομένων ὁ συνέχων αἴτιος ἀήρ ἐστιν ».

d'êtres et *manières d'être relatives)*[1]. Ces derniers groupes comprennent, selon la remarque d'un ancien, « la plupart des catégories » d'Aristote, excepté la substance[2], et ils résument, selon l'expression de Zeller, généralement admise[3], « tout ce qu'on peut séparer du concept d'une chose, comme inessentiel ou simplement contingent »[4]. Il semble même, à en croire un texte de Plotin[5], qu'il faille ranger dans ces

1. Simpl., *Cat.*, f. 42 E (*S.V.F.*, II, 403), 17 : πρός τι δέ πως ἔχοντα, ὅσα πέφυκε συμβαίνειν τινὶ καὶ μὴ συμβαίνειν ἄνευ τῆς περὶ αὐτὰ μεταβολῆς καὶ ἀλλοιώσεως μετὰ τοῦ πρὸς τὸ ἐκτὸς ἀποβλέπειν... ὅταν δὲ μὴ κατὰ τὴν ἐνοῦσαν διαφοράν, κατὰ ψιλὴν δὲ τὴν πρὸς ἕτερον σχέσιν θεωρῆται, πρός τί πως ἔχοντα ἔσται.

2. Dexipp, *Cat.*, 34, 19 (*S.V.F.*, II, 399) : εἰ δέ τις εἰς τὸ πὼς ἔχον συντάττοι τὰς πλείστας κατηγορίας, ὥσπερ οἱ Στωϊκοὶ ποιοῦσιν...

3. Cf. E. Bréhier, *Chrysippe*, nouv. éd., Paris, 1951, p. 133 : « Les deux premières catégories prises ensemble équivaudraient donc à peu près à l'οὐσία d'Aristote... Chez les Stoïciens, l'individu est, au contraire » (par opposition à l'aristotélisme) « la réalité profonde dont les manières d'être ne sont que des aspects tout à fait extérieurs. »

4. Zeller, *loc. cit.*, p. 102.

5. Plotin, VI, I, 25. — Ce texte, d'accord par exemple avec Sextus, *math.*, X, 234, dit bien que le genre suprême, le τί, s'applique aussi bien aux corps qu'aux incorporels. La question est de savoir si, par corps, il faut entendre ce qui tombe sous les deux premières catégories ; par incorporels, ce qui est signifié par les deux dernières (tel semble être l'exégèse de Plotin) ; ou si, au contraire, le τί se divise d'une part en corps, auxquels s'appliqueraient les catégories dans leur ensemble ; et, d'autre part, en incorporels que l'on se serait borné à énumérer (Sext., *math.*, X, 218 = *S.V.F.*, II, 331), mais sans en rechercher les déterminations catégoriales.

En faveur de la première interprétation, on peut alléguer : *a)* que la « table des catégories » devient plus systématique et, surtout, plus cohérente, si l'on unifie les deux divisions ; *b)* que plusieurs textes mentionnent des « qualités » des incorporels (p. ex., *S.V.F.*, II, 388, 389) ; *c)* que les « manières d'être » incluent des déterminations temporelles et locales ; or, la liste des incorporels mentionne le temps et le lieu.

Il ne semble pas, cependant, que ces arguments puissent trancher la question, déjà visiblement obscure pour les anciens, et que les critiques ont rarement traitée, ni même clairement définie. Le simple fait que ni le vide, ni l'*exprimable* ne soient comptés (et puissent difficilement l'être) parmi les manières d'être suffit à nous interdire de « collationner » la division en corps et incorporels avec celle des catégories. Les deux divisions ne se rejoignent que dans la mesure où les catégories déterminent une partie des τινά, les corps, l'autre partie étant les ἀσώματα. Mais l'unification des deux divisions ne va pas plus loin. C'est ainsi que, dans la doctrine des catégories, nous n'avons aucune précision sur les manières d'être temporelles (bien que, selon Plotin, chap. 30, les Stoïciens en aient admis) alors que la théorie proprement dite du temps était exposée sous le « chapitre » des incorporels (p. ex. dans le traité de Chrysippe *Sur le Vide* ; cf. Plut., *de comm. not.*, 41, 1081 f = *S.V.F.*, II, 518). On notera que, sur ce point, les Stoïciens ne font que se conformer à l'exemple d'Aristote qui, dans ses *Catégories*, se borne à des notations tout à fait insignifiantes sur le temps, longuement traité dans la *Physique*.

Telle étant l'intention primitive des deux divisions, il n'est nullement contradictoire que, d'une part, les manières d'être soient incorporelles (sans grossir pour autant la liste des incorporels, où, du point de vue, non plus de la physique, mais de la logique, elles pouvaient être comptées parmi les exprimables) ; et que, d'autre part, les recherches sur les incorporels aient été obligées d'employer des termes tels que « qualité » (Simpl. *Cat.*, f. 57 E = *S.V.F.*, II, 378) ou « essence » (cf. la notice, d'ailleurs inexacte, d'Aëtius, I, 22, 7 = *Dox. gr.*, 318, 24), sans que pour autant les catégories cessassent de se rapporter seu-

deux catégories, les incorporels. Qu'on suive à la lettre[1] ou non (ce qui paraît préférable) l'indication de Plotin, le caractère « inessentiel » de ce qui est compris sous ces deux catégories ne saurait être contesté[2]. Comment entendre alors l'intention, pourtant évidente, de la progression des catégories ?

5. Avant tout, semble-t-il, comme une marche vers le concret, vers une détermination croissante. Il est bien vrai que l'individu (seule réalité reconnue par les Stoïciens)[3] existe en vertu de sa seule qualité essentielle, « inséparablement »[4] liée à sa substance. Il n'en est pas moins vrai que l'individu concret « se comporte » (πῶς ἔχει) constamment, par rapport à lui-même *(manières d'être)* et par rapport à ce qui l'entoure *(manières d'être relatives)* ; vingt siècles plus tard, les Stoïciens eussent dit qu'il est constamment « en situation ». Les déterminations qui résultent de ce double rapport n'affectent pas sans doute profondément l'individu (encore la morale stoïcienne dira-t-elle : ne *doivent* pas l'affecter), mais elles le manifestent, et le « révèlent » (et même, ajoutera encore la morale, « l'exercent »)[5]. Et par là, elles *se réalisent,* prennent une réalité dérivée de celle des agents corporels auxquels elles adviennent, et même deviennent des *corps.* Ainsi, le fait d'agir est une manière d'être[6], n'est pas une qualité essentielle du corps qui agit ; comparé avec la réalité de celui-ci, il est « irréel ». Rattaché, au contraire, à cette réalité qui le réalise, il « prend corps », et même devient corps. « Ils considèrent comme des corps les vertus et les

lement à des êtres. Car ce qui tombe sous les deux dernières catégories est bien incorporel, mais ce sont les manières d'être des *corps* ; alors que les incorporels proprement dits, le temps, par exemple, et le vide, n'ont initialement aucun support corporel ; ils sont, si l'on peut dire, irréels « par essence ». ✱

1. Telle semble être la position d'E. Bréhier dans son *Chrysippe,* p. 133, et dans son édition de Plotin, t. VI, 1re partie, p. 30.

2. Seules, les qualités (et, bien entendu, la substance) sont dites être des corps (p. ex. Plut., *de comm. not.*, 50, 1085 e = *S.V.F.*, II, 380).

3. Il est très remarquable que le κόσμος soit défini, tout ensemble comme σύστημα ἐξ οὐρανοῦ καὶ γῆς καὶ τῶν ἐν τούτοις φύσεων et comme ὁ ἰδίως ποιὸς τῆς τῶν ὅλων οὐσίας (Diog. Laërt., VII, 138).

4. Simpl., *Cat.*, f. 57 E (*S.V.F.*, II, 378) : Οἱ δὲ Στωϊκοὶ τὸ κοινὸν τῆς ποιότητος τὸ ἐπὶ τῶν σωμάτων λέγουσι διαφορὰν εἶναι οὐσίας, οὐκ ἀποδιαληπτὴν καθ' ἑαυτήν.

5. Epictète, *diss.*, I, VI, 36 : Les occasions (περιστάσεις, § 34) qui ont donné lieu aux travaux d'Hercule, εὔχρηστα ἦν πρὸς τὸ δεῖξαι καὶ γυμνάσαι τὸν Ἡρακλέα.

6. Plotin, VI, I, 30, 15 sqq.

vices et, en outre, l'ensemble des techniques et des souvenirs, et encore les représentations, les passions, les tendances, les assentiments ». La signification de cette doctrine que Plutarque juge « absurde »[1], nous est indiquée par Sénèque, à l'occasion d'un exemple encore plus paradoxal : « Entre Cléanthe et son disciple Chrysippe, il y a désaccord sur la nature de la promenade. Pour Cléanthe, c'est un souffle qui se transmet de la partie hégémonique de l'âme jusqu'aux pieds, pour Chrysippe, c'est la partie hégémonique même »[2].

Les manières d'être, c'est-à-dire les événements, tant physiques que psychiques, n'ont pas de réalité propre ; c'est qu'elles sont ramenées à la réalité de l'agent, comme les modes à la substance. Mais la substance n'existe jamais sans ses modes, elle est toujours manifestée par son « comportement » qui, seul, tombe sous les sens. Or, « pour les Stoïciens, toute sensation est assentiment et compréhension » [3]; si Chrysippe dit que « les critères » de la vérité « sont la sensation et la prénotion »[4], si Boéthos mentionne l'intelligence et la sensation »[5], — chaque fois « la perception raisonnée, qu'il s'agisse de perception sensible ou intellectuelle, ne peut avoir lieu qu'après l'image compréhensive et grâce à elle »[6]. C'est à partir de la « représentation » sensible des manières d'être, que s'effectue la saisie rationnelle de l'être même.

D'où l'apparente ambiguïté de la doctrine des catégories ; la progression va de l'indéterminé (matière sans qualité) à la détermination la plus complète (l'être concret dans toutes ses relations, même passagères, avec d'autres êtres), mais il semble, d'autre part, qu'elle passe du réel (substance individualisée) à ses simples manifestations modales. Cette

1. Plut., *de comm. not.*, 45, 1084 a-b : Ἄτοπον γὰρ εὖ μάλα τὰς ἀρετὰς καὶ τὰς κακίας, πρὸς δὲ ταύταις τὰς τέχνας καὶ μνήμας πάσας, ἔτι δὲ φαντασίας καὶ πάθη καὶ ὁρμὰς καὶ συγκαταθέσεις σώματα ποιουμένους.

2. Sénèque, *Ep.*, 113, 23 (*S.V.F.*, II, 836) : « Inter Cleanthen et discipulum eius Chrysippum non conuenit quid sit ambulatio. Cleanthes ait spiritum esse a principali usque in pedes permissum, Chrysippus ipsum principale. »

3. Aët., IV, 8, 12 (*Dox. gr.*, 396, 3-4) : Οἱ Στωικοὶ πᾶσαν αἴσθησιν εἶναι συγκατάθεσιν καὶ κατάληψιν.

4. Diog. Laërt., VII, 54 : κριτήριά φησιν εἶναι αἴσθησιν καὶ πρόληψιν.

5. *Id.*, *ibid.* : νοῦν καὶ αἴσθησιν.

6. E. Bréhier, *Chrysippe*, p. 105 (voir toute la démonstration à partir de la p. 86).

ambiguïté est fort bien mise en lumière par Plotin, quand, pour expliquer pourquoi la matière est placée en tête de liste, il écrit : « La raison en est qu'ils prennent pour guide la sensation et qu'ils ont foi en elle pour établir les principes et le reste. Convaincus d'abord que tous les corps sont les véritables êtres, ils ont peur en les voyant se changer les uns dans les autres et ils prennent pour l'être réel ce qui subsiste sous eux[1]. » Et, plus loin, il montre que les manières d'être devraient être rapportées directement à la matière[2].

On ressaisit, derrière la critique de Plotin, la tendance stoïcienne au monisme, jointe au désir de conserver toute la multiplicité du concret. Mais ce double effort ne paraît contradictoire, que si l'on oppose en bloc, pris d'une manière statique, les deux groupes des catégories. Or, le simple fait que ces quatre « genres » soient disposés selon le mode des *raisonnements composés*, indique qu'il faut les interpréter comme une progression continue[3], allant de l'un au mul-

1. Plotin, VI, I, 28, 5-8 (trad. Bréhier).

2. Chap. 30, 1-9 : « Quant aux *manières d'être*, il est sans doute absurde de les mettre au troisième rang ou même à un rang quelconque, quel que soit celui qu'on leur donne ; car toutes choses sont des manières d'être dans la matière. — Il y a une différence entre elles, diront-ils ; autre chose est telle ou telle manière d'être de la matière, autre chose ce qu'on met dans les manières d'être proprement dites ; les qualités sont bien des manières d'être dans la matière, mais les manières d'être proprement dites sont, elles, dans les qualités. — Mais comme les qualités ne sont rien que de la matière modifiée d'une certaine façon, ces manières d'être reviennent, à leur tour, à la matière, et elles sont dans la matière. » (Trad. Bréhier.)

3. D'après E. Bréhier, il conviendrait d'expliquer « ces longs raisonnements composés, improprement appelés sorites » par les besoins de la discussion dialectique, plutôt que par un « prétendu principe de continuité » (*Chrysippe*, 79). Ce procédé dialectique qui consiste à « inventer de nouveaux intermédiaires, toujours plus inattendus, comme pour mieux cacher la conclusion » (*ibid.*, n. 2) et que pratiquent déjà très consciemment les *Dialogues* de Platon, était sans doute couramment appliqué dans l'Ecole. Il semble cependant que les usages de la discussion ne soient pas suffisants pour expliquer la faveur que les Stoïciens témoignent à ce procédé. Ces raisonnements composés sont fréquents dans des exposés doctrinaux, destitués de toute intention « dialectique », et qui reposent visiblement sur le « principe de continuité ». — Cette explication semble d'ailleurs plus conforme à l'exégèse générale qu'E. Bréhier a donnée du stoïcisme, puisque nul mieux que lui n'a fait voir l'étroite solidarité qui unit les trois parties du système. Le raisonnement composé reproduit souvent un mouvement de continuité du réel, soit en physique, soit en morale. C'est d'ailleurs ce que Bréhier a vu tout le premier, écrivant, par exemple, au sujet de la solidarité des vertus : « les qualités du sage s'impliquent réciproquement, et on peut en partant de l'une quelconque d'entre elles, en déduire toutes les autres par un jugement composé ; il n'en est pas entre lesquelles on ne puisse établir de continuité par la découverte de qualités intermédiaires » (*Chrysippe*, p. 218).

Dans Cic., *de Fin.*, IV, XVIII, 50, il n'est pas nécessaire de suspecter avec Zeller (*loc. cit.*, p. 216, n. 1) « quo nihil putatis esse uitiosius », cette remarque devant s'entendre du sorite en tant que sophisme.

tiple, du réel à ses manifestations. Mais, dans ces manifestations infinies, c'est le réel qui se révèle, et c'est pourquoi, on l'a vu, la sensation peut aller en sens inverse : aux prises avec les manières d'être, c'est d'emblée l'être qu'elle saisit. Autrement dit, l'ordre des catégories peut être parcouru dans les deux sens, de même que le « mouvement de tension » va du centre à la périphérie, pour revenir au centre[1], sans jamais sortir du réel qu'il « unifie » et « contient »[2].

6. Le genre suprême, le τί, est une simple pensée, à laquelle manque l'être. Lors de sa division en σώματα et ἀσώματα, il semble, ici, prendre corps, là, demeurer une pensée. Au moins les incorporels, supposé qu'ils soient affectés d'une même absence d'être, ne se confondent-ils pas en tant que pensées ; ils n'ont pas le même contenu, ils n'ont pas, en termes platoniciens, la même essence (cette essence que les Stoïciens admettent, à titre d'ἐννόημα, au rang de quasi-existence). Dès lors, étant déterminés, si peu que ce soit, comme essences, manqueraient-ils totalement d'être, tous et au même degré ? On verra plus loin que toute « pensée » peut, au contact du sensible, se « réaliser ». Et, d'autre part, l'analyse des catégories nous a montré dès à présent ce mouvement d'*incorporation* : prises en soi, les manières d'être manquent de toute réalité corporelle ; rattachées à l'agent et replacées dans le courant qui émane de sa réalité profonde, elles prennent corps et deviennent des corps. — Semblable mouvement de prise d'existence, peut-on l'admettre également en faveur des incorporels et, en particulier, du temps ? — Afin de confirmer cette présomption sur un point précis, il sera utile d'envisager brièvement le cas de deux autres incorporels : le vide et le lieu.

1. P. ex. Philon, *quod deus sit immut.*, § 35 = *S.V.F.*, II, 458 (la ἕξις des pierres et des bois) : ἡ δέ ἐστι πνεῦμα ἀναστρέφον ἐφ'ἑαυτό. Ἄρχεται μὲν γὰρ ἀπὸ τῶν μέσων ἐπὶ τὰ πέρατα τείνεσθαι, ψαῦσαν δὲ ἄκρας ἐπιφανείας ἀνακάμπτει πάλιν. Il y a là plus qu'une analogie, puisque les *qualités* sont des πνεύματα et des τόνοι (Plut., *Stoïc. repugn.*, 43, 1054 a (*S.V.F.*, II, 449).

2. Cf. Sext., *math.*, IX, 78 : ἡνωμένα μὲν οὖν ἐστι τὰ ὑπὸ μιᾶς ἕξεως κρατούμενα, καθάπερ φυτὰ καὶ ζῷα.

II. Le vide et le lieu[1]

7. « Les Stoïciens disent que le vide est ce qui est capable d'être occupé par un être sans, de fait, être occupé ; ou l'intervalle vide de corps, ou encore l'intervalle non-occupé par un corps ; que le lieu est l'intervalle occupé par un être et rendu égal à l'être qui l'occupe ; or ils appellent être, le corps[2]. »

De cette distinction, très claire en elle-même, un texte d'Arius Didyme, placé directement sous le patronage de Chrysippe, donne l'interprétation suivante : « On dit que le vide est infini ; car tel est le vide en dehors du monde ; le lieu, en revanche, est limité, étant donné qu'aucun corps n'est infini. Or, de même que le corporel est limité, de même l'incorporel est infini ; en effet, le temps est infini, ainsi que le vide. Car, de même que le rien n'est aucune limite, de même il n'y a aucune limite au rien ; or tel est le vide. Selon sa propre nature, en effet, il est infini ; il se limite cependant, quand il est rempli ; mais quand est supprimé ce qui le remplit, impossible de lui concevoir une limite »[3].

S'il est vrai que, seuls, les corps existent, ce commentaire nous apprend que les incorporels ne sont pas tous inexistants au même degré. Acceptons, pour le moment, cette association du vide et du temps, comme des deux incorporels infinis. Ce qui est remarquable, c'est que le vide, qui est infini et qui, dans un autre texte, apparaît comme l'incorporel par excellence, comme « la pensée la plus simple »[4], puisse se changer en lieu. Or, le lieu est bien toujours incorporel, mais, d'infini qu'il était comme vide, il devient limité. Autrement dit, lorsqu'un corps vient y prendre place, le

1. Voir, sur l'ensemble du problème, E. Bréhier, *La Théorie des Incorporels dans l'Ancien Stoïcisme*[2], Paris, 1928, chap. III. L'exposé suivant vise uniquement à définir le rapport entre ces deux concepts. ✱

2. Sext., *Hypot.*, III, 124 (texte préférable à *math.*, X, 3 = *S.V.F.*, II, 505).

3. *Arius Did.*, 25 (*Dox. gr.*, 460, 24 sqq. = *S.V.F.*, II, 503).

4. Cléomède, *circ. doctr.*, I, 1 (*S.V.F.*, II, 541) : Ἀναγκαῖον τοίνυν εἶναί τινα ὑπόστασιν κενοῦ. Ἔστι δὲ ἁπλουστάτη ἡ αὐτοῦ ἐπίνοια, ἀσωμάτου τε καὶ ἀναφοῦς ὄντος, καὶ οὔτε σχῆμα ἔχοντος οὔτε σχηματιζομένου, καὶ οὔτε τι πάσχοντος οὔτε ποιοῦντος, ἁπλῶς δὲ σῶμα δέχεσθαι οἵου τε ὄντος.

vide, sans devenir corps lui-même, abandonne cependant le caractère propre des incorporels, l'absence de limites, et reçoit du corps qui le remplit, le caractère propre de celui-ci, la limite[1]. Il « s'incorpore » en quelque sorte, et l'on comprend fort bien que, dans la discussion, les adversaires du Portique considèrent le lieu stoïcien comme un corps[2].

8. Le vide, en revanche, est un incorporel pur et, à parler rigoureusement, il n'y a de vide qu'en dehors du monde[3]. De ce vide, il serait sans doute inexact de dire qu'il n'existe absolument pas ; il semble, au contraire, que le monde en ait « besoin »[4]. Il semble même que les Stoïciens n'aient admis ce vide extra-cosmique, que pour assurer au monde, dont le volume se dilate lors de la conflagration, de la « place »[5], où il puisse s'étendre. En ce sens, « le vide est la condition à laquelle le monde fera passer à l'acte ses puissances ; il est comme la matière de cet acte »[6]. C'est de cette « condition » nécessaire, que rend compte la distinction entre l'*univers* (τὸ ὅλον) et le *tout* (τὸ πᾶν) où l'univers signifie le monde ; et le tout, le monde avec, en outre, le vide environnant[7]. Cette distinction est tout à fait analogue à la division que

1. Cf. aussi Simpl. *cat.*, f. 91 A (*S.V.F.*, II, 507) : Παρυφίσταται τοῖς σώμασιν ὁ τόπος, καὶ τὸν ὅρον ἀπ' αὐτῶν προσλαμβάνει τὸν μέχρι τοσοῦδε, καθ' ὅσον συμπληροῦται ὑπὸ τῶν σωμάτων.

2. Plut., *de comm. not.*, 37, 1077 e (*S.V.F.*, II, 465) ; Thémist., *phys.*, IV, 1 (*S.V.F.*, II, 468).

3. P. ex. Diog. Laërt., VII, 140 : « A l'extérieur du monde, est répandu à l'entour le vide infini qui est incorporel... Mais, à l'intérieur du monde, il n'y a aucun vide ; toutes les parties du monde sont solidaires (ἡνῶσθαι αὐτόν [sc. τὸν κόσμον]), et cela nécessairement, par l'effet de l'harmonie et de l'accord (σύμπνοιαν καὶ συντονίαν) entre les choses célestes et terrestres. » — Nous disons : « à parler rigoureusement », car il est possible qu'ici, comme lors de la théorie de la *juxtaposition* (παράθεσις) on puisse trouver « une concession aux apparences sensibles » (*Théor. des Incorpor.*, p. 42), ainsi dans la « comparaison » (παραπλησίως) des récipients « vides » (Arius Did.., 25 = *Dox. gr.*, 460, 22 = *S.V.F.*, II, 503). Le terme serait également employé dans un sens plus large dans la théorie de la « place » (χώρα, c'est-à-dire, ce qui est partiellement occupé par un corps), si du moins, avec E. Bréhier, on applique cette théorie à l'intérieur du monde (*Incorp.*, pp., 52-53) ; selon Zeller (*loc. cit.*, p. 184, n. 3), suivi par Pohlenz (*Stoa*, t. II, p. 37). la partie inoccupée de cette place devrait s'entendre, au contraire, du vide entourant le monde.

4. Cf. l'expression de Posidonius qui *semble* préciser sur ce point la doctrine des fondateurs : (Le vide) : Οἱ δὲ Στωϊκοὶ εἰς ὃ κατὰ τὴν ἐκπύρωσιν ἀναλύεται (sc. ὁ κόσμος) ἄπειρον. Ποσειδώνιος οὐκ ἄπειρον, ἀλλ' ὅσον αὔταρκες εἰς τὴν διάλυσιν. (Aët., II, 9, 2-3 = *Dox. gr.*, 338, 16-19.)

5. Cf. n. 3, *i.f.*

6. *Incorporels*, p. 49.

7. P. ex. Achilles, *isag.*, 5 (*S.V.F.*, II, 523) : Τὸ δὲ πᾶν τοῦ ὅλου παρὰ τοῖς Στωϊκοῖς διαφέρει. Ὅλον μὲν γὰρ λέγουσι τὸν κόσμον πᾶν δὲ μετὰ τοῦ κενοῦ. (d'autres témoignages, *ibid.*, II, 522-525).

nous avons vu s'établir au sein des τινά et procède de la même intention : réunir, sous un même genre (ici le τί, là le πᾶν), la réalité déterminée (le ὄν ou les σώματα, d'une part et, d'autre part, le ὅλον ou κόσμος) et les quasi-réalités qui en sont comme la « condition » virtuelle et la « matière » indéterminée[1] (les ἀσώματα en général ou, plus particulièrement, le vide).

Mais, dans un autre sens, la moindre existence du vide est accusée à tel point qu'il peut à peine passer pour une « condition » ; bien mieux, loin que le monde ait « besoin » du vide, il serait plus exact de dire que le vide a besoin du monde, afin d'être arraché à son non-être et d'exister sous forme de *lieu*. — Sans doute y a-t-il là « une contradiction assez incompréhensible », largement exploitée par les adversaires du système[2] ; peut-être faut-il y voir surtout une intuition impossible à formuler : le primat absolu de l'actuel sur le virtuel ; celui-ci n'étant jamais considéré comme préparant ou comme conditionnant celui-là. C'est grâce à l'actuel que le virtuel existe ou, si l'on préfère, c'est ce qui semble conditionné, qui fait passer à l'acte ses conditions. Il y a là quelque chose de comparable au « mouvement rétrograde » chez Bergson.

Ainsi, la seule réalité est le monde, être vivant qui, lui-même, fixe ses limites[3] et, par là, détermine son lieu ; toute la difficulté vient de ce qu'il faut concevoir ce lieu, avant que le monde ne l'appelle à l'existence, c'est-à-dire, un vide, destitué de toute qualité, et dont on peut dire « qu'il est simplement capable de recevoir un corps »[4], ou « d'être occupé par un corps »[5]. Cette « capacité », qui n'est ni « action », ni même « passion »[6], se rapporte uniquement à ce qui reçoit, mais non pas du tout à ce qui est reçu ; on pourrait dire qu'elle est capacité de recevoir, mais non pas d'accueillir, d'être visité, mais non pas d'héberger. C'est donc bien moins

1. Cf. p. 18, sur l'indétermination du τί. De même : τὸ δὲ πᾶν ἄπειρον (τοιοῦτον γὰρ τὸ ἐκτὸς τοῦ κόσμου κενόν) (Sext., *math.*, IX, 332 = *S.V.F.*, II, 524.)
2. *Incorporels*, p. 49.
3. Cf. *Incorporels*, p. 48 : « Dès que l'acte ou la perfection est dans le mouvement, dans l'expansion de l'être, l'être pour agir doit avoir à sa disposition un théâtre sans bornes, dans lequel il détermine lui-même des limites. »
4. Cléomède, *loc. cit.* (p. 26, n. 4).
5. *Sext.* (p. 26, n. 2).
6. Cléomède, *loc. cit.*

une condition d'existence pour le monde qu'une condition, pour le vide, d'accéder au rang de lieu.

9. Si c'est du corps qui vient le remplir, que le lieu « reçoit »[1] sa limite, il est donc clair, à l'inverse, que le vide tout nu ne saurait exercer aucune espèce d'action sur le corps. Le vide qui entoure le monde, est donc radicalement impuissant à « disperser et à dissiper à l'infini » la substance cosmique, ainsi que le prétend une objection péripatéticienne[2]. — Etant sans limites, il n'a « ni haut ni bas » ni aucune autre détermination[3] ; « que le vide en dehors du monde est infini, et que l'infini n'a ni commencement, ni milieu, ni fin, c'est ce qu'il (sc. Chrysippe) affirme souvent »[4]. — Comment comprendre alors que le monde se tient au centre du vide, théorie bien attestée dont Plutarque s'est moqué[5] et que Zeller considère comme « une curieuse contradiction » ?[6] — Le vide, écrit E. Bréhier, « étant indéterminé, (il) est sans action sur les corps qui sont en lui, et ne les attire ni d'un côté ni d'un autre ; la position des corps est ainsi déterminée non par quelques propriétés du vide dans lequel ils sont, mais par leur nature même. Le monde, n'ayant aucune raison de se porter d'un côté ou d'un autre, restera donc immobile au centre du vide »[7]. On explique ainsi l'impuissance du vide à écarter le monde de sa position, une fois celle-ci occupée ; mais pourquoi, initialement, cette position

1. Simpl. (p. 27, n. 1).
2. Chez Cléomède, *circul. doctr.*, I, 1 (*S.V.F.*, II, 540).
3. Cléom., *loc. cit.* (*S.V.F.*, II, 557).
4. Plut., *St. repugn.*, 44, 1054 b (*S.V.F.*, II, 539).
5. Plut., *St. repugn.*, 44, 1054 d (*S.V.F.*, II, 551) ; *de fac. lun.*, 11 ; *de defectu orac.*, 26, 28. — M. Pohlenz pense qu'il s'agit, de la part de Plutarque, d'une « interprétation fautive d'un passage détaché de son contexte », car, ajoute-t-il, « il est impossible que Chrysippe ait admis un milieu de l'Apeiron » (*Stoa*, II, 77). C'est impossible, en effet, puisque les textes (n. 3 et 4) nous disent que Chrysippe a « souvent » enseigné le contraire. Mais c'est précisément sur ces textes que Plutarque s'appuie, pour mettre Chrysippe en contradiction avec lui-même ; comme l'a fort bien dit un commentateur du *de facie* : « Le piquant, c'est que Lamprias, pour réfuter les Stoïciens, s'empare de leur propre argument » (P. Raingeard, *Le* ΠΕΡΙ ΤΟΥ ΠΡΟΣΩΠΟΥ *de Plutarque*, texte critique avec trad. et comm., Paris, 1935, p. 84 (*ad* XI, 925 f 3). — Ce qu'il faut dire, c'est que Chrysippe affirme « l'impossibilité » d'un centre du vide, contre la philosophie d'Epicure (où le vide, avec son haut et son bas, présente à la chute des atomes un cadre aux déterminations préexistantes) et admet un centre du vide, dans sa propre doctrine (où le corps du monde communique au vide une détermination dont celui-ci, par lui-même, est totalement dépourvu).
6. Zeller, *loc. cit.*, p. 191, n. 3.
7. *Incorporels*, p. 47.

plutôt qu'une autre[1], et pourquoi l'appeler le centre du vide ?

Les deux questions impliquent toujours que le vide serait doué de quelques déterminations, par rapport auxquelles le monde devrait se situer, devrait choisir de se situer. Or, le lieu n'est pas « intervalle » préexistant où le corps viendrait se couler comme le vin dans le vase ; il n'est intervalle qu'après que le corps occupant lui aura assigné ses contours. De même, c'est l'activité propre à sa nature[2], qui fait naître le monde dans le vide infini ; et là où il aura établi son « lieu », là aussi se trouvera marqué, comme par dérivation, le « centre du vide ».

C'est donc toujours le corps qui fait que les incorporels, autant qu'ils en sont capables, prennent corps et, d'infinis, se limitent. Et l'expression raillée par Plutarque signifie, non pas que le monde se tient au centre du vide, mais que le centre du vide est là où se tient le monde[3].

III. La théorie du temps

10. « Chrysippe définit le temps : intervalle du mouvement, au sens où on l'appelle parfois mesure de la rapidité et de la lenteur ; ou encore : l'intervalle accompagnant le mouvement du monde ; et c'est dans le temps, que toutes

1. Cf. Simpl., *Phys.*, 671, 4 (*S.V.F.*, II, 552) : Διὰ τί γὰρ ἀπείρου ὄντος τοῦ κενοῦ ἐνταῦθα οὗ ἐστι μένει ὁ κόσμος καὶ οὐ φέρεται ; ἢ εἰ φέρεται, τί μᾶλλον ἐνταῦθα ἢ ἀλλαχοῦ ;

2. Et non le centre préexistant. C'est ce qu'explique fort bien la polémique de Plutarque : Si le monde s'est fixé dans le vide, « c'est parce qu'il a trouvé quelque autre raison de demeurer, ce n'est pas en vertu du lieu » (*de facie*, XI, 925 f ; trad. Raingeard, modifiée). ★

3. Selon Posidonius, le vide n'est pas infini, mais suffisant pour laisser au monde la place nécessaire à l'expansion lors de l'ἐκπύρωσις. On peut ramener cette thèse à l'orthodoxie stoïcienne : la « limite » ainsi apportée au vide extracosmique, « est donc toujours déterminée par le corps lui-même » (*Incorp.*, p. 48, n. 4). Mais l'on peut penser aussi que, ici comme ailleurs, son platonisme (en l'occurrence, le finitisme du *Timée*) a amené Posidonius à conserver en partie la lettre du dogme primitif, pour mieux la détourner de son sens. Le vide stoïcien n'est pas, pour le monde, un entourage inquiétant par son infinitude, et qu'il faille réduire à la portion congrue ; c'est un milieu (et encore est-ce trop dire) tout à fait indifférent. Ce n'est pas non plus une place préexistante ; dire que le vide est « suffisant » (αὔταρκες) pour le monde, c'est renverser le rapport réel : c'est le monde qui, dans le vide, découpe une place à sa suffisance. ★

choses se meuvent et existent. Toutefois, le temps se prend dans deux acceptions, ainsi que la terre, la mer et le vide : (on peut en considérer) le tout ou les parties. De même que le vide total est infini de toutes parts, de même le temps total est infini à ses deux extrémités ; en effet, le passé et le futur sont infinis. C'est ce qu'affirme très clairement sa thèse : aucun temps n'est entièrement présent ; car puisque la division des continus va à l'infini, et que le temps est un continu[1], chaque temps aussi comporte la division à l'infini ; en sorte qu'aucun temps n'est rigoureusement présent, mais on le dit (présent)[2] selon une certaine étendue. Il soutient que, seul, le présent existe ; le passé et le futur subsistent, mais n'existent pas du tout, selon lui[3] ; de la même manière, seuls, les attributs qui sont accidents (actuels) sont dits exister : par exemple, la promenade existe pour moi, quand je me promène ; mais, quand je suis couché ou assis, elle n'existe pas »[4].

11. Déjà pour Aristote, le temps n'a qu'une réalité dérivée ; étant « quelque chose du mouvement »[5], lequel est lui-même une qualité du mobile, le temps, selon la formule de L. Robin, est « *une qualité de cette qualité* »[6], c'est-à-dire le nombre du mouvement. Il pourrait sembler que cette qualité pût déterminer ce dont elle dérive : puisque la rapidité et la lenteur (qui sont qualités, non du temps mais du mouvement) sont définies par le temps[7]. En réalité, le temps ne les détermine nullement ; il ne fait que les mesurer ou, comme dit parfois Aristote, les nombrer. Encore n'est-ce pas tout à fait exact ; car c'est le nombre abstrait qui sert à compter. Or, le temps n'est pas un nombre abstrait. Le temps est très précisément « l'aspect nombrable du mouvement »[8], aspect déterminé par le mouvement. Aussi la pensée

1. Litt. : « selon cette distinction » (des continus et des discontinus).
2. Le mouvement de la phrase impose cette interprétation, corroborée, au surplus, par la définition donnée par Posidonius : Τὸ δὲ νῦν καὶ τὰ ὅμοια ἐν πλάτει χρόνον καὶ οὐχὶ κατ'ἀπαρτισμὸν νοεῖσθαι. (Arius Did., 26 ; *Dox. gr.*, 461, 19-20.)
3. Nous adoptons la conjecture de v. Arnim : φησιν. Ms : εἰσὶν ; Diels : εἰ μή.
4. Arius Did., 26 (*Dox. gr.*, 461, 23 sqq. = *S.V.F.*, II, 509).
5. *Phys.*, Δ, 11, 219 a 10.
6. L. Robin, *Aristote*, *p.* 143.
7. *Phys.*, Δ, 10, 218 b 14-17.
8. *Phys.*, Δ, 11, 219 b 2 : Οὐκ ἄρα κίνησις ὁ χρόνος, ἀλλ' ᾗ ἀριθμὸν ἔχει ἡ κίνησις.

d'Aristote s'exprime-t-elle rigoureusement par cette formule que Plotin jugera contradictoire[1] : « Par le temps nous mesurons le mouvement ; par le mouvement, le temps »[2]. Il en est ici comme dans le cas d'une quantité discrète : quand je compte un troupeau de moutons et que j'arrête qu'il y en a vingt, c'est vingt qui en « définit » le nombre. Mais, que ce nombre soit vingt, ni plus ni moins, cela dépend uniquement des moutons, si bien qu'à l'inverse, ce sont eux qui le « définissent ». Ou, pour reprendre l'exemple d'Aristote : « Nous disons qu'une route est considérable si le voyage est tel, et que le voyage est considérable si la route est telle »[3].

C'est également chez Aristote que l'on trouve, d'une part, la formule toute générale : « le temps est le nombre du mouvement » et, d'autre part, l'indication que le temps ne saurait être « le nombre de n'importe quel mouvement », mais seulement du mouvement continu, puisque le temps est un[4]. Ici encore, la contradiction n'est qu'apparente : au niveau de la *Physique*, le temps est saisi dans la diversité des mouvements du monde sublunaire ; pour apprendre que le temps est la mesure du mouvement régulier du Premier Ciel[5] et donc, en dernière analyse, a sa cause ultime dans le Premier Moteur[6], il faut atteindre le niveau de la cosmologie, puis de la théologie[7].

12. Ce bref rappel était nécessaire, pour interpréter la première phrase de notre texte. Si le temps est défini, non plus le nombre, mais « l'intervalle » du mouvement, cette substitution vient sans doute « du désir de mettre en harmonie la définition du lieu et celle du temps[8] » ; il est notable, cependant, que l'aspect mathématique du temps, plus important encore que chez Aristote, pour les Pythagoriciens et

1. Plotin, III, VII, 9 et 13, 9-18.
2. *Phys.*, Δ, 12, 220 b 23 : Τῷ μὲν γὰρ χρόνῳ τὴν κίνησιν, τῇ δὲ κινήσει τὸν χρόνον μετροῦμεν.
3. *Phys.*, Δ, 12, 220 b 29-31.
4. *Phys.*, Δ, 14, 223 a 29 sqq.
5. *De caelo*, I, 9, 279 a 18 ; *Phys.*, Θ, 7, 260 a 23 sqq.
6. *Phys.*, Θ, 10, 267 b 24-26 ; *de caelo*, I, 9, 279 a 26 sqq.
7. Nous acceptons, sur ce point, l'interprétation donnée par J.-F. Callahan, *Four views of time in ancient philosophy*, Harvard University Press, Cambridge, 1948, chap. II (en part. pp. 86-87). — L'exposé d'un système selon les *niveaux* de pensée (cf. plus loin, p. 202, n. 2) se justifie, au surplus, dans l'aristotélisme, par la théorie de la hiérarchie des sciences.
8. *Incorp.*, p. 54.

pour Platon, ne semble pas conservé ; le vitalisme dynamique s'oppose ainsi au mathématisme des systèmes précédents. L'opposition se précise dans la thèse : « C'est dans le temps que toutes choses se meuvent et existent », alors que, pour Aristote, « les êtres éternels en tant qu'éternels ne sont pas dans le temps », car, ajoute-t-il, « ils ne sont pas enveloppés par le temps, et leur existence n'est pas mesurée par le temps »[1]. Or les êtres, pour les Stoïciens, sont des corps agissants. Aussi, quand ils reprennent la formule aristotélicienne du temps, « mesure de la rapidité et de la lenteur », n'y a-t-il aucune raison de penser qu'ils abandonnent par là la détermination réciproque du mouvement et du temps, enseignée par Aristote ; autrement, on assurerait au temps-nombre sur le mouvement physique, une sorte de priorité et de primauté, tout à fait incompatibles avec l'esprit du système.

De quel mouvement, le temps est-il l'intervalle ? — Il semble que la réponse de Chrysippe s'oppose à celle de Zénon. « Parmi les Stoïciens », écrit Simplicius, « Zénon a défini le temps comme l'intervalle de n'importe quel mouvement, sans plus, alors que Chrysippe l'a défini : l'intervallle du mouvement du monde » ; Simplicius précise même : « Il ne réunit pas deux définitions en une seule, mais il établit une seule formule qu'il soutient contre les négations des autres »[2]. La première partie de ce témoignage est confirmée par Arius Didyme[3] ; dans la deuxième phrase, faut-il comprendre que ces « négations » soient venues, « du moins en partie, de l'intérieur de l'école » ?[4] — Il semble, en tout cas, que l'autorité de Chrysippe ait prévalu, puisque Apollodore la suit[5] et que Diogène Laërce, dans son exposé d'ensemble du stoïcisme, écrit : « Il faut encore compter parmi les incorporels, le temps, qui est l'intervalle du mouvement du monde »[6].

L'innovation de Chrysippe n'est pas sans analogie avec la théorie d'Aristote, qui finit par ramener le temps au « transport circulaire régulier... parce que son nombre est

1. *Phys.*, Δ, 12, 221 b 3-5.
2. Simpl., *Cat.*, f. 88 Z (*S.V.F.*, II, 510).
3. Arius Did., 26 (*Dox. gr.*, 461, 4 = *S.V.F.*, I, 93).
4. *Incorp.*, p. 55.
5. Arius Did., 26 (*Dox. gr.*, 461, 8 = *S.V.F.*, II, 520).
6. Diog. Laërt., VII, 141.

le plus connu »[1] ; on obtient ainsi « ce que nous appellerions aujourd'hui l'unité de temps »[2].

Mais cette « unité », dans le système stoïcien, ne devait pas avoir un sens principalement mathématique. De plus, est-il sûr que l'adjonction faite par Chrysippe à la formule de Zénon, s'oppose à celle-ci ? Il faut bien croire que, dans l'esprit de Chrysippe, il n'en était rien ; puisque, à côté de sa propre définition, il conservait celle de Zénon[3].

On admettra d'autant moins, sur ce point, une opposition entre les deux fondateurs, qu'Aristote a pu soutenir, à la fois, deux thèses tout à fait analogues. La difficulté apparente, chez Aristote, se résolvait grâce à la hiérarchie des sciences ; dans le système homogène du stoïcisme, elle se ramène au problème, beaucoup plus général, des rapports entre monisme et pluralisme.

La fin de notre texte, où Chrysippe allègue l'exemple de la promenade, prouve que « n'importe quel mouvement » a un intervalle dont il détermine le temps ; si donc, au début du même texte, Chrysippe répète la formule de Zénon, accueillante au pluralisme, ce n'est pas par simple courtoisie. Mais, d'autre part, la diversité des mouvements doit être ramenée au mouvement cosmique ; de même que le monde, qui est un *système*, est « unifié, par suite de la conspiration et de l'accord entre les choses célestes et les choses de la terre »[4]. C'est un désir d'unification, bien plus que le souci d'établir une unité de mesure, qui explique la thèse de Chrysippe. Cet effort pour unir sans confondre, que nous

1. *Phys.*, Δ, 14, 223 b 19-20.

2. *Incorp.*, p. 55. — Il reste, entre autres, cette différence que la révolution du Premier Ciel (par où « sont mesurés tous les mouvements » ; *Phys.*, Θ, 9, 265 b 10) s'effectue, grâce au Premier Moteur, en un « mouvement éternel et en un temps infini » (*Phys.*, Θ, 10, 267 b 25) ; alors que « l'intervalle du mouvement du monde », c'est-à-dire, la période cosmique, est défini.

3. La différence entre les deux formules est fortement accusée dans *La Théorie des Incorporels* (pp. 54-55). Vu l'extrême pauvreté de nos sources, la démonstration pouvait difficilement éviter un glissement. Initialement, l'opposition est entre : « n'importe quel mouvement » — « le mouvement du monde » ; c'est certainement ainsi qu'il faut l'entendre (cf. Simplicius, p. 33, n. 2) ; le tout est de savoir, si c'est là une opposition réelle (cf. la suite de notre texte). Plus loin, l'opposition est entre : temps illimité — temps limité ; mais cette distinction, tirée du texte d'Arius Didyme, répond à un tout autre problème et, surtout, ce texte même nous apprend que ces deux formules ne sont pas incompatibles, puisque Chrysippe, quitte à préciser que le temps « se prend dans deux acceptions », les admettait toutes deux.

4. Diogène Laërt., VII, 138, 140.

avons déjà eu l'occasion de noter[1], répond à une exigence essentielle du système. Ainsi, depuis Zénon, les Stoïciens n'admettent qu'une cause unique, qui est Dieu[2], et Sénèque reproche aux autres philosophes, notamment à Platon et à Aristote, de recourir sans nécessité à une « foule de causes »[3] ; or, dit-il, « ce que nous recherchons à présent, c'est la cause première et générale »[4]. Mais les Stoïciens ne se sont jamais contentés de cette affirmation, trop « générale » ; soucieux d'expliquer les phénomènes jusque dans leur détail, ils ont été amenés à pousser toujours plus loin l'analyse du devenir, à multiplier les distinctions, et à encourir ainsi le reproche d'Alexandre d'Aphrodise : « C'est un essaim de causes, dont ils établissent la liste[5]. » Notons au passage que l'opposition, ici, n'est pas du tout entre théologie et physique, mais entre monisme et pluralisme[6]. On retrouve la même « structure » au sujet de la vertu, dont les Stoïciens affirment l'unité et dont, en même temps, ils diversifient les modalités concrètes, au point d'admettre, selon l'expression de Plutarque, « un essaim de vertus »[7].

13. Par delà ses résonances aristotéliciennes, le début de notre texte fait déjà entrevoir l'originalité de la théorie stoïcienne. La suite immédiate va expliquer le terme par où cette théorie s'oppose directement à Aristote : « intervalle », substitué à « nombre » ; et le commentaire mettra

1. P. 24.
2. Diog. Laërt., VII, 134.
3. Sénèque, *Ep.*, 65, 11 (*S.V.F.*, II, 346 a) : « Haec, quae ab Aristotele et Platone ponitur, turba causarum... »
4. *Id.*, *ibid.*, § 12 : « Sed nos nunc primam et generalem quaerimus causam. »
5. Alex., *de fato*, 22 (*S.V.F.*, II, 945) : Σμῆνος γὰρ αἰτίων καταλέγουσιν.
6. Ces deux alternatives sont parfois confondues. Ainsi on estime, avec Aristote (*Métaph.*, A, 4, 985 a 17-22) qu'Anaxagore ne recourt au *Noûs* divin que dans les cas où il ne peut trouver d'explication proprement physique ; « mais, écrit Zeller, Anaxagore prend un intérêt trop vif aux questions physiques, pour pouvoir se borner, en fait, à des considérations théologiques » (*La phil. des Grecs*, trad. E. Boutroux, t. II, Paris, 1882, p. 407). — Mais cette alternative est très superficielle ; tout le *Timée* prouve la possibilité d'une explication, tout ensemble physique et théologique ; il conjugue, pour chaque phénomène, la « cause divine » et la Nécessité (c'est-à-dire la cause mécanique). L'alternative fondamentale est entre la théorie générale de la cause et l'application concrète de cette théorie, et le problème fondamental (et commun au physicien et au théologien) consiste à protéger le monisme de la théorie, à la fois contre le reproche de stérilité et contre la dispersion dans un pluralisme à la mesure des phénomènes où elle s'aventure.
7. Plut., *de virt. mor.*, 2, 441 b (*S.V.F.*, III, 255) : Σμῆνος ἀρετῶν, cf. *Ménon*, 72 a 7.

d'emblée l'accent sur la thèse fondamentale : passé et futur, opposés en bloc au présent.

« Le temps se prend dans deux acceptions, ainsi que la terre, la mer et le vide : (on peut en considérer) le tout ou les parties. » La distinction : tout-parties nous est rapportée, dans un autre contexte, par Diogène Laërce : « La substance, c'est-à-dire la matière, se dit dans deux sens : celle de toutes choses et celle des êtres particuliers ; la première ne s'accroît ni ne diminue ; l'autre s'accroît et diminue[1]. » Cette distinction : tout-parties, suggérée par les deux premiers exemples[2], va être précisée à l'aide du troisième : « De même que le vide total est infini de toutes parts, de même le temps total est infini à ses deux extrémités ; en effet, le passé et le futur sont infinis. » — L'expression de « total », par où est désigné le *tout* du vide et du temps, est celle-là même qui, dans une autre division, englobait le monde et le vide[3], c'est-à-dire, en cosmologie, le terme le plus général, qui comprend l'être et la condition incorporelle de l'être ; un terme, autrement dit, qui peut s'appliquer aussi bien à l'incorporel qu'à ce qui est corporel, au « tout », aussi bien qu'aux « parties » qui y sont virtuellement contenues.

Quelles sont les parties du vide, notre texte ne le dit pas ; mais il est clair que ces parties ne sont plus « du vide » à proprement parler, mais déjà des « lieux ». A première vue, il ne semble pas non plus être question des parties du temps. Si le vide est dit infini « de toutes parts » ; le temps, « à ses deux extrémités », on pourrait croire que l'infinitude, dans les deux cas, est également complète (le temps étant figuré par une droite). Mais il n'en est rien, ainsi qu'il ressort de l'explication suivante : « En effet, le passé et le futur sont infinis. » Ces « deux extrémités » ne sont donc pas les seules limites illimitées de la ligne temporelle ; comme le vide total peut avoir des parties : les lieux ; de même, semble-t-il, le temps, infini en passé et en avenir, pourrait, en partie, se limiter. Et c'est ce que nous dit Diogène : « Le

1. Diog. Laërt., VII, 150 (*S.V.F.*, II, 316) ; cf. Arius Did., 20 (*Dox. gr.*, 457 sq.).

2. C'est tout ce que prétendent ces deux exemples, mais l'analogie ne va pas plus loin ; la terre et la mer sont des ὅλα, c'est-à-dire des touts limités, comme le monde lui-même, alors que le vide est un πᾶν, c'est-à-dire un tout infini.

3. Cf. p. 27 sq.

passé et le futur sont infinis, mais le présent est limité »[1].

14. « C'est ce qu'affirme très clairement sa thèse : aucun temps n'est entièrement présent. » Mais la suite du texte soutient que « seul, le présent existe ; le passé et le futur subsistent, mais n'existent pas du tout ». S'il y a là une contradiction, elle ne peut être qu'apparente, puisqu'elle se trouverait dans un même passage où le doxographe, pour sa part, ne voit rien que de « très clair ».

La thèse : « Aucun temps n'est entièrement présent », est précisée dans la conclusion : « Aucun temps n'est rigoureusement présent, mais on le dit (présent) selon une certaine étendue. » C'est donc au sens « rigoureux », qu'aucun temps n'est « entièrement présent ». Le sens de cette distinction nous est donné dans le texte parallèle de Posidonius. « Rigoureux » signifie : « saisi par la pensée » ; « en étendue » veut dire : « saisi par la sensation »[2]. Le présent dont Chrysippe conteste l'existence, est donc un « être de raison » ; il est très naturel, dans cette philosophie sensualiste, qu'un tel être n'existe pas. C'est le propre de ces incorporels que sont les exprimables, que de n'exister que dans la « pensée »[3].

La preuve de l'inexistence de ce présent s'appuie sur la divisibilité à l'infini des continus. Cette théorie de la division est empruntée à Aristote, et l'on admet que, chez les Stoïciens, elle procède d'une intention surtout polémique : il s'agit de montrer, contre Epicure, que la division des corps peut se poursuivre à l'infini, sans que l'on puisse jamais rencontrer ces éléments « indivisibles » que seraient les atomes[4]. Si telle est bien la prétention de cette théorie, elle enveloppe donc une réduction à l'absurde ; elle fait voir que la conception atomiste, appliquée rigoureusement, dé-

1. Diog. Laërt., VII, 141.
2. Posidonius *ap.* Ar. Did., 26 (*Dox. gr.*, 461, 19-21) : Τὸ δὲ νῦν καὶ τὰ ὅμοια ἐν πλάτει χρόνον καὶ οὐχὶ κατ' ἀπαρτισμὸν νοεῖσθαι. Λέγεσθαι δὲ τὸ νῦν καὶ κατὰ τὸν ἐλάχιστον πρὸς αἴσθησιν χρόνον...
3. Diog. Laërt., VII, 63 (*S.V.F.*, II, 181) : Φασὶ δὲ [τὸ] λεκτὸν εἶναι τὸ κατὰ φαντασίαν λογικὴν ὑφιστάμενον ; cf. p. 18, n. 4-5. Et le texte de Proclus, au sujet du temps : Ἓν γὰρ ἦν τῶν παρ' αὐτοῖς ἀσωμάτων ὁ χρόνος, ἃ δὴ καταπεφρόνηται παρ' αὐτοῖς ὡς ἀδρανῆ καὶ οὐκ ὄντα καὶ ἐν ἐπινοίαις ὑφιστάμενα ψιλαῖς (*in Plat. Tim.*, 271 d = *S.V.F.*, II, 521).
4. Voir E. Bréhier, *Chrysippe*, p. 120. ★

truit les soi-disant insécables derniers et, par là, se détruit elle-même.

Cette polémique implique deux idées, d'ailleurs solidaires : *a)* ce dont on veut ainsi démontrer l'inexistence, ce ne sont pas les éléments réels des choses, mais uniquement ces éléments insécables, invisibles et dépourvus, pour Epicure comme pour Démocrite, de toute qualité sensible[1], donc, aux yeux des Stoïciens, des éléments simplement « pensés » ; *b)* la division à l'infini se fait selon une méthode d'analyse mathématique, « dianoétique », qui se révèle radicalement impuissante à nous faire saisir les éléments réels des choses. Aussi peut-on l'appliquer sans inconvénient, non seulement aux incorporels, mais encore aux corps : dans les deux cas, on ne divise qu' « en pensée », sans entamer l'être réel. C'est ce que nous explique Aëtius : « Chrysippe a dit que les corps se divisent à l'infini, de même que les choses qui ressemblent aux corps, comme la surface, la ligne, le lieu, le vide, le temps ; si ces choses se divisent à l'infini, le corps n'est pas (pour autant) composé[2] de corps infinis, pas plus que la surface[3], ni la ligne, ni le lieu < ni le vide, ni le temps >[4] »[5].

On ne saurait donc conclure de notre texte que Chrysippe, enseignant la divisibilité à l'infini du temps, ait voulu montrer l'irréalité de celui-ci, car une conclusion analogue réduirait également à néant, la réalité des corps. Nous nous demanderons plus loin si la théorie de la division des continus ne comporte pas, chez Chrysippe, une contre-partie positive. Pour l'instant, il suffit de voir que l'irréalité est affirmée d'un temps (ou d'un présent)[6] que l'on prétendrait saisir par l'analyse dianoétique, de même que sont irréels les

1. Démocrite, in *Vors*6., 68 A 49 (Galien, *de elem. sec. Hipp.*, I, 2) ; Epicure, *Lettre à Hérodote*, 54.

2. Cf. Plut., *de comm. not.*, 38, 1079 b-c (*S.V.F.*, II, 483).

3. Il faut comprendre : « ...n'est composée de surfaces », et de même pour les autres termes de l'énumération.

4. L'addition, due à Heeren, semble s'imposer ; l'hésitation de Diels (« ceterum dubitari potest de *vacui* et *temporis* notione corporea ») ne se justifie pas ; la corporéité n'est affirmée, ni du vide, ni du temps, dans ce texte, dont la thèse principale (la divisibilité à l'infini des corps, des lieux et des temps) est corroborée par Sextus, *math.*, X, 142 (*S.V.F.*, II, 491).

5. Aëtius, I, 16, 4 (*Dox. gr.*, 315, 8-15 = *S.V.F.*, II, 482).

6. C'est « le temps total » qui, en tant que continu, comporte la division à l'infini (le temps total, qui est infini du côté du passé et du côté de l'avenir). Mais la division, puisqu'elle ne peut s'arrêter à aucun instant indivisible, s'applique également au présent (qui, lui, est limité) ; c'est ce qu'implique notre texte même, et c'est ce que nous dit formellement Plutarque : « Ils ne veulent

disques innombrables dans lesquels Démocrite avait décomposé le cône[1] ; de quoi, assurément, les Stoïciens n'entendaient pas conclure que le cône même n'existait pas[2]. Est réel, en revanche, le présent d'une certaine étendue et saisi par la sensation.

15. On ne saurait donc dire, à la suite de Proclus, que « toute cette argumentation tend... à nier la réalité du temps : il n'est jamais actuel et par conséquent n'existe pas »[3]. Cela n'est vrai que du passé et de l'avenir. Mais le présent, lui, existe et est actuel, en sorte que la théorie du temps est exactement analogue à celle de l'espace[4] :

$$\frac{\text{le vide (infini de toutes parts)}}{\text{le lieu (limité)}} = \frac{\text{le temps (infini à chacune de ses extrémités : passé et futur)}}{\text{le temps (limité : présent)}}$$

Sans doute, la théorie eût-elle été plus scolairement intelligible si, comme dans le cas du vide et du lieu, Chrysippe avait employé, pour distinguer ces deux temps, deux termes différents. Mais la distinction entre présent, d'une part, et passé et futur, d'autre part, a dû lui paraître suffisante, sans compter la précision : « Le temps se prend dans deux acceptions. » — En tout cas, s'il y a, de la part de Chrysippe, une négligence sur la terminologie, on peut dire qu'elle est réparée chez Marc-Aurèle, chez qui le temps infini, correspondant au vide, prend un nom précis, celui qu'on a coutume de traduire[5] par : éternité (αἰών)[6].

pas reconnaître un instant sans parties ; *si l'on croit saisir par la pensée* un présent, ils répondent que ce présent est en partie du passé, en partie, du futur » (ὅ τι ἄν τις ὡς ἐνεστὼς οἴηται λαβὼν διανοεῖσθαι, τούτου τὸ μὲν μέλλον, τὸ δὲ παρῳχημένον εἶναι φάσκουσιν), *de comm. not.*, 41, 1081 c (*S.V.F.*, II, 519).

1. Plut., *de comm. not.*, 39, 1079 e (*S.V.F.*, II, 489 = Diels, *Vors.*6, 68 (55, B, 155).
2. Cf. *Incorporels*, p. 8.
3. *Incorporels*, p. 59.
4. E. Bréhier a parfaitement indiqué cette analogie (« Ce temps est au milieu du temps infini comme le lieu du monde dans le vide », *Incorp.* p. 55), malheureusement, sans en faire bénéficier son interprétation d'ensemble de la théorie du temps.
5. Sur l'origine et le développement de ce mot, voir maintenant les analyses de R.B. Onians, *The origins of European thought about the body, the mind, the soul, the world, time and fate*, Cambridge, 1951. — Il est notable que ce mot désignant primitivement le « liquide vital » en vient à signifier « life-time », période, puis : éternité (Onians, p. 251), c'est-à-dire qu'il implique cette *limitation* que les Stoïciens réservent au temps présent.
6. Marc-Aurèle, IV, 3, 7 : Τὸ χάος τοῦ ἐφ' ἑκάτερα ἀπείρου αἰῶνος (cf. notre texte

Ainsi n'est incorporel que ce temps-*aiôn*, temps infini en passé et en avenir, et cet instant mathématique qui, lui-même, se divise à l'infini en passé et futur[1]. Mais si le présent, étendu et saisi par la sensation, existe, en quoi consistera son mode d'existence, et comment en est limitée l'étendue ?

16. « Selon les Stoïciens, on appelle sensation le souffle venant de la partie hégémonique »[2] ; mais dans cette activité perceptive, l'âme n'est pas créatrice ; elle ne fait que consentir à une représentation qu'imprime en elle le réel[3]. Aussi n'est-ce pas directement la sensation, qui limite l'étendue du présent, mais bien un acte réel, saisi (ou saisissable) par la sensation. Cet acte, dans l'*aiôn* infini, détermine par son étendue, des présents ; comme le corps, dans le vide, occupe et découpe des lieux.

Par rapport à l'agent, toujours corporel, ses actes sont des *manières d'être*, son « comportement » qui n'en affecte pas l'être intime. Mais il le manifeste en tant qu'agent, et cela essentiellement ; l'être corporel étant défini par son pouvoir d'action et de passion[4]. Si bien que l'acte, envisagé, non comme simple comportement, mais comme le comportement d'un être, tend à s'identifier avec lui et à prendre corps. La promenade, que Chrysippe cite comme exemple d'un présent étendu et existant, est rattachée et identifiée au « principe hégémonique même »[5]. L'étendue temporelle qui « accompagne »[6] cet acte ne saurait être un incorporel pur.

d'Arius : Τὸν χρόνον πάντα ἄπειρον εἶναι ἐφ'ἑκάτερα). Ces extrémités sont le passé et le futur : XII, 7 : Τὴν ἀχάνειαν τοῦ ὀπίσω καὶ πρόσω αἰῶνος ; la suite immédiate de ce texte : τὴν ἀσθένειαν πάσης ὕλης, mentionne la matière, c'est-à-dire que le temps-aiôn et la matière inerte sont pris ici dans le sens du « tout » (p. 36. n. 1). La distinction : tout-partie est appliquée aux deux termes dans XII, 32 : Πόστον μέρος τοῦ ἀπείρου καὶ ἀχανοῦς αἰῶνος ἀπομεμέρισται ἑκάστῳ... πόστον δὲ τῆς ὅλης οὐσίας et, avec emploi technique du mot « intervalle », dans V, 24 : Μέμνησο τῆς μὲν συμπάσης οὐσίας, ἧς ὀλίγιστον μετέχεις, καὶ τοῦ σύμπαντος αἰῶνος, οὗ βραχὺ καὶ ἀκαριαῖόν σοι διάστημα ἀφώρισται, καὶ τῆς εἱμαρμένης, ἧς πόστον εἶ μέρος ; cf. IV, 50, 3 (διάστημα), 5 (βλέπε γὰρ ὀπίσω τὸ ἀχανὲς τοῦ αἰῶνος καὶ τὸ πρόσω ἄλλο ἄπειρον). — Voir plus loin, §§ 99-101.

1. P. 38, n. 6.
2. Diog. Laërt., VII, 52.
3. P. 23, n. 6.
4. Plut., *de comm. not.*, 30, 1073 e (*S.V.F.*, II, 525) : ἐπειδὴ ὄντος τὸ ποιεῖν τι καὶ πάσχειν.
5. P. 23, n. 2. Aristote avait allégué le même exemple pour illustrer l'ἐνέργεια (*Phys.*, V. 4, 228 a 16-17).
6. Παρακολουθοῦν διάστημα (Arius Did., *loc. cit.*).

De fait, nous savons que Chrysippe a donné une interprétation matérialiste des divisions du temps : « Il n'est pas vrai, si la nuit est un corps, que le soir, l'aurore, le minuit ne soient pas des corps ; pas plus (qu'il n'est vrai de dire) que le jour est un corps, mais non pas la nouvelle lune, le dixième, le quinzième et le trentième jours du mois, de même que l'été, la fin de l'automne et l'année[1]. » Ces termes doivent être pris dans leur acception littérale ; nous savons, par exemple, que les Stoïciens définissaient l'hiver comme « l'air au-dessus de la terre, qui se refroidit par suite de l'éloignement du soleil »[2] ; de même le mois, pris, non comme détermination temporelle pure (et, en tant que telle, incorporelle)[3], mais comme corps, c'est « la lune tournant vers nous sa partie brillante »[4].

On sait que Platon, à la suite des Pythagoriciens, avait divinisé les divisions du temps, telles que les saisons ou l'année[5]. Les Stoïciens n'acceptent pas l'inspiration mathématique du platonisme pythagorisant, mais eux aussi confèrent aux divisions du temps le plus de réalité qu'elles puissent recevoir dans leur système ; ils les considèrent comme des corps.

Par là, l'étendue temporelle qui « accompagne » l'acte, prend toute la réalité dont elle est capable, sans cependant cesser d'être un incorporel. Ce caractère dérivé de la réalité du temps est parfaitement souligné par Plutarque, quand il reproche aux Stoïciens de méconnaître (disons : de ne pas reconnaître) l'*essence* du temps, et de n'en définir qu'un *accident* (autrement dit, de n'y voir qu'un *accompagnement*)[6].

17. La formule de Chrysippe : « Le temps est l'intervalle accompagnant le mouvement du monde », considère, non plus un intervalle quelconque, mais bien « l'étendue » (πλάτος) temporelle la plus grande, définie par une période cosmique

1. Plut., *de comm. not.*, 45, 1084 d (*S.V.F.*, II, 665).
2. Diog. Laërt., VII, 151 (*S.V.F.*, II, 693).
3. Cléomède, *de motu circ. corp. cael.*, II, 5, 112 (éd. H. Ziegler, p. 202, 11-23)
4. Chrysippe *ap.* Ar. Did., 34 (*Dox. gr.*, 467, 20 = *S.V.F.*, II, 677).
5. Voir notre *Essai sur le Cratyle*, pp. 129 sqq, et P. Boyancé, *La « doctrine d'Euthyphron » dans le Cratyle*, *Rev. Et. Gr.*, 1941, t. LIV, pp. 147 (« cette divinisation des parties du Temps se retrouvera chez les Stoïciens ») sqq. ; *La religion de Platon*, *Rev. Et. Anc.*, 1947, pp. 182 sqq.
6. Plut., *quaest. Plat.*, 8. 4, 1107 a (*S.V.F.*, II, 515) : (Le temps) " διάστημα τῆς κινήσεως " ἄλλο δ'οὐδέν, ὡς ἔνιοι τῶν Στωϊχῶν ἀπὸ, συμβεβηκότος ὁριζόμενοι, τὴν δ'οὐσίαν αὐτοῦ καὶ τὴν δύναμιν οὐ συνορῶντες.

et qui n'est « présente » qu'au regard de Zeus. Comme l'a dit E. Bréhier, Chrysippe rattache ainsi « le temps au monde comme une conséquence à son principe» ; est-ce pour « atténuer la réalité et l'efficacité du temps » ?[1]

Rattaché au mouvement du monde, le temps, assurément, jouit d'un statut de moindre existence, d'existence dérivée et d'emprunt. Mais, coupé du mouvement cosmique, le temps risquerait fort de ne point exister du tout. En opposition directe avec la thèse platonico-aristotélicienne de l'éternité du monde, les Stoïciens enseignent la naissance et la conflagration du monde, les palingénésies périodiques. L'éternité, ce « temps infini », au cours duquel le Premier Moteur suscite et maintient un « mouvement éternel »[2], éternité non limitée, non informée par les périodes, — c'est là le temps dont les Stoïciens auraient accepté de dire, selon la formule de Proclus[3], qu'il est « tout près du non-être ». Une telle éternité inconsistante, inarticulée, les Stoïciens l'admettent ; ils l'attribuent à la matière[4], cette chose inerte et passive[5] ; irrationnelle[6]. De même que la matière reçoit sa réalité du pneuma divin, qui la pénètre et en fait un *corps*, de même le temps infini, pour exister, a besoin de la vie du monde, qui le détermine et le scande selon son rythme périodique.

Les difficultés pour comprendre cette conception sont analogues à celles que nous avons rencontrées dans la théorie du lieu. Un des arguments allégués par Boëthos contre la thèse de la conflagration est très éclairant à cet égard : « Si le monde est engendré (dans le temps) et qu'il soit périssable, comment peut-il naître du non-être[7] ? » En supposant que

1. *Incorporels*, p. 55.
2. *Phys.*, θ, 10, 267 b 24.
3. P. 13, n. 2.
4. Zénon et Chrysippe *ap.* Ar. Did., 20 (*Dox. gr.*, 457, 26 ; 458, 5).
5. Sénèque, *Ep.*, 65, 2 : « Materia iacet iners, res ad omnia parata. »
6. Plut., *de comm. not.*, 48, 1085 c (*S.V.F.*, II, 313) : Ἡ ὕλη καθ' αὑτὴν ἄλογος οὖσα καὶ ἄποιος.
7. Philon, *de incorr.* (*aetern.*) *mundi*, XVI, déb., p. 25, éd. F. Cumont. — L'aspect temporel de γενητός que nous rendons, après B. Tatakis, par : être né *dans le temps* (*Panétius de Rhodes*, Paris, 1931, p. 104) est également souligné par Zeller, *loc. cit.*, p. 576, qui invoque cet argument pour montrer que Boëthos en concluait que le monde est, non seulement sans fin, mais encore sans commencement. — Dans l'argument suivant (p. 26, 15 sqq.), on suppose que le temps existe indépendamment de l'acte qui le détermine, après quoi l'on fait ressortir l'absurdité qu'il y a à concevoir Dieu inactif *pendant* le temps compris entre la conflagration et la palingénésie.

le monde « naît dans le temps », Boëthos commet la même méprise que Plutarque, quand celui-ci juge contradictoire que le monde soit placé au centre du vide. De fait, c'est la place du monde, qui fixe le centre du vide, et c'est la naissance et la destruction du monde qui, loin de se placer « dans le temps », délimitent, à l'inverse, et définissent le présent temporel d'une période, arrachée à ce non-être qu'est l'éternité.

18. « Seul, le présent existe » ou, pourrait-on dire, le seul temps existant, c'est le présent. Déjà le *Timée* avait opposé le « *est* » (qui « ne s'applique qu'à la substance éternelle ») aux expressions « *était, sera* » (« qu'il convient de réserver à ce qui naît et progresse dans le temps »)[1]. L'originalité de la théorie stoïcienne est d'interpréter ce « est » éternel et immuable dans un sens temporel, et de le concevoir comme « présent » pendant toute la durée, si l'on peut dire, de l'acte qui le définit. Quant au passé et à l'avenir, ils n'ont, dans le platonisme, qu'un rapport lointain avec le présent éternel, un rapport d'image à modèle. Mais, dans le stoïcisme, la temporalisation de l'éternité ou, si l'on préfère, le privilège accordé au présent d'être un temps et de concentrer cependant en lui l'achèvement et la perfection que le platonisme avait réservés à l'éternité, vont pouvoir s'étendre au passé et à l'avenir. Au lieu de n'être « que des changements »[2], passé et futur sont résorbés dans le présent total de la période cosmique et, en ce sens, on peut dire avec Apollodore, que « le temps dans son ensemble est présent »[3].

Dans un autre sens, c'est-à-dire, non plus dans une perspective cosmique, passé et futur, « subsistent, mais n'existent pas du tout ». Le mot que, à la suite d'É. Bréhier[4], nous traduisons par « subsister », sert couramment dans les textes à désigner le mode d'existence des incorporels[5], c'est-à-dire une existence simplement pensée ou dans la pensée. Passé et futur sont des « prédicats », exprimés par des verbes, mais

1. *Timée*, 38 a.
2. *Ibid.*
3. Apollodore *ap.* Ar. Did., 26 (*Dox. gr.*, 461, 10).
4. *Incorporels*, p. 58.
5. Cf. p. 37, n. 3.

ce ne sont pas des « accidents » (actuels) du sujet-agent[1]. L'acte indiqué par ces verbes n'étant plus (ou : pas encore) présent, passé et futur ne sont que des êtres de raison ; ils sont saisis par la pensée, mais non pas, comme le temps « étendu » du présent, par la sensation.

Sont-ils sans rapport absolument avec le présent ? — Il semble bien que cela dépende du sujet percevant. Déjà nous avons vu que, dans l'étendue de la période cosmique, ils demeurent présents au regard de Zeus. Ils le sont également pour l'homme, qui interprète les « signes ». — On sait que dans la séméiologie stoïcienne, « le signe présent est signe d'une chose présente », mais non pas passée ni à venir. La cicatrice est signe, non pas qu'un tel a été blessé, mais « qu'il *est* ayant été blessé » ; la blessure au cœur n'est pas signe qu'un tel devra mourir, mais qu'il « *est* devant mourir »[2]; en sorte que le signe présent, saisi par la sensation, permet d'appréhender le signifié, caché (ἄδηλον) et invisible, dans le mode du présent.

19. Il nous reste à poser un dernier problème, celui qui concerne la théorie de la division à l'infini. L'intention polémique de cette théorie est incontestable : « La principale raison pour laquelle il (Chrysippe) l'acceptait, est qu'il ne voulait pas, à la façon des atomistes, composer l'être d'un agrégat de corps indivisibles »[3].

Mais il se peut, en outre, que cette théorie comporte un aspect positif, par où elle se rattacherait étroitement à celle du mélange total. On sait que, dans le mélange total, deux corps s'entrepénètrent complètement, encore qu'ils soient de dimensions différentes. Dans ce cas, le corps plus petit « s'étend à travers » (διατείνειν) et à la dimension du corps plus volumineux[4]. Or, quand Plutarque combat la théorie de la division à l'infini, en vertu de laquelle un homme n'aurait pas plus d'étendue que son doigt, puisque, entre deux

1. C'est ainsi, semble-t-il, qu'il faut comprendre la fin de notre passage. Συμβεβηκός, ici, est pris dans un sens plus restreint que κατηγόρημα : c'est un κατηγόρημα existant (ὑπάρχειν). — Dans un texte de Zénon, l'effet est défini un κατηγόρημα, mais c'est un prédicat « existant » (ἀδύνατον δ'εἶναι τὸ μὲν αἴτιον παρεῖναι, οὗ δέ ἐστιν αἴτιον μὴ ὑπάρχειν et, selon Posidonius : οὗ δ' αἴτιον οὔτε ὂν οὔτε σῶμα, ἀλλὰ συμβεβηκὸς καὶ κατηγόρημα (Arius, 18 (*Dox. gr.*, 457, 4-16).)

2. Voir Sextus, *math.*, VIII, 254-256 (*S.V.F.*, II, 221).

3. E. Bréhier, *Chrysippe*, p. 120.

4. Chrysippe *ap.* Plut., *de comm. not.*, 37, 1077 e (*S.V.F.*, II, 480).

infinis, il n'y aurait pas de différence[1], son seul tort, semble-t-il, est de couper cette théorie de celle du mélange total ; on peut penser que les Stoïciens se sont aidés d'un tel raisonnement[2] pour expliquer comment, par exemple, une goutte de vin peut pénétrer l'océan tout entier. Deux textes de Plotin semblent confirmer cette hypothèse[3].

Ces deux intentions de la théorie sont parfaitement compatibles, puisque la divisibilité à l'infini, selon un texte de Chrysippe, ne signifie dans aucun cas que le corps soit « composé » de parties infinies[4]. Il est possible que la divisibilité du temps ait également un aspect positif ; de même que, dans le cas du mélange total, on expliquait ainsi comment pouvaient s'unir deux corps à dimensions inégales, de même on pouvait faire comprendre qu'un acte puisse se placer dans un laps de temps très bref, et justifier par là le fameux paradoxe du bonheur du sage, logé dans un seul instant.

1. Plut., *de comm. not.*, 38, 1079 a (*S.V.F.*, II, 484).

2. Cf. aussi Pohlenz, *Stoa*, I, 73 : « Puisque, par suite de la divisibilité à l'infini, il n'y a pas d'atomes impénétrables, les éléments de deux corps peuvent s'entrepénétrer dans la Krasis. »

3. Plotin, IV, 7, 8 fin, et surtout II, 7, 1, 22 (*S.V.F.*, II, 478) : Οἱ δ'αὖ τὴν δι' ὅλων κρᾶσιν εἰσάγοντες τέμνεσθαι μὲν καὶ μὴ εἰς τομὰς ἀναλίσκεσθαι λέγειν ἂν δύναιντο καὶ δι' ὅλων τῆς κράσεως γινομένης, cf. Chrysippe *ap.* Aët., I, 16, 4 (*Dox. gr.*, 315, 11-14) : Εἰς ἄπειρόν τε τούτων τεμνομένων, οὔτε σῶμα ἐξ ἀπείρων σωμάτων συνέστηκεν (cf. plus haut, p. 38, n. 5).

4. Cf. n. 3.

B. *PASSAGE A LA MORALE*

Chapitre II : PASSAGE AU PROBLÈME DU TEMPS VÉCU

I. Précellence du présent

20. Le vide et le temps infinis se réalisent si un agent corporel vient les délimiter. A cet agent, l'immensité du temps et de l'espace n'est, à chaque fois, donnée que dans ce lieu qu'il occupe, dans ce présent où il agit, c'est-à-dire *hic et nunc*. On sait que pour Hegel, la certitude sensible, malgré son contenu concret, « se présente en réalité comme la vérité la plus abstraite et la plus pauvre »[1]. Plus près des Stoïciens, Platon avait montré que l'objet des relativistes, saisi dans le seul présent, se dissolvait en non-être[2]. Et Aristote avait enseigné que l'instant, limite sise entre le passé et l'avenir, était indivisible et sans étendue : rien ne pouvait s'y loger, ni mouvement ni repos[3].

D'autre part, Aristote aussi bien que Platon avaient placé au-dessus du flux des sensibles, un présent éternel ou, selon l'expression de Bergson, une « immutabilité réalisée »[4] : la contemplation toujours en acte du Moteur immobile, et la stabilité toujours identique des Formes que seul peut exprimer le « est », mais ni le « sera » ni l' « était »[5].

1. *Phénoménologie*, 3e éd. Lasson, Leipzig, 1929, p. 79. — Voir Ch. Andler, *Le fondement du savoir dans la « Phénoménologie de l'Esprit » de Hegel*, *Rev. Métaph. et de Mor.*, 1931, pp. 41 sqq. (à la p. 47, l. 6, la phrase qu'on vient de citer, est traduite inexactement, par l'adjonction d'une négation), et J. Hyppolite, *Genèse et structure de la Phénoménologie de l'Esprit de Hegel*, Paris, 1946, pp. 84 sqq.
2. *Théét.*, 181 c-183 b.
3. *Physique*, Z, 3, 233 b 32-234 a 35.
4. *L'Evolution créatrice*[14], Paris, 1913, p. 347.
5. *Timée*, 38 a.

Si, à la place des Formes et du Premier Moteur, les Stoïciens mettent le Monde et le Dieu corporel, ils ne remplacent pas seulement l'idée par le corps, mais la cause finale par la cause motrice, c'est-à-dire, à leur gré, le projet par l'activité[1]. A cela est liée la deuxième transformation dont nous avons déjà parlé : l'éternité qui convenait à la solennité immobile du réel platonico-aristotélicien, est remplacée par un rythme périodique ; l'éternité invertébrée, tout près du non-être, par un temps articulé. La troisième transformation consiste à replacer le présent des philosophies éternitaires dans le temps réel, à en faire même le seul temps réel (donc à conférer densité et épaisseur à l'instant mathématique d'Aristote), mais précisément du temps, et non plus l'éternité. Il fallait alors protéger ce présent temporel contre les objections, issues de la conception héraclitéenne du flux et ratifiées par Platon[2], en transportant au présent temporel toute la consistance que les anciens avaient attribuée à l'éternité.

Cette consistance, l'éternité la tirait de sa perfection et de sa plénitude, de son caractère de *tota simul*, formule déjà établie par Plotin[3], de son pouvoir de totaliser dans l'instant ; selon l'image de Bergson : au lieu de courir dans le temps après la menue monnaie, dont « le paiement se poursuit indéfiniment sans que la dette soit jamais payée », dans l'éternité « on se libèrerait d'un seul coup avec la pièce d'or » ; « passé, présent avenir se rétractent en un moment unique, qui est l'éternité »[4]. Tout se passe comme si les Stoïciens revendiquaient ce caractère pour le présent temporel, pour ce présent qui, loin d'être ou de comprendre le *tota*, risquait, d'après l'analyse de Platon, de s'abîmer dans le flux perpétuel.

Ce présent mutilé et instable, le stoïcisme le connaît et le reconnaît ; il l'attribue à la conscience animale. Mais de

1. L'essence de la cause, nous dit Sénèque, c'est « ratio scilicet faciens, id est deus » ; le modèle idéal « pars causae est, non causa » ; c'est tout au plus un « instrumentum causae necessarium » (*Ep.*, 65, 12-13). Cf. la critique du finalisme dans *L'Evolution créatrice* et surtout (cf. plus loin chap. IV) dans l'*Ethique* de Spinoza,

2. Cf. p. 47, n. 2

3. Plotin, III, 7, 3, 18 : ἅμα τὰ πάντα. (« interminabilis uitae *tota simul et perfecta possessio* » dira Boèce).

4. *L'Evolution Créatrice*, pp. 343, 346.

même que, dans la hiérarchie des êtres, on s'élève de l'animal à l'humain, de même on peut, à partir de ce présent instantané et évanescent, aller vers le passé et vers l'avenir ou, plus exactement, étendre et élargir le présent vers les deux autres dimensions, de manière à embrasser, selon une expression de Cicéron, « la totalité de la vie »[1]. Pour reprendre les termes d'Aristote : il n'est pas vrai que l'instant, comme l'avait dit le Stagirite, « divise » ; plutôt, on l'a vu, il délimite et il détermine ; mais il est très vrai que l'instant « relie »[2] ; bien plus, il faut dire qu'il *totalise*.

C'est surtout dans la vie morale, que doit s'accomplir ce mouvement *totalisant* ; c'est dans l'éthique (qui, ainsi que la philosophie tout entière, est bien moins une *théorie* qu'une *ars uitae*)[3], que nous en verrons plus clairement le sens ; le texte de Cicéron montre comment, à partir du présent, l'homme parvient à embrasser *totius uitae cursum*. Mais il faut, auparavant, examiner une objection qui pourrait se présenter. Si la primauté accordée au présent dans la théorie stoïcienne du temps ne peut guère être contestée, cette théorie même, d'après les cadres scolaires, fait partie de la physique. Dès lors, est-il légitime d'y faire appel pour interpréter l'éthique et, inversement, de recourir à l'éthique pour mieux comprendre cette théorie ?

II. Temps physique et temps vécu

21. On enseigne en effet couramment que pour les anciens, le problème du temps relève exclusivement de la physique,

1. Cic., *De officiis*, I, 4, 11 : « Inter hominem et beluam hoc maxime interest, quod haec tantum, quantum sensu mouetur, ad id solum, quod adest quodque praesens est se accommodat, paulum admodum sentiens praeteritum aut futurum. Homo autem, quod rationis est particeps, per quam consequentia cernit, causas rerum uidet earumque praegressus et quasi antecessiones non ignorat similitudines comparat rebusque praesentibus adiungit atque adnectit futuras, facile *totius uitae* cursum uidet. » On a fait remarquer que « praesens seems to strengthen the idea of presence in a local and temporal sense », ainsi : *de orat.*, II, 47, 196 ; *de fin.*, I, 17, 55 : « Nam corpore nihil nisi praesens et quod adest sentire possumus» ; *Tusc.*, IV, 7, 14 : « Quod sit ex usu iam praesens esse atque adesse. » (H.-A. Holden, *M. Tulli Ciceronis de officiis libri tres*[7], Cambridge, 1891, *ad loc.*)
2. *Physique*, Δ, 11, 220 a 5 ; 13, 222 a 10-20.
3. Cic., *de fin.*, III, 2, 4.

et qu'il était réservé aux modernes de découvrir ce qu'on peut appeler, au sens le plus général et le plus vague du terme, le « temps vécu ». Cette thèse, à première vue, peut même invoquer l'appui des textes. Ainsi, dans le manuel doxographique d'Aëtius, les doctrines rassemblées sous le titre : « Sur le temps » (ou : « Sur l'essence du temps ») ressortissent toutes à la physique[1]. De même, dans l'aperçu systématique que donne Plotin des « théories les plus considérables sur ce sujet », il s'agit toujours du temps cosmique[2]. Comme la physique des anciens s'attache principalement au mouvement des corps célestes, on explique ainsi leur conception d'un temps circulaire, conception purement physique, et dont seuls les modernes, aidés en cela par la représentation chrétienne, et déjà judaïque, du temps[3], seraient parvenus à briser le cercle. Ce terme même de « modernes » pourra encore être pris dans un sens restrictif ; ainsi, d'après Heidegger, toutes les théories du temps précédant la sienne propre (et y compris celles de Hegel et de Bergson) seraient entachées d'un même vice originel, qui n'est autre que leur commune origine aristotélicienne, c'est-à-dire, en dernière analyse, leur dépendance exclusive à l'égard de la *physique*[4]

Cette thèse, qu'elle soit soutenue par les philosophes ou par les historiens, implique un postulat caché. Elle suppose que la pensée philosophique « évolue », non seulement, ce qui est l'évidence même, à la suite du progrès accompli par les sciences, mais par une prise de conscience de plus en plus approfondie des problèmes que pose l'existence humaine. Ce n'est pas ici le lieu de discuter ce postulat[5].

1. Aëtius, I, 21-22 (Diels, *Dox. Gr.*, p. 318).
2. Plotin, III, 7, 7, 15-16.
3. Voir le beau livre de O. Cullmann, *Christ et le temps*, Neuchâtel-Paris, 1947, p. ex. chap. II, p. 36, mais où est acceptée sans discussion l'idée que « pour l'hellénisme », l'expression symbolique du temps est « le *cercle* ».
4. Heidegger, *Sein und Zeit*, Halle[3], 1931, pp. 428-433. — P. ex. p. 428 : « Le ' lieu systématique ' où est exposée une interprétation philosophique du temps peut passer pour critère de la conception fondamentale du temps, qui, à chaque fois, inspire cette interprétation ». Or ce « lieu systématique », chez Aristote, est la *Physique*, et « l'analyse hégelienne du temps trouve, en fidélité avec la tradition, son lieu dans la seconde partie de son *Encyclopédie des sciences philosophiques*, qui porte le titre : *Philosophie de la nature* » (p. 429).
5. Il faudrait montrer, en particulier, dans certaines philosophies de l'existence, l'étrange contradiction en vertu de laquelle l'idée d'existence est présentée comme une découverte contemporaine ou même personnelle, mais revêtue en même temps d'un caractère d'universalité dans le temps et dans l'espace : l'ap-

Bornons-nous à remarquer que son intervention occulte contribue à obscurcir d'autres aspects de la pensée antique. Ainsi on répète, après Cicéron, et déjà Aristote[1], que Socrate « a ramené, le premier, la philosophie à la considération de la vie humaine et a institué des recherches sur les vertus et les vices »[2]. Comme si personne, avant Socrate, ne s'était occupé de morale ! C'est oublier les sophistes[3] et les pythagoriciens, c'est négliger toute la réflexion poétique, depuis Homère et les poètes gnomiques, bref, c'est ignorer délibérément une riche tradition qui s'épanouit dans l'admirable recueil de maximes morales attribué à Démocrite. Et comme il est entendu que l'éthique a été créée *ex nihilo* par l'école socratico-platonicienne, on suggère, au sujet de telle maxime de Démocrite, qu'elle « rend un son platonicien »[4], comme en rejetant, implicitement, l'hypothèse, beaucoup plus vraisemblable, que c'est tel texte du *Gorgias* qui « rend un son » démocritéen[5]. Les recherches de M. H. Margueritte[6] et les

pel à une existence authentique prend ainsi des traits impérialistes et s'adresse par une même contrainte universelle aux vivants et aux morts ; d'où les jugements portés contre les contemporains (un Brunschvicg, par exemple, dont l'attitude est condamnée comme « l'illusoire supériorité » d'une « sagesse intellectualiste » dans le livre, pourtant si compréhensif d'autre part, de M. P. Ricœur, sur *Gabriel Marcel et Karl Jaspers*, Paris, 1947, p. 114), et les procès intentés à titre posthume à un Descartes, un Hegel, un Comte, pour n'avoir pas pleinement *existé* ou, comme le dit Jaspers au sujet des grands positivistes, pour ne s'être pas « compris eux-mêmes » (*Philosophie*, t. I, p. 237). Voir aussi sur cette transformation arbitraire d' « une vérité relative en vérité absolue », les remarques présentées par M. Max. Chastaing, à la fin de son étude sur *La connaissance des esprits selon M. G. Ryle*, in *Journal de Psychologie*, 45, juill.-sept., 1952, p. 358. — Nous espérons avoir l'occasion de revenir sur l'ensemble du problème qui se rattache à celui de la « compétence diagnostique » (cf. plus loin, p. 174, n. 3).

1. *Métaphysique*, A, 6, 987 b 1-3.

2. Cic., *Acad. Post.*, I, IV, 15. — Pour une critique de cette tradition, voir J. Stenzel, *Sokrates*, in Pauly-Wissowa, *R.E.*, 2e série, 5e Halbbd., Stuttgart, 1927, col. 832 (cf. *ibid.* et col. 825, les remarques sur l'importance de Démocrite et de Thucydide).

3. M. E. Dupréel écrit, nous semble-t-il, avec grande raison : « Bien loin que ces professionnels soient, au Ve siècle, une classe nouvelle, on doit voir en eux les continuateurs directs d'une pédagogie dont les origines sont aussi anciennes que la culture elle-même, et dont la méthode était, traditionnellement, le commentaire des poètes et des vieilles institutions. Ce sont au contraire les physiciens, les mathématiciens, qui ont surgi comme des novateurs en matière d'enseignement, etc. » (*Les Sophistes*, Neuchâtel, 1948, p. 398.)

4. Diels, *Vors*3. 55, B, 45, note. (La 6e éd. reproduit cette appréciation, tout en mentionnant le travail de Philippson, cité dans la note suivante.)

5. Sans trancher, sur ce point, la question de l'influence, R. Philippson, ici comme ailleurs, a rendu à Démocrite ce qui appartient à Démocrite (*Demokrits Sittensprüche*, in *Hermes*, LIX, Berlin, 1924, p. 403). ✱

6. Cours inédits, professés à l'Ecole Pratique des Hautes Etudes.

travaux de M. P. Boyancé[1] ont montré que ce postulat aboutit à fausser toute la préhistoire et l'interprétation même du platonisme, par la méconnaissance de tous les éléments empruntés par celui-ci à la morale et à la religion pythagoriciennes. *

22. De même, il suffit de jeter un regard sur la poésie, homérique, gnomique et tragique, pour vérifier ce que la réflexion la plus superficielle aurait pu deviner ; comment croire, en effet, que les anciens, vivant et existant, aient ignoré le « temps vécu » ? Il serait étonnant que, de leur côté, les philosophes s'en fussent désintéressés. La conception platonicienne de la tragédie, imitation de la vie, enveloppe une analyse du temps vécu ; de ce temps, ce n'est pas le cercle, mais la droite qui serait l'expression symbolique[2]. Cette conception d'un temps linéaire est d'ailleurs longuement examinée dans la deuxième hypothèse du *Parménide*. Le lieu commun selon lequel la pensée grecque était restée enfermée dans un temps physique et, conçu sur le mode des révolutions astrales, exclusivement circulaire, semble contredit comme par anticipation dans un texte de Syrianus, où il est dit expressément qu'il y a deux façons de concevoir le temps, soit à l'image du cercle, soit à celle de la ligne[3]. — Quand il critique la théorie platonicienne du plaisir-genèse, Aristote allègue que toute genèse, étant un mouvement, ne peut se placer que dans le temps, alors que le plaisir est en quelque sorte soustrait au temps, parce qu'il atteint sa perfection et son achèvement d'un seul coup : « or, ce qui est dans l'instant est un tout achevé »[4]. Si cette conception d'un tout parfait trouve son équivalent dans la *Physique*[5], en revanche, cet instant plein où est vécu le plaisir, n'a aucun rapport avec l'instant mathématique de la *Physique*, où ne trouvaient place ni le mouvement ni le repos[6] ; or « le plaisir

1. Cf., entre autres, les travaux cités à la p. 41, n. 5 et, en dernier lieu, *Rev. Et. Gr.*, LXIV, janv.-juin 1951, pp. 302 sqq., où est annoncée (p. 304, n. 1) la prochaine publication d'un mémoire sur *La religion astrale de Platon à Cicéron* (paru entre temps in *R.E.G.*, LXV, 1952, pp. 312-349).

2. Nous nous permettons de renvoyer à notre étude sur *Le problème de la tragédie d'après Platon*, *Rev. Et. Gr.*, LXI, janv.-juin 1948, p. 58.

3. Syrianus, *ap.* Procl. *in Parm.*, éd. V. Cousin, t. VI, p. 232. (éd. de 1864, p. 1226).

4. *Eth. Nic.*, X, 3, 1174 b 9 : τὸ γὰρ ἐν τῷ νῦν ὅλον τι.

5. *Physique*, III, 6, 207 a 8 : οὗ δὲ μηδὲν ἔξω, τοῦτ' ἐστὶ τέλειον καὶ ὅλον.

6. P. 47, n. 3. — Cf. plus loin, p. 202, n. 2.

réside plus dans le repos que dans le mouvement »[1]. — Enfin, on sait que le problème de savoir *Si le bonheur s'accroît avec le temps* était couramment débattu dans les Écoles, bien avant que Plotin ne lui consacrât un traité[2].

Le temps cosmique n'est donc pas le seul qui ait retenu l'attention des anciens. Il reste vrai de dire que le problème fondamental que pose le temps est toujours traité, on l'a vu, sous le chapitre de la physique[3]. De plus, c'est souvent la théorie du temps physique, qui imprègne ou domine la conception du temps vécu. Ainsi, c'est au nom du temps cosmique, que se trouve jugé, chez Platon, le sentiment tragique de la vie[4] ; l'une des normes morales du *Timée* prescrit de « redresser les révolutions relatives au devenir, qui ont lieu dans notre tête et qui ont été troublées, par la connaissance de l'harmonie et des révolutions du Tout »[5]. Les rapports, nous essaierons de le montrer, sont bien plus étroits encore entre le temps physique et le temps de la vie morale, dans le stoïcisme, qui est la philosophie la plus systématique de l'antiquité et où souvent tel concept propre, en apparence, à l'une des trois parties du système, peut se transposer dans les deux autres[6]. Rappelons aussi que, dans son exposé même de la théorie physique du temps, Chrysippe avait allégué l'exemple de la promenade ; on sait, plus généralement, que le stoïcisme passe sans solution de continuité, des hommes à Dieu, des parties qui composent le monde, au monde même, c'est-à-dire au *systèma* qui unifie les dieux et les hommes[7]. Aucun obstacle de principe ne s'oppose donc, sur le point particulier qui nous intéresse, à une comparaison entre la physique et la morale[8].

1. *Eth. Nic.*, VII, 15, 1154 b 27 : ἡδονὴ μᾶλλον ἐν ἠρεμίᾳ ἐστὶν ἢ ἐν κινήσει.
2. Plotin, I, 5.
3. P. 50, n. 1 et 2.
4. *Le problème de la tragédie*, etc., pp. 55-58.
5. *Timée*, 90 d (trad. Rivaud).
6. « C'est le même mot, ἀκολουθία, qui désigne la conduite conséquente avec elle-même qui est celle du sage, l'enchaînement des causes qui définit la volonté ou le destin et enfin le lien qui unit l'antécédent au conséquent dans une proposition vraie » (E. Bréhier, *ap.* A. Virieux-Reymond, *La Logique et l'épistémologie des Stoïciens*, Chambéry, s. d., p. V).
7. Diog. Laërt., VII, 138.
8. Sur l'idée de temps chez les anciens, voir l'ouvrage cité de R.-B. Onians (cf. à la p. 411, la référence à Bergson, au sujet de la conception qualitative du temps) et les travaux de H. Fränkel, *Die Zeitauffassung in d. archaïsch. griech. Literatur* (in Beilageheft z. *Zeitschrift f. Ästhetik u. allgem. Kunstwiss.* XXV, 1931, p. 101 sqq.) et *Man's « Ephemeros » Nature according to Pindar and others* (in *Transact. of the American Philolog. Assoc.*, LXXVII, 1946, p. 131 sqq).

23. Dépassant ce point de vue historique (le seul que nous ayons à adopter ici), on peut certes dire, avec Heidegger, que le temps réel et réellement vécu est nécessairement manqué au départ, dès qu'on fait intervenir, dans son interprétation, des considérations d'ordre physique. — Mais il faudrait se demander d'abord si la physique, pour les anciens, a la même signification inhumaine, ou anti-humaine, qu'elle prend souvent pour nous. Il faudrait savoir surtout si cette liaison entre la physique d'une part, la morale d'autre part (ou la vie, si l'on préfère, ou l'existence, mais c'est tout un ; aucune analyse de l'existence humaine ne parvient à mettre entre parenthèses la vie morale) n'engage pas jusque dans ses racines la « conception du monde » des anciens, cette « tradition hellénique, pour qui la véritable fin de l'homme consiste à saisir sa place dans le système des réalités, et non à s'y tailler un premier rôle »[1]. Sans doute peut-on insister sur la limitation historique de cette tradition ; mais que gagne-t-on par là, si cette tradition, reprenant vigueur chez un Spinoza et même, en un sens, chez Bergson, manifeste sa valeur intemporelle[2] ? Cette « tradition » même, on est libre, assurément, de la récuser ; libre, par conséquent, de tenter une analyse du temps coupée de toute référence à la physique ou à une quelconque réalité transcendante (en quoi, d'ailleurs, on ne peut pas s'autoriser du christianisme qu'on a coutume, sur ce point, d'opposer à la pensée antique). Mais il y aurait quelque naïveté et, on l'a déjà dit[3], beaucoup d'esprit impérialiste, à présenter une telle analyse comme universellement valable et comme mesure idéale permettant de juger « inauthentiques », les théories des anciens. Plutôt que de décréter que ces théories auraient obscurci et faussé *le* temps authentique, qui se trouverait être celui de tel existant contemporain, l'historien, en tout cas, admettra que, si les anciens ont élaboré telle théorie, et telle théorie liée à la cosmologie, c'est que c'était ce temps là, et non un autre, qu'ils vivaient, et il ne verra aucune raison, ni même aucun sens intelligible, à ajouter qu'ils l'auraient vécu selon un mode inauthentique.

1. E. Bréhier, *Plotin, Ennéades*, t. II, p. 110.
2. Voir aussi N. Hartmann, *Z. Grundl. d. Ontologie*, 1948, p. 197.
3. P. 50, n. 5.

Chapitre III : PASSAGE DE LA PHYSIQUE A L'ÉTHIQUE

I. L'idée de passage

24. Du temps cosmique au temps vécu, nous passons de la physique à l'éthique. Un tel passage risque d'apparaître plutôt comme un saut, peut-être même comme un artifice. Mais ce serait alors un artifice dont le stoïcisme fait un usage si fréquent, qu'il faut essayer d'en saisir tout d'abord le motif profond.

Comme dans l'univers de Bergson[1], on va toujours, dans le stoïcisme, du plein au plein ; en ce sens, on peut dire que « tout est donné ». Mais si tout était bien réellement donné, la philosophie et la vie devraient se borner à un laisser faire et à un laisser aller, à cette attitude précisément que justifie « l'argument paresseux », et que les stoïciens ont toujours refusée. Bien au contraire, l'extrême tension de la volonté qu'ilsréclament de leur sage, semble indiquer que tout soit toujours à conquérir. De fait, la philosophie, qui est « l'art de vivre », est bien réellement une conquête, mais il faut ajouter que rien ne saurait être conquis aux yeux des stoïciens, qui, en un sens, ne nous soit pas donné d'avance. La conquête, ainsi envisagée, est un passage du même au même. Dans le mouvement structural du système, le point de départ coïncide avec le point d'arrivée.

Mais il y a cependant passage de l'un à l'autre, et c'est seulement dans et par ce mouvement que les deux points

1. Cf. Vl. Jankélévitch, *Bergson*, Paris, 1931, p. ex. p. 10, 95.

sont amenés à coïncider. Que si l'on rompt ce mouvement de tension, le point de départ se fige en point d'arrêt et de repos, et tout le *sens* du système est méconnu. Ainsi, quand on classe le stoïcisme comme naturalisme, sensualisme et matérialisme, on s'arrête, à chaque fois, à un point de départ qu'on étale en position dogmatique.

C'est très improprement, en effet, que le stoïcisme peut être rangé dans les naturalismes[1]. L'exigence de « vivre conformément à la nature » avait sans doute un sens naturaliste chez Théophraste et, surtout, chez le platonicien Polémon. Mais quand Zénon s'empare de cette formule[2], elle change entièrement de signification. « Il est très artificiel », a-t-on pu dire, « de poser en *télos* la vie conforme à la nature, puis, d'entendre par *télos*, lorsqu'il s'agit de l'homme, seulement la vie raisonnable »[3]. — Tout le stoïcisme est dans cet « artifice » ou, dirions-nous plus volontiers, dans ce *passage*. Afin de parvenir à cette volonté tendue que réclame la sagesse, on part de ce mouvement « naturel », élémentaire et facile (si facile que même l'animal en est capable), qu'est la *tendance*. — La logique, qui devra nous porter aux sommets de la dialectique et nous mettre en possession du *critère*, dont la juste application définit toute la vie du sage, part de cette connaissance aisée — parce qu'elle n'est qu'un « état

1. Il y aurait intérêt à réserver à la philosophie générale ces appellations souvent incontrôlées en -isme, sans jamais en faire usage en histoire. M. R. Polin écrit avec grande raison qu' « il n'y a qu'une seule étiquette en -isme qui convienne en propre aux bons philosophes, celle qui est forgée sur leur nom » (in *Les Etudes Bergsoniennes*, t. I, Paris, 1948, p. 214). Le sens même de ces appellations serait à déterminer par un système ou une œuvre exemplaire, bien plus utilement que par une définition abstraite. Ainsi, on conviendrait d'entendre par *naturalisme* une conception telle qu'elle s'exprime dans le *Supplément au voyage de Bougainville*, ce qui suffirait à en interdire l'application au système stoïcien. Manié, au contraire, comme une catégorie abstraite, rien n'empêche ce terme de s'appliquer par exemple à la philosophie de Platon, où les Formes sont souvent dites être ἐν φύσει.

2. Nous n'intervenons pas ici dans la discussion entre Dirlmeier et Pohlenz sur les origines péripatéticiennes et académiciennes de la morale du Portique (M. Pohlenz, *Grundfragen d. stoischen Philosophie*, Abh. Gött. Ges., 1940). Le débat porte d'ailleurs principalement sur la doctrine de l'*oikeiôsis* ; quant à l'idée des « choses conformes à la nature », Pohlenz lui-même concède que Polémon l'a adoptée (*Stoa*, t. I, p. 250) et, comme la transformation que, de toutes manières, lui fait subir Zenon est évidente (cf. le travail de von Arnim, cité dans la note suivante),la querelle de priorité, à supposer qu'elle puisse être tranchée, ne semble pas présenter un intérêt primordial. — Voir également sur l'influence de Polémon et de Théophraste, A. Jagu, *Zénon de Cittium*, Paris, 1946, chap. III, P. Barth.-A. Gœdeckemeyer, *Die Stoa*6, Stuttgart, 1946, p. 18 et O. Regenbogen, art. *Theophrastos* ; in Pauly-Wissowa, *R.E.*, Suppl. bd., VII, 1353 sqq. — Sur *de fin.* III cf. Chrysippe (*S.V.F.* III, 178) et pp. 130,2 ; 138,3 *i.f.* ; 140,3.

3. H. v. Arnim, *Arius Didymus' Abriss d. peripat. Ethik*, Wien, 1927, p. 160 sq.

passif »[1] — qu'est la *représentation*. Voilà certes un « point de départ » *sensualiste*, et donc « nettement sophistique ». Mais, ajoute avec raison E. Bréhier, « le point de départ seulement : ce qu'ils acceptent, c'est la méthode ; mais ils prétendent, par cette méthode, aboutir à des résultats tout autres... Ainsi le problème qu'ils ont à résoudre (et c'est ce qui fait le paradoxe de cette théorie) est le suivant : En se plaçant sur le terrain des sophistes, atteindre un critère de la vérité stable, immuable »[2]. Le « paradoxe », ici, n'est autre que ce mouvement de passage. — Enfin la physique, qui nous enseignera l'ensemble de la vie cosmique et nous fera connaître les dieux, pourtant invisibles, prend son départ dans la réalité la plus immédiate et la plus facile à connaître, les corps ; de ce « matérialisme »[3], on va vers une conception du corps entièrement pénétrée du *Logos*.

25. Il est clair qu'aucun de ces trois mouvements ne tend à ramener le supérieur à l'inférieur. Mais il y a conformité, cependant, *conuenientia* (ὁμολογία)[4] entre l'un et l'autre ; l'aboutissement est comme préfiguré dans le départ et, à l'inverse, la fin doit être « référée » au début[5].

1. Le motif le plus apparent d'un tel mouvement est une intention de méthode. Il s'agit, chaque fois, de nous insérer dans un dynamisme « naturel » et facile, en sorte que l'élan ainsi acquis nous porte à prolonger le mouvement initial et reçu jusqu'à cette tension autonome qui nous associe à la Nature entière. C'est en quelque manière une propédeutique. Le procédé en est clairement indiqué, quand le stoïcien Caton explique le passage des tendances à la sagesse : « Cum autem omnia officia a principiis naturae proficiscantur, ab isdem necesse est proficisci ipsam sapientiam. Sed quem ad

1. E. Bréhier, *Chrysippe*, p. 85.
2. *Id.*, *ibid.*, p. 86.
3. Pour une critique de ce terme appliqué au stoïcisme, voir A. Schmekel, *Die positive Philosophie*, t. I, 1938, p. 246.
4. Cf. *de fin.*, III, VI, 21.
5. Après avoir parlé *(ibid.)* du « bonum quo omnia referenda sint », le texte continue : « Cum uero illa quae officia esse dixi proficiscantur ab initiis naturae, necesse est ea ad haec referri, ut recte dici possit omnia officia eo referri, ut adipiscamur principia naturae. » — Même mouvement, en vertu duquel ce qui « procède » *(proficisci)* est « référé » à son origine, au chap. XVIII, § 60 : « Sed cum ab his (scil. in mediis) omnia proficiscantur officia, non sine causa dicitur ad ea referri omnes nostras cogitationes (c'est-à-dire les pensées qui s'emploient à l'élaboration et à l'application des *officia*).

modum saepe fit, ut is qui commendatus sit alicui pluris eum faciat cui commendatus, quam illum a quo sit, sic minime mirum est primo nos sapientiae commendari ab initiis naturae, post autem ipsam sapientiam nobis cariorem fieri, quam illa sint a quibus ad hanc uenerimus[1]. » — Cette métaphore de la *commendatio* pourrait être appliquée à tous les *passages* qu'opère le système stoïcien, et qui trouvent leur équivalent logique dans ces raisonnements composés dont nous avons déjà parlé[2]. La lettre de recommandation réunit une signature et une adresse ; deux noms sont « donnés ». Grâce à cette « référence », nous allons de l'un à l'autre ; le destinataire nous devient, comme dit Caton, « plus cher » : il y a bien réellement passage. Mais, selon l'expression même du texte, notre nouvel attachement demeure « référé »[3] à l'objet primitif ; il n'y a ni trahison, ni détournement ; le dépassement même semble ramené à un retour. Il ne faut donc pas pousser jusqu'au bout la métaphore de la *commendatio*, et l'on sait que les raisonnements composés peuvent se parcourir dans les deux sens[4] ; nous verrons plus loin que ce double parcours doit être effectué en même temps, et comment l'arrivée, rétroactivement, infléchit le sens de l'aller.

2. Il serait très insuffisant de ramener ce « passage » à un artifice, ou même à un procédé pédagogique. De même que

1. *De fin.*, III 7, 23. — « Comme tous les convenables ont pour point de départ les tendances premières de la nature, ces mêmes tendances sont forcément aussi le point de départ de la sagesse. Mais de même qu'il arrive souvent qu'une personne recommandée fasse plus de cas de celui à qui s'adresse la recommandation que de celui qui l'a donnée, de même il n'est pas le moins du monde surprenant qu'originairement nous soyons recommandés à la sagesse par les tendances initiales de la nature et que, par la suite, la sagesse elle-même nous devienne plus chère que les tendances d'où nous sommes partis vers elle » (trad. J. Martha). — C'est également par l'idée de la *commendatio* qu'on passe de l'amour de soi à l'amour de l'humanité (chap. XIX, § 63).

On sait que Bergson a contesté la possibilité d'un tel passage. Notons, en tout cas, que dans la description qu'il en donne, Bergson a parfaitement vu le mouvement à la fois progressif et sur place que cette idée implique : « Notre sympathie s'élargirait ainsi par un progrès continu, *grandirait en restant la même*, et finirait par embrasser l'humanité entière » (*Les deux Sources de la Morale et de la Religion*[28], Paris, 1939, p. 27 ; c'est nous qui soulignons). — Bergson retrouve ici les termes mêmes par lesquels, dès son *Essai*, il avait dénoncé une « illusion » tout à fait analogue : (la conscience) « apercevra alors un effort, toujours semblable à lui-même, qui grandit sur la place qu'elle lui a assignée, et un sentiment qui, ne changeant pas de nom, grossit sans changer de nature » (*Essai*[14], Paris, 1914, p. 20).

2. P. 24, n. 3.
3. P. 57, n. 5.
4. P. 24-25.

les *raisonnements composés*[1], il est fondé, ontologiquement, sur la continuité et, plus profondément, sur l'homogénéité du réel. L'univers est un « tout organique »[2], dont les parties sont « unifiées »[3]. Ainsi, de la tendance primitive à la conduite raisonnable, il n'y a aucune « discontinuité »[4] ; c'est par un déploiement, un « accomplissement » *(effectio)*[5], que celle-ci sort de celle-là, et ne peut en sortir, que parce que l'une et l'autre sont et demeurent « naturelles ».

3. Cette vision d'un univers homogène est elle-même liée à une exigence profonde du stoïcisme, qui est une doctrine du bonheur. Ce désir du bonheur, par où G. Rodier avait déjà expliqué[6] le matérialisme stoïcien[7], peut nous aider à comprendre ces mouvements du même au même, et pourquoi, en un sens, il faut que « tout soit donné ».

Le bonheur suppose une connaissance assurée et une vertu

1. P. 24, n. 3.
2. Ζῷον (Diog. Laërt., VII, 143).
3. Ἡνώμενον (p. ex. Sextus, *math.*, IX, 78).
4. Ainsi avec raison E. Bréhier, *Chrysippe*, p. 224.
5. Cic., *de fin.*, III, 7, 24. — L'image de la « réalisation de l'art » *(artis effectio)* intérieure à l'art même (les techniques du danseur ou du comédien portent leur fin en elles-mêmes) doit expliquer comment la tendance et la « ratio et perfecta ratio » nous « sont données » initialement avec une finalité inhérente (« ad quandam rationem uiuendi data esse appareant », § 23).
6. Le mot « explication » est dans le passage de Rodier, et nous-même venons de parler de « motif » profond (§ 24 déb.). — Il est clair pourtant que cette conception d'un monde homogène se suffit à elle-même et, en ce sens, il serait tout à fait inutile de lui chercher des « motifs ». Si un tel mot peut s'employer, il faut en écarter toute idée d'une causalité psychologique (les motifs psychologiques qui auraient inspiré un système, étant, la plupart du temps, parfaitement inconnaissables et, en outre, dénués de toute valeur « explicative » ; un système doit se prendre dans son état d'achèvement et, conformément à l'intention de son auteur, élevé dans la sphère de l'universalité). Motif, ici, ne peut signifier qu'une visée permettant d'orienter et de coordonner les *dogmes* du système, mais sans jamais quitter le sphère proprement philosophique où se meut celui-ci.
7. G. Rodier, *Etudes de philosophie grecque*, Paris, 1926, pp. 254-255. : « Les stoïciens ont voulu... que la vertu et le bonheur fussent accessibles à tous ; ils ont voulu qu'ils le fussent en ce monde même... Mais il faut, pour cela, que le monde où nous vivons soit le plus beau et le meilleur possible, qu'il ne s'oppose pas à un monde supérieur, comme la matière à la forme, comme le mal au bien, qu'il n'y ait pas d'autres réalités que celles qui s'offrent à nos regards dans le sein azuré de Zeus. » — Il faut souscrire à cette interprétation, dans son ensemble, encore qu'elle laisse subsister celle proposée par Zeller, à laquelle Rodier marque une sévérité peut-être exagérée. Zeller (*loc. cit.*, p. 127) avait insisté sur le caractère pratique du stoïcisme, en vertu duquel « une chose réelle est ce qui agit sur nous ou sur quoi nous pouvons agir ». De fait, on sait que, pour les stoïciens, bonheur et action ne se séparent pas. L'exégèse de Zeller a, en outre, l'avantage de mettre l'accent sur le caractère de *donné* et aussi d'*imposé* que présente la réalité stoïcienne. — Si l'on considère l'opposition du stoïcisme au réalisme des essences platoniciennes, et si l'on accepte de reconnaître à travers l'histoire de la philosophie, le retour de certaines structures de pensée comparables, on peut dire que l'idée de corps, dans le stoïcisme, n'est pas sans analogie de fonction et d'intention avec l'idée contemporaine d'existence.

parfaite. Pour que l'une et l'autre nous soient accessibles, il faut que, d'une certaine manière, elles existent déjà au niveau le plus bas de la conscience. — Si, en matière de morale, plaisir et douleur sont des faits primitifs, comme l'enseignent Platon et Aristote[1], on ne voit plus comment l'homme pourrait échapper à la servitude des passions. C'est donc dans la *tendance*, que les Stoïciens placent le fait primitif ; les passions sont disqualifiées, et donc écartées, d'emblée, comme des mouvements irrationnels et anti-naturels ; la théorie des passions devient une nosologie. — De même, s'il est vrai que la connaissance prend son départ dans les sensations, susceptibles d'erreur, ainsi que l'avaient montré Platon et Aristote[2], on ne voit plus comment parvenir à coup sûr à une connaissance ferme. Le savoir prendra donc son origine dans la *représentation*, qui est infaillible, parce qu'en elle, c'est l'objet seul qui agit sur l'âme[3]. — S'il est vrai, enfin, comme l'avaient soutenu Platon et Aristote, que seul le monde supralunaire soit régi par des lois rigoureuses, alors que les choses humaines seraient en partie livrées au hasard, il semble difficile, ici encore, de comprendre comment l'homme pourrait atteindre le bonheur. Il faut donc que la Providence s'étende sur l'ensemble de l'univers, que les événements de la vie humaine soient déterminés par cette même nécessité rationnelle qui préside aux révolutions des corps célestes.

II. L'IDÉE DE SYSTÈME

26. Si le passage, en un sens, peut s'interpréter comme un procédé de méthode, mais qui, dans tous les cas, est fondé sur l'homogénéité du réel, il semble que, d'une part, bien des passages soient possibles, mais que, d'autre part, tous ne fassent que parcourir, en sens différents, la même réalité. — Nous touchons ici à la conception stoïcienne du système,

1. Arist., *Eth. Nic.*, II, 2, 1104 b 11, avec citation approbative de *Lois*, II, 653 a-654 a (cf. aussi *Rép.*, III, 401 d-402 a).
2. *Théét.*, 186 b-c. — Pour Aristote, la sensation ne saisit correctement que les sensibles propres (*de anima*, II, 6).
3. Aëtius, IV, 12. 1 (*Dox. gr.*, p. 401).

dont il faut dire quelques mots, avant de décrire et de commenter le passage de la physique à l'éthique.

Les Stoïciens furent les premiers à employer le mot σύστημα au sens objectif de système du monde[1]. De façon correspondante, la raison se définit « un système de représentations diverses »[2]. Plus que toute autre école antique, le stoïcisme a insisté sur le caractère systématique de sa philosophie[3]. Comme l'idée de passage, ce caractère systématique se présente sous deux formes : comme une progression méthodique, d'une part, et, d'autre part et plus profondément, comme une totalité organique.

1. Sous le premier aspect, système signifie l'*ordre des raisons*. L'exposé des différentes thèses ne se fait pas n'importe comment, et même il est impossible de développer telle thèse séparée, détachée de l'ensemble (*« ad singula respondere »*), ce qui, au contraire, semble avoir été la prétention des sophistes[4] ; il faut, pour la faire comprendre, exposer l'ensemble de l'une des trois parties du système où elle se trouve reliée (*« totam sententiam explicare »*)[5]. A l'intérieur de chacune des trois parties, les Stoïciens, en intention en tout cas[6], adoptent un ordre rigoureux et constant. Ainsi, en logique, il faut « placer au commencement » (προτάττειν) la théorie de la représentation et de la sensation, « parce

1. Diog. Laërt., VII, 138 ; Arius Did., 29, 31 (*Dox. Gr.*, 464, 18 ; 465, 14).

2. Epict., *Diss.*, I, XX, 5 : ('Ο λόγος ἐστὶ) σύστημα ἐκ ποιῶν φαντασιῶν. Cf. la définition de la τέχνη (or, la philosophie est ἄσκησις ἐπιτηδείου τέχνης, Aët., I, *prooem.*, *Dox. Gr.*, 273, 14) : σύστημα ἐκ καταλήψεων συγγεγυμνασμένων (Sext., *Hypot.*, III, 188 = *S.V.F.*, I, 73 ; cf. *ibid.*, II, 93-97).

3. Cic., *de fin.*, III. XXII, 74.

4. Platon, *Hipp. Min.*, 363 c-d ; *Gorg.*, 448 a.

5. Cic., *de fin.*, III, IV, 14. — Cf. Sénèque, *de prouid.*, *init.* (« a toto particulam reuelli placet »).

*6. Il faut reconnaître, en effet, que, en face de la divergence des auteurs, la tradition du Portique n'est pas, sur tous les points, parvenue à l'unanimité. Un des rares historiens qui se soient intéressés à ce problème, Zeller, estime que les divisions de la logique ont trop peu de portée philosophique, pour qu'il vaille la peine de s'y arrêter (*loc. cit.*, p. 70), qu'il serait « très incommode » (p. 118, n. 2) de se conformer aux divisions de la physique et que, en matière de morale, les stoïciens « semblent avoir procédé d'une manière si inégale et avoir si peu craint les redites, qu'il serait à peine possible, en exposant leurs doctrines, de se conformer à l'une des divisions qui nous sont parvenues » (p. 210). — Il nous paraît évident, au contraire, que la seule méthode rigoureuse et scientifique que puisse adopter un exposé d'ensemble d'un système, est de se conformer aux divisions proposées par son auteur. Que, en ce qui concerne les philosophes du Portique, cet exposé doive varier, sur certains points, selon l'auteur considéré, on l'accordera volontiers. Mais, dans la mesure où l'on envisage, et où déjà les anciens avaient envisagé *le* stoïcisme dans son ensemble, nous pensons que les indications méthodologiques de l'école sont suffisamment concordantes pour guider l'étude et l'exposé, au moins de la logique et de l'éthique.

que la théorie de l'assentiment, ainsi que la théorie de la compréhension et de la pensée qui *viennent avant* les autres (προάγων τῶν ἄλλων) ne peuvent se *construire systématiquement* (συνίσταται) sans la représentation »[1]. — Tout l'exposé de la morale, chez Cicéron, est articulé selon une progression, dont Caton affirme sans cesse le caractère rigoureux[2]. On notera que cette progression méthodique peut être interprétée, en même temps, comme une genèse idéale du sage, puisqu'elle va des tendances initiales du nouveau-né jusqu'à la sagesse accomplie, et ce mouvement même n'est pas sans analogie avec la structure de la table des catégories[3].

2. L'ordre des raisons est donc conforme à l'ordre des choses. Mais cela même nous avertit que cet ordre, fondé en être, recouvre un *système* plus profond qui, lui, n'est pas progression qui s'accomplit, mais totalité achevée.

On a vu que l'acte dérive toute sa réalité de l'être de l'agent. Le feu originaire est complet, est totalement donné à chaque instant de sa vie : sa transmutation se fait, en sens inverse, à travers les mêmes stades, de l'embrasement jusqu'à l'ordre du monde (διακόσμησις), pour revenir à l'ἐκπύρωσις. Ce mouvement cyclique marque, tout ensemble, l'activité et la vie du feu divin, et l'achèvement atteint à chaque moment ; les points d'arrivée de ce double parcours ne sont

1. Dioclès Magnès *ap.* Diog. Laërt., VII, 49.

2. Avant même d'avoir terminé sa première phrase, Caton s'interrompt, pour affirmer que le début de son exposé est conforme à la bonne méthode (« *hinc enim est ordiendum* », V, 16). Chacune des « classifications » a sa place marquée dans l'enchaînement de l'ensemble : « *Sequitur autem haec prima diuisio* » (VI, 20) ; « *Sequitur illa diuisio* » (XVI, 55) ; on fait ressortir le rapport entre principes et conséquences : « *Videamus nunc, quam sint praeclare illa his quae iam posui consequentia... necessario sequitur* (VII, 26) ; les §§ 20-21, où l'on passe des principes naturels aux devoirs, puis à la sagesse, sont fortement articulés par des adverbes *(primum, deinceps, deinde, simul, tum)* qui ont à la fois un sens temporel (on décrit le développement de l'enfant) et logique (on passe, par enchaînement rigoureux, à la construction, à partir des premières tendances, de l'*honestum*, réservé au sage).

3. La division en morale générale (qui enseigne la sagesse parfaite) et morale appliquée (XV, 50 : « *Deinceps explicatur differentia rerum...* », c'est-à-dire le choix et le bon usage des choses indifférentes) répond à la bipartition des catégories en constitutives et en celles qui englobent les manifestations extérieures des êtres (cf. § 5). De même que nous avons cru pouvoir constater l'unité profonde entre ces deux groupes, de même il nous semble que la morale appliquée et la casuistique qu'elle enveloppe, est le complément nécessaire de la sagesse parfaite qu'elle « manifeste » et (surtout chez Epictète) « exerce » (p. 22, n. 5). Que la polémique avec les adversaires et, surtout à l'époque romaine, la direction de conscience aient contribué à développer, parfois démesurément, la casuistique, rien de plus certain. Mais la division même de la morale répond à une des structures essentielles du système ; à cette tension entre monisme et pluralisme que nous avons déjà rencontrée plus haut. — Cf. plus loin, §§ 66-67.

ni des fins ni des termes. Comme l'a montré E. Bréhier, il n'y a pas là trace d'une doctrine évolutionniste[1]. Le mouvement, dans la physique stoïcienne, n'est pas le passage de la puissance à l'acte, mais est « acte, entièrement »[2] ; ce n'est pas « une chose imparfaite », mais un acte « qui se renouvelle à chaque instant, non pas afin de passer à l'acte, (puisqu'il l'est déjà) mais pour produire autre chose qui le suit »[3]. — De même, le Destin qui enchaîne les événements successifs paraît dans certains textes comme « le concours harmonique d'agents produisant spontanément leurs événements »[4], c'est-à-dire que la succession est ramenée à une simultanéité essentielle, et l'on a vu comment la séméiologie saisit le passé et l'avenir dans le mode du présent[5].

Dans le système philosophique également, l'ordre des raisons va être ramené au *Logos* total, la progression méthodique se concentrera et s'absorbera dans la sagesse parfaite qui doit être présente d'un coup, et dont l'achèvement instantané correspond à celle de l'univers ; ce n'est qu'en attendant d'y parvenir, que l'apprenti-philosophe s'exerce dans la succession de ce qu'on pourrait appeler le temps méthodologique, et parcourt en sens différent, le réel, toujours le même, qu'il ne possède pas encore sous forme de totalité.

Dans les discussions sur la méthode, qui ont lieu à l'intérieur de l'école, il y a, souvent, accord sur les thèses dogmatiques[6] et il y a, surtout, accord sur la fin : la sagesse totale qui ne garde plus trace des *voies* qui y ont conduit. Plus particulièrement, il y a eu des divergences sur l'ordre hiérarchique des trois parties du système et sur l'ordre pédagogique à suivre dans leur enseignement. Mais tous (mis à part les isolés, comme Ariston), admettent que le sage possède, indissolublement liées, logique, physique et éthique, en sorte que ces auteurs qui jugeaient « qu'aucune de ces parties n'avait la première place, mais que toutes étaient soli-

1. *Chrysippe*, pp. 145 sq.
2. Simpl., *Cat.*, f. 78 B (*S.V.F.*, II, 498).
3. Simpl., *ibid.*
4. E. Bréhier, *Chrysippe*, pp. 193-194 et *ibid.*, n. 1.
5. P, 44, n. 2.
6. Ainsi Chrysippe, « disant souvent qu'il n'avait besoin que d'apprendre les dogmes et qu'il était capable de trouver tout seul les arguments pour les démontrer » (Diog. Laërt., VII, 179).

daires » et qui « les mélangeaient dans l'enseignement »[1], n'adoptent pas seulement une thèse conciliatrice : ils introduisent dans la méthode d'enseignement ce *tota simul* qui, de l'aveu de tous, caractérise cela même qu'il s'agit d'enseigner.

27. Dans « cette sorte de philosophie-bloc »[2], les trois parties constituent donc bien moins des disciplines hiérarchisées, qu'un ensemble solidaire que l'on peut bien, pour les besoins de l'enseignement, découper en « parties », mais que l'on n'apprend et ne possède qu'en bloc. Système signifie donc ici bien moins l'ordre des raisons et l'enchaînement des conséquences aux principes, que la solidarité des *dogmes*. La qualité systématique est moins dans la conséquence que dans la cohésion, moins dans la succession ordonnée des dogmes que dans leur consonance. Autrement dit, le système est harmonie[3], bien plus que continuité.

Ainsi, malgré le fréquent usage qu'il fait de ces chaînes continues des raisonnements composés, le stoïcisme n'est pas un système déductif, il n'est pas construit, selon l'expression de Schopenhauer, par « liaison architectonique, où, à chaque fois, une partie en supporte une autre, sans en être supportée à son tour »[4]. En revanche, il se caractérise par l'idée de totalité. Alors que des systèmes aussi hostiles à la déduction et à la « liaison architectonique » que ceux de Schopenhauer et de Bergson admettent cependant une intuition mutilée, une certitude partielle, consciente à la fois de sa limitation et de sa certitude[5], la sagesse stoïcienne sera

1. Diog. Laërt., VII, 40.
2. E. Bréhier, *Hist. de la Philos.*, I, p. 300.
3. « Rien de plus harmonique ni de plus organique » que le système stoïcien (« Quid enim aut in natura, qua nihil est aptius, nihil discriptius, aut in operibus manu factis tam compositum tamque compactum et coagmentatum inveniri potest ? », *de fin.*, III, XXII, 74 ; « mirabilis est apud eos contextus rerum. Respondent extrema primis, media utrisque, omnia omnibus », *ibid.*, V, XXVIII, 83). ★
4. Préface à la 1re éd. du *Monde*, etc. (Œuvres Complètes, éd. E. Grisebach, t. I, p. 9).
5. Comp. Schopenhauer : « Dans d'autres systèmes philosophiques, on obtient la conséquence, en déduisant une proposition d'une autre. Pour cela, le contenu du système doit nécessairement se trouver déjà dans les propositions premières, et alors le reste qui en est déduit, sera nécessairement monotone, pauvre, vide et ennuyeux, car ce n'est que développement et répétition de ce qui était déjà affirmé dans les propositions fondamentales » (cf. *La Pensée et le Mouvant*, 22e éd., 1946, pp. 26-27). «...En revanche, mes propositions ne reposent pas, en général, sur des déductions, mais directement sur l'intuition du monde même ; ainsi

totale, à la mesure de l'univers, sous peine d'être indiscernable de la folie du vulgaire.

Dans cette conception du système, on retrouve, une fois de plus, la primauté du présent. Toute méthode, en effet, ou, s'il faut préciser, toute *pratique* d'une méthode[1] suppose un *temps logique*[2]. Nous avons essayé ailleurs de développer ce point qui nous paraît capital[3]. Ici, il suffit de constater que l'idée stoïcienne de la sagesse totale et instantanée fait prévaloir le mode du présent sur ceux du passé et de l'avenir, impliqués dans toute démarche déductive (au sens le plus général du mot). Or, dans la mesure où le stoïcisme connaît une telle démarche, nous avons vu que, non seulement elle est provisoire, exercice préalable à la sagesse totale, mais encore et surtout elle imite, comme par anticipation, l'actualité toujours parfaite de la sagesse qui « *in se tota conuersa est* »[4] : la succession dans l'enchaînement des propositions suppose à chaque instant que « tout est donné » et la continuité des diverses démarches repose sur leur identité essentielle. — Cette interprétation qui, à notre avis,

la conséquence rigoureuse de mon système n'est pas, en général, obtenue d'une manière simplement logique ; elle est plutôt l'accord naturel des propositions qui se produit immanquablement du fait qu'elles reposent toutes sur la connaissance intuitive... C'est pourquoi la concordance de mes propositions ne m'a jamais donné de soucis, même quand certaines thèses particulières m'ont paru pendant un certain temps inconciliables, car plus tard l'accord s'est trouvé établi tout seul, parce qu'il n'est rien d'autre que l'accord de la réalité avec elle-même, qui ne saurait jamais faire défaut » (*Parerga*, I, *Fragments pour servir à l'hist. de la philos.*, § 14, Œuvres, t. IV, p. 156 sq.) et Bergson : « La liberté humaine était-elle compatible avec le déterminisme de la nature ? Comme la liberté était devenue pour nous un fait indubitable, nous l'avions considérée à peu près seule dans notre premier livre : le déterminisme s'arrangerait avec elle comme il pourrait ; il s'arrangerait sûrement, aucune théorie ne pouvant résister longtemps à un fait » (*La Pensée et le Mouvant*, p. 78 sq.). Cf. M. Gueroult in *Mélanges* 1945, t. IV (*Strasbourg*), p. 88 sq.

1. Nous avons essayé de montrer, dans notre ouvrage sur *Les Dialogues de Platon* en particulier, qu'il y a intérêt, pour comprendre une méthode philosophique, à l'étudier dans son application concrète faite par l'auteur lui-même, plutôt que de s'en tenir à l'énoncé dogmatique de ses « *Regulae* ». — On peut citer à ce sujet un texte de Descartes dont la portée dépasse de beaucoup le cartésianisme ; concernant la méthode exposée dans le *Discours*, Descartes écrit : « Car, comme on peut voir de ce que j'en dis, elle consiste plus en pratique qu'en théorie, et je nomme les traités suivants des *Essais de cette méthode*, parce que je prétends que les choses qu'ils contiennent n'ont pu être trouvées sans elle, et qu'on peut connaître par eux ce qu'elle vaut » (*A Mersenne*, mars 1637 ; A.T., t. I, n. LXX, p. 349 ; éd. de la Pléiade, p. 747).

2. Cf. notre étude *Sur le problème du « système de Platon »*, *Riv. crit. di Storia della Filos.*, V, juil.-sept. 1950, p. 178.

3. *Temps historique et temps logique dans l'interprétation des systèmes philosophiques* (à paraître dans les *Actes* du XIe Congrès International de Philosophie, Bruxelles, 1953).

4. Cic., *de fin.*, III, VII, 24.

engage tout le sens du système, peut s'appuyer en outre sur un terme précis dont les stoïciens ont fait usage en morale[1]. Pour montrer la solidarité réciproque des vertus, liées au point que, possédant l'une, le sage doit en posséder toutes les autres, les stoïciens ont parlé de l'ἀνταχολουθία τῶν ἀρετῶν[2]. Or cette notion ne détruit pas, mais dépasse et approfondit celle de conséquence (ἀκολουθία), si importante dans leur philosophie[3]. C'est ainsi que cette « implication réciproque » qui, par définition, ne peut être présente qu'en bloc et d'un seul coup, se prouve cependant par le procédé des raisonnements composés ; « en partant de l'une quelconque » des vertus, on peut « en déduire toutes les autres par un raisonnement composé ; il n'en est pas entre lesquelles on ne puisse établir de continuité par la découverte de qualités intermédiaires »[4]. Cette continuité (ἀκολουθία), déployée dans le temps logique, ne fait que préfigurer, imiter, pourrait-on dire en reprenant la métaphore du *Timée*, en « image mobile », le présent total de l'ἀνταχολουθία.

28. On voit dans cet exemple précis ce que nous avons fait pressentir : bien des passages sont possibles qui tous, en sens différents, vont du même au même. Pour ce qui concerne les trois parties du système qui, toutes, doivent être présentes dans la sagesse, laquelle est activité et vertu, on passe de la logique et de la physique à la morale, de même qu'à l'inverse, on peut aller de la morale à « la dialectique et la physique, qui, toutes deux, on reçu d'eux le nom de vertus »[5]. Ainsi, la dialectique qui, dans l'ordre scolaire, vient généralement en premier lieu[6], est elle-même « une vertu qui en enveloppe plusieurs autres »[7]. — Le passage de la physique à l'éthique nous est montré dans un texte de Cicéron où l'accumulation des liaisons relatives marque

1. Pour une autre application de ce concept, p. ex. à la théorie de la causalité, cf. Clém. *Str.*, VIII, 9 (*S.V.F.*, II, 349).
2. P. ex. Diog. Laërt., VII, 125 ; Plut., *Stoïc. repugn.*, 27, 1046 e. — Voir *S.V.F.*, III, 295 sqq.
3. Cf. p. 53, n. 6.
4. E. Bréhier, *Chrysippe*, p. 218 (au sujet de *S.V.F.*, III, 584).
5. « Ad eas uirtutes, de quibus disputatum est, dialecticam etiam adiungunt et physicam, easque ambas uirtutum nomine appellant... » (*de fin.*, III, XXI, 72.)
6. P. ex. Sextus, *math.*, VII, 23.
7. (Τὴν διαλεκτικὴν εἶναι) ἀρετὴν ἐν εἴδει περιέχουσαν ἀρετάς (Diog. Laërt., VII, 46.)

avec insistance l'enchaînement des raisonnements : « Quae *contuens animus, accipit ab his cognitionem deorum*, ex qua *oritur pietas*, cui *coniuncta iustitia est reliquaeque uirtutes*, e quibus *uita beata exsistit par et similis deorum, nulla alia nisi immortalitate, quae nihil ad bene uiuendum pertinet, cedens caelestibus*[1]. » De quelque partie que l'on aborde le système, les auteurs ont soin d'insister sur sa totalité, en esquissant, à la fin de chaque exposé partiel, le mouvement de passage vers une autre partie[2]. La solidarité réciproque de la physique et de l'éthique est affirmée avec une particulière netteté dans un texte de Marc-Aurèle : « Tiens toujours prêts les principes grâce auxquels tu pourras connaître les choses divines et humaines et faire voir à chacune de tes actions, mêmes les moindres, que tu te rappelles l'enchaînement réciproque de ces deux ordres de questions (τῆς ἀμφοτέρων πρὸς ἄλληλα συνδέσεως) ; car on ne saurait bien faire rien de ce qui intéresse les hommes, si on ne le rapporte aux choses divines, et inversement »[3].

III. Physique et éthique

29. Le passage de la physique à l'éthique n'est donc pas le seul possible, pour atteindre la sagesse en vertu de laquelle, précisément, le parfait agent moral sera en même temps physicien accompli. Il est cependant légitime, et cela dans

1. « Et c'est la considération des corps célestes qui a conduit l'âme à la connaissance des dieux, génératrice de piété ; la justice et les autres vertus s'y adjoignent et ainsi se forme une félicité égale et semblable à celle des dieux : le sage ne leur cède en rien, mise à part l'immortalité qui est chose indifférente à la vie droite » (Cic. *de nat. deor.*, II, LXI, 153, trad. Ch. Appuhn).

2. Nous essayons ici de décrire la structure générale du système ; il est certain que les divergences entre les auteurs, dont nous avons déjà parlé (p. 61, n. 6) se sont fait jour également en ce qui concerne l'ordre hiérarchique des trois parties ; p. ex. dans sa préface aux *Questions Naturelles*, Sénèque place décidément la physique au-dessus de l'éthique. En réalité, ce dernier exemple n'est guère topique, quand on sait avec quelle insistance Sénèque, dans d'autres endroits, a recommandé la recherche et la pratique morales. Pour effacer la contradiction apparente, peut-être n'est-il pas besoin de disqualifier la préface des *Qu. N.* comme de simples « déclamations » (ainsi Zeller, *loc. cit.*, p. 725), terme dont l'exégèse sénécéenne n'est que trop portée à abuser ; il suffit de dire que la morale, sur laquelle Sénèque affirme ici la supériorité de la physique, est celle du vulgaire, celle des φαινόμενα καθήκοντα, que remet à sa place, dans un mouvement assez comparable, un texte de Marc-Aurèle (III, 16, 2).

3. M.-Aurèle, III, 13 (trad. Trannoy).

les deux sens que nous venons de trouver au passage en général : il y a homogénéité entre les deux termes et, d'autre part, le mouvement de l'un à l'autre enveloppe un exercice de méthode.

La même nécessité pénètre et régit toutes les parties de l'univers et donc, aussi, les événements de notre vie. Entre la vie du grand Tout et la vie humaine, il y a un rapport, non seulement d'homogénéité, mais d'englobement, en sorte que le physicien qui comprend et accepte la légalité cosmique, discernera, comme *a fortiori*, les normes de la vie morale et les accomplira. C'est ainsi que la vision de l'univers sert de point de départ à la morale[1], constitue un point d'appui et de référence pour toute décision à prendre[2] et demeure le point d'arrivée où nous comprendrons toute la distance qui sépare l'humain du divin[3].

Cet état d'enveloppement où se trouve la morale par rapport à la physique, et auquel nous avons déjà fait allusion[4], est très nettement indiqué dans la préface aux *Questions Naturelles*. Entre la physique et la morale, dit Sénèque, « il y a la distance qui sépare Dieu de l'homme. *Altera docet quid in terris agendum sit, altera quid agatur in caelo* »[5]. On voit, pour employer la terminologie moderne, la supériorité de l'être sur le devoir-être, de l'indicatif sur l'impératif. Mais la physique ne domine pas seulement la morale ; elle la contient. Aussi pourrait-on dire que dans le stoïcisme et même, déjà, chez Platon[6], les normes morales se formulent, non pas même, comme l'avait dit Brochard, à l'optatif[7],

1. P. 67, n. 1.
2. P. 67, n. 3.
3. Sén., *Quest. Nat.*, *préf.*, 1-2.
4. P. 53-54.
5. *Quest. Nat.*, *préf.*, 2.
6. Cf. *La religion de Platon*, p. 35, p. 56, p. 72. — Les Formes platoniciennes se suffisent dans leur être ; ce n'est que secondairement que, paradigmes, elles édictent des exigences d'action et de création. Cette primauté de l'être sur la norme qui en dérive, est très nettement indiquée par la subordination du Démiurge au Paradigme éternel. Aussi bien la réinterprétation chrétienne, augustinienne surtout, du platonisme, n'a-t-elle pas manqué de transporter les *Idées* et de les localiser « in ipsa mente *Creatoris* » ; déchues, alors, du rang d'être autonome, elles n'étaient plus que promesse d'être, exigence de création, c'est-à-dire « les exemplaires ou les archétypes des créatures » (Malebranche, *Entretiens sur la Métaphysique*, préf., éd. P. Fontana, t. I, pp. 5-6).
7. V. Brochard, *La Morale antique et la Morale moderne*, in *Etudes de Philosophie ancienne et de Philosophie moderne*, Paris, 1926, p. 492. — L'expression de Brochard, qui ne considère pas le fondement ontologique de la morale ancienne, se justifie par le rattachement qu'il en fait à la théorie du bonheur.

mais bien à l'indicatif : ce sont des lois physiques qui décrivent, bien plus que des normes qui prescrivent. Ce sont, si l'on veut, des commandements, mais dont la validité et l'application ne dépendent en rien de notre bonne volonté puisque, par la volonté de Zeus, ils sont d'ores et déjà accomplis dans l'ordre du Destin. Pour les modernes, surtout à partir de Kant, la « métaphysique des mœurs » doit être « complètement isolée », ne doit être « mélangée à aucune anthropologie, à aucune théologie, à aucune physique ni hyperphysique »[1]. C'est que le devoir-être qu'élabore cette métaphysique des mœurs est tout à fait indépendant (et, pour la dignité de l'acte moral, doit être tout à fait indépendant) de l'être, relégué du côté de la physique, avec son déterminisme mécanique et, dans l'homme, du côté du « pathologique ». Ce moindre être convient essentiellement aux normes et en fait tout le prix ; les valeurs, comme l'a dit M. Dupréel, se caractérisent par leur « précarité »[2]. — Mais toute la morale du sage stoïcien consiste à « se complaire à ce qui arrive »[3] ; la norme, ici, ne commande que l'adhésion à l'être. Selon la formule d'Épictète : « Si l'homme de bien pouvait prévoir l'avenir, il coopérerait[4] lui-même à la maladie, à la mort, à la mutilation, parce qu'il aurait conscience qu'en vertu de l'ordre universel cette tâche lui est assignée[5]. » Dans la mesure, d'autre part, où la loi du Destin n'est pas entièrement impersonnelle, puisqu'elle est la loi de Zeus et que nous devons « coopérer » à son accomplissement, il s'établit, entre la loi physique et la loi morale, une sorte d'*échange*, tel que le décrit l'analyse bergsonienne de l'obligation[6]. On

1. *Fondements de la métaphysique des Mœurs*, 2e sect., p. 31 de l'éd. K. Vorländer (Leipzig, 1925). — Il faut cependant ajouter que, au niveau de l'intelligible, le devoir-être est en quelque façon investi d'être pour autant qu'il y coïncide avec la « volonté de tout être raisonnable » (p. 56 = p. 154 de la trad. V. Delbos) et déjà dans sa condition empirique, il convient avec la nature au moins en ce qui concerne l'universalité respective de la loi morale et de la loi naturelle (p. 44 = p. 137, trad.) ; « la nature peut » au moins « servir de *type* pour l'ordre moral » (comm. Delbos, n. 112).

2. E. Dupréel, *La morale et les valeurs*, Bullet. de la Soc. fr. de Phil., 29 févr. 1936 ; *Esquisse d'une philosophie des valeurs*, Paris, 1939, §§ 66-80.

3. Plut., *de fato*, 11 (*S.V.F.*, II, 912).

4. Συνήργει ἄν (expression à comparer avec la théorie des *confatalia*).

5. Epict., *Diss.*, II, x, 5.

6. *Les deux sources*, etc., 28e éd., 1939, p. 5 : « Si la loi physique tend à revêtir pour notre imagination la forme d'un commandement quand elle atteint une certaine généralité, réciproquement un impératif qui s'adresse à tout le monde se présente un peu à nous comme une loi de la nature. Les idées, se rencon-

comprend également que dans la théorie stoïcienne des valeurs, aucune dignité normative ne soit attribuée à celles-ci : « La valeur n'est pas ce qui donne la mesure, mais ce qui a besoin d'être mesuré ; et ce qui donne la mesure, c'est l'être même... En d'autres termes : l'axiologie suppose l'ontologie et ne la remplace pas »[1].

30. Il n'est pas difficile de ramener l'éthique à la physique, d'insérer les faits humains dans la trame du devenir cosmique, de trouver dans les lois naturelles, des normes morales. L'homogénéité ainsi affirmée risque fort de n'être qu'une théorie, une vue de l'esprit, une de ces opinions d'école que l'époque hellénistique qualifie du nom ambigu de δόγμα ou de δόξα ; ces *placita*, aux yeux du moderne, ne ressemblent que trop souvent à des *pia uota*. Mais il suffit de parcourir les *Entretiens* d'Epictète pour voir qu'il en était déjà de même pour les anciens[2], au point que l'initiation philosophique devra se faire selon deux « thèmes » (τόποι) : l'exercice théorique (« les livres, les raisonnements ») et, « second thème », l'exercice pratique auquel on accède lorsque, après avoir appris quel est l'idéal du sage, on décide : « Je veux, moi aussi », être cet homme[3].

Ainsi, bien que l'éthique soit contenue dans la physique,

trant dans notre esprit, y font des échanges. La loi prend au commandement ce qu'il a d'impérieux ; le commandement reçoit de la loi ce qu'elle a d'inéluctable. Une infraction à l'ordre social revêt ainsi un caractère antinaturel. »

1. E. Bréhier, *Sur une théorie de la valeur dans la philosophie antique* (Actes du IIIe Congrès des Sociétés de Philosophie de langue française) ; Paris, 1947, p. 232. — Dans la *Transformation de la philosophie française*, Paris, 1950, E. Bréhier écrit : « La valeur, une foix fixée, disparaît dans le réel, un peu comme le sage stoïcien, qui, ayant atteint la conformité à la nature, fin de sa conduite, s'évanouit en une force naturelle ; tout ce qui rompt le dualisme, en rendant la valeur nécessaire, la nie par là même » (p. 131). — Si, derrière ses travaux historiques, on essaie de ressaisir la pensée personnelle d'Emile Bréhier, il faut noter que ce dernier texte se place dans une analyse de la théorie de M. Dupréel ; il lasse intacte, semble-t-il, la conclusion de la communication de Bruxelles-Louvain où la position propre de Bréhier est clairement marquée : « L'axiologie moderne paraît hantée par l'idée d'une valeur absolue, c'est-à-dire d'une valeur qui se mesure elle-même. Les remarques que nous venons de présenter pourraient servir de point de départ à une critique de cette axiologie et de son indépendance à l'égard de l'ontologie » *(loc. cit.)*.

2. P. ex. Epict., *Diss.*, II, XIX (« Où donc avez-vous montré par le fait que vous considérez la vertu comme égale, ou même supérieure, à tout le reste ? Mais montrez-moi un Stoïcien, si vous en avez un. Où cela et comment ? Oui, vous pouvez m'en montrer des milliers qui récitent les sentences stoïciennes. Mais ces mêmes individus récitent-ils moins bien les sentences épicuriennes ? Et les sentences péripatéticiennes, ne les expliquent-ils pas aussi exactement ? Qu'est-ce donc qu'un Stoïcien ? », §§ 21-22, trad. Souilhé).

3. Epict., *Diss.*, II, XVII, 30-33 ; cf. II, I, 29 sqq. ; M.-Aur., X, 16.

il n'en faut pas moins un *passage* de celle-ci à celle-là, passage, on l'a vu, qui est un exercice. Et, comme la philosophie est une *ars uitae* et que la morale, en particulier, est pratique de la morale, c'est tout un de dire qu'on passe de la physique à l'éthique ou qu'on va de la théorie physico-morale à son application.

Le sens et les difficultés de ce passage ressortent très clairement de ce qu'on a appelé l'optimisme stoïcien. « L'optimiste », écrit Schopenhauer, « me dit d'ouvrir les yeux et de voir comme le monde est beau, dans la lumière du soleil, avec ses montagnes, ses vallées, ses fleuves, ses plantes, ses animaux, etc. — Mais le monde, serait-il donc une boîte à images ? Il est bien vrai que ces choses sont belles à *regarder* ; mais les *exister*, c'est une tout autre affaire »[1]. Quand Epictète loue la beauté du spectacle que nous offre le monde, un élève objecte aussitôt : « Mais il arrive des choses désagréables et pénibles dans la vie »[2] ; ou encore : « Comment mangerai-je, si je n'ai rien »[3], quand Epictète le convie à se proclamer citoyen du monde gouverné par la providence divine. — De telles objections, ainsi que le texte de Schopenhauer, concernent ce qu'on pourrait appeler l'optimisme vulgaire ou, quand il est soutenu par des philosophes, l'optimisme esthétique[4]. Mais dans le stoïcisme, un tel optimisme

1. Schopenhauer, *Le Monde*, etc., t. II, chap. 46 (*Œuvres*, éd. Grisebach, t. II, p. 684).
2. Epictète, *Diss.*, I, VI, 26.
3. Epictète, *Diss.*, I, IX, 8.
4. Notons seulement, à titre d'indication, que c'est cet esthétisme contemplatif qui gauchit, dans le système de Leibniz, la plupart de ses emprunts stoïciens. L'argument du « mal comme conséquence » (Aulu-Gelle, VII, 1 = *S.V.F.*, II, 1170 ; *Theodicée*, § 153) prend un tout autre sens quand on spécule sur l'harmonie du tout où l'apparente imperfection des parties entre comme l'ombre dans le tableau (*Théod.*, §§ 196-213), ou quand on dit avec Epictète : « Est-ce donc pour une misérable jambe que tu accuses l'univers ? Ne veux-tu pas en faire don au Tout ? » (*Diss.*, I, XII, 24) ou avec Chrysippe : « Si je savais vraiment que la maladie a été décrétée pour moi maintenant par le destin, c'est avec la même ferveur que je l'accepterais »(*ap.* Epict., *Diss.*, II, VI, 10). Le soi-disant esthétisme stoïcien suppose toujours, avant qu'il puisse s'offrir un spectacle, une conquête morale par où la volonté personnelle transforme incommodités et infortunes en tableau harmonieux (voir Marc-Aurèle, III, 2 et Epictète, *Diss.*, II, XIV, 23-27 ; cf. plus loin, p. 183, n. 12). — Ce gauchissement n'est nulle part plus saisissant que dans la théorie de la peine. L'humanisme stoïcien avait rejeté la théorie de la punition-vengeance (Sénèque, *de ira*, I, XIX, 7) : « nemo prudens punit quia peccatum est, sed ne peccetur » — et défini les trois buts de ce qu'on pourrait appeler la peine « prospective » (idée qu'il importe de faire remonter à Protagoras, *Prot.*, 324 a, parce qu'elle s'accorde parfaitement avec son pragmatisme gnoséologique, s'il est vrai que le propre du pragmatisme est une conception « prospective » de la vérité, comme l'a montré M. J. Wahl, *The philosopher's way*, New York, 1948, p. 164) : amendement, intimidation, élimination (Sénèque, *de Cle-*

physique (ou cosmique) et, en tant que tel, *descriptif* a pour corollaire un optimisme moral qui, lui, peut être appelé *normatif*. Ce qui, à l'égard du monde, n'est qu'une constatation se traduit, appliqué à la vie humaine, par une exigence. Et sans doute, le sage accompli, vivant au niveau de l'univers, parvient-il à vivre ce qu'il voit et non pas à voir seulement, mais à vouloir le spectacle ; sa vie personnelle se résorbe dans la vie du grand Tout ; par son adhésion infaillible, il rend aux normes leur mode cosmique et leur indicatif. Mais l'apprenti-philosophe, pour passer de l'optimisme physique à l'optimisme moral, pour aller, selon la formule de Schopenhauer, du *regarder* à l'*exister*, a besoin d'un exercice, d'une propédeutique. Ce passage qui, ici encore, va du même au même, puisera dans la contemplation du monde l'élan[1] nécessaire à la conduite de la vie ; de l'ordre cosmique, où l'action de la Providence est éclatante[2], il faut passer aux événements de notre vie où cette action, beaucoup moins manifeste, *doit* être retrouvée. — Il faut ajouter que ce n'est là, précisément, qu'une propédeutique. A la hauteur où s'élève l'hymne[3] d'Épictète à la Providence[4], il semble qu'aucun passage ne soit plus nécessaire pour voir rayonner l'éclat de celle-ci jusque dans les accidents les plus obscurs de notre vie. En revanche, quand Marc-Aurèle invoque les lois de la nature, ce n'est là, souvent, qu'un exercice pour mieux supporter des faits, qui, autrement, le plongeraient dans l'ennui et le désespoir[5] ; c'est, si l'on veut, le geste de la sagesse, ce n'en est pas la possession. Et Marc-Aurèle en a si bien conscience qu'il qualifie ce genre d'exercice de « secours vulgaire, mais tout de même efficace »[6].

mentia, I, 22 = III, 19, éd. Préchac). Leibniz, tout en reprenant parfois la comparaison du juge avec le médecin, qui est déjà dans le *Gorgias* (*Textes inédits*, éd. G. Grua, Paris, 1948, t. II, p. 749, *de querelis*), affirme l'harmonie cosmique, non seulement de la justice punitive exercée par Dieu, mais de celle qu'exerce la société en vertu d'une délégation divine et qui « contente non seulement l'offensé, mais encore les sages qui la voient, comme une belle musique ou bien une bonne architecture contente les esprits bien faits » (*Théod.*, § 73). — Cf. p. 177, n. 2.

1. Cf. p. 57 (§ 25,1).
2. P. ex. Epictète, *Diss.*, I, VI, 19 ; XIV; XVI, 1-6.
3. Signalons qu'au début du § 18, G. Zuntz propose avec vraisemblance de lire εὐφημεῖν, à la place de ἐφυμνεῖν (cf. § 15 : ὑμνεῖν τὸ θεῖον καὶ εὐφημεῖν) ; *Class., Quart.*, janv.-avr., 1950, t. 44, pp. 69-72.
4. Epictète, *Diss.*, I, XVI.
5. M.-Aurèle, p. ex., IV, 44, 48.
6. M.-Aurèle, IV, 50, 1.

31. Les événements cosmiques se déroulent dans le temps, dans ce temps précisément dont eux-mêmes, pris ensemble, fournissent la mesure et ce rythme périodique qui va de chaque naissance du monde jusqu'à son embrasement final. Mais l'homme ne peut pas atteindre la plénitude d'une vision cosmique englobant toutes choses[1] ; pour lui, s'insérer dans la vie du grand Tout consiste justement à comprendre et à tenir son rang d'homme[2] ; « vivre avec les dieux », c'est « faire toutes les volontés du Génie que Zeus a donné à chacun comme maître et comme guide, *parcelle détachée de lui-même* »[3]. Or, de même qu'à l'ensemble de la matière, nous ne participons que pour une très petite part, de même de l'ensemble de la durée, « un intervalle bref et infinitésimal nous a été assigné »[4]. De cet intervalle, seul est réel le présent, car « voici, tout proche, l'abîme infini du passé et du futur où tout s'évanouit »[5].

La réalité unique du présent, enseignée dans la théorie physique du temps[6], est donc affirmée également à l'égard de la vie humaine et, en matière de morale, se traduit directement par des préceptes tels que : « User du présent »[7], « se satisfaire de la condition présente et se réjouir de tout ce qui arrive présentement »[8], préceptes qui contiennent comme le sommaire de l'*ars uitae*.

1. Epict., *Diss.*, I, XIV, 11-12 : (Dieu « est capable de tout surveiller et d'être présent à toutes choses », § 9.) « Mais moi, dit-on, je ne suis pas capable de suivre à la fois toutes ces choses. — Et qui donc te dit cela ? Qui te dit que tu as un pouvoir égal à celui de Zeus ? »

2. Cf. Epictète., *Diss.*, I, X, 10 : Τίς ἐστιν ἡ τοῦ κόσμου διοίκησις καὶ ποίαν τινὰ χώραν ἐν αὐτῷ ἔχει τὸ λογικὸν ζῷον.

3. M.-Aurèle, V, 27 (cf. la suite immédiate du texte d'Epictète, cité à la n. 1 : « Toutefois, il n'en a pas moins placé auprès de chaque homme, comme gardien, un génie particulier. »)

4. M.-Aurèle V, 24.

5. M.-Aurèle, V, 23 ; IV, 50, 5.

6. Voir plus haut.

7. M.-Aurèle, IV, 26, 5.

8. M.-Aurèle, X, 1, 3.

DEUXIÈME PARTIE

Aspects temporels de la morale stoïcienne

A. *LA CONNAISSANCE*

CHAPITRE IV : L'INTERPRÉTATION DES ÉVÉNEMENTS

32. L'enveloppement de la morale par la physique s'exprime dans le célèbre adage de Zénon : « Vivre conformément à la nature »[1]. Cette formule, malgré les légères variations qu'elle a pu subir d'un scolarque à l'autre[2], implique, semble-t-il, deux attitudes dans la vie morale, encore qu'elle exige de les amener à se recouvrir. Vivre, c'est bien une activité, mais qui doit se conformer à la nature, laquelle, elle aussi, agit et même, est l'unique agent véritable[3]. C'est

1. Selon Pohlenz (*Stoa*, II, 67), après M. Schäfer (cf. note suiv.), il conviendrait d'accepter le témoignage de Stobée (II, 75, 11 = *S.VF.*, I, 179), selon lequel la formule de Zénon était seulement : ὁμολογουμένως ζῆν. Nous préférons, avec E. Bréhier (*Chrysippe*, p. 220, n. 2), attribuer déjà à Zénon l'adjonction : τῇ φύσει. *1*) Il ne suffit pas, pour invalider la témoignage de Diogène Laërce (VII, 87), de le déclarer « faux », avec Pohlenz, qui, d'autre part, ne commente ni ne réfute le texte concordant de Cicéron (*de fin.*, IV, VI, 14) ; *2*) nous ne tenons pas pour résolu le problème des antécédents académiciens (Polémon) et péripatéticiens (Théophraste) de la morale stoïcienne, en général, et de la formule en question, en particulier (cf. p. 56, n. 2 et l'article de von Arnim, cité à la p. 56, n. 3). Pohlenz lui-même doit concéder que « Zénon a dû sans doute en avoir reçu plusieurs suggestions » (*Stoa*, I, 118.) Le problème (comme, d'ailleurs celui des antécédents pythagoriciens du platonisme) est parfois obscurci par l'ardeur des auteurs à sauvegarder la pleine originalité des Stoïciens (ou de Platon). Mais cette originalité subsiste dans tous les cas (parce qu'un système n'est pas une mosaïque de doctrines ; cf. p. 202, n. 2), et sans qu'il soit besoin, pour la soutenir, de nier de parti-pris les emprunts de certaines formules. On risque, autrement, d'imiter, en sens inverse, l'attitude de Cicéron (*de fin.*, IV) qui ressortit à la polémique plutôt qu'à la science historique.

2. Cf., p. ex. Cic., *de fin.*, IV, VI, 14-15 ; citons l'historique donné par Pohlenz, *Stoa*, I, 116-118, et par Max. Schäfer, *Ein frühstoisches System d. Ethik bei Cicero*, Munich, 1934 (qui propose, aux pp. 10-11 et 127, n. 2, une interprétation, reprise par Pohlenz, de la formule zénonienne : ζῆν ὁμολογουμένως, sans datif complémentaire). — Notons enfin qu'un des derniers commentateurs de Zénon rétablit, dans cette formule, l'adjonction : τῇ φύσει (A. Jagu, *Zénon de Cittium*, Paris, 1946, p. 18).

3. Sénèque, *Ep.*, 65, 12 (cf. p. 35) ; *de benef.*, IV, VII, 1 : « quid... aliud est natura quam deus et diuina ratio toti mundo et partibus eius inserta ? » ; le Destin conçu comme αἰτία unique (*S.V.F.*, II, 934-938).

donc l'action de la nature qu'il faut connaître, avant de pouvoir y conformer l'action humaine. Cette priorité donnée à la connaissance ou, si l'on préfère, à la contemplation sur l'action, n'aurait, en soi, rien d'original ; tout le platonisme, par exemple, subordonne les conduites d'action ou de création à la connaissance préalable des Formes-Modèles. La nouveauté de cette doctrine stoïcienne[1] vient de ce que la connaissance n'est plus conçue comme une attitude purement théorique et que, d'autre part, elle change complètement d'objet. Elle ne porte plus sur des réalités dont il s'agirait de faire dériver des préceptes[2], auxquels , ensuite, l'action serait libre de se conformer ou non. Elle porte sur la nature qui, dans le Destin, conforme elle-même son action à ses lois[3], sans rien demander à notre bonne volonté. Connaître la nature, c'est bien moins comprendre ce qu'il faut faire, que comprendre ce qu'elle fait, ce qui se fait : « Vivre selon la vertu équivaut à vivre conformément à l'expérience des choses qui arrivent naturellement[4]. » Cette expérience n'est pas une *theoria* précédant l'action ; il n'y a plus, entre l'une et l'autre, la distance du modèle à la copie, de la norme connue à la norme obéie. Comme la nature n'attend pas notre libre initiative, pour réduire elle-même cette distance, le seul écart est entre sa volonté qui s'accomplit et la nôtre qui, ayant compris cette volonté, y consent. C'est la distance, indiscernable en apparence, entre « être entraîné » et « suivre de bon gré »[5]. Si l'on peut dire que la volonté prend pour objet ce qu'il faut faire, c'est parce que la connais-

1. Cela sans préjudice des « deux idées neuves » qu'y signale, à un autre point de vue, E. Bréhier, *Chrysippe*, p. 221.

2. Que ces réalités soient transcendantes (Formes platoniciennes) ou à la portée de tous (« nature », au sens que ce terme pouvait avoir chez Théophraste ou Polémon) ; les impératifs auxquels elles donnent lieu étant toujours, dans une certaine mesure, dépendants de l'initiative humaine, pour être obéis.

3. Sén., *de prou*,. V, 8 : « Irreuocabilis humana pariter ac diuina cursus uehit. Ille ipse omnium conditor et rector scripsit quidem fata, sed sequitur. Semper parit, semel iussit. »

4. Diog. Laërt., VII, 87 : Ἴσον ἐστὶ τὸ κατ' ἀρετὴν ζῆν τῷ κατ' ἐμπειρίαν τῶν φύσει συμβαινόντων ζῆν, ὥς φησι Χρύσιππος. Cf. Cic., *de fin.*, IV, VI, 14 : (secundum naturam uiuere summum esse bonum) « His uerbis tria significari Stoici dicunt, unum eius modi, uiuere adhibentem scientiam earum rerum quae natura euenirent ; hunc Zenonis aiunt esse finem. »

5. Voir entre autres, Sén., *Ep.*, 107, 11 : « Ducunt uolentem fata, nolentem trahunt » (citation de Cléanthe, cf. Epict., *Man.*, 53) ; *de uita beata*, XV, 5 : « Deum sequere !... quae autem dementia est potius trahi quam sequi. »

sance lui indique que, de toutes manières, cela se fait : « Vouloir les événements comme ils se produisent »[1].

33. Pour « vouloir les événements comme ils se produisent », il faut les connaître et les comprendre, il faut les *interpréter*. L'homme, dit Epictète, est né « pour contempler Dieu et ses œuvres, et non seulement pour les contempler, mais encore pour les interpréter »[2]. Interpréter veut dire mettre en rapport. Peu importe, pour l'instant, si ce rapport est d'ordre final ou simplement causal. Il faut, en tout cas, pour qu'il puisse s'établir, deux termes au moins[3]. Ainsi, quand ils veulent démontrer l'ordre de la providence, les Stoïciens font voir comment les choses sont bien adaptées (ἁρμόζειν) les unes aux autres[4] ; les sciences séméiologiques consistent à rapporter un signe à un signifié. Or, les deux termes, quand il s'agit d'événements, sont séparés dans le temps ; un seul, l'événement-signe, celui qu'il faut « interpréter », nous est donné dans le présent, c'est-à-dire dans le seul des trois modes temporels qui soit réel. L'interprétation, selon le niveau où elle se pratique, pourra se faire de différentes manières, mais l'on verra que, dans tous les cas, elle suppose la réalité unique du présent.

On discerne, en gros, deux méthodes d'interprétation. La première s'élève, autant que l'homme en est capable, à une vision d'ensemble des événements, telle que, en toute rigueur, elle est réservée à Dieu. Cette méthode, poussée jusqu'au bout, se révèle insuffisante. Une autre méthode va venir à son secours, « l'usage des représentations », méthode qui aboutit toujours, mais au risque, parfois, d'isoler l'autonomie humaine de la providence de Zeus.

I. L'INTERPRÉTATION A L'ÉCHELLE COSMIQUE

34. On sait que le stoïcisme identifie Destin et Providence[5]. En ce sens, interpréter un événement signifie indiffé-

1. Epict., *Man.*, 8 : θέλε τὰ γινόμενα ὡς γίνεται καὶ εὐπορήσεις.
2. Epict., *Diss.*, I, VI, 19 : Τὸν δ'ἄνθρωπον θεατὴν εἰσήγαγεν αὐτοῦ τε καὶ τῶν ἔργων τῶν αὐτοῦ, καὶ οὐ μόνον θεατήν, ἀλλὰ καὶ ἐξηγητὴν αὐτῶν.
3. Cf. p. 145, n. 1.
4. P. ex. Epict., *Diss.*, I, 6, 3-11 ; Cic., *de nat. deor.*, II, XIV, 37 et *passim.*
5. Chalcidius, *in Plat. Tim.*, 142 (Chrysippe). *S.V.F.*, II, 933.

remment l'expliquer (cause) ou le justifier (fin), en le rattachant ou, plutôt, en comprenant son rattachement à la série des événements que déroule le Destin providentiel. « Qui tiendrait, en effet, les causes des événements futurs saura nécessairement tout l'avenir. Cela, nul n'en est capable, excepté Dieu ; mais il reste à l'homme, d'après certains signes qui impliquent des conséquences, à prévoir l'avenir. L'événement futur, en effet, ne surgit pas brusquement, l'écoulement du temps d'un moment à l'autre ressemble au déroulement d'un câble qui ne produit rien de nouveau, mais qui déploie, à chaque fois, ce qui était auparavant. C'est là ce que voient aussi bien ceux qui ont reçu le don de la divination naturelle que ceux qui connaissent le cours des choses par l'observation ; s'ils n'aperçoivent pas les causes elles-mêmes, ils en aperçoivent au moins les signes et les indices »[1].

La pleine connaissance des événements et de leurs causes n'appartient qu'à Dieu. Nous avons déjà vu qu'elle saisit toutes choses dans le mode du présent, l'ensemble d'une période cosmique étant présent au regard de Dieu[2]. L'image du déroulement d'un câble ne signifie pas nécessairement que le cours des choses soit « parfaitement uniforme »[3] ; elle exprime simplement l'idée que les choses sont présentes ensemble : la *succession* temporelle ne fait que déployer un ensemble *initialement* donné (« *traductio temporis... primum quidque replicantis* ») ; c'est par une image tout à fait comparable, que Bergson figurera l'intemporalisme qu'il combat[4]. — C'est principalement dans la divination, que l'homme, autant qu'il en est capable, imite cette vision d'ensemble, à partir d'un événement singulier.

35. La divination, en effet, est une méthode d'interprétation du présent[5], d'un événement présent qui, en tant que

1. Cic., *de diu*, I, LVI, 127.
2. Cf. §§ 17-18.
3. Ch. Appuhn, éd. Garnier, n. 178. — Il est vrai que, en dernier ressort, il y a équivalence entre l'homogénéité de la substance, le présent cosmique des périodes et l'identité des événements à travers les périodes (§§ 25, 2 ; 101 ; cf. p. 39, n. 6).
4. « L'éventail qu'on déploie pourrait s'ouvrir de plus en plus vite, et même instantanément ; il étalerait toujours la même broderie, préfigurée sur la soie » (*La Pensée et le Mouvant*, p. 11).
5. La définition de Plutarque : « L'art divinatoire porte sur l'avenir à par-

signe, réclame une explication. Cette explication ne consiste pas nécessairement à prévoir l'avenir. Au contraire, la science divinatoire n'est pas limitée dans le temps ; Calchas, nous dit Homère, « connaissait le présent, l'avenir et le passé »[1] ; Tirésias, dans *Œdipe Roi*, interprète le présent par le passé. De même la médecine qui, elle aussi procède par explication des signes, atteint aussi bien l'avenir (l'évolution de la maladie) que le passé (les causes cachées)[2]. Dans tous les cas, on interprète un événement présent en le rattachant à un autre, passé ou à venir. De l'enchaînement des causes, étalé au regard de Dieu, on obtient au moins une vision partielle.

Cette saisie partielle des causes se fait dans le mode du présent, et c'est même à cette condition seule qu'elle est valable. Plus exactement, le présent du signe se communique au passé ou à l'avenir du signifié ; en même temps que le signe, le signifié est appréhendé dans le mode du présent : « Le signe présent », on l'a vu, « est signe d'une chose présente »[3]. Par là, le rapport que l'interprétation noue entre le signe et le signifié, est celui d'une coexistence où les deux termes, d'abord séparés dans le temps, se rejoignent et même tendent à s'identifier. Sur ce point encore, la divination imite de son mieux la vision totale de Dieu, qui embrasse l'enchaînement successif des causes dans le présent d'une cause unique[4]. On comprend ainsi que les propositions hypothétiques tendent à identifier l'antécédent et le conséquent : « S'il fait clair, il fait jour », ou même : « S'il fait jour, il fait jour[5]. » Que cette manière de construire et de comprendre

tir des choses présentes ou passées », n'y contredit pas, puisque, aussitôt après, Plutarque cite le vers homérique (cf. note suiv.) et poursuit : « C'est avec raison qu'Homère mentionne d'abord le présent, et ensuite seulement le futur et le passé ; car c'est du présent que part le raisonnement qui se formule selon le mode de la proposition hypothétique (κατὰ τὴν τοῦ συνημμένου δύναμιν), par exemple : Si telle chose est, telle autre l'a précédée, et de même : Si telle chose est, telle autre se produira » (*de E ap. Delph.*, VI, 387 a 9-c 1).

1. *Iliade*, I, 69-70.

2. Voir les textes hippocratiques cités dans P.-M. Schuhl, *Essai sur la formation de la pensée grecque*[1], Paris, 1934, p. 47, n. 3 (2e éd., 1949).

3. P. 44. — Il ne faut pas dire, avec M. Pohlenz, que « le stoïcisme restreint la validité du signe à des relations simultanées » (*Stoa*, I, 49). Les événements mis en rapport se placent au contraire dans la succession temporelle *(traductio temporis)* ; c'est l'interprétation qui les rend contemporains et les saisit comme « co-présents ».

4. Cf. aussi Plotin, III, I, 2, 17-25 ; Sén., *Quest. Nat.*, II, 36 : « Diuinitati omne praesens ».

5. Dioclès Magnès, *ap.* Diog. Laërt., VII, 69 sqq. ; cf. Cic., *Acad. Pr.*, II, XXX, 96.

le rapport de condition ne ressemble en rien à la logique inductive moderne, on l'a dit avec raison[1]. Que la logique stoïcienne, de ce fait, manque de fécondité, on l'accordera encore[2]. Mais, sans pouvoir reprendre ici le problème de la logique stoïcienne dans son ensemble[3], il suffit de voir que cette conception des propositions hypothétiques concorde avec la physique[4] et, surtout, ne peut se comprendre qu'à la lumière de la théorie stoïcienne du temps ; l'influence d'Aristote[5] paraît tout à fait secondaire. Du même coup, on renoncera à parler, après Cicéron[6], de jonglerie dialectique, si Chrysippe, dans le débat sur la liberté[7], transforme

1. O. Hamelin, *Sur la logique des Stoïciens*, Année Phil., 12 (1902), pp. 13 sqq.
2. P. ex. E. Bréhier, *Chrysippe*, p. 74.
3. Voir, en dernier lieu, A. Virieux-Reymond, *La logique et l'épistémologie des Stoïciens*, Chambéry, s. d., où le problème est posé surtout à partir de la logistique moderne. ★
4. C'est cette concordance qui, à notre avis, devrait orienter toute recherche sur la logique stoïcienne. Sur ce point encore (cf. p. 24, n. 3), nous pensons que l'interprétation d'ensemble du stoïcisme proposée par E. Bréhier, devra prévaloir sur telle de ses explications de détail. Il semble, d'ailleurs, que Bréhier lui-même ait rattaché de plus en plus profondément la logique à la physique. Ainsi, dans la thèse sur les *Incorporels*, « la liaison des faits, exprimée par la proposition hypothétique » est entièrement séparée du « déterminisme universel, affirmé dans la doctrine du destin » (pp. 34 sq.). Dans le *Chrysippe*, la théorie physique selon laquelle « les événements du monde sont liés les uns avec les autres, parce qu'ils dépendent du destin », est « superposée à la théorie purement logique des rapports des faits dans le συνημμένον » (p. 76) et « la confusion entre les deux s'opère à cause de l'ambiguïté de la notion d'ἀκολουθία » (*ibid.*, n. 1). Mais cette notion, loin de la juger ambiguë, E. Bréhier y reconnaîtra un principe d'unité, et non plus de confusion : « C'est une seule et même raison qui, dans la dialectique, enchaîne les propositions conséquentes aux antécédentes, dans la nature lie ensemble toutes les causes, et, dans la conduite établit entre les actes le parfait accord » (*Hist. de la Philos.*, t. I, p. 299) ; or, « c'est le même mot, ἀκολουθία, qui désigne la conduite conséquente avec elle-même qui est celle du sage, l'enchaînement des causes qui définit la volonté ou le Destin » (*sic ;* « la volonté » de Zeus ?) « et enfin le lien qui unit l'antécédent au conséquent dans une proposition vraie » (*ap.* A. Virieux-Reymond, *loc. cit.*, p. V).
Une fois admis l'unité du lien physique et du lien logique, on ne songera plus, dans l'interprétation des exemples, à opposer la « séquence empirique » à l' « identité logique », comme le fait V. Brochard (*Etudes de Philosophie ancienne et de philosophie moderne*, Paris, 1926, p. 242).
5. Voir E. Bréhier, *Chrysippe*, p. 74.
6. « O licentiam iocularem ! » (*de fato*, VIII, 15).
7. Ici comme ailleurs (cf. p. 77, n. 1), l'historien n'a pas à se rendre tributaire du jugement des anciens (ici, de Cicéron), à moins de vouloir, comme ceux-ci, faire œuvre de polémiste. — Pour comprendre la signification et la portée de la solution que Chrysippe a donnée au problème de la liberté, il y a intérêt à voir comment une solution très comparable est proposée pour ce même problème, par un penseur à qui personne ne songera à reprocher sophismes et finasserie. Voici un fragment de dialogue où Lequier essaie de concilier la prédestination et la liberté : « *Le Prédestiné* : Dieu veut d'une part que telle chose *soit* : voilà pour l'existence de la chose qui dès lors sera certainement ; et Dieu veut d'autre part que cette chose *soit* : arrêtez-vous là et ajoutez ensuite posément : *pouvant ne pas être* : cette qualité ajoutée à la chose fait qu'elle arrive librement ; au lieu que si après avoir dit : Dieu veut d'une part que telle chose

la proposition conditionnelle en conjonctive[1], ce qui revient à traduire la succession en simultanéité[2], à interpréter la conséquence comme une coexistence, laquelle, ici encore, tend à l'identité[3]. D'ailleurs, un récent ouvrage indique fort bien les rapports entre cette théorie de Chrysippe et la conception stoïcienne du temps[4].

36. L'événement singulier nous est donné dans un présent étroitement limité[5]. L'interprétation essaie de le rattacher à la série universelle des causes et, par là, d'étendre et d'élargir ce présent mutilé. Mais c'est l'événement même, dans son individualité, qui doit être expliqué (destin) et justifié (providence).

En effet, « rien ne se produit sans cause »[6], l'existence même de la divination prouve que tout arrive « selon le destin »[7] ; un seul événement, qui serait dû au hasard et privé de cause (ἀναιτίως), détruirait l'unité du monde : « L'univers ne serait plus administré selon un seul ordre et un plan unique, si quelque mouvement sans cause s'y introduisait »[8]. On sait, plus généralement, que seuls sont réels les êtres individuels, ce qui n'empêche, ou plutôt ce qui exige que l'uni-

soit, vous dites : *et Dieu veut d'autre part que telle chose soit pouvant être ou n'être pas*, tout d'un trait, sans vous arrêter, on ne comprend plus si bien. — *Le Réprouvé* : Je crois quelquefois que vous plaisantez. — *Le Prédestiné* : Je ne plaisante jamais. » (J. Lequier, *La recherche d'une première vérité*, éd. Ch. Renouvier, Paris, 1924, pp. 237 sq.).

S'il est besoin de faire l'apologie de Chrysippe et de Lequier, disons que, de part et d'autre, il s'agit de penser une expérience qui, quoique très certaine, paraît impensable. On cherchera donc un procédé logique pour y parvenir quand même : la transformation de la conditionnelle en conjonctive, chez Chrysippe, la distinction scolastique entre composition et division, chez Lequier. On peut, certes, qualifier un tel procédé de sophisme ; c'est qu'il devait prendre la mesure de l'expérience. — Il faut ajouter que ce procédé, chez Chrysippe, n'est pas extérieur au système ni, dans le débat sur la liberté, introduit *ad hoc* ; il est en accord aussi bien avec la logique qu'avec la physique stoïciennes.

1. Cic., *de fato*, VIII, 15-16.
2. Aulu-Gelle, XVI, VIII, 10 : « Vniuersa quoque illa, quae coniuncte dicta sunt, propter hoc unum, quod falsum accesserit, *quia simul dicentur*, uera non erunt. »
3. E. Bréhier, *Incorporels*, p. 29 : « Les termes conjugués sont sûrement liés entre eux de la même façon que les termes correspondants du συνημμένον, c'est-à-dire par une identité logique. »
4. L. Guillermit et J. Vuillemin, *Le sens du destin*, Neuchâtel, 1948, où cette théorie est mise en rapport avec celle du Retour éternel : « Le passage logique des propositions conditionnelles aux propositions conjonctives figure le passage cosmologique et théologique d'un temps linéaire à un destin cyclique » (p. 53).
5. On verra plus loin dans quel sens, tout à fait différent, la morale prescrit de « délimiter le présent ».
6. Plut., *de fato*, 11, 574 d (*S.V.F.*, II, 912).
7. P. ex. Alex., *de fato*, 31, 201, 32 (*S.V.F.*, II, 941).
8. Alex., *de fato*, 22, 191, 30 sqq. (*S.V.F.*, II, 945).

vers dans son ensemble soit conçu comme un individu[1]. Selon un philosophe anglais, la science moderne, depuis la Renaissance, repose tout entière sur la conception chrétienne du Dieu tout-puissant, créateur du monde : « Ce fut alors un article de foi, que le monde de la nature ne devait plus être considéré » (comme chez Platon et Aristote) « comme le règne de l'imprécision, mais comme le règne de la précision »[2] ; la réussite de la physique mathématique est liée à ce « présupposé métaphysique » que traduit la célèbre phrase de Galilée : la nature est un livre écrit par la main de Dieu en langage mathématique[3]. Il serait juste d'ajouter que seuls, parmi les anciens, les Stoïciens se sont élevés à un « présupposé » comparable[4]. Refusant la distinction platonico-aristotélicienne entre le monde sublunaire et le monde supralunaire et affirmant, d'autre part, une stricte légalité et une providence sans fissures, ils avaient construit, pour reprendre l'expression de Collingwood, un « présupposé métaphysique » capable de fonder et d'orienter une explication scientifique du monde, poussée jusque dans les infimes détails : rien absolument, ni être ni événement, ne manquant de cause ni de fin.* Pourquoi, malgré leur effort consacré aux sciences, malgré de patientes et minutieuses observations recueillies dans des volumes impressionnants, les Stoïciens ne sont pas parvenus à une explication pleinement « scientifique » des phénomènes singuliers, nous ne l'avons pas à examiner ici. Disons seulement que, dans cet effort, on retrouve une des exigences fondamentales du système, celle qui essaie de concilier le monisme et le pluralisme[5]. La Cause unique doit se manifester en toutes choses ; d'où une multiplicité, toujours accrue, de causes qui soient à la mesure des phénomènes à expliquer. De même la providence à l'égard des hommes : *Nec uero uniuerso generi hominum solum, sed*

1. Cf. p. 22, n. 3.
2. R.G. Collingwood, *An essay on metaphysics*, Oxford, 1940, p. 253.
3. *Id., ibid.*, p. 250 ; *The idea of nature*, Oxford, 1945, pp. 102 sq. — Cf. aussi J. Wahl, *The philosopher's way*, New-York, 1948, p. 107. — La métaphore galiléenne est déjà dans Nicolas de Cues, mais sans encore impliquer l'entière rationalité de l'univers (voir M. de Gandillac, *La phil. de Nicolas de Cues*, Paris, 1941, p. ex. p. 67, 163).
4. Il faut rappeler que E. Bréhier, à un tout autre point de vue, a montré combien le stoïcisme est « près de l'idée de création » (*Chrysippe*, p. 154 ; cf. p. 146).
5. Cf. pp. 34-35 ; p. 62, n. 3.

etiam singulis a dis immortalibus consuli et prouideri solet[1] ; la preuve en est administrée, ici encore, par un raisonnement composé : *Licet enim contrahere uniuersitatem generis humani eamque gradatim ad pauciores, postremo deducere ad singulos.* De même, dans la vie de l'individu, ce sont les *singula* qu'il faut et qu'on veut expliquer ; c'est sur cette prétention, justement, que portent les objections des adversaires de l'École. On veut bien accorder, en général, l'influence des climats sur les caractères ; mais « quelle influence peut avoir le climat pour que je me promène dans le portique de Pompée plutôt qu'au Champ de Mars ? »[2] ; on concède même « quelque relation entre les entrailles (des victimes) et l'ordre de la nature » ; mais « une fissure d'une certaine espèce dans le foie peut-elle annoncer un gain d'argent ? »[3] ; il est vrai qu' « à certains signes, les médecins reconnaissent l'approche ou l'aggravation d'une maladie, on dit qu'ils peuvent d'un certain genre de songes tirer des indications sur notre état de santé et diagnostiquer par exemple un état de réplétion ou d'épuisement. Mais un trésor, une succession, une charge honorifique, une victoire et bien des choses de ce genre, quelle peut être leur parenté naturelle *(cognatio)* avec les songes ? »[4]. L'interprétation est donc bien une « science de l'individuel ».

37. Nous n'avons pas à envisager ici cette interprétation dans son ensemble, ni dans ses différentes techniques qui varient selon les objets étudiés. Seules, nous intéressent ici les possibilités et les limites de cette interprétation, appli-

1. Cic., *de nat. deor.*, II, LXV, 164. — Que la providence des dieux s'étende jusqu'aux *minima*, Platon l'avait déjà enseigné dans ce qu'il est convenu d'appeler « l'apologétique » des *Lois* (X, 901 b-903 a). Nous n'avons pas à examiner ici si cet enseignement s'accorde avec d'autres textes, avec *Rép.*, II, 379 c, par exemple, ou, si l'on préfère un dialogue de la même « période », avec la théorie de la cause errante que l'Intelligence ne réussit à persuader que pour τῶν γιγνομένων τὰ πλεῖστα (*Tim.*, 48 a) ; ou encore avec la théorie du hasard des *Lois* même (p. ex. IV, 709 a). — Dans le stoïcisme, en tout cas, cette doctrine tient au cœur du système ; c'est uniquement aux besoins de la discussion qu'il faut attribuer la concession : « Magna di curant, parua negligunt »(Cic., *de nat. deor.*, II, LXVI, 167), concession qui permettait de défendre le principe de la providence universelle contre des objections de détails et qui, à Rome, pouvait s'appuyer sur l'adage juridique *Minima non curat praetor ;* c'est ainsi que Cotta, dans le même traité, peut dire : « Ne in regnis quidem reges omnia minima curant : sic enim dicitis » (III, XXXV, 86) ; cf. aussi Sénèque, *Ep.*, 95, 50.

2. Cic., *de fato*, IV, 8.

3. Cic., *de diu.*, II, XV, 35 ; XIV, 34.

4. Cic., *de diu.*, II, LXIX, 142.

quée aux événements de la vie humaine et chargée de conférer à ceux-ci une signification morale. Considérons d'abord l'usage fait de l'idée de providence, c'est-à-dire l'interprétation finaliste.

On sait que l'explication des choses et des événements par la finalité a été poussée, au jugement des modernes, jusqu'au ridicule. Sur ce point, il faut bien dire que le système du Portique devra plaider coupable. L'affirmation de la providence universelle, d'une part, le goût du concret, d'autre part, devaient conduire, dans l'explication des choses, à un finalisme intempérant ; il faudra, pour reprendre l'idée de Collingwood, la méthode mathématique, pour que les savants de la Renaissance puissent résoudre (d'une certaine manière) le même problème, à partir du même « présupposé ».

Cela dit, on peut penser que ce finalisme outrancier et, surtout, anthropocentrique (non dans son principe sans doute, mais dans ses applications de détail), demeure quelque peu extérieur au système. Il intervient dans la théodicée[1], c'est-à-dire dans la discussion avec les adversaires qui exigeaient des comptes détaillés du principe général de la providence. Il intervient aussi, par suite d'un souci, courant alors, de vulgarisation et presque de propagande, dans l'interprétation des croyances populaires (songes, horoscope, divination)[2]. Il a encore sa place dans la justification des différentes pratiques de la « religion d'Etat » ; il sert souvent de méthode à ce que Varron appelle la *theologia ciuilis*[3].

« Il est évident », a-t-on dit, « que cette conception téléologique devait, dans le détail des faits, se montrer pleine de difficultés »[4]. Aussi l'interprétation propose-t-elle parfois d'autres réponses dont on peut penser, tout ensemble, qu'elles renoncent à cette conception téléologique et qu'elles tiennent plus près au système.

Le principe même de la providence n'est jamais abandonné.

1. Cf. E. Bréhier, *Chrysippe*, p. 205.

2. Cf. aussi M.-Aurèle, IX, 27, 3 : « Les dieux eux-mêmes viennent en aide (aux méchants) de mille manières, par des songes, des oracles, et justement pour leur faire obtenir les objets en vue desquels ils se tourmentent » (et qui ne tourmentent précisément pas le sage) ; cf. IX, 11, 2.

3. Varron, *ap.* St Aug., *Cité de Dieu*, VI, v (cf. IV, XXVII) ; cf. Aetius, I, 6, 9 (*Dox. Gr.*, 295) ; des exposés détaillés chez Cicéron, p. ex. *de nat. deor.*, II, LXVI, 165 ; *de diu.*, I, *passim*.

4. E. Bréhier, *Chrysippe*, p. 204.

Mais il s'adjoint celui de « l'intérêt du tout ». Par là, on restreint et même, semble-t-il, on suspend les explications de détail ; en ce sens, le principe de la providence l'emporte sur ses applications concrètes[1]. Mais il faut bien voir que, non seulement ce principe même demeure sans faille, mais encore il continue à s'appliquer dans toute sa rigueur[2]. Ce à quoi l'on renonce, ce n'est pas à affirmer cette application, c'est à l'interpréter. Dans ce refus d'interprétation, deux points sont remarquables. Tout d'abord, en suspendant l'intérêt individuel (que nous croyons comprendre, mais qui ne se réalise pas toujours) à l'intérêt du tout (qui se réalise, mais que nous ne comprenons pas toujours)[3], on atteint dans

1. *Id.*, *ibid.*, 207 (sur la providence et les maux ; cf. surtout Aulu-Gelle, VII, I, *S.V.F.*, II, 1170) : « Il n'y a pas là le moindre dualisme ; il y a seulement, avec le principe de la prévalence des vues d'ensemble sur les détails, une espèce de casuistique de la volonté créatrice, fondée sur ce principe. »

2. Cela résulte déjà de l'identification du Destin avec la Providence. Même les maux sont *voulus* par celle-ci : les « maux ne sont pas précisément une nécessité extérieure à laquelle se plie la volonté divine » (comme, p. ex., le Démiurge du *Timée*), « ils ne sont pas contre nature : ils sont voulus par elle, en même temps que l'ensemble » (Bréhier, *Chrysippe*, p. 207). — Si certains textes mettent l'accent sur l'intérêt général, ils montrent en même temps comment celui-ci pénètre et justifie les événements particuliers : « Si les dieux ont délibéré sur moi et sur ce qui devait m'arriver, ils ont bien délibéré, car un dieu qui ne délibérerait pas, ce n'est même pas facile à concevoir... Que s'ils n'ont pas délibéré sur moi en particulier, de toute façon ils ont délibéré sur l'intérêt général, et, comme ce qui m'arrive en est aussi une conséquence, je dois bien l'accueillir et m'en déclarer satisfait » (M.-Aurèle, VI, 44, 3) ; faut-il rendre Zeus responsable, si sa foudre frappe l'innocent ? « Fulmina non mitti a Ioue, sed sic omnia esse disposita ut etiam quae ab illo non fiunt tamen sine ratione non fiant, quae illius est. Nam etiamsi Iupiter illa nunc non facit, Iupiter fecit ut fierent. Singulis non adest ad omne, sed manum et uim et causam omnibus dedit » (Sénèque, *Quest. Nat.*, II, XLVI). On voit comment, de l'affirmation de l'intérêt général, on pouvait glisser vers la concession : « Ne in regnis quidem reges omnia minima curant » (p. 85, n. 1). Mais de même qu'un seul événement se produisant sans cause, romprait, avec l'enchaînement du destin, l'unité du monde (p. 83, n. 8), de même aucune contingence ne peut s'introduire dans l'ordre de la providence. (Selon Chrysippe, οὐδὲ τοὐλάχιστόν ἐστι τῶν μερῶν ἔχειν ἄλλως ἢ κατὰ τὴν Διὸς βούλησιν. Plut., *de comm. not.*, 34, 1076 e = *S.V.F.*, II, 937.) Par où l'on voit déjà (cf. la suite de notre texte) comment la causalité prévaut sur la finalité ; c'est tout ensemble au destin et à la providence, que s'appliquerait cette phrase de Bergson sur la « philosophie mécanistique » : « Il faudrait la laisser, si le plus petit grain de poussière, en déviant de la trajectoire prévue par la mécanique, manifestait la plus légère trace de spontanéité » (*Evol. Créatr.*, p. 43).

3. Cf. Epictète, *Diss.*, II, V, 25 : « Qu'es-tu ? Un homme. Si tu te considères comme un membre isolé, il est selon la nature de vivre jusqu'à un âge avancé, de s'enrichir, de se bien porter. Mais si tu te considères comme un homme et comme partie d'un certain tout, c'est dans l'intérêt de ce tout que tu dois tantôt subir la maladie, tantôt entreprendre une traversée et courir des risques, tantôt supporter la pauvreté et parfois même mourir avant l'heure » ; et le texte de Chrysippe, cité *ibid.*, II, VI, 9-10 : « Tant que les conséquences restent pour moi obscures, je m'attache toujours à ce qui est plus apte à me procurer les biens conformes à la nature, car Dieu même, en me créant, m'en a laissé le libre choix. Mais si je savais vraiment que la maladie a été décrétée pour moi maintenant par le Destin, c'est avec la même ferveur que je l'accepterais. »

son principe même le finalisme anthropocentrique. Il est bien vrai que le monde est « le système composé des dieux et des hommes, et des choses qui se produisent dans l'intérêt de ceux-ci »[1] ; « le monde a été fait dans l'intérêt des dieux et des hommes, et toutes les choses qu'il contient, sont préparées et conçues à l'usage des hommes »[2]. Dans la mesure où cette intention bienveillante des dieux se manifeste dans des institutions générales, elle nous est pleinement pénétrable ; des plantes et des bêtes, nous sommes visiblement « les propriétaires légitimes »[3]. Mais quand il faut rapporter à nous tel événement précis, qui trompe notre espoir et contredit nos désirs, sa finalité nous échappe, et l'interprétation ne peut invoquer, avec le principe général de la providence, que l'intérêt du tout. Dans ce refus d'interpréter, il y a, non pas un doute sur la providence, mais une critique à l'égard de nos préférences personnelles et, l'événement vient d'en faire la preuve, ignorantes. Aussi cette critique a-t-elle pour contre-partie la purification des passions et l'ascèse des désirs[4].

En second lieu, si l'on renonce à interpréter la providence, on n'en continue pas moins à l'affirmer, et cela au sujet de cet événement précisément, qu'on ne parvient pas à comprendre. L'événement, ici, porte en lui-même le signe de sa finalité, en ceci seul qu'il arrive. Et si nous ignorons en vue de quelle fin (pourtant certaine) il se produit, au moins en connaissons-nous, souvent[5], la cause. La finalité cachée nous renvoie ainsi à la causalité.

38. Comprendre le pourquoi des choses peut, en effet, suffire à les interpréter et, par là, à leur enlever ce qu'elles peuvent avoir de choquant et d'insupportable. On sait que le spectacle de la répartition injuste des biens et des maux entre les bons et les méchants avait amené la spéculation

1. Diog. Laërt., VII, 138.
2. Cic., *de nat. deor.*, II, LXII, 154.
3. *Id.*, *ibid.*, II, LXIII, 157.
4. C'est ce qu'Épictète appelle le premier thème philosophique (p. ex. *Diss.*, I, IV, 11 ; III, II ; III, XII).
5. Sauf dans le cas du prétendu hasard (τύχη) qui doit se comprendre comme une αἰτία ἀπρονόητος καὶ ἄδηλος ἀνθρωπίνῳ λογισμῷ (Plut., *de fato*, 7, 572 a ; cf. Aëtius, I, 29, 7, *Dox. Gr.*, p. 326 = *S.V.F.*, II, 966). — Cette définition qui remonte sans doute à Anaxagore ou à Démocrite (Aëtius, *loc. cit.* ; *Vors*[6]., 59 (46), A, 66 ; 68 (55), A, 70) est déjà mentionnée par Aristote, *Phys.*, B, 4, 196 b 5.

philosophique, dès ses débuts, au problème de la justice divine et de la théodicée[1]. Epictète résout ce problème par un simple recours à la causalité ; il est naturel que chacun obtienne ce qu'il poursuit et qu'il reçoive « le prix de ce qu'il vend » : le philosophe, la sagesse, et le méchant, la prospérité[2]. Ici, comme dans certains textes de Marc-Aurèle[3], nous sommes très près de l'explication spinoziste des affections.

Cette explication par les causes peut être généralisée. « A aucun homme, il ne peut rien arriver qui ne soit un accident humain... Si donc il arrive à chaque être ce qui est conforme à ses habitudes et à sa nature, pourquoi te fâcherais-tu ? La nature universelle n'a rien pu t'apporter qui te soit insupportable[4]. » Cette explication par la cause naturelle, par la nécessité[5], se rapproche beaucoup de la conception moderne de la loi naturelle. Elle s'en rapproche surtout en ce que la singularité de l'événement semble dissoute (plutôt qu' « expliquée ») dans l'universalité de la loi. Nous reviendrons plus loin sur ce point. Disons, pour l'instant, que tout le problème moral, pour le stoïcisme, consiste à *actualiser, hic et nunc*, cette loi, et c'est là ce que signifie le précepte nous enjoignant de coopérer avec le Destin.

Nous avons considéré, jusqu'ici, l'explication des faits qui se produisent. Il y a une interprétation également pour les faits qui se produiront. Nous allons voir que, là encore, l'idée de providence nous renvoie à celle de causalité.

39. C'est la divination, précisément, qui « confirme tout

1. Cf. *La religion de Platon*, pp. 75 sqq.
2. Epictète, *Diss.*, III, XVII ; III, IX, 3-4 ; IV, VII, 36-39.
3. « Quand tu te heurtes à l'impudence de quelqu'un, demande-toi aussitôt : Se peut-il qu'il n'y ait pas d'impudents en ce monde ? — Cela ne se peut. Ne demande donc pas l'impossible. Tu as là devant toi un de ces impudents dont l'existence est nécessaire dans le monde... Quand tu reproches à un homme sa déloyauté ou son ingratitude, fais un retour sur toi-même. C'est évidemment ta faute, si tu as cru que cet homme, ayant ces dispositions, tiendrait sa parole, ou encore si, en lui rendant service, tu n'entendais pas le lui rendre et en rester là, si tu n'as pas fait en sorte de retirer aussitôt de ton action même tout son fruit. » (M.-Aurèle, IX, 42, 1, 10-11). — « Celui qui n'admet pas que le méchant commette de fautes ressemble à celui qui n'admettrait pas que le figuier produise son suc dans les figues, que les marmots piaillent, que le cheval hennisse et autres nécessités de cet ordre » (XII, 16, 2). Cf. déjà Chrysippe *ap.* Aul.-Gell., VII, 1 (« Est enim genere ipso quasi fatale et consequens, ut mala ingenia peccatis et erroribus non uacent »).
4. M.-Aurèle, VIII, 46.
5. Epict., *Diss.*, IV, X, 11 ; II, V, 27.

à fait l'idée que la providence des dieux veille sur les affaires humaines »[1]. Mais en quoi, exactement, ce don de prévision manifeste-t-il la bienveillance divine ? — Sans doute peut-on répondre : « Il est faux que la connaissance des événements futurs ne nous importe en rien, car nous serons davantage sur nos gardes, si nous l'avons »[2]. Mais de cette réponse, il convient d'écarter toute idée de finalisme anthropocentrique. Ce serait contredire la prévision aussi bien que la providence, que de croire que, connaissant l'avenir, on pourrait le changer. Si la prédiction annonce simplement « des dangers qui nous menacent », alors, sans doute, prières, vœux, sacrifices pourront « détourner » ces dangers. Mais de telles « mesures de précautions »[3] rentrent elles-mêmes dans le destin et « sont comprises sous sa loi », à titre de *confatalia*. Nécessairement donc, nous les eussions prises. « En ce cas, quel service un haruspice me rend-il ? Je suis de toute façon obligé de faire ces expiations, même s'il ne me les conseille pas. — Le service qu'il te rend, c'est d'être l'agent du destin[4]. » Donc, même dans le cas d'un danger conjuré, le finalisme de la prédiction est résorbé dans la causalité du destin. Il en est ainsi, à plus forte raison, quand l'avenir annoncé dépasse la probabilité d'un danger. Il semble même que l'utilité véritable de la divination consiste à nous faire connaître ce qui sera, sans plus ; que le bon usage de la divination se borne à nous rendre nous-mêmes « agents du destin » ; que les « mesures de précaution » tendent précisément à nous faire coopérer à ce qui arrivera[5]. Aussi faut-il « aller vers les devins sans désir et sans répugnance, comme le voyageur demande au passant qu'il rencontre laquelle des deux routes conduit au but, ne désirant pas davantage que ce soit celle de droite plutôt que celle de gauche. Il ne veut pas, en effet, passer par telle de ces routes, mais par celle qui

1. Cic., *de nat. deor.*, II, LXV, 162.
2. Cic., *de diu.*, I, XXXVIII, 83 : « Neque nostra nihil interest scire ea quae euentura sunt ; erimus enim cautiores, si sciemus ».
3. Cf. note précéd.
4. Sénèque, *Quest. Nat.*, II, XXXVIII, 3-4.
5. P. ex. Epictète, *Diss.*, II, X, 5 : « Si l'homme de bien pouvait prévoir l'avenir, il coopérerait lui-même à la maladie, à la mort, à la mutilation, parce qu'il aurait conscience qu'en vertu de l'ordre universel, cette tâche lui est assignée. »

conduit »[1]. — Devant le danger d'interpréter le finalisme de la providence selon nos préférences passionnelles, nous sommes renvoyés, ici encore, à la causalité nue.

II. Finalité et causalité

40. Il est vrai que providence et destin sont identiques. Il est vrai également que l'idée de providence semble impliquer une intention qui se réalise. Mais cette intention et ses voies de réalisation ne sont pas toujours, pour nous, transparentes ; tout se passe comme si, pour nous, la providence divine était moins adéquatement saisie dans un finalisme selon le mode humain, que dans la causalité du destin. Il faut même dire que la providence stoïcienne dépasse toute finalité.

Il importe d'écarter, sur ce point, une interprétation courante, populaire en quelque sorte, dont les Stoïciens, en partie, sont responsables eux-mêmes[2], mais qui méconnaît l'intention véritable du système. — On sait que la divination est au nombre des preuves invoquées en faveur de la providence. Or, la signification des présages n'est pas la fin, en vue de laquelle ils se produiraient ; c'est, au contraire, à cause qu'ils se produisent que, par voie de conséquence, ils sont signifiants[3]. — Plus généralement, la théorie stoïcienne de la causalité conteste explicitement la primauté que Platon et Aristote avaient accordée à la fin et à la forme. Est cause uniquement « l'agent »[4], c'est-à-dire, cet être seul réel, qu'est l'individu ; de même que tous les corps-individus sont unifiés dans le système du monde, de même toutes les causes agissantes se ramènent à Dieu, cause unique.

1. Epict., *Diss.*, II, VII, 10.
2. Cf. p. 86.
3. « Hoc inter nos et Tuscos, quibus summa est fulgurum persequendorum scientia, interest : nos putamus, quia nubes collisae sunt, fulmina emitti : ipsi existimant nubes collidi ut fulmina emittantur ; nam, cum omnia ad deum referant, in ea opinione sunt tamquam non, quia facta sunt, significant, sed quia significatura sunt, fiant. Eadem tamen ratione fiunt, siue illis significare propositum, siue consequens est » (Sén., *Quest. Nat.*, II, XXXII, 2).
4. (Τοῦτο) δι' ὃ ἐνεργοῦν γίνεται τὸ ἀποτέλεσμα (Sext., *Hypot.*, III, 14) ; τὸν μὲν θεὸν ποιεῖν (Sext., *math.*, IX, 11) ; « Stoicis placet unam causam esse, id quod facit » (Sén., *Ep.*, 65, 4).

Cette causalité se suffit à elle-même et trouve sa seule explication dans la nature même de l'agent. Le Démiurge du *Timée* agit en vue d'une fin (étant bon et « exempt d'envie, il a voulu que toutes choses naquissent le plus possible semblables à lui »)[1] et s'inspire d'un plan (du Paradigme éternel, au service duquel, malgré toute l'ingéniosité de ses calculs, il fait figure de simple exécutant)[2]. — Mais la fin, supposé qu'elle soit une cause, n'est nullement efficiente, mais seulement « accessoire »[3]. « Vous dites que la Forme est cause ? — L'artisan l'imprime à son ouvrage : c'est une partie de la cause, non la cause même. Le Paradigme non plus n'est pas cause, mais instrument indispensable de la cause. Le paradigme est indispensable à l'artisan, au même titre que le ciseau ou que la lime »[4]. — Aussi bien le Dieu stoïcien répond-il exactement à la définition de la cause : « Vous voulez savoir ce qu'il faut entendre par cause ? — C'est la Raison qui agit, c'est-à-dire, Dieu. Tout ce que vous venez d'énumérer » (matière, modèle, fin) « ne constitue pas de multiples causes particulières, mais procède d'une seule : de la cause qui agit »[5].

Cette cause efficiente n'est certes pas irrationnelle ; Dieu est le *Logos* agissant. Mais c'est l'action qui définit essentiellement cette causalité divine ; c'est « accessoirement », par « dérivation »[6], seulement, qu'elle paraît finale (ou formelle). On a pu soutenir que les philosophies de l'Idée du Bien ou de l'Idée de la Perfection n'appliquent jamais, quand il faut rendre compte des phénomènes, le principe du meilleur. Ayant placé la finalité au sommet des choses, elles se contentent d'expliquer ces choses mêmes par la nécessité, le déterminisme, le mécanisme[7]. Quoi qu'il en soit de la justesse de cette thèse[8], il semble que le stoïcisme, à l'inverse,

1. *Tim.*, 29 e.
2. Cf. *Le paradigme dans la théorie plat. de l'action*, *Rev. des Et. Gr.*, LVIII, 1945, § 10.
3. Sénèque, *Ep.*, 65, 14 : (propositum) « ut sit causa, non est efficiens causa, sed superueniens » (cf. *ibid.*, § 10).
4. *Id.*, *ibid.*, § 13 : « Exemplar quoque non est causa, sed instrumentum causae necessarium. »
5. *Id.*, *ibid.*, § 12 : « Quaerimus quid sit causa ? — Ratio scilicet faciens, id est deus : ista enim, quaecumque rettulistis, non sunt multae et singulae causae, sed ex una pendent, ex ea quae facit. »
6. Cf. notes 3 et 5.
7. E. Goblot, *La logique des jugements de valeur*, Paris, 1927, pp. 15-18.
8. Cf. p. 35, n. 6.

attribue l'origine de toutes choses à la seule cause motrice, et que ce soit dans le détail des faits précisément, que cette cause se manifeste sous forme de finalité.

41. Si la cause est essentiellement motrice, elle n'en est pas moins appelée providence. Si donc la fin et la forme sont ravalées au rang de causes partielle et accessoire, on ne rejette nullement l'idée de la perfection : la cause divine est *Logos*. Seulement, cette perfection est placée dans l'activité même ; c'est ce qui explique que « pour les Stoïciens, la Cause Première se définit par son mouvement » ; cette thèse paraît si surprenante à un historien ancien de la philosophie, qu'il l'oppose à tous les systèmes précédents[1].

Dans le Vivant Intelligible du *Timée*, dans le Premier Moteur d'Aristote, « tout est donné » ; ce sont là des réalités pleinement réelles et qui se suffisent à elles-mêmes. Elles sont en repos ; après quoi, en effet, courraient-elles, puisqu'elles sont et possèdent tout. Mais dès que cette plénitude d'être est mis en rapport avec le monde du devenir, dès que la réalité, sous forme de modèle ou de fin, est chargée des fonctions de causalité, tout cesse d'être donné et, pour pouvoir, dans le monde sensible, le récupérer au moins partiellement, il faut recourir à titre de cause auxiliaire, au mouvement. Avec la cause motrice, on accepte le temps, l'attente, la distance. Distance entre le modèle et la copie, entre la fin et sa réalisation. Le mouvement, chargé de faire passer l'intention (la « puissance ») à l'acte, ne sert qu'à réduire l'intervalle ; n'ayant aucune valeur propre, il tire toute sa justification de ce qu'il se propose et de ce qu'il obtient.

Une fois de plus[2], le stoïcisme refuse de partir à la conquête de ce qui n'est pas donné, immédiatement et tout de suite. Il faut donc qu'entre le modèle et la copie, la distance soit nulle[3], que le mouvement n'ait pas à réduire l'écart entre la puissance et l'acte, mais qu'il soit acte lui-même, dès

1. Aëtius, I, 11, 6-7 (*Dox. Gr.*, 310).
2. Cf. §§ 24-25.
3. (Stoïci) « reprehendunt etiam quod... mundum sensilem iuxta immortale exemplum a Deo factum esse dicat Plato. *Non enim opus ullo exemplo fuisse*, quando seminum ratio incurrens aliquam concipientem comprehendentemque naturam, totum mundum, quaeque in eo sunt enixa sit » (Chalcid., *in Plat. Tim.*, CCXCII).

l'origine et à chaque instant de son parcours[1]. Le mouvement, ou plus exactement, le *mouvant* quitte alors son rôle subalterne de cause auxiliaire[2] ; il concentre sur lui toute la perfection. Cette perfection ne lui vient pas de quelque fin ou modèle qu'il se serait proposés ; ce serait là plutôt une preuve de manque et d'impuissance : les Formes exemplaires étant de simples « pensées », des « quasi-existants »[3]. Elle ne lui vient pas davantage de ce qu'il aurait fini, à grand'peine, par accomplir ce qu'il se serait proposé : comme l'avait montré Aristote, le mouvement cesse, quand son but est atteint ; il n'est donc plus là pour partager la perfection de l'acte qu'avait préparée sa propre imperfection[4]. De plus, quand même le mouvement survivrait à son but, il n'en recevrait qu'une valeur d'emprunt : ce serait, ici encore, la preuve que, en attendant et de par lui-même, il avait manqué de perfection. Mais la vérité est que la cause motrice, seule, est parfaite, parce qu'à chaque instant elle fait passer à l'acte la pensée.

42. La nouveauté de cette théorie stoïcienne n'est pas d'affirmer, en général, que la cause vaut mieux que l'effet[5] ; c'est de l'affirmer de la cause motrice. Chez Aristote et, surtout, chez Platon, la demi-réussite des copies ne mesurait pas l'excellence de la Forme. Mais elle mesurait très exactement la valeur de l'artisan chargé d'imiter cette excellence. Le modèle n'est pas en vue de la copie, l'existence n'est pas en vue de la genèse[6] ; mais les techniques qui s'inspirent du modèle ont uniquement pour fin ces copies : guérir tel malade, construire telle maison[7]. Le stoïcisme accepte cette dépréciation de l'effet par rapport à la cause. Mais il l'opère, non plus, comme le platonisme, au profit d'un modèle intelligible, mais en faveur précisément de la cause « artisanale », de la *causa quae facit*[8].

1. Cf. p. 63, n. 2 et 3.
2. Rôle tenu par le Démiurge ou l'Ame du Monde, chez Platon.
3. Cf. 18. n. 4 et 5.
4. Aristote, *Métaphys.*, Θ, 6, 1048 b 17-34 ; *Phys.*, VIII, 8, 264 a 4-6 ; *de anima*, II, 5, 417 a 16 ; *Eth. Nic.*, X, 4, 1174 a 12-b 10.
5. Sén., *Ep.*, 65, 14 : « Multum enim interest inter opus et causam operis » ; Plat., *Phil.*, 27 a : Ἀρ' οὖν ἡγεῖται μὲν τὸ ποιοῦν ἀεὶ κατὰ φύσιν, τὸ δὲ ποιούμενον ἐπακολουθεῖ γιγνόμενον ἐκείνῳ ;
6. Plat., *Phil.*, 54 b-c.
7. Arist., *Eth. Nic.*, I, 5 (7), 1097 a 18-22 ; *Métaph.*, A, 1, 981 a 16-24.
8. P. 92, n. 5.

On comprend par là que « pour les Stoïciens, toute cause est un corps qui, sur un autre corps, cause quelque effet incorporel »[1]. Cette thèse a pu paraître bizarre et même choquante ; mais l'incorporalité, c'est-à-dire l'imperfection et la quasi-existence affirmées, ici, de l'effet, correspondent, dans le platonisme, à la déficience et au devenir des sensibles. A cela se rattache la distinction entre les « causes parfaites et principales » et les « causes auxiliaires et prochaines »[2] ; les premières comprenant les individus corporels, les secondes, les événements incorporels, lesquels, précédant l'activité de l'agent, sont « causes prochaines et antécédentes » et, s'ils en résultent, des effets, c'est-à-dire, « non pas un corps, mais un accident et un attribut »[3]. La cause motrice agit dans un intervalle marqué par deux termes incorporels ; chez Platon et chez Aristote, le mouvement est un devenir imparfait, suspendu entre deux perfections : le modèle d'où il vient et la fin où il tend.

Or ces deux perfections coïncident dans l'ordre du réel ; la Forme platonicienne n'est pas exemplaire pour elle-même, mais seulement pour un démiurge, chargé de l'imiter ; le Moteur Immobile n'est forme et n'est fin que pour les êtres en mouvement ; toute distance est abolie dans leur présent éternel. Pour une raison inverse, toute distance est abolie dans le présent temporel du stoïcisme : les deux termes qui pourraient la marquer étant des incorporels que l'agent corporel réalise à chaque instant de son mouvement.

La perfection instantanée du mouvement abolit la dis-

1. Sext., *math.*, IX, 211 (*S.V.F.*, II, 341).

2. Le schéma logique de cette opposition pouvait être fournie par la distinction, courante chez Platon et chez Aristote, entre la cause et l'instrument de la cause (αἴτιον δι' ὅ-αἴτιον οὗ οὐκ ἄνευ). C'est à cette distinction fondamentale que se ramène, en définitive, le pluralisme des causes stoïciennes, critiqué par Alexandre d'Aphrodise (cf. p. 35, n. 5). En théorie générale, il suffisait de distinguer la *causa efficiens* et la *causa superueniens* (Sén., *Ep.*, 65, 14), de dire, avec Chrysippe : « Causarum aliae sunt perfectae et principales, aliae adiuuantes et proximae » (*ap.* Cic., *de fato*, XVIII, 41) ; mais les sciences, surtout la médecine et la jurisprudence, étaient obligées d'analyser de plus près la série de ces « causes auxiliaires et prochaines » précédant (« antecedentibus », *loc. cit.*) la cause parfaite ; même celle-ci pouvait comporter des subdivisions (Cic., *Top.*, XV, 59, *i. f.*). — La distinction fondamentale recouvre, du point de vue ontologique, l'opposition entre les êtres et les événements et, du point de vue moral, celle entre τὰ ἐφ' ἡμῖν et τὰ οὐκ ἐφ' ἡμῖν, la cause parfaite produisant infailliblement l'effet qui dépend d'elle (cf. Cic., *Top.*, XV, 58 : « Causarum genera duo sunt, unum quod ui sua id quod sub ea subiectum est certo efficit, ut ignis accendit. »).★

3. Posidonius (cf. p. 44, n. 1).

tance entre l'intention et son but, entre la cause et son effet[1]. Mais la coïncidence où il amène sans cesse (πάλιν καὶ πάλιν)[2] ces deux termes, ne se dissout nullement dans un instant infinitésimal. Le présent du mouvement n'est pas distant par rapport à lui-même, mais c'est bien un présent étendu. S'il n'a plus de distance à réduire, le mouvement occupe cependant un «intervalle», il possède une extension (διάστημα). Mais cet intervalle n'est pas marqué, préalablement, par deux termes immobiles, il l'est, à chaque point du parcours, par le mouvement même. Autrement dit, le mouvement ne comble pas l'intervalle, il le détermine. De même que le corps, dans le vide, occupe et découpe des lieux, de même l'acte, dans l'*aiôn* infini, détermine, par sa propre étendue, des présents[3]. Le présent mesure la totalité du mouvement. Mais cette totalité n'est pas, comme chez Aristote, composée de mouvements partiels et imparfaits dont, seul, le dernier pourrait faire la somme et les achever en un tout[4]. Elle est donnée à chaque instant ; son achèvement serait plutôt celui de l'*acte* aristotélicien, lequel, cependant, n'est « ni mouvement ni dans le temps », parce qu'il est « parfait à chaque moment de sa durée »[5].

1. La cause véritable qui fait rouler le cylindre, n'est pas l'impulsion que je lui donne et qui lui demeure extérieure (« extrinsecus », Cic., *de fato*, XVIII, 42, XIX, 43 ; « non quia tu id iam feceris », Aulu-Gelle, VII, II, 11), mais sa propre nature (« suapte natura », *de fato*, XVIII, 42, *i. f.* ; « sed quoniam ita sese modus eius et formae uolubilitas habet », Aulu-Gelle, *loc. cit.* ; sur l'origine pythagoricienne de cette métaphore, voir A. Delatte, *Et. sur la littér. pythag.*, Paris, 1915, p. 65). Dans la vie morale, ces causes externes fournissent l'occasion de nos intentions, lesquelles ont leur cause véritable dans la nature de l'agent moral ; « de même », continue Aulu-Gelle, « sic ordo et ratio et necessitas fati genera ipsa et principia causarum mouet ; impetus uero consiliorum mentiumque nostrarum actionesque ipsas uoluntas cuiusque propria et animorum ingenia moderantur ». Le lion, l'hydre, le sanglier sont les occasions (περιστάσεις) « fort utiles pour révéler et pour exercer Héraclès » (εὔχρηστα ἦν πρὸς τὸ δεῖξαι καὶ γυμνάσαι τὸν Ἡρακλέα, Epict., *Diss.*, I, VI, 34, 36). — Quant au résultat, d'autre part, nous verrons qu'il n'intervient jamais pour mesurer la valeur de l'acte moral. Notons, pour l'instant, que déjà dans la définition du mouvement physique, le résultat paraît comme quelque chose, non pas que le mouvement poursuit, mais simplement qui le suit (Simplicius, cf. p. 63, n. 3).

2. Simplicius (p. 63, n. 3) ; Plotin, III, VII, 8, 40-41 (dans la critique de la définition stoïcienne du temps ; mais Plotin finit par ramener l'expression à son sens aristotélicien de nombre, ou d'identité spécifique [*Phys.*, IV, 12, 220 b 12-14], l. 42-43).

3. Cf. § 16.

4. Cf. les textes cités à la p. 94, n. 4.

5. *Eth. Nic.*, X, 4 (3), 1174 b 8 ; a 14. C'est ce qu'Aristote appelle l'instant (τὸ γὰρ ἐν τῷ νῦν ὅλον τι, b 9) ; on a déjà noté que cet instant plein, intemporel, mais où trouve à se loger un acte dont on peut dire : καθ'ὁντινοῦν χρόνον τελεία εἶναι (a 14), est différent de l'instant envisagé dans la *Physique* (cf. p. 52.)

43. Le présent temporel est délimité par l'extension du mouvement ; le mouvement est une *manière d'être* de l'agent corporel[1] ; c'est l'agent qui est la cause parfaite du mouvement, dont, à son tour, l'extension détermine le présent. La perfection totale du mouvement, étant due à l'agent, n'est également perçue que par lui. Ainsi, dans « l'extension » d'une période cosmique, « toutes choses sont présentes à Dieu[2] » qui en est, d'un bout à l'autre, l'auteur unique ; par lui, l'enchaînement successif des causes est perçu comme une simultanéité et une harmonie[3]. Mais pour nous, cette simultanéité n'est donnée que dans la *temporis traductio*[4] ; le destin nous apparaît comme la raison, conformément à laquelle se déroulent le passé, le présent, l'avenir[5]. Ainsi, rapportée à l'échelle cosmique, la théorie de la perfection instantanée du mouvement ne nous est d'aucun secours. Dieu seul perçoit la totalité du mouvement périodique, soit qu'il embrasse l'ensemble de son extension, soit qu'il l'envisage à tel instant précis, dans telle de ses « parties », même « la plus petite » qui, prise dans l'entrelacement total des événements[6], exprime le tout de « la volonté de Zeus »[7]. Pour nous, au contraire, elle demeure une « partie » ; les présents instantanés où nous est donnée la succession des événements, manquent tout ensemble de totalité et de perfection.

44. On voit maintenant pourquoi la première méthode

1. Cf. §16.
2. « Diuinitati omne praesens » (Sénèque, cf. p. 81, n. 4). — Cf. §§ 17-18.
3. P. 63.
4. P. 80.
5. Définition du destin par Chrysippe (Aëtius, I, 29, 3, *Dox. Gr.*, 323, 19-21 = *S.V.F.*, II, 913).
6. Aëtius, I. 27, 4 : Τὴν εἱμαρμένην συμπλοκὴν αἰτιῶν τεταγμένην. Cf. M.-Aurèle, VIII, 23 : Τὴν πάντων πηγήν, ἀφ' ἧς πάντα τὰ γινόμενα σμμηρύεται.
7. Chrysippe (cf. 87, n. 2). — Cette structure de l'ordre cosmique est tout à fait comparable à celle du système (cf. § 27). Quant à l'idée d'une totalité présente à la fois dans l'ensemble des événements et dans tel événement précis, on pourrait la retrouver dans la conception du système juridique définie par le Pr C. Cossio et selon laquelle c'est l'ensemble du système qui intervient dans chaque décision judiciaire : « There may be no actuality of juridical contradiction if the law not taken into account remains as a structure of the order which conceives other segments of juridical reality, since in this way the law not considered subsists and forms part of the juridical valuation..., because the law goes on being some part of the order and because the judge, on deciding a case, always decides it with the totality of the order and not with one only of its parts » (*Phenomenology of the decision*, in *Latin-American legal philosophy*, Cambridge (Mass.), Harvard University Press, 1948, p. 399 ; trad. de l'introduction à *La théorie égologique*, etc...). — Cf. plus loin §§ 75, 76, 81.

chargée d'interpréter les événements, conduit à l'échec. Dieu est providence. Mais la finalité divine est à la fois totale et instantanée. Pour nous, au contraire, la finalité suppose toujours, avec l'intention, la distance et l'attente ; elle s'exprime par l'espoir et la crainte[1]. Le plus sûr moyen pour saisir la fin cosmique d'un événement sera, tout en l'affirmant, de renoncer à l'interpréter selon nos propres préférences. Sera réputé bon tout événement qui se produit ou se produira ; sa fin est en lui-même et sa signification est dans sa cause[2]. — Dieu est encore destin. Mais la série des causes est un entrelacement où tout est présent. De cette totalité, nous ne restituerons jamais que des fragments. Nous essayons bien d'imiter en quelque sorte cette vision totale, ainsi quand nous référons tel fait singulier, non pas à une cause singulière, mais à l'universalité d'une loi[3]. Mais cette universalité, qui n'est pas la totalité concrète du destin, résorbe la singularité de l'événement et la dissout ; or, il s'agissait de l'interpréter. Mais même si, à partir de tel événement donné dans un présent limité, nous parvenions à rétablir toutes les liaisons par où il prend sa signification dans l'ensemble de la période cosmique, nous verrions bien le mouvement total, mais non pas encore sa cause. Le mouvement, en dernière analyse, nous renvoie à celui qui le suscite ; l'extension du mouvement et sa totalité présente viennent justement de la cause motrice, qui est *causa perfecta et principalis*[4]. L'interprétation, pour être correcte, devrait nous associer à l'activité divine. Or, « le génie en nous » n'est qu'une « parcelle détachée » de Zeus[5]. — Que l'interprétation envisage les fins, les causes prochaines ou la cause parfaite, il semble que jamais nous ne puissions

1. Epictète, *Diss.*, II, VII, 9 ; cf. *Man.*, XXXII.
2. Cf. p. 91, n. 3.
3. Cf. p. 89.
4. Cf. §§ 41-42. — Parmi les diverses définitions, on en trouve un grand nombre qui identifient Dieu au Destin (voir les textes chez Zeller, *loc. cit.*, pp. 142-152). Mais il faut rappeler ici cette phrase de Bréhier : « Chacun des êtres pris successivement comme dieu suprême, est pris comme tel, non à cause de son essence, mais à cause de sa fonction » (*Chrysippe*, p. 198). La primauté de la cause motrice sur le mouvement est suffisamment garantie par la thèse qui définit le réel par le corporel et se trouve indiquée, au surplus, dans un texte d'Alexandre (*de fato*, XIII, *S.V.F.*, II, 979) : Γίνεται δὲ τὰ ὑφ' ἕκαστον γινόμενα κατὰ τὴν οἰκείαν φύσιν.
5. Cf. p. 73.

atteindre la totalité cosmique, enfermés que nous demeurons dans le partiel et dans le présent mutilé.

III. L'usage des représentations

45: A partir d'ici, il va se produire un revirement et un retour. Un *passage* va s'ouvrir vers une autre méthode d'interprétation. Ce passage, comme toujours, va du même au même, mais, ici encore, le terme finalement atteint va changer entièrement la signification du point de départ. Ainsi, on l'a vu[1], les tendances initiales nous portent à nous conserver nous-mêmes, et c'est par elles que nous sommes « recommandés » à la sagesse ; mais la sagesse nous enseignera un « bien », en faveur duquel le sage acceptera le sacrifice de son propre salut sans que, pour autant, il cesse d'agir « conformément à la nature ».

1. L'effort pour comprendre tel événement nous a renvoyés à Dieu, « source commune d'où dérivent, en s'enchevêtrant, tous les événements »[2]. De cette cause commune, nous ne sommes que des membres épars. Le but de cet effort était de nous apprendre à « accepter ce qui arrive », acceptation active, puisqu'elle implique « coopération »[3]. Il s'est montré que nos facultés de comprendre et d'agir étaient également limitées. A moins d'accepter l'échec où nous sommes conduits, il faudra, à cette double tâche, trouver un sens nouveau. Comprendre l'événement et le vouloir ne nous est pas possible à l'échelle cosmique. Nous ne parvenons pas à imiter Dieu et à faire *comme* lui. Mais peut-être, en acceptant le présent mutilé dont, décidément, nous ne pouvons sortir, réussirons-nous à comprendre et à agir *à la manière de* Dieu.

La causalité est, tout ensemble, agissante et rationnelle ; la cause se définit *ratio ...faciens*[4]. C'est précisément cette coïncidence constante qui la rend parfaite et qui rend parfaite l'action de Dieu, prise dans l'ensemble d'une période

1. Cf. pp. 57-58.
2. M.-Aurèle, VIII, 23 (p. 97, n. 6).
3. P. 90.
4. P. 92, n. 5.

cosmique et à chacun de ses instants. Parcelles détachées de la cause universelle, nous ne l'égalons ni en force ni en raison. Aussi l'entreprise est-elle chimérique, de vouloir « coopérer » avec Dieu à l'échelle cosmique. Mais nous aussi sommes des causes, des « causes parfaites », et dont la perfection, sans doute d'un pouvoir moins étendu, ne diffère cependant en rien de celle qui caractérise la causalité divine. Car, pour reprendre les termes de Descartes, « si je la considère formellement et précisément en elle-même »[1], cette perfection consiste seulement à agir « selon sa nature propre »[2] ; « tout ce qui se produit selon la tendance de l'agent, dépend entièrement de celui-ci »[3].

2. Revenons donc à l'événement singulier. Etant causé par Dieu, il a ceci de propre de ne l'être à aucun degré par nous ; par définition il fait partie des « choses qui ne dépendent pas de nous ». Or, la cause n'est cause parfaite que pour ce qui dépend d'elle. Comment alors « coopérer » à ce qui, précisément, est soustrait à notre pouvoir et, pour se produire, n'a besoin que de Dieu ? — Mais poser la question ainsi, c'est méconnaître que la cause parfaite abolit toute distance entre l'intention et l'acte, entre elle-même et son effet. Sur ce qui ne dépend pas de nous, la causalité brute nous est certes refusée. Mais nous pouvons, à son égard, devenir causes parfaites et nous en attribuer l'avènement, si, lorsqu'il se produit, nous faisons tout ce qui dépend de nous, pour qu'il se produise, lui qui, de toutes manières, se produit. Il suffira pour cela de réduire la distance. Et puisque nous ne pouvons pas, comme Dieu, aller, dans le même instant, de l'intention à l'acte, puisque l'acte nous est donné d'abord, il suffira, dans ce même instant, de suivre la démarche inverse et de faire coïncider l'acte (qui ne dépend pas de nous) avec l'intention (qui en dépend pleinement). Il faut donc « accepter »[4] l'événement et le vouloir. Or, le vouloir, c'est-à-dire le causer pour ce qui dépend de nous, cela signifie ne pas le contrarier, ne pas l'empêcher, et cela, non pas par une action (car il ne dépend pas de nous de nous y opposer efficacement), mais, précisément, par nos inten-

1. *Médit.*, IV. Cf. Epict., *Diss.*, I, XII, 26.
2. P. 96, n. 1 et le texte d'Alexandre cité p. 98, n. 4.
3. Alex., *de fato*, XXXIII, *S.V.F.*, II, 1001.
4. P. ex. M.-Aurèle, VIII, 23 : Συμβαίνει τί μοι; Δέχομαι...

tions. Coopérer à l'événement consistera donc à l'opérer en nous, à combattre tout ce qui, en nous, s'oppose à lui, nos passions et nos préférences. En vertu de la contemporanéité de l'intention et de l'acte, c'est dans le même instant que notre volonté rattrape et recouvre l'événement et que le mouvement le plus secret de notre « personne morale »[1] coopère avec le cours, extérieur à nous, du Destin. « L'univers est comme mutilé, si peu qu'on retranche à la connexion et à l'enchaînement des causes, non moins que de ses parties. Or tu romps cet enchaînement, autant qu'il dépend de toi, quand tu es mécontent des événements et, en un sens, tu les détruis »[2].

46. La solution jusqu'ici esquissée garde un équilibre parfait entre la volonté du destin et la volonté humaine. L'événement est reçu dans notre intériorité mais, à l'inverse, la personne morale s'ouvre à l'action du destin et se met en quelque sorte à sa disposition. Le précepte de « vivre conformément à la nature »[3] est entendu de telle sorte que l'homme, dans le monde, vit comme le citoyen dans sa cité, dans la « chère cité de Zeus »[4]. Comme dans la cité de l'époque classique, l'intériorité de la conscience[5] est étalée au regard de la conscience publique et d'accord avec elle ; c'est le même νόμος qui définit la morale et le droit[6]. La loi du destin, semble-t-il, proclame, les uns après les autres, les événements comme les articles d'un code[7]. *Entraînant* par contrainte

1. On peut conserver cette traduction de la προαίρεσις d'Epictète (voir l'éd. des *Entretiens* par J. Souilhé, t. I, p. L, n. 3), sous réserve des observations présentées par E. Bréhier, *Etudes sur la philosophie antique*, Actualités scientifiques et industrielles, n° 1104, Paris, 1950, p. 19.

2. M.-Aurèle, V, 8, 13.

3. Cf. pp. 77 sqq.

4. M.-Aurèle, IV, 23, 3 : Ἐκεῖνος μέν φησιν · « ⟨Ὦ⟩ πόλι φίλη Κέκροπος· » σὺ δὲ οὐκ ἐρεῖς · « Ὦ πόλι φίλη Διός ; »

5. Cf. Fustel de Coulanges, *La cité antique*, livre III, chap. XVIII.

6. Platon, *Lois*. — Ce qui, dans l'œuvre politique de Platon, heurte le plus la conscience moderne (exception faite de certaines théories contemporaines), c'est bien moins cette identité même entre droit (ou politique) et morale affirmée en quelque sorte à l'état d'innocence, que la tentative faite pour les identifier, alors que la rupture, à l'époque de Platon, est déjà devenue manifeste. Ce qu'on peut appeler l'intériorité de la conscience se réfugie chez les gouvernants-dialecticiens (le « conseil nocturne » des *Lois*) ; mais au mensonge autorisé des chefs correspondra le devoir d'absolue franchise de la part des sujets (*Rép.*, III, 389 b-c). — Cf. notre communication sur *La théorie platonicienne de la dénonciation* (V[e] congrès de l'Association Guillaume Budé). ★

7. Cf. plus loin, p. 156.

comme les lois physiques[1], ces dispositions se laissent *suivre*[2] comme des normes librement acceptées ; de ce double aspect et de cet accord, résulte la « conduite »[3] morale.

*Mais nous ne sommes plus à l'époque classique. L'accord se maintient difficilement. Déjà Chrysippe déconseille au sage la participation aux affaires publiques, puisque la morale n'y aurait rien à gagner[4] ; le pouvoir politique, à mesure qu'il se fait plus oppressif, paraît de plus en plus arbitraire. La « cité de Cécrops »[5] devient de plus en plus impropre à figurer, métaphoriquement, la « cité de Zeus ». Chez le poète Lucain, les deux « cités » rendent solidairement témoignage l'une contre l'autre : le despotisme des Césars convient avec le règne de la *Fortune*, celle-ci n'étant plus, comme la Providence, bienveillante quoique, parfois, impénétrable, mais bien positivement aveugle ou même « jalouse »[6]. L'intériorité de la conscience se dresse d'un même élan contre la Fortune, la loi[7], la moralité courante et publique[8] ou, plutôt, elle se replie sur elle-même. Une autre métaphore s'impose alors. Aussi le même Marc-Aurèle qui magnifie la cité de Zeus, appelle « l'intelligence libre de passions » (c'est-à-

1. Cf. p. 69.
2. Cf. p. 78, n. 5.
3. Cf. Epictète, *Man.*, LIII : Ἄγου δέ μ' ὦ Ζεῦ. — M.-Aurèle, X, 28, 2 : Μόνῳ τῷ λογικῷ ζῴῳ δέδοται τὸ ἑκουσίως ἕπεσθαι τοῖς γινομένοις, τὸ δὲ ἕπεσθαι ψιλὸν πᾶσιν ἀναγκαῖον.
4. Plut., *Stoïc. repugn.*, XX, 1043 b (*S.V.F.*, III, 703) ; Stob., *Flor.*, XLV, 29 (*S.V.F.*, III, 694) : pour expliquer pourquoi il s'abstenait de toute activité politique, Chrysippe répondit : διότι εἰ μὲν πονηρὰ πολιτεύεται, τοῖς θεοῖς ἀπαρέσει· εἰ δὲ χρηστά, τοῖς πολίταις, cf. Sén., *Ep.*, 29, 11 : « Quis enim placere populo potest, cui placet uirtus ? »
5. Cf. p. 101, n. 4.
6. Lucain, I, 70 : « Inuida fatorum series » (cf. v. 84).
7. Cf. Epictète, IV, VII, 33 sqq. : « Ce sont des discours comme ceux-là qui font mépriser les lois. — Au contraire, quelles sortes de discours sont plus propres à rendre soumis aux lois ceux qui les écoutent ? Mais tout ce qui vient à la tête d'un sot n'est pas une loi. Et pourtant, vois comment, à l'égard de ces sots eux-mêmes, ces discours nous préparent à nous conduire comme il faut, en nous apprenant à ne disputer à ces gens-là rien de ce en quoi ils peuvent nous vaincre, etc. ». Cf. II, V, 29.
8. Sén., *Ep.*, 81, 20 : « Nemo mihi uidetur pluris aestimare uirtutem, nemo illi magis esse deuotus, quam qui bonam famam perdidit, ne conscientiam perderet » (cf. les célèbres vers de Juvénal, VIII, 79-84) ; voir aussi l'épisode rapporté dans le *de benefic.*, III, XXIII qui se conclut ainsi (§ 4) : « Quod in illo beneficio maximum fuit, tanti iudicauerunt, ne domina occideretur, uideri dominam occidisse. Non est, mihi crede, non dico seruilis, sed uilis animi, *egregium factum fama sceleris emisse.* » Ce texte, dans son contenu littéral, n'est pas sans antécédent (p. ex. Platon, *Rép.*, II, 360 e-361 d) et se laisse ramener, comme tant d'autres de Sénèque (cf. p. 67, n. 2), à un exercice stylistique. Il sera plus simple et, sans doute, plus compréhensif, d'y reconnaître une des premières expressions d'une morale d'intériorité, pleinement consciente de son originalité.

dire libre de ce qui nous porte vers tout ce qui nous est extérieur), une « citadelle » : « L'homme n'a pas de plus forte position où se retirer, pour être imprenable désormais »[1].

47. Cette rupture d'équilibre se précise et se précipite, à mesure que l'interprétation « des choses qui arrivent naturellement »[2] a échoué décidément dans son effort pour les reporter sur l'échelle cosmique, mais réussira pleinement dans l'application de la deuxième méthode, « l'usage des représentations »[3]. La conscience, dissipée à la surface des choses où elle voulait s'étaler, se reprend dans son intériorité, s'y affirme et se ferme de plus en plus à ce qu'elle avait tenté de comprendre.

La première méthode avait trouvé un instrument très efficace dans la divination. Mais la divination peut se tromper[4] ; souvent, procédant par « conjecture »[5], elle ne dépasse pas les propositions que la logique qualifie de « probables »[6]. Et quand même elle réussirait toujours, elle ne nous enseignerait rien d'important, puisqu'elle ne porte, par définition, que sur les événements, c'est-à-dire sur ce qui ne dépend pas de nous, ou, plus exactement, sur les événements en tant qu'ils ne dépendent pas de nous, sur l'acte, non sur l'intention (§ 45). Mais la méthode requise pour amener ces choses sous notre dépendance, pour en interpréter le bien ou le mal, le devin l'ignore totalement[7]. Il nous donne lecture d'un texte à interpréter, mais c'est à nous d'en faire l'exégèse. Le destin s'annonce dans les entrailles des victimes, mais c'est notre liberté intérieure qui le ratifie. Aussi la divination est-elle propre tout juste à fournir une image

1. M.-Aurèle, VIII, 48, 3.
2. Cf. p. 78, n. 4.
3. L'expression est courante chez Epictète (p. ex. *Diss.*, I, VI, 13 ; II, VIII, 4 ; II, XIV, 15 ; III, XXI, 23) et conforme à l'enseignement de Zénon et de Chrysippe (Aulu-Gelle, XIX, I, 14).
4. Cic., *de diuin.*, I, LV, 124 ; LVI, 128.
5. *Id.*, *ibid.*, LVI, 127.
6. Dioclès Magn. *ap.* Diog. Laërt., VII, 75 : πιθανὸν ἀξίωμα et 76 : εὔλογον ἀξίωμα (l'emploi de ce terme serait à ajouter dans l'historique de *Eulogos et l'argument de convenance chez Aristote*, par J.-M. Le Blond, Paris, 1938, pp. 11-14).
7. Epict., *Diss.*, II, VII, 3-5 : « N'ai-je pas en moi le devin qui m'apprend quelle est la nature du bien et du mal, qui reconnaît le signe de l'un et de l'autre ? Qu'ai-je encore besoin par conséquent des entrailles des victimes ou des oiseaux ? Puis-je supporter que le devin me dise : ' Voilà qui est utile pour toi ' ? Car ce qui est utile, le sait-il ? Ce qui est bon, le sait-il ? »

extérieure qui figure l'office réservé au sage, seul devin digne de ce nom[1].

L'idée de providence, fondement de la première méthode d'interprétation, se révèle d'un usage difficile. On a vu que, pour coopérer avec l'événement, il fallait combattre ce qui, en nous, le contrarie, nos propensions et nos aversions. Nos intentions personnelles tendent déjà à fausser et à circonvenir la causalité du futur : « Tout tremblant, nous saisissons la main de l'augure et l'invoquant comme un dieu, nous le prions : ' Seigneur, aie pitié de moi ! Accorde-moi de m'en tirer ' »[2] ; comment nous permettraient-elles de reconnaître le finalisme cosmique, caché dans le présent ? C'est donc le même mouvement qui nous porte à lutter contre nos préférences et à renoncer à interpréter l'action de la providence ; c'est ainsi que seront réputées indifférentes ces choses mêmes que la théorie de la providence avait affirmées bonnes. — Pourtant, cette théorie n'est nullement abandonnée. Pour Chrysippe, la providence pouvait convenir d'avoir voulu les maux, sans pour cela cesser de rester elle-même[3]. Epictète chante un hymne à la providence, sans même daigner rien voir qui l'oblige à y introduire quelque note discordante[4] ; au besoin, il reprend l'apologétique de Chrysippe[5] ; Marc-Aurèle dépasse même cet argument du « mal comme conséquence » : il s'étudie à discerner de l'agrément et de la grâce dans ces « conséquences » (ἐπιγεννήματα)[6] prises en elles mêmes[7]. De tels témoignages, faciles à multiplier, attestent suffisamment la survivance de « l'ancien » stoïcisme et font voir que le mouvement que nous essayons de décrire, loin de pouvoir s'expliquer par l'histoire externe de l'Ecole, dérive de la structure même du système. Car, à l'inverse, déjà les « anciens » avaient rejeté parmi les ἀδιάφορα[8] tout ce

1. Epict., *Diss.*, I, XVII, 20 sqq. : « Je viens donc à cet interprète et à ce prêtre, et lui demande : ' Examine pour moi ces entrailles ; quels présages donnent-elles ? ' Il les prend, les étale et interprète : ' Homme, ta personne morale est naturellement libre et affranchie. C'est écrit ici dans les entrailles. Je vais te le montrer d'abord pour ce qui concerne le domaine de l'assentiment, etc. »

2. Epict., *Diss.*, II, VII, 12.

3. P. 87, n. 1.

4. Epict., *Diss.*, I, XVI.

5. Epict., *Diss.*, I, VI, 26-27.

6. M.-Aurèle, VI, 36, 3.

7. M.-Aurèle, III, 2.

8. P. ex. Sext., *math.*, XI, 61 ; Diog. Laërt., VII, 102 ; Plut., *Stoïc. repugn.*, XXXI, 1048 c : Ὧι γὰρ ἔστιν εὖ χρήσασθαι καὶ κακῶς, τοῦτό φασι μήτ' ἀγαθὸν εἶναι μήτε κακόν.

qui concerne les biens (et les maux) extérieurs ou touchant le corps, c'est-à-dire, en somme, tout ce qui est soumis à la providence. L'époque impériale ne fait que préciser ce retournement. Ainsi les maladies et autres vicissitudes auxquelles est exposé le corps se ramènent, pour Chrysippe, à des « maux par conséquence »[1] et ne contredisent ni au pouvoir ni à la bonté de la providence. Pour Epictète, ce sont là choses si évidemment indifférentes qu'il n'y a même plus lieu de les justifier, et il accordera volontiers qu'il n'était pas possible à Dieu de nous en exempter[2]. Bien mieux, puisque tout ce qui importe, c'est l'usage de nos représentations, et la liberté que nous avons d'user des choses conformément à notre nature, — c'est dans cette faculté de libre usage, qu'il faut trouver la preuve et l'effet les plus éclatants de la providence[3]. Autrement dit, la providence nous permet de refuser ceci même qu'elle décide de nous imposer ; son bienfait le plus manifeste consiste à nous délivrer d'elle-même.

48. S'il y a là un paradoxe, il est, comme toujours dans le stoïcisme, purement apparent. Que l'autonomie des causes parfaites soit soustraite à l'atteinte du destin, il n'y a là rien de nouveau par rapport à la doctrine de Chrysippe[4]. Que cette autonomie même soit garantie par l'ordre providentiel, il n'y a là rien de profondément nouveau par rapport à l'idée de providence externe (mise en œuvre dans la « première » méthode d'interprétation) ; rien, si ce n'est, précisément, un approfondissement, conforme au dogme le plus classique de l'École. « Le mouvement, en effet, tel que le conçoit Chrysippe, a quelque chose de stable et de permanent ; car il le conçoit, dans chaque être, sous la forme d'une tension qui se déploie du centre à la périphérie pour retourner en sens inverse de la périphérie au centre »[5]. Nous ne quittons l'événement que pour aller à sa cause et le retrait dans notre « citadelle »[6] nous fait retrouver ce « fragment que Dieu a détaché de son être pour nous le donner »[7].

1. Aulu-Gelle VII, I, 7 (*S.V.F.*, II, 1170).
2. Epict., *Diss.*, I, I, 8-12.
3. Epict., *Diss.*, I, I, 7, 12 ; I, VI, 40.
4. Cic., *de fato*, XVI, 36-38 ; *Top.*, XV, 58-59.
5. Bréhier, *Chrysippe*, p. 109 ; — cf. ici, p. 24-25.
6. Cf. p. 103, n. 1.
7. Epict., *Diss.*, I, XVII, 27.

On a vu[1] que l'unité du monde se présente sous deux aspects : l'enchaînement rigoureux des événements par la loi du destin, et la hiérarchie des êtres « sympathisants » par la présence en eux du *pneuma* divin. Deux séries semblent ainsi s'opposer, les corps et les événements. Les deux séries forment (et expriment en chacun de leurs termes)[2] une totalité. La hiérarchie des corps[3] comprend les substances que le *pneuma* divin parcourt, comme le miel coule à travers les rayons[4]. « La substance tout entière est unifiée par un *pneuma* qui la parcourt entièrement ; sous l'effet de celui-ci, l'univers est contenu et rendu consistant et sympathique à soi-même[5]. » Les événements, d'autre part, sont liés et unifiés par la loi du destin ; un seul événement se produisant sans cause suffirait à rompre cette série[6], suspendue à Dieu, « cause des causes »[7].

Cette distinction est acceptée et en quelque sorte réalisée par Posidonius qui pose comme principes différents : « d'abord Dieu » (c'est-à-dire la cause des causes), « en deuxième lieu, la nature » (l'ensemble des corps), « et en troisième, le destin » (l'ensemble des événements)[8]. La distinction est peu satisfaisante, et contraire au monisme du système. Dans certains textes de Chrysippe, ce n'est pas l'enchaînement des causes, mais bien le tout et ses parties, qui sont soumis à la providence[9] ; Sénèque identifie expressément le *pneuma* parcourant les choses et le destin présidant aux causes[10]. Les deux séries, en réalité, tendent à se rapprocher l'une de l'autre et même à s'identifier.

1. P. 62-63.
2. P. 97, n. 7.
3. Cléanthe, *ap.* Sext., *math.*, IX, 88 sqq. (*S.V.F.*, I, 529) ; Cic., *de nat. deor.*, II, XII, 33 sqq.
4. Zénon, *ap.* Tertull., *ad nat.*, II, 4 (*S.V.F.*, I, 155).
5. Chrysippe, *ap.* Alex., *de mixt.*, 216, 14 (*S.V.F.*, II, 473) : Ἡνῶσθαι μὲν ὑποτίθεται τὴν σύμπασαν οὐσίαν πνεύματός τινος διὰ πάσης αὐτῆς διήκοντος, ὑφ' οὗ. συμμένει καὶ σύμπαθές ἐστιν αὐτῷ τὸ πᾶν, et plus loin 223, 25 (*S.V.F.*, II, 441) Cf. Cic., *de nat. deor.*, II, VII, 19 : « Tanta rerum consentiens, conspirans, continuata cognatio » ; à ce dernier terme (cf. plus haut § 36, *i.f.*), il faut garder son sens juridique.
6. P. 87, n. 2.
7. Sén., *Quest. Nat.*, II, XLV, 1 : « Vis illum (scil. deum) fatum uocare ? Non errabis. Hic est, ex quo suspensa sunt omnia, causa causarum. »
8. Posidonius, *ap.* Aët., I, 28, 5 (*Dox. Gr.*, p. 324).
9. Plut., *Stoïc. repugn.*, XXXIV, 1050 c (*S.V.F.*, II, 937) ; *de comm. not.*, XXXIV, 1076 e (cité p. 87, n. 2),
10. Sén., *cons. ad Helu.*, VIII, 3 : « Ratio ingentium operum artifex, siue diuinus spiritus per omnia maxima ac minima aequali intentione diffusus, siue fatum et immutabilis causarum inter se cohaerentium series. »

49. 1. La distinction entre causes prochaines et causes parfaites[1] est toute relative. L'impulsion que je donne au cylindre lui demeure extérieure et ne le contraint pas ; elle n'est, à son égard, qu'une cause antécédente et prochaine et, en tant que telle, soumise au destin. Mais, soumise au destin, cette impulsion n'en *dépend* pas moins de moi qui l'imprime ; je suis, à son égard, cause principale et parfaite, à supposer que ce mouvement de ma main soit conforme à ma nature. C'est *mon* mouvement, ma « manière d'être relative »[2]. Or je suis, moi aussi, un *pneuma*, capable de transmettre la tension à la périphérie et, par là, de *corporaliser* les effets incorporels dont je suis cause ; la promenade, on l'a vu, incorporelle en tant que manière d'être, prend corps sous l'effet du principe hégémonique qui s'y manifeste[3]. Autrement dit, chaque événement déterminé par la loi du destin est, en même temps, l'effet d'une cause parfaite (particulière). Si Dieu est cause de la série des événements, c'est parce que, *pneuma*, il parcourt l'ensemble de ces causes parfaites, que sont les corps.

2. La psychologie, sur ce point, confirme la cosmologie. Le principe hégémonique est en nous comme Dieu dans le corps de l'univers[4]. Comme Dieu, il est cause, tout en restant lui-même, de deux séries d'effets différentes. D'une part, « notre âme est un souffle naturel et continu, parcourant le corps tout entier ». Localisé dans le cœur, le principe hégémonique s'étend à travers les sept autres parties du corps[5], comme à travers autant « d'organes naturels, comparables aux tentacules du polype »[6]. Cette série unifiée des huit « parties » de l'âme, de ses « puissances et facultés »[7], corres-

1. P. 95, n. 2 ; p. ,96 n. 1.
2. P. 22-23; 40-41.
3. P. 23, n. 2.
4. L'analogie est constante ; p. ex. Sext., *math.*, IX, 104 (*S.V.F.*, I, 111), Cic., *de nat. deor.*, II, VIII, 21-22 ; Aëtius, IV, 21, 4 (*Dox. Gr.*, p. 411 = *S.V.F.*, II, 836) : Αὐτὸ δὲ τὸ ἡγεμονικὸν ὥσπερ ἐν κόσμῳ ⟨ἥλιος⟩ κατοικεῖ ἐν τῇ ἡμετέρᾳ σφαιροειδεῖ κεφαλῇ (cette localisation même appartient à Cléanthe et est combattue par Chrysippe ; cf. R. Hirzel, *Unters. zu Cic.s philos. Schriften*, Leipzig, 1877-83, t. II, p. 152). *
5 Chrysippe, *ap.* Galien, *Hipp. et Plat.*, III, 1 (*S.V.F.*, II, 885).
6. Aët., IV, 21, 2, 4 (*Dox. Gr.*, p. 410, 30-33 ; p. 411, 14-21) ; cf. Sext., *math.*, IX, 102.
7. Tertull., *de anima*, XIV : « Huiusmodi autem non tam partes animae habebuntur quam uires et efficaciae et operae... non enim membra sunt substantiae animalis, sed ingenia (= « dispositions », « Anlagen », selon l'interprétation de Zeller, *loc. cit.*, p. 202, n. 3).

pond, dans l'univers, à la série des causes parfaites. Ces causes, d'autre part, vont agir et produire des effets, non seulement dans l'âme même (pensée, désir, colère)[1], mais encore en dehors d'elle, jusqu'aux actes les plus extérieurs (se promener, s'asseoir)[2]. Voilà la série des événements. Mais dire cela, c'est dépasser l'analogie, instituée entre la psychologie et la physique, vers une participation. La série des événements est soumise à la loi du destin. Les événements que suscite l'âme ne peuvent se considérer en dehors de l'enchaînement universel des causes. A leur tour les activités de l'âme ont elles-mêmes d'autres événements pour causes prochaines et antécédentes. Ces antécédents, donnés à l'âme sous forme de représentations, sont assimilés par elle et reçus dans son intimité par l'assentiment[3]. De l'acte qui s'ensuit, l'âme sera cause parfaite ; l'acte sera sa « manière d'être » où l'âme sera aussi totalement présente qu'elle l'est dans l'une quelconque des sept « parties » que parcourt le pneuma hégémonique.

50. C'est donc le même mouvement d'expansion qui, du principe hégémonique, va dans les sept « organes » corporels et dans chacun des « comportements » (τὰ πὼς ἔχοντα) ; c'est par un même mouvement que le *pneuma* divin anime les agents corporels, et suscite et soutient l'enchaînement des événements, la « série des causes solidaires entre elles »[4]. La « cause des causes » est cause de tous les effets.

Conjointement et identiquement, les causes particulières

1. Chrysippe, *ap.* Alex. Aphr., *de anima libri mant.*, 118, 6 (*S.V.F.*, II, 823).

2. Sén., *Ep.*, 113, 18. — Pour une coordination des deux séries, cf. Jamblique *ap.* Stob., *Ecl.*, I, 367-9 (*S.V.F.*, II, 826, 831) : Les δυνάμεις psychiques par rapport à la ψυχή sont comme des qualités par rapport à leur substance ; l'unique différence est que : 1) d'une part, les πνεύματα (qui constituent ces δυνάμεις) se déversent dans des parties différentes du corps ; 2) d'autre part, il peut y avoir plusieurs qualités dans un seul sujet : ainsi quand l'ἡγεμονικόν « se comporte » comme φαντασία, συγκατάθεσις, ὁρμή et λόγος.

3. Sén., *Ep.*, 113, 18 : « Omne rationale animal nihil agit, nisi primum specie alicuius rei inritatum est, deinde impetum cepit, deinde adsensio confirmauit hunc impetum. Quid sit adsensio, dicam : oportet me ambulare : tunc demum ambulo, cum hoc mihi dixi et adprobaui hanc opinionem meam. »

4. Sén., *cons. ad Helu.*, VIII, 3 : « Causarum inter se cohaerentium series » (cf. *de benef.*, IV, VII, 2 : « Series implexa causarum »). — Dans ces expressions, ainsi que dans la formule de Servius : « Connexio rerum per aeternitatem se inuicem tenens » (*adu. Virgil.*, *Aen.*, III. 376, *S.V.F.*, II, 919), les deux « séries » sont visiblement identifiées ou, plutôt, le problème de leur distinction n'est même pas posé. Il ne l'est, par Chrysippe, que du point de vue, tout relatif, de telle *causa perfecta* donnée, ce qui n'empêche que cette même cause, à l'égard d'une autre, peut remplir l'office de simple antécédent.

sont causes parfaites de tout acte qui dépend d'elles. Mais ce pouvoir dépend d'elles également à l'égard d'un événement qui leur advient, d'un acte étranger où elles rencontrent, à la fois, la loi du destin et la liberté d'une autre cause[1], « antécédente et prochaine ». On a vu, en effet, que l'intention subséquente se rend contemporaine de l'acte auquel elle consent et ramène ainsi sous sa dépendance ce qui ne dépend que d'autrui (§ 45). Il faut ajouter maintenant que c'est le même mouvement de tension qui, à partir de la Cause des causes, se déploie de proche en proche, jusqu'au dernier antécédent et à l'acte qui nous frappe, puis, au rebours, se concentre dans l'intention consentante de la cause parfaite et se reprend dans la Cause première qui veut et cet acte et cette intention, les choses qui ne dépendent pas de nous et la liberté, pour nous, de n'en pas dépendre[2]. Ou encore : dans l'événement qui lui échoit, l'agent moral se heurte à l'action du destin jointe à la liberté d'autrui ; il est frappé aux extrêmes limites de sa zone d'influence[3]. L'événement, qui prouve sa bonté providentielle en ceci même qu'il advient, sera rejoint par la volonté de l'agent et, par là, soumis à son pouvoir causal. La liberté, ici, se porte au-devant de ce qui menaçait de la contraindre, et c'est en cela que consiste la coopération avec le destin. Mais la coopération ne va pas plus loin, parce que le destin n'a voulu que l'événement même, mais rien au delà. La volonté ne confirme donc, et n'a à confirmer, que l'événement en sa matérialité brute, en sa teneur littérale. Au delà, l'*interprétation* lui refuse toute espèce de contenu, arrête net sa prétention à devenir signifiant *pour nous*, affirme qu'il ne saurait nous contraindre

1. Il importe d'insister (cf. note précédente et p. 107) sur le caractère tout relatif de la distinction entre causes parfaites et causes adjuvantes. Parfois, on rend absolue cette distinction, en opposant l'autonomie du sage, à la fois à ce qui l'entoure et au destin. On méconnaît ainsi le caractère cosmique et « politique » du stoïcisme, où la loi du destin a pour équivalent identique le concert des agents parfaits. L'autonomie de l'individu exprime cette totalité, mais, à elle seule, ne la contient ni ne la supporte ; à l'instar de la liberté divine, elle passe tout entière dans l'acte moral, mais sans, pour autant, exclure ni renfermer celle des autres agents libres : « Pour toi, ton rôle est de venir et de parler comme tu dois, de disposer ces matières comme il convient. Puis le juge prononce : ' Je déclare que tu as agi injustement '. ' Grand bien te fasse ! Quant à moi, j'ai rempli mon rôle. A toi de voir si toi aussi tu as rempli le tien. ' Car lui également court un risque, ne l'oublie pas » (Epict., *Diss.*, II, v, 29). ★

2. Cf. Epict., *Diss.*, I, I, 7-8 ; I, VI, 40-41.

3. Cf. M.-Aur., VIII,56 : « A mon libre arbitre, le libre arbitre du voisin est aussi indifférent que me sont indifférents son souffle et sa chair, etc... »

et qu'il n'est « rien pour nous ». La liberté, ici, se détache de l'événement et se reprend en elle-même. Or ce mouvement d'expansion et de concentration où la liberté semble à la fois consentir et résister[1], est indiqué dans l'idée même de « cause antécédente ». L'événement précède notre liberté, mais ne la pénètre pas. Celle-ci se substitue aussitôt à celui-là, et, cause parfaite, prend la suite immédiate de la cause antécédente ; on pourrait dire qu'elle l'embrasse pour mieux l'étouffer. Sans ce double mouvement, la cause parfaite ne trouverait jamais à s'employer, et la cause prochaine, au lieu de demeurer « antécédente », poursuivrait, de proche en proche, son action dans l'intériorité même de l'agent moral, jusqu'à l'envahir complètement, « le posséder et le conduire où elle veut ». A l'enchaînement des causes où, à notre égard, le destin l'a placée en dernier lieu, la cause prochaine tend à lier une nouvelle série causale qui, elle, ne tire plus sa légitimité de la loi du destin, mais se l'arroge en vertu de sa propre prétentio.., aidée, non plus de notre libre coopération, mais de notre abandon. Cette causalité parasitaire, étudiée par Epictète[2], est proprement « en sus du destin », ὑπὲρ μόρον, selon la fc.mule homérique. — Si donc la providence veut, tout ensemble, l'avènement des causes prochaines et l'autonomie des causes parfaites, c'est parce que, autant qu'il ne dépend que d'elle[3], les causes antécédentes s'approchent de la liberté des causes principales, mais ne l'envahissent pas. « L'usage des représentations », c'est-à-dire des représentations qui nous donnent la cause prochaine, se résume à maintenir cette cause à sa place de simple antécédent (et, dans ce rôle, elle est toujours acceptée), mais à lui résister, si elle prétend aller plus loin (et alors, il s'agira de « combattre ses représentations »)[4].

51. Ainsi, le passage de l'interprétation selon l'échelle

1. Cf. Platon, *Rép.*, IV, 437 b.
2. Epict., *Diss.*, II, XVIII, 24-25 : « Ne te laisse pas saisir par la soudaineté du choc, dis : ' Attends un peu, ô ma représentation ; laisse que je voie ce que tu es et quel est ton objet, laisse-moi t'éprouver. ' Puis, ne lui permets pas de se développer et de déployer la série de ses tableaux (καὶ τὸ λοιπὸν μὴ ἐφῇς αὐτῇ προάγειν ἀναζωγραφούσῃ τὰ ἑξῆς, cf. § 16), sinon elle te possède et te conduit où elle veut » ; réussir cette méthode, c'est résoudre un sophisme « bien plus savant que celui du *Dominateur* », § 17). — Comp. aussi la théorie des passions de Chrysippe.
3. Epict., *Diss.*, I, I, 8-12.
4. C'est le titre même du traité cité : Πῶς ἀγωνιστέον πρὸς τὰς φαντασίας (II, XVIII).

cosmique à l'usage des représentations ne nous éloigne de l'univers que pour nous y ramener en nous-mêmes. En apparence, il y a, de l'une à l'autre, un renversement complet : la providence est manifestée, non plus dans les choses, mais dans notre faculté d'en user ; ces choses mêmes, d'abord réputées bonnes, apparaissent comme indifférentes ; la soumission à Zeus semble être remplacée par la pleine autonomie du sage. De fait, ce mouvement de tension de la périphérie au centre ne quitte à aucun instant le réel[1], et finit par concentrer en lui cette même totalité qui, étendue aux dimensions cosmiques, lui avait échappé d'abord. — Il nous reste à montrer que cette totalité est toujours saisie à partir d'un fragment ; que la représentation qui nous donne ce fragment, peut être critiquée ou « combattue », mais jamais détruite entièrement ; enfin, que le présent mutilé où apparaît ce fragment, est toujours accepté dans sa limitation même. Autrement dit, que l'usage des représentations n'est pas une technique d'extase.

Nous avons vu que de la première méthode à la deuxième, il y a comme un déplacement d'accent ; la bonté de la providence, cherchée d'abord dans l'événement même, finira par être trouvée dans notre pouvoir d'en user. Il faut, au moins brièvement, indiquer que ce même mouvement est déjà inscrit dans la théorie de la représentation.

IV. La théorie de la représentation

52. Le mot qui désigne la représentation est pris à Aristote. Chez Platon, φαντασία est souvent « simplement l'équivalent substantif du verbe φαίνεσθαι »[2] et ne désigne, comme terme technique, ni l'imagination[3], ni le mélange de sensation et d'opinion[4]. C'est Aristote qui, le premier, définit le sens de φαντασία comme imagination, faculté qui se place

1. Cf. p. 25.
2. F.-M. Cornford, *Plato's theory of knowledge*, London, 1946, p. 319, n. 1. *Théét.*, 152 c ; *Soph.*, 264 a.
3. *Phil.*, 39 b-c.
4. *Théét.*, 193 b sqq., 195 d ; *Soph.*, 264 a sqq. ; *Phil.*, 38 b sqq.

entre la sensation et la pensée et qui, en principe, n'entre en fonction qu'après la disparition de l'objet de la sensation ; comme la sensation, l'imagination peut être vraie ou fausse[1]. L'emploi stoïcien du terme s'oppose directement à la théorie d'Aristote. Pour que la connaissance puisse être vraie, il faut qu'elle le soit d'emblée. Elle ne saurait donc se construire laborieusement, à partir de la sensation, susceptible d'erreur ; car comment, sur un fondement si incertain, pourrait-elle élever la pensée vraie ?[2] La distinction même entre sensation et intellection est à rejeter, dans la mesure où elle exprime des degrés de certitude que la connaissance parcourrait successivement. La certitude doit être présente tout de suite dans des contenus de conscience que, secondairement, on pourra diviser en sensibles et intellectuels[3] ; mais cette distinction n'implique aucune différence de certitude. Or ces contenus de conscience par où il faut « faire commencer »[4] la connaissance, les stoïciens les appellent « représentations », φαντασίαι. Autrement dit, ils reprennent le terme aristotélicien et le détournent entièrement de son sens, comme pour désarmer, jusque dans son expression verbale, une doctrine qui menacerait l'exigence de certitude immédiate. Tout le côté « imaginaire » et, aussi, arbitraire[5] de la φαντασία selon Aristote, passe tout entier dans le « phantasme », objet apparent saisi par « l'imaginativité »[6]. Mais ce semblant de concession faite à « l'imaginaire » n'engage en rien la théorie de la connaissance : « l'imaginativité » n'est nullement un degré reconnu de la connaissance nor-

1. Aristote, *de anima*, III, 3. « Aristotle means that he is giving φαντασία a new sense, which is not to be confused with Plato's use of the word here » (Cornford, *ad Soph.*, 264 a-b, *loc. cit.*, n. 2).

2. Cf. pp. 56, 60.

3. Dioclès Magnès *ap.* Diog. Laërt., VII, 51 : « Parmi les représentations, les unes sont sensibles (αἰσθητικαί), les autres, non. Sont sensibles celles qui sont saisies au moyen d'un ou de plusieurs organes des sens ; sont non-sensibles celles qui sont saisies au moyen de la pensée, comme celles des incorporels et des autres objets saisis par la raison (αἱ διὰ τῆς διανοίας, καθάπερ τῶν ἀσωμάτων, καὶ τῶν ἄλλων τῶν λόγῳ λαμβανομένων) ; » cette saisie par la pensée s'effectue comme une transmission à distance, mais toujours à partir d'un objet réel (φανταστόν) Sext., *math.*, VIII, 409. — Les représentations, qu'elles soient sensibles ou non, prennent le nom de raisonnables, quand elles se produisent chez les êtres doués de raison (λογικαὶ μὲν αἱ τῶν λογικῶν ζῴων).

4. Προηγεῖται γὰρ ἡ φαντασία (Diog. Laërt., VII, 49 ; cf. p. 62, n. 1)

5. Aristote, *de anima*, III, 3, 427 b 18 : Τοῦτο μὲν γὰρ τὸ πάθος ἐφ' ἡμῖν ἐστίν, ὅταν βουλώμεθα.

6. Pour ne pas innover inutilement en matière de terminologie, nous reprenons, malgré des scrupules d'ordre euphonique, cette traduction proposée par L. Robin (*Aristote*, p. 188).

male ; elle ne se produit que « chez les mélancoliques et chez les fous »[1]. De même, nous l'avons vu, la théorie des passions ne concernait en rien (comme chez Platon et Aristote) le comportement « normal » ; c'est une thérapeutique pour malades[2]. *

53. Dès son premier pas, la connaissance se place dans le réel, et dans un réel suffisamment éclairé : « La représentation tire son nom de celui de la lumière, car, de même que la lumière fait voir, tout ensemble, elle-même et les objets qu'elle enveloppe, de même la représentation fait voir, tout ensemble, elle-même et l'objet qui l'a produite[3]. » L'objet est présent « en personne » et se fait connaître lui-même dans une *représentation compréhensive*[4]. C'est l'objet présent

1. Aëtius, IV 12, 1-5 (*Dox. Gr.*, p. 401 sq. ; *S.V.F.*, II, 54) : « *Différence entre* φαντασία φανταστὸν φανταστικὸν φάντασμα. — D'après Chrysippe, ces quatre termes se distinguent entre eux. La représentation (φαντασία) est une affection (πάθος) produite au-dedans de l'âme et qui manifeste à la fois elle-même et l'objet qui l'a provoquée. Par exemple, quand nous percevons par la vue du blanc, l'affection est ce qui se produit au-dedans de l'âme, par suite de la vision (διὰ τῆς ὁράσεως). Et d'après cette affection, nous sommes à même de dire qu'elle a pour fondement (ὑπόκειται) le blanc d'où l'ébranlement est parti (κινοῦν ἡμᾶς). Il en est de même quand l'affection se produit au moyen du tact ou de l'odorat. — La représentation tire son nom de celui de la lumière (φῶς), car, de même que la lumière fait voir, tout ensemble, elle-même et les objets qu'elle enveloppe (περιεχόμενα) de même la représentation fait voir, tout ensemble, elle-même et l'objet qui l'a produite.

Le représenté (l'objet de la représentation, τὸ φανταστόν) est l'objet qui produit la représentation; par exemple, le blanc, le froid et, d'une façon générale, tout ce qui est capable d'ébranler l'âme (κινεῖν τὴν ψυχήν), est objet de représentation.

L'imaginativité (τὸ φανταστικόν) est une traction à vide (διάκενος ἑλκυσμός), une affection qui se produit dans l'âme, mais sans que ce soit à partir d'aucun objet (ἀπ' οὐδενὸς φανταστοῦ), comme quand quelqu'un se bat contre des ombres et en vient aux mains avec le vide ; c'est que la représentation a pour fondement un objet (τῇ γὰρ φαντασίᾳ ὑπόκειταί τι φανταστόν), mais l'imaginativité n'est fondée sur rien.

L'objet apparent (τὸ φάντασμα) est ce vers quoi nous sommes entraînés dans cette traction à vide imaginative ; c'est ce qui se produit chez les mélancoliques et chez les fous » (à quoi l'on peut ajouter les songes, d'après Diog. Laërt., VII, 50).

2. P. 60.

3. Chrysippe, *loc. cit.* (p. 113, n. 1). L'étymologie se trouve déjà chez Aristote, mais avec un sens tout différent ; l'imagination étant engendrée par une sensation en acte, il est naturel que son nom s'apparente à celui de la lumière, sans laquelle ne saurait s'exercer la vision, qui est la sensation par excellence (*de anima*, III, 3, 429 a 1-3) ; dans l'*Ethique à Nicomaque*, φαντασία est dérivée de φαίνεσθαι (III, 7, 1114 a 31 sqq.).

4. La représentation est le genre, dont la représentation compréhensive est l'espèce (Sext, *math.*, VIII, 398); la r. compréhensive, stabilisée en *compréhension* (κατάληψις), est, selon son objet, ou bien *sensation* ou bien *raisonnement* (Diog. Laërt., VII, 52) et elle est toujours vraie, tandis que, selon certains textes, « il y a des représentations vraies et d'autres fausses (Aët., IV, 9, 4 = *Dox. Gr.*, p. 396 ; Cic., *Acad. post.*, I, x, 41 sq. : (Zeno) uisis non omnibus adiungebat fidem »).

(ὑπόκειται, τὸ ὑπάρχον) qui produit (τὸ πεποιηκός)[1] la représentation et, par là, agit sur l'âme (s'y « imprime » ou l' « altère »)[2]. A cette affection (πάθος)[3] passivement subie, l'âme donne son assentiment et, ainsi, obtient la compréhension de l'objet. « Recevoir des représentations ne dépend pas de la volonté... leur donner l'assentiment, cela dépend de celui qui les reçoit »[4] ; mais l'assentiment ne se fonde sur aucune « délibération » (βουλεύεσθαι)[5]. « Car, de même que le plateau d'une balance s'incline nécessairement, quand on le charge d'un poids, de même l'âme cède à l'évidence ; de même qu'un être ne peut pas ne pas se porter au-devant de ce qui convient à sa nature (un tel objet, les Grecs l'appellent οἰκεῖον), il ne peut pas ne pas donner son assentiment à une chose qui s'offre à lui avec évidence »[6]. — A ce niveau de la représentation, l'infaillibilité de la connaissance est entièrement assurée, et cela, grâce à l'action de l'objet dont la réalité pénètre et éclaire l'âme ; le sujet se borne à consentir et à adhérer ; à cela se réduit son activité qui, prenant une plus large initiative, risquerait d'altérer l'empreinte reçue et d'en fausser la compréhension. Néanmoins, on dit que l'assentiment (qui ne saurait être refusé) dépend de l'âme. Il y a, entre la représentation et l'assentiment, une harmonie nécessaire, naturelle, facile, la même qui s'établit,

La distinction entre représentation et représentation compréhensive ne contredit nullement le réalisme de la théorie stoïcienne de la connaissance. Il est remarquable (et pas assez remarqué) que le texte de Chrysippe (p. 113, n. 1) ne mentionne que la représentation en général ; c'est à celle-là également qu'est rapportée, sans restriction, la théorie de la τύπωσις (Zénon) c'est-à-dire, selon l'interprétation de Chrysippe, de l'ἀλλοίωσις (Dioclès Magnès *ap.* Diog. Laërt., VII, 50) ; ce qui, dans les deux textes, correspond à la représentation non-compréhensive et positivement fausse, c'est le φάντασμα. Le φάντασμα est un objet entièrement imaginaire ; Oreste « ne voit rien : ὁρᾷ δὲ οὐδέν, ἀλλὰ δοκεῖ μόνον », dit Chrysippe, *ibid.*, *Dox. Gr.*, p. 402, l., 7-8 ; le φάντασμα, selon Dioclès, est une δόκησις διανοίας. Il est donc à distinguer de certaines représentations mentionnées dans le même texte, § 51 : Εἰσὶ δὲ τῶν φαντασιῶν καὶ ἐμφάσεις, αἳ ὡς ἀπὸ ὑπαργόντων γινόμεναι. Ces représentations ont des « quasi-objets », mais non des φαντάσματα qui sont entièrement irréels et imaginaires.

Il faut admettre que la représentation même non-compréhensive a toujours un fondement minimum dans le réel et ne devient positivement fausse que par suite d'une erreur d'interprétation.

1. Chrysippe, *loc. cit.* ; Zénon, *ap.* Sext., *math.*, VII, 248 (*S.V.F.*, I, 59).
2. Diog. Laërt., VII, 50.
3. Chrysippe, *loc. cit.*
4. Sext., *math.*, VIII, 397 (*S.V.F.*, II, 91).
5. Alex., *de fato*, 14 (*S.V.F.*, II, 981 ; cf. chap. 15 = II, 983).
6. Cic., *Acad.*, *Pr.*, II, XII, 38 : « Vt enim necesse est lancem in libra ponderibus impositis deprimi, sic animum perspicuis cedere. Nam, quo modo non potest animal ullum non appetere id, quod accomodatum ad naturam appareat (Graeci id οἰκεῖον appellant), sic non potest obiectam rem perspicuam non approbare. »

au niveau des *principia naturalia*, entre la tendance à nous conserver nous-mêmes et la nature qui nous y convie[1]. Cette harmonie initiale est conservée plus tard ; elle garantit précisément que tout conflit qui, à d'autres niveaux, pourrait s'élever, est purement apparent et que, partant du même, nous aboutissons toujours au même : ainsi sera encore conforme à la nature, la sagesse, issue des premières tendances et qui, en apparence, contredira celles-ci. Il en est de même pour la représentation.

54. L'assentiment est, à la fois, si nécessaire et si naturel qu'il a lieu également chez les animaux[2]. Même chez l'homme, il peut être comparé à l'inclination naturelle de l'animal[3]. Cette comparaison même montre déjà que l'assentiment, imposé et cependant volontaire, s'applique, non pas à un objet étranger qui nous envahirait, mais bien à quelque chose qui nous est « approprié » (οἰκεῖον) : la perception de l'objet s'accompagne d'une « co-perception » (συναίσθησις) de nous-mêmes qui permettra, plus tard, non seulement de saisir les choses, mais encore de les mettre en rapport avec nous, de les apprécier[4]. Ainsi, comme dans la tendance, la nature realise une harmonie entre le sujet et les choses dans la représentation. Loin d'être aliénés à nous-mêmes par l'acte de l'assentiment que nous arrache le *représenté*, il faut dire, au contraire, « qu'il y a, dans le faux assentiment, quelque chose de plus étranger par rapport à nous que dans le reste des choses qui sont contraires à la nature »[5]. Nous sommes naturellement portés à la « compréhension » des choses, indépendamment de toute considération utilitaire[6].

Dès à présent, destin et autonomie sont posés en même temps et sont conciliés. Mais, jusqu'ici, le caractère « fataliste » de la représentation est à peine marqué ; ce que veut cette théorie, c'est uniquement assurer, sous la conduite de l'objet, la connaissance certaine. Le conflit, apparent, naîtra

1. Cic., *de fin.* III, V-VI (cf. p. 58 sq.)
2. P. ex. Alex. d'Aphr., *de fato*, 14 (*S.V.F.*, II, 980).
3. Cf. p. 114, n. 6.
4. Voir en particulier Pohlenz, *Stoa*, I, 57 ; et A. Jagu, *Zénon de Cittium*, Paris, 1946, chap. III.
5. Cic., *de fin.*, III, V, 18 : « A falsa autem assensione magis nos alienatos esse quam a ceteris rebus, quae sint contra naturam, arbitrantur. »
6. « (Καταλήψεις) eas igitur ipsas propter se adsciscendas arbitramur, quod habeant quiddam in se quasi complexum et continens ueritatem » (*Id.*, *ibid.*, § 17)

de la difficulté qu'il y aura à maintenir, avec le réalisme de l'objet, l'autonomie du sage. Dans la théorie du destin, les représentations sont causes antécédentes de l'assentiment et de nos tendances[1] ; l'âme, alors, risque d'être livrée au monde extérieur « et la liberté ne sera qu'un vain mot »[2]. Par une sorte de déplacement d'accent[3], un mouvement se dessine, au cours duquel l'autonomie du sage, examinant d'abord, puis critiquant la représentation, va finir par la rejeter entièrement. L'harmonie initiale semble entièrement rompue. Elle ne l'est pas, cependant, parce que, jusque dans le rejet de la représentation, il y a un jugement adéquat sur le représenté. *

55. L'autonomie de la raison s'affirme déjà à l'intérieur même de la théorie de la connaissance. A partir des représentations se constituent, dans la mémoire, « l'expérience », puis des « concepts », formés, les uns, « naturellement et sans l'intervention de l'art », les autres « au moyen de l'enseignement et de l'étude »[4] ; le mécanisme de la formation des concepts est étudié avec beaucoup de détails[5]. Mais l'esprit travaille toujours en accord avec la réalité ; qu'il procède par représentation sensible ou, dans le concept, par « passage analogique » à partir des objets apparaissant aux sens, il obtient toujours une « compréhension des choses »[6]. Dans un texte d'Epictète, cette faculté de réfléchir et de « concevoir des idées correspondant aux objets qui ont d'abord façonné ton âme » est rapprochée du pouvoir de Dieu de « percevoir toutes les choses »[7].

L'autonomie de la raison et, en même temps, son constant accord avec le réel, ressortent surtout de la distinction que fait Epictète entre l'usage et l'intelligence des représentations. L'usage, dans ce contexte, est à la portée des animaux, mais l'intelligence et l'interprétation des représen-

1. Cic., *de fato*, XVIII, 42 ; Plotin, III, I, 7, 13 sqq. : « Les représentations seront l'effet de leurs antécédents, et les tendances seront conformes aux représentations ; la liberté ne sera donc qu'un mot ; car, que c'est nous qui avons la tendance, cela ne fait rien de plus, puisqu'elle est le résultat de ces causes. »
2. Plotin, *ibid.*
3. Cf. p. 111.
4. Aëtius, IV, 11 (*Dox. Gr.*, p. 400).
5. Dioclès Magnès *ap.* Diog. Laërt., VII, 52-53 ; Cic., *de fin.*, III, X, 33.
6. Sext., *math.*, XI, 250.
7. Epict., *Diss.*, I, XIV, 7-10.

tations n'appartiennent qu'à l'homme[1]. On pourrait éclairer cette distinction par un autre passage du même auteur, conservé par Aulu-Gelle[2]. Certaines représentations, par exemple, « un bruit terrifiant, provenant du ciel ou d'un écroulement, la nouvelle subite d'un danger quelconque, ou un autre fait du même genre doivent nécessairement ébranler un peu l'âme du sage, la serrer, la faire pâlir. Ce n'est point l'effet de la connaissance d'un mal... Mais immédiatement ce sage refuse de donner son assentiment à ces φαντασίαι, à ces représentations terrifiantes de son âme, οὐ συγκατατίθεται οὐδὲ προσεπιδοξάζει, il n'y acquiesce pas, ne les approuve pas ; il les rejette au contraire, les repousse et refuse d'y voir quoi que ce soit de redoutable ». Il y a ici quelque chose de comparable à l' « illusion » dont parle Kant : « Même l'astronome ne peut empêcher que la lune lui paraisse grande à son lever, bien qu'il ne soit pas trompé par cette apparence »[3]. On notera que l'interprétation et, à sa suite, le refus de la représentation ne portent que sur l'apparence terrifiante de celle-ci, mais non pas sur elle-même, prise en sa matérialité nue ; l'objet même de la représentation n'est donc pas, et ne peut être refusé ou nié[4]. L'interprétation, ici, consiste, ainsi que nous l'avons vu plus haut, à « combattre » la représentation. Mais à cette même représentation, celle du « bruit terrifiant provenant du ciel », une autre interprétation pouvait être donnée, conformément à ce que nous avons appelé la « première méthode », qui essaie de replacer l'événement dans l'ensemble des choses. Ainsi Cicéron nous dit que « la terreur qu'inspirent la foudre, les tempêtes, les nuées orageuses » est parmi les prémisses qui nous font conclure à l'existence des dieux[5], laquelle est une prénotion, c'est-à-dire, un *concept naturel*. — On voit donc que la liberté d'usage, de critique et de refus laisse subsister comme un noyau du *représenté*, auquel on dénie seulement un faux *sens*, sans préjudice d'une interprétation qui saurait en trouver le vrai.

1 Epict., *Diss.*, I, VI, 12-22.
2. Epict. *ap.* Aul.-Gell., XIX, 1 (cf. saint Augustin, *Cité de Dieu*, IX, 4 et Montaigne, I, XII, *i. f.*).
3. *Critique de la raison pure*, *Dial. transc.*, *Introd.*, I (A 297). Cf. Spinoza, *Eth.*, II, prop. 35, scol. et IV, prop. 1, scol.
4. Cf. § 50, *i.f.*
5. Cic., *de nat. deor.*, II, V, 13-14.

56. Si fort donc que la liberté du sujet résiste à la pression de la représentation, elle ne perd jamais le contact avec celle-ci, ne la réduit pas au néant pur, ne s'affirme pas à vide (telle serait, au contraire, cette affection inconsistante qui se produit dans l'imaginativité)[1]. De façon correspondante, avec l'objet réduit à sa portion congrue, est accepté le présent où il apparaît, ramené également à une extension (διάστημα) étroitement limitée. La critique des représentations consiste proprement à accepter l'événement dans le présent mutilé où il se « représente », et à l'y enfermer.

Il faut « contrôler soigneusement la représentation présente, de peur qu'un élément non-compréhensif (ἀκατάληπτον) ne s'y glisse »[2]. Cet élément n'est rien d'autre que sa prétention à déborder le présent. Aussi bien, examiner une représentation, c'est dresser un barrage, c'est lui demander : « ' Attends, laisse-moi voir qui tu es et d'où tu viens ', tout comme les gardes de nuit disent : ' Montre-moi tes papiers ' » : cet examen « concerne les assentiments, les objets qui sont plausibles et qui attirent »[3]. Or, en logique, les propositions plausibles sont celles qui prétendent engager l'avenir, en nous et hors de nous. Portant sur des événements futurs, elles présentent « un assez grand nombre de *titres* pour devenir vraies »[4], d'autre part, elles voudraient nous « *conduire* à l'assentiment »[5]. En suspendant son jugement, le sage les ramène dans les strictes limites du présent. Parallèlement, il met en arrêt et stabilise (στῆναι) ce qui, en lui-même, tend à déborder le présent, regrets et espoirs, et à faire cause commune avec la représentation. C'est ce triple aspect de l'interprétation critique que formulent ces trois phrases de Marc-Aurèle : « Efface la représentation. Arrête cette agitation de pantin. Délimite le moment présent[6]. » La représentation est ainsi fixée à sa place de simple

1. Cf. p. 113, n. 1.
2. Marc-Aurèle, VII, 54.
3. Epict., *Diss.*, III, XII, 14-15.
4. Dioclès Magnès *ap.* Diog. Laërt., VII, 76 : Εὔλογον δέ ἐστιν ἀξίωμα τὸ πλείονας ἀφορμὰς ἔχον (ἀφορμαί signifie à la fois ressources et prétextes) εἰς τὸ ἀληθὲς εἶναι · οἷον, Βιώσομεν αὔριον.
5. *Id.*, *ibid.*, VII, 75 : Πιθανὸν δέ ἐστιν ἀξίωμα τὸ ἄγον εἰς συγκατάθεσιν (devant la représentation compréhensive, l'âme « cède » ; cf. § 51 : μετὰ εἴξεως καὶ συγκαταθέσεως) · οἷον, Εἴ τίς τι ἔτεκεν, ἐκείνη ἐκείνου μήτηρ ἐστί. Ψεῦδος δὲ τοῦτο · οὐ γὰρ ὄρνις ᾠοῦ ἐστι μήτηρ.
6. M.-Aurèle, VII, 29. : Ἐξάλειψον τὴν φαντασίαν (cf. VIII, 29). Στῆσον τὴν νευροσπαστίαν. Περίγραψον τὸ ἐνεστὼς τοῦ χρόνου.

antécédent. Car c'est seulement sa prétention à grever l'avenir, à susciter en nous une série de causes parasitaires[1], qui est proprement « effacée » : l'objet même de la représentation est reconnu et, surtout, connu. Ici, à nouveau[2], intervient la recherche de causes. Mieux le *représenté* est rapporté et réduit à sa cause passée, et mieux est affaibli le pseudo-finalisme de sa prétention future. C'est ce que signifie le précepte d'Épictète : « Laisse-moi voir d'où tu viens », et Marc-Aurèle, à la suite du passage cité, l'illustre par un exemple : « La faute commise par cet homme, laisse-la où elle a pris naissance »[3] ; ramenée à sa cause, la faute ne peut plus devenir signifiante pour nous ; il n'y a pas lieu de s'en irriter[4].

57. Si le contact n'est jamais rompu avec le réel, il n'en est pas moins vrai que l'autonomie du sage tend à s'affirmer de plus en plus. La fausse signification qu'on refuse aux choses est traitée comme une prétention naturelle à celles-ci ; la raison, alors qu'elle ne fait qu'interpréter, c'est-à-dire connaître, semble « combattre », derrière la représentation, le *représenté* même ; la faculté d'interpréter prend les traits d'un pouvoir de transformation. « Le principe hégémonique... fait que tout événement lui apparaisse telle qu'elle le veut »[5]. Si l'assentiment, imposé par la représentation compréhensive, était un jugement spontané, on déclare maintenant que, « en elles-mêmes, les choses n'ont pas un pouvoir naturel capable de produire nos jugements »[6]. Si, pour les fondateurs, la représentation « s'imprime » dans l'âme ou l' « altère », Marc-Aurèle estime que « les choses n'ont pas de contact avec l'âme ; elles lui demeurent extérieures »[7]. Ou plutôt, l'âme doit faire en sorte qu'il en soit ainsi. « Que la partie hégémonique et maîtresse de ton âme demeure indifférente au mouvement qui se fait, doux ou violent, dans la chair » ;

1. Cf. p. 110.
2. Cf. p. 89.
3. M.-Aurèle, VII, 29.
4. Cf. M.-Aurèle, VI, 27 ; VII, 29. — Spinoza : « Si etiam in promptu habuerimus... quod homines, ut reliqua, ex naturae necessitate agant : tum injuria, sive Odium, quod ex eadem oriri solet, minimam imaginationis partem occupabit, et facile superabitur » (*Eth.*, V, prop. x, scol.).
5. M.-Aurèle, VI, 8.
6. M.-Aurèle, VI, 52.
7. M.-Aurèle, IV, 3, 10 ; V, 19.

elle y parvient par la méthode de *délimitation* : « Qu'elle se délimite elle-même et qu'elle circonscrive ces passions. » Que ces passions puissent parfois se « propager jusqu'à l'intelligence », on l'accorde ; et dans ce cas « il ne faut pas essayer de résister à la sensation qui se produit naturellement » ; la partie hégémonique se bornera « à ne pas ajouter l'opinion que ce serait un bien ou un mal »[1]. La part faite ici à ce qu'on pourrait appeler le premier choc de la sensation n'est guère moindre que chez Epictète[2] et déjà, précisément au sujet des passions, chez Chrysippe[3].

58. La liberté demeure donc confrontée avec le destin ; l'interprétation ne cesse de porter sur les choses. Mais la représentation compréhensive n'est plus cette harmonie instantanée qui s'établit entre l'action de la chose et l'assentiment de l'âme, comme entre l'inclination naturelle et son objet. Chez Chrysippe, la représentation est comparée à la lumière qui révèle, et elle-même et l'objet qui l'a produite. Epictète l'apostrophe ainsi : « Tu (n')es (que) représentation, mais non pas tout à fait ce que tu représentes » (Φαντασία εἶ, καὶ οὐ πάντως τὸ φαινόμενον)[4]. Il y a ici quelque chose de comparable à « l'idéalisme critique » ; le représenté (τὸ φανταστόν) n'est plus ce qui est pleinement et adéquatement donné dans la connaissance ; c'est bien un objet (sans quoi il ne se « représenterait » pas), mais qui, par définition, n'apparaît que dans une représentation qui ne le représente pas « en soi ». La φαντασία est décomposée en objet et en apparence. Dans la théorie primitive, la compréhension était la suite naturelle de l'assentiment, lui-même accordé, volontairement mais nécessairement, à la représentation compréhensive. A présent, la compréhension, comme dans l'idéalisme kantien, s'applique à l'apparence, plus qu'à l'objet en soi. L'apparence, suscitée par l'objet, est élaborée par nous ; c'est cette subjectivité déformant le réel, qu'il faut prendre pour objet d'étude et en faire la critique, bien plus que le réel même (tel est le sens des trois « thèmes » philosophiques chez Epic-

1. M.-Aurèle, V, 26.
2. Cf. p. 117.
3. Chrysippe *ap.* Stob., *Flor.*, VII, 21 (*S.V.F.*, III, 574) : Ἔλεγεν δὲ ὁ Χρύσιππος ἀλγεῖν μὲν τὸν σοφόν, μὴ βασανίζεσθαι δέ · μὴ γὰρ ἐνδιδόναι τῇ ψυχῇ. Καὶ δεῖσθαι μέν, μὴ προσδέχεσθαι δέ.
4. Epict., *Man.*, I, 5.

tête)[1]. La *compréhension* consistera alors bien plus à combattre l'apparence qu'à atteindre l'objet qui apparaît ou plutôt, si on cherche à l'atteindre (comme dans la découverte de ses causes)[2], c'est bien moins pour le connaître que pour combattre, par cette connaissance, l'apparence. Tout se passe comme si la représentation, qui n'est plus compréhensive d'emblée et du seul fait de l'objet, était rendue telle grâce à l'activité du sujet ; le but de cet effort sera, tout autant que la compréhension même, l'activité compréhensive et critique qui l'a produite, et celle-ci s'exerce moins au service de l'objet que contre lui : « l'usage des représentations » nous épargne d'être brutalement envahis par elles, « dérobés » (συναρπάζειν)[3] et arrachés à nous-mêmes. Il est clair que la raison ne vise plus l'accord avec les choses, mais son indépendance : « Que la raison cherche les excitations des sens et que, les choisissant comme point de départ (car elle n'a pas d'autre lieu d'où prendre son essor et s'élancer vers le vrai), elle revienne sur elle-même *(in se reuertatur)* »[4]. On aboutit à l'idée de recueillement : « Si vous l'aviez voulu, vous auriez trouvé le bien en vous-mêmes ; vous ne vous seriez pas égarés au dehors et n'auriez pas recherché tout ce qui vous est étranger comme autant de biens propres. Revenez en vous-mêmes »[5].

59. Que de tels textes annoncent et préparent le néoplatonisme, c'est incontestable. Mais le recueillement stoïcien n'est pas une extase, et ce qui l'en préserve, c'est le contact, jamais rompu, avec le réel, même si « l'usage des représentations » se substitue de plus en plus à la compréhension du représenté en soi. Plotin l'a fort bien vu, et la critique qu'il adresse aux stoïciens n'est pas sans analogie avec la polémique des post-kantiens contre la « chose en soi » : « Après avoir admis que le sage a toute son activité dirigée en lui-même, il ne faut pas chercher (le bonheur) dans les manifestations extérieures de son activité, ni chercher un objet à sa volonté dans les choses extérieures ; ils nient l'existence substantielle du bonheur dès qu'ils disent que les choses

1. Epict., *Diss.*, III, II.
2. Cf. p. 119 déb.
3. Epict., *Man.*, X, XVI, XVIII, XIX, XX, XXXIV.
4. Sénèque, *de uita beata*, VIII, 4-6.
5. Epict., *Diss.*, III, XXII, 38-39 ; cf I, IV, 18.

extérieures sont des objets de la volonté et que le sage les veut[1]. »

Il est vrai que dans le recueillement, l'âme, à la fois, se reprend en elle-même et concentre en elle la totalité du réel, insaisissable à l'échelle cosmique. Mais cette totalité est saisie à partir d'un fragment; l'usage des représentations, lors même qu'il refuse celles-ci, les suppose, sous peine de s'exercer à vide. L'âme a besoin des choses, plus exactement de la pression de telle chose particulière, pour affirmer, sur elle ou contre elle, sa liberté. La détourner, avec Plotin, de l'usage d'une représentation singulière, vers la contemplation d'un monde intelligible où tout serait donné, c'est la diriger sur le non-être : les formes intelligibles étant des pensées (ἐννοήματα), c'est-à-dire des *phantasmes*[2], dépourvues de réalité et de qualité[3].

Parallèlement, le recueillement ne saurait, comme la contemplation, se placer dans l'éternité. Le flux continu et inconsistant de l'éternité ne se *réalise* en temps que par un acte qui vient le délimiter et le stabiliser en présent. Soutenir cet acte et l'étendre au point de déterminer une période cosmique, n'appartient qu'à Dieu. De cet acte total, les événements qui nous adviennent, nous apportent autant de fragments, enserrés dans autant de présents étroitement limités. Desserrer ces limites et les reculer, était la prétention de la « première méthode ». L'usage des représentations ne le tente plus ; mais, tout comme il soumet l'événement subi à son propre pouvoir causal, c'est lui-même qui délimite et circonscrit ce présent mutilé, découpé dans la série des causes. Par là, l'instant n'est nullement transformé en éternité (ce qui reviendrait à l'abolir) ; il demeure « temporel », c'est-à-dire, selon la doctrine de l'École, dérive sa réalité de l'acte qui le détermine. Seulement, cet acte n'est plus un événement singulier, part infime de la causalité totale du destin ; c'est la tension de l'âme qui « délimite le présent ». Du même coup, l'instant perd son étroitesse et sa mutilation ; circonscrit par la concentration de l'âme, c'est le pouvoir de

1. Plotin, I, IV, 11 (avec la note d'E. Bréhier).
2. Cf. Chrysippe, p. 113, n. 1 ; Arius Did., 40 (*Dox. gr.*, 472, 1-2), cité p. 18, n. 5.
3. Diog. Laërt., VII, 61.

l'âme tout entière qu'il peut contenir ; or, par ce pouvoir, le sage « n'est pas inférieur aux dieux »[1].

Il faut même dire que, si l'activité divine s'étend jusqu'au bout d'une période, l'équivalent temporel où s'exerce l'activité du sage est chacun des instants où se succèdent les événements auxquels il faut coopérer. « Quant à l'âme, tout ce qui n'est pas son activité propre lui est indifférent et tout ce qui ressortit à son activité propre, tout cela dépend d'elle. Et encore, dans ces limites, seul l'instant présent l'intéresse-t-elle, car son activité future ou passée lui est aussi, en ce moment, indifférente[2]. »

60. Pour achever cette analyse de « l'usage des représentations », il faut revenir à notre point de départ[3]. L'interprétation étant mise en rapport, toute la difficulté de la première méthode était de rapporter un terme présent à un autre terme, passé ou futur, à relier une donnée à ce qui, par définition, n'est pas donné. De cette méthode qui, dans une certaine mesure, essaie de prendre une vision totale des choses et d'étendre l'instant présent aux dimensions cosmiques, nous avons vu les réussites partielles et l'échec[4]. Dans l'usage des représentations, le présent, seul donné, est accepté et rien n'est cherché au delà ; il ne saurait s'agir de quêter un autre terme pour l'y rapporter. Aussi bien, la mise en rapport ne s'établit plus entre deux termes temporellement distants l'un de l'autre, mais entre l'événement présent et nous-mêmes, et il se place dans le seul présent. Cela même est conforme au mouvement d'intériorisation qui s'accomplit lors du passage de la première méthode à la seconde. La connaissance ne rattache plus, par l'interprétation, une chose à une autre, mais, par l'usage des représentations, les choses à nous-mêmes. Or, la connaissance des choses qui arrivent conformément à la nature était prescrite par l'impératif de *vivre* dans cette conformité. Aussi bien l'usage des représentations nous conduit déjà à l'action. Comprendre une représentation consiste à savoir « de quelle vertu il faut user par rapport à l'objet qui l'a produite »[5].

1. Epict., *Diss.*, I, XII, 26.
2. Marc-Aurèle VI, 32.
3. § 33.
4. § 35 sqq.
5. M.-Aurèle, III, 11, 3.

Au lieu de chercher la providence dans la manière dont les animaux sont adaptés aux besoins de l'homme, on la trouvera dans la faculté du sage de s'adapter aux événements. L'usage des représentations déjà répondait à l'événement subi par la libre coopération. Mais celle-ci tend maintenant vers l'action proprement dite ; l'idée d'usage entraîne celle d'*épreuve*[1]. Dans son traité *Sur la providence*, Sénèque transforme toutes les contre-instances en arguments en faveur de la providence : *calamitas uirtutis occasio est*[2]. L'interprète, ici, se fait acteur. Mais c'est toujours dans le même présent temporel où l'usage s'adapte à la représentation, que l'épreuve répond à l' « occasion » (περίστασις)[3].

1. P. ex. Epict., *Diss.*, I, VI, 34 sqq. Les circonstances (περιστάσεις) ont donné à Héraclès l'occasion d'user (χρῆσις) de ses forces et de ses vertus ; § 37 : « Maintenant, Zeus, place-moi dans les circonstances qui te plairont (ἣν θέλεις περίστασιν) ; pour moi, j'ai l'équipement que tu m'as fourni (παρασκευήν) et les ressources nécessaires pour me distinguer moi-même par le moyen des événements (ἀφορμὰς πρὸς τὸ κοσμῆσαι διὰ τῶν ἀποβαινόντων ἐμαυτόν) ».

S'adapter aux circonstances, dépend de la nature de l'agent : tous n'ont pas reçu « l'équipement » d'un Héraclès (cf. I, II, 33-37) ; mais tous sont équipés d'une nature raisonnable, en sorte que le devoir (καθῆκον) se définit, d'une manière générale : Ἐνέργημα δὲ αὐτὸ εἶναι, ταῖς κατὰ φύσιν κατασκευαῖς οἰκεῖον (Diog. Laërt., VII, 108 = *S.V.F.*, III, 493) et M.-Aurèle écrit : Συμφέρει δὲ ἑκάστῳ τὸ κατὰ τὴν ἑαυτοῦ κατασκευὴν καὶ φύσιν · ἡ δὲ ἐμὴ φύσις λογικὴ καὶ πολιτική (VI, 44, 5),

2. Sénèque, *de prou.*, IV, 6.

3. Cf. n. 1. — Sén., *loc. cit.*, IV, 2-3 : « Magnus uir es ? Sed unde scio, si tibi fortuna non dat facultatem exhibendae uirtutis ?... Idem dicere et bono uiro possum, si illi nullam occasionem difficilior casus dedit in qua uim animi sui ostenderet : 'Miserum te iudico, quod numquam fuisti miser. Transisti sine aduersario uitam ; nemo sciet quid potueris, ne tu quidem ipse' » (cf. III, 3) et *passim*. — On pourrait rapprocher de tels textes (avec des réserves que nous ne pouvons pas développer ici) certains passages de J.-P. Sartre, comme *Situations*, t. II, p. 249 sqq. ; *Morts sans sépulture*, I, IV, *i.f.*

B. *L'ACTION*

Chapitre V : La théorie de l'action

I. L'action et l'agent

61. En matière de connaissance, tout le problème consistait à maintenir l'état de perfection initiale et à acquérir ce qui était donné. L'assentiment à la représentation, dont l'animal est capable et qui, même chez l'homme, se faisait d'abord spontanément et infailliblement, était suspendu enfin à une technique d'usage ; mais c'était pour aboutir à ce même accord exact et nécessaire avec l'objet d'où l'on était parti. Il en va de même en morale.

« On définit le devoir par la conséquence (conformité) dans la vie (par l'action qui comporte une justification plausible)[1]... Ce terme s'étend également aux êtres sans raison, car eux aussi agissent en quelque sorte conformément à leur propre nature »[2].

Au sens le plus général du mot, le devoir (καθῆκον) est le « convenable »[3], ce qui est en accord avec la nature de l'agent. Cette conformité s'établit spontanément, comme une conséquence (ἀκόλουθον) naturelle, dans le comportement de l'animal[4] ; elle existe même chez l'homme, au niveau de la ten-

1. Sur cette formule, voir plus loin, § 67, 3.

2. Stob., *Ecl.*, 85, 13 : Ὁρίζεται δὲ τὸ καθῆκον τὸ ἀκόλουθον ἐν ζωῇ, ὃ πραχθὲν εὔλογον ἀπολογίαν ἔχει... Τοῦτο διατείνει καὶ εἰς τὰ ἄλογα τῶν ζώων, ἐνεργεῖ γάρ τι κἀκεῖνα ἀκολούθως τῇ ἑαυτῶν φύσει. Cf. Diog. Laërt., VII, 107 (*S.V.F.*, I, 230 ; III, 493-4).

3. On en verra plus loin (§ 75) un sens plus restreint.

4. Peut-être, dans le texte de Stobée, faut-il interpréter τί dans un sens restrictif et traduire : « Car eux aussi agissent *en quelque point* conformément à leur propre nature » (cf. le texte parallèle de Diogène : Ὁρᾶσθαι γὰρ κἀπὶ τούτων

dance (ὁρμή)[1]. Plus tard, lors du développement de la nature spécifique de l'homme (la raison)[2] cette convenance ne se fait plus spontanément, mais résulte d'un choix réfléchi. Le sens du devoir se précise alors, mais sans en contredire l'acception générale. Aussi bien cette précision peut-elle être donnée dans le chapitre même qui est consacré à la tendance, car c'est la réussite spontanée de celle-ci qui demeure exemplaire pour la fin (τέλος)[3] que doit atteindre ce choix réfléchi : « Aux êtres raisonnables, la raison a été donnée en vue d'une fonction plus parfaite ; aussi vivre selon la nature devient pour eux vivre selon la raison. Un artisan s'adjoint ainsi à la tendance »[4]. Comme le principe hégémonique dans l'homme provient du *pneuma* universel[5], « Chrysippe entend par nature, en conformité avec laquelle il faut vivre, aussi bien celle qui est propre à l'homme que celle du tout »[6].

62. L'idée de « convenable », de conformité, implique,

καθήκοντα) ; le passage viserait alors les « quasi-vertus » des animaux, fréquemment invoquées dans la littérature stoïcienne, telles que l'instinct maternel (Cic., *de nat. deor.*, II, LI, 129) ; la sociabilité (Cic., *de fin.*, III, XIX, 62-63) et, d'une façon générale, « in bestiis erunt... humanarum quaedam simulacra uirtutum » *de. fin*, II, XXXIII, 110 ; cf. Sén., *de ira*, I, III, 6 : Muta animalia humanis affectibus carent, habent autem similis illis quosdam impulsus »). On sait d'ailleurs que sa nature raisonnable confère à l'homme une dignité éminente, excluant toute relation juridique ou morale avec les animaux : « Quo modo hominum inter homines iuris esse uincula putant, sic homini nihil iuris esse cum bestiis » (*de fin*,, III, XX, 67). — Il n'en est pas moins vrai que les fondements de la morale sont exposés dans le chapitre consacré à la tendance (*de fin.*, III, V, 16 sqq. ; le terme est prononcé au § 23 ; Diog. Laërt., VII, 85-86). Le caractère naturel et, ajouterons-nous, exemplaire, de la tendance se manifeste, non seulement dans le fait qu'elle comporte une définition identique chez tous les vivants (ζῷα), mais encore dans le souci d'en trouver (ainsi que du devoir même : Diog. Laërt., VII, 107) un équivalent « naturel » même chez les plantes, pourtant dépourvues de tendance et de sensation : Οὐδέν τε (φασὶ) διήλλαξεν ἡ φύσις ἐπὶ τῶν φυτῶν καὶ ἐπὶ τῶν ζῴων ὅτι χωρὶς ὁρμῆς καὶ αἰσθήσεως κἀκεῖνα οἰκονομεῖ, καὶ ἐφ' ἡμῶν τινὰ φυτοειδῶς γίνεται (Diog., VII, 86). C'est précisément ce double point de vue, en faveur duquel la raison, supérieure à l'instinct, lui est cependant, par sa fonction, identique, qui est critiqué par Plotin (I, IV, 2, 29-46).

1. Diog. Laërt., VII, 85-86 ; Cic., *de fin.*, III, V, 16 sqq. (23).

2. Cic., *loc. cit.*, §§ 20-21. « L'âge de raison », c'est-à-dire le moment où est achevée la formation des *prénotions* est de quatorze ans (Diog. Laërt., VII, 55 ; Jamblique *ap.* Stob., 317, 21 = *S.V.F.*, I, 149 ; cf. cependant Aëtius, IV, 11, 4 = *Dox. Gr.*, 400, 25-26 = *S.V.F.*, II, 83).

3. Diog. Laërt., VII, 87.

4. Diog. Laërt., VII, 86 : Τοῦ δὲ λόγου τοῖς λογικοῖς κατὰ τελειοτέραν προστασίαν δεδομένου, τὸ κατὰ λόγον ζῆν ὀρθῶς γίνεσθαι τοῖς κατὰ φύσιν. Τεχνίτης γὰρ οὗτος ἐπιγίνεται τῆς ὁρμῆς.

5. Chrysippe, *ap*, Diog. Laërt., VII, 87 : Ἴσον ἐστὶ τὸ κατ'ἀρετὴν ζῆν τῷ κατ' ἐμπειρίαν τῶν φύσει συμβαινόντων ζῆν.,. Μέρη γάρ εἰσιν αἱ ἡμέτεραι φύσεις τῆς τοῦ ὅλου.

6. *Id. ibid.*, § 89 : Φύσιν δὲ Χρύσιππος μὲν ἐξακούει, ᾗ ἀκολούθως δεῖ ζῆν, τήν τε κοινὴν καὶ ἰδίως τὴν ἀνθρωπίνην.

semble-t-il, comme celle d'interprétation[1] une mise en rapport et suppose deux termes. Entre ces deux termes, il y aurait une séparation initiale et une distance avec, en plus, l'exigence de la réduire ; c'est en cela, précisément, que consisterait le devoir, si bien nommé : *convenable*. Or le stoïcisme tend à abolir toute distance ; on a vu que le devoir chez l'animal est parfait d'emblée. Aussi, derrière l'*impératif* de la convenance, faut-il saisir comme sa source et son fondement, l'*indication*[2] d'un accord.

Il n'y a pas, initialement, deux termes distants et distincts, dont l'un, (la nature,) fournirait la référence à laquelle l'autre, (telle chose, tel acte,) devrait être rapporté. Il n'y a, au départ, que la nature de l'agent, terme unique qui est accordé à lui-même. Tout comme l'univers est un système unifié, l'individu est un ensemble organisé (σύστασις, *constitutio*)[3]. Le second terme apparaît seulement comme le redoublement du premier : c'est l'acte, contemporain à son être, par lequel l'individu se perçoit (συναίσθησις) »[4], s'affirme et « s'approprie à soi-même » (οἰκείωσις)[5] ou, selon la formule de Cicéron, « *ipsum sibi concilia(tur)* »[6].

La substance stoïcienne se définit essentiellement par son activité. L'état où l'individu, dès sa naissance, est accordé à lui-même, se conserve dans la vie ; vivre conformément à sa nature, c'est maintenir cet accord initial, au contact des choses et au cours des événements ; la « conséquence dans la vie » (τὸ ἀκόλουθον ἐν ζωῇ)[7], ce que Sénèque appelle une « *uita sibi concors* »[8], c'est toujours ce même accord essentiel avec soi-même et, pour ainsi dire, à terme unique.

En même temps que la « conciliation avec soi-même », l'être vivant reçoit la *tendance* qui le porte à cette « vie concordante avec soi » ou, plutôt, c'est une même tendance qui concilie la nature de l'agent avec soi et l'amène à vivre avec

1. §§ 33, 60.
2. Cf. §§ 29, 41-42.
3. Chrysippe *ap.* Diog. Laërt., VII, 85 : πρῶτον οἰκεῖον λέγων εἶναι παντὶ ζῴῳ τὴν αὑτοῦ σύστασιν καὶ τὴν ταύτης συναίσθησιν (mss. : συνείδησιν ; cf. Pohlenz, *Stoa*, II, 65) ; Sén., *Ep.* 121, 5 : « (quaerabamus an esset) omnibus animalibus constitutionis suae sensus. »
4. Cf. n. 3.
5, Diog. Laërt., VII, 85 : Οἰκειούσης αὐτῷ (scil. τῷ ζῴῳ) τῆς φύσεως ἀπ' ἀρχῆς).
6. Cic., de *fin.*, III, v. 16.
7. Cf. p. 125, n. 2.
8. Sén., *Ep.*, 89, 15.

conséquence. Aussi bien, chez l'animal, la conscience de soi implique-t-elle la connaissance instinctive de l'utile et du nuisible[1] et un « art inné » de « mouvoir correctement ses membres »[2]. Autrement dit, la conscience de soi enveloppe, à l'égard des choses extérieures, une technique d'usage, mais de telle sorte que cette technique se définit par rapport à l'individu qui la pratique, plutôt que par son rapport aux choses qui en sont l'objet[3]. Si les stoïciens refusent au plaisir et à la douleur la dignité de stimulants primitifs, c'est que, par eux, l'être serait soumis à une pression provenant de l'extérieur[4]. Or, de même que, dès sa naissance, l'être tient sa propre nature, de même ses tendances sont « spontanées »[5], ne proviennent que de lui et n'ont pour fin que leur exercice même ; si elles visent quelque objet extérieur, c'est toujours la conservation de soi qui est première[6], et seule visée. C'est ce souci de conservation active de soi, qui interdit d'interpréter dans un sens étroitement utilitariste la recherche de « l'utile » et la ramène à la tendance à user correctement des fonctions naturelles. Conformément à sa constitution et prolongeant l'accord initial avec soi, l'être recherche l'usage de ces fonctions, sans nul égard pour la douleur qu'il peut lui coûter, indifférent également à l'intérêt qui peut en résulter[7]. On pourrait dire, en termes platoniciens, que l'être

1. Diog. Laërt., VII, 85 ; Cic., *de fin.*, III, v, 16.

2. Sén., *Ep.*, 121, 5 : « Membra apte et expedite mouent non aliter quam in hoc erudita » ; 17 : « Adparet illis inesse nocituri scientiam non experimento collectam : nam antequam possint experiri, cauent. »

3. D'où l'accent mis, dans *de fin.*, III, v, 17-18, sur l'aspect esthétique, non utilitaire, des *tendances* (p. ex. « Est nemo, quin, cum utrumuis liceat, aptas malit et integras ommis partis corporis quam, *eodem usu*, imminutas aut detortas habere »).

4. *Sén.,Ep.*, 121, 7 : « Ideo, inquit, partes suas animalia apte mouent, quia, si aliter mouerint, dolorem sensura sunt. — Ita, ut uos dicitis, coguntur metusque illa in rectum, non uoluntas mouet, quod est falsum. Tarda enim sunt, quae necessitate inpelluntur : agilitas *sponte* motis est. Adeo autem non adigit illa ad hoc doloris timor, ut in naturalem motum etiam prohibente dolore nitantur. »

5. « Sponte » (cf. note précéd.).

6. *Id.*, *ibid.*, 17 : « Primum sibi ipsum conciliatur animal : debet enim aliquid esse, ad quod alia referantur... si omnia propter curam mei facio, ante omnia est mei cura. »

7. *Id.*, *ibid.*, 8 : « Sic infans, qui stare meditatur et ferre se adsuescit, simul temptare uires suas coepit, cadit et cum fletu totiens resurgit, donec se per dolorem ad id, quod natura poscit, exercuit... Nullum tormentum sentit supina testudo : inquieta est tamen desiderio naturalis status nec ante desinit quatere se, quam in pedes constitit. » — Cic., *de fin.*, III, v, 17 : « Id autem *in* paruis intellegi potest, quos delectari uideamus, etiamsi eorum nihil intersit si quid ratione per se ipsi inuenerint. »

est lui-même son modèle idéal et qu'il tient de science infuse[1] la technique d'en user[2]. La distance, ici encore, est nulle entre modèle et copie, la technique et sa fin : « l'imitation » est parfaite du premier coup dans la conciliation de l'être avec lui-même ; le comportement animal réussit à chaque instant à réaliser comme fin cette même cause formelle.

63. Toute la fin (τέλος) de la vertu parfaite se résume à vivre conformément à la nature[3] ; d'emblée, tout est donné et la genèse idéale de la sagesse aboutit à cette même conformité que préfigure la *conciliatio* du nouveau-né ou de l'animal. La primitive inclination à soi faisait rechercher l'utile et repousser le nuisible. Alors que l'animal usait de ces choses par science innée, pour l'homme, il y a là l'objet d'un choix réfléchi. Le « premier devoir », qui est de se conserver dans sa « constitution naturelle », se prolonge alors dans le choix judicieux fait à l'égard des « choses conformes à la nature », celles qui favorisent cette constitution. Ce choix va acquérir une sûreté telle qu'on puisse le dire « constant et en accord avec la nature ». Arrivé à ce niveau, l'homme comprend que la constance de ce choix, « l'ordre et pour ainsi dire la concorde » de ces devoirs, a bien plus de prix que les choses qui en font l'objet (c'est-à-dire, l'utile), en sorte que le souverain bien consiste, en définitive, dans cet accord (ὁμολογία, *conuenientia*) même[4].

De la *conciliatio* par tendance, à la *conuenientia* rationnelle, le cercle est fermé : du début à la fin, on demeure dans la « conformité avec la nature » ; de l'instinct de conservation à la « sagesse » (exercice constant et conséquent de la faculté rationnelle), il y a passage de la nature à la nature, du même au même, mais de telle sorte que dans le terme d'arrivée, le terme de départ soit transformé par une sorte de rétroaction, sans cependant en être contredit. Les « devoirs » sont « référés » aux tendances initiales, et la sagesse « procède » de ces devoirs, encore que, par suite du *passage*, de la *commenda-*

1. Sén., *loc. cit.*, 17 : « Haec (cura sui) animalibus inest cunctis nec inseritur, sed innascitur. »
2. Cf. *La religion de Platon*, pp. 7, 14.
3. Diog. Laërt., VII, 89.
4. Pour une analyse plus détaillée de ce mouvement, voir p. 140, n. 3.

tio[1], « la sagesse nous devienne plus chère que les tendances d'où nous sommes partis vers elle »[2].

Il semble donc[3] que la « conformité avec la nature » ne soit à aucun niveau un accord entre la nature de l'agent et les choses (recherchées par appétition ou par choix réfléchi), mais toujours accord à terme unique ; c'est la conduite « conséquente » de l'agent, lequel est une substance, non pas inerte, mais active. Aussi bien, déjà au niveau de l'instinct de conservation, la tendance tend bien moins vers l'utile que vers son exercice naturel ; comme le dit, dans un tout autre contexte, M. J. Vuillemin : « Autre chose est de rechercher l'aliment, autre chose est de se rechercher soi-même en employant l'aliment comme moyen »[4]. En possession de lui-même, le moi se tourne vers les choses, non afin de les posséder, mais pour, à leur occasion, « s'approprier à soi-même » ; la sagesse *in se tota conuersa est*[5]. Il est vrai que la sagesse, pour s'exercer, a besoin d'objets où elle puisse appliquer son choix, sa faculté de choisir. Mais l'indifférence qu'elle témoigne à l'égard de ces objets, pris en soi, est celle-là même dont faisait déjà preuve la tendance, qui visait un certain mode d'activité, bien plus que son objet « utile » même ; aussi Caton peut-il dire dans une même phrase : « De même que nos membres nous ont été donnés avec des caractères tels que manifestement c'est en vue d'un certain mode d'existence qu'ils nous ont été donnés, de même l'appétition de l'âme, que les Grecs appellent ὁρμή, semble nous avoir

1. Cf. § 25.
2. Cf. pour tout ce paragraphe, Cic., *de fin.*, III, VI, 20-22. — Nous utilisons, ici comme ailleurs, ce troisième livre du *de finibus* comme un texte entièrement cohérent et conforme, dans son ensemble, à la doctrine de l'ancien stoïcisme. — Rappelons seulement la récente étude de Max. Schäfer, *Ein frühmittelstoisches System d. Ethik bei Cicero*, Munich, 1934, qui insiste sur la composition systématique de l'exposé cicéronien et, au terme d'une analyse détaillée, rejette toute hypothèse d'une « contamination des sources », pour attribuer, après Hirzel, le traité dont Cicéron s'est servi, à un auteur unique. Il est vrai que cet auteur qui appartiendrait à la « première période » du « moyen stoïcisme » (Diogène, Archédème, Antipater) et qui, probablement, serait Antipater lui-même, se serait écarté du dogme primitif, principalement par la définition du τέλος comme ἐκλογὴ τῶν κατὰ φύσιν. Nous essaierons de montrer plus loin (§ 67) que cet « écart » n'est qu'apparent. — Signalons enfin la dissertation de G. Kilb, *Ethische Grundbegriffe der alten Stoa u. ihre Ubertragung durch Cicero im. dritt. Buch de finib. bon. et mal.*, Freiburg i. Br., 1939, où la version cicéronienne est confrontée avec la terminologie et la doctrine de Chrysippe. ★
3. Sous la double réserve, précisée au § 65, déb.
4. J. Vuillemin, *Essai sur la signification de la mort*, Paris, 1948, p. 28.
5. Cic., *de fin.*, III, VII, 24.

été donnée, non pas pour un genre de vie quelconque, mais en vue d'une forme d'existence déterminée ; de même aussi la raison et la raison dans son achèvement »[1].

64. On voit par là, puisque déjà au niveau de la tendance, les objets ne sont que des occasions, la continuité profonde de l'accord. A tous les niveaux, l'accord de la nature avec elle-même se prolonge dans le monde extérieur ; il s'harmonise, en quelque sorte, avec les choses « conformes à la nature », mais sans les faire entrer, à titre de termes constituants, dans cet accord même : c'est toujours avec soi-même et avec soi-même seulement, que l'être demeure d'accord. — Le passage de la tendance à la sagesse ne quitte à aucun instant cette même conformité essentielle et suppose l'identité constante de la nature qui se saisit, d'abord comme tendance, puis comme raison.

C'est la méconnaissance de ces deux points, étroitement solidaires, qui inspire une critique académicienne, conservée par Cicéron : « L'appétition naturelle, qu'ils appellent ὁρμή, de même le convenable, enfin la vertu elle-même, tout cela a pour matière, suivant eux, des choses qui sont selon la nature. Or, quand ils veulent atteindre le souverain bien, ils franchissent d'un bond tous les termes de ce progrès de la nature »[2] : « la vertu, telle que vous l'enseignez, ne prend soin que d'une partie de la nature et délaisse tout le reste »[3]. Ce « tout le reste », ce sont les biens extérieurs, recherchés par les tendances et admis, à titre de *préférables*, comme objets des devoirs. Mais comme le souverain bien, transcendant les devoirs, ne fournit aucun critère de choix, on recourt, pour en déterminer un, à cette même nature dont on vient de déserter et de disqualifier les tendances, pour ne s'attacher qu'à la sagesse : « Quoi de moins conséquent que de déclarer, comme ils font, qu'une fois le souverain bien connu, ils reviennent vers la nature pour lui demander le principe de la conduite, c'est-à-dire du convenable ? Car ce n'est pas la raison inhérente à l'action ou au convenable

1. Cic. *de fin.*, III, VII, 23 ; avec ce qui est indiqué dans les deux §§ précédents, on pourrait comparer (tout en précisant les divergences) certaines thèses du spinozisme (cf. en part. *Ethique*, III, prop. 9, scol. *i.f.* et IV, prop. 26).
2. Cic., *de fin.*, IV, XIV, 39.
3. Cic., *de fin.*, IV, XV, 41.

qui pousse les tendances vers les choses conformes à la la nature ; ce sont au contraire ces choses-là qui mettent en mouvement la tendance et l'action »[1]. — Cette critique suppose : 1) que tendances et devoirs se définissent essentiellement par leurs objets (et non par l'activité propre à l'agent)[2] ; 2) que, de la tendance à la sagesse, de la nature au souverain bien, le passage se fait entre deux termes essentiellement différents, le second ne retenant rien du premier, quitte à le rappeler, au prix d'une inconséquence, pour lui demander un critère de choix. — En réalité, tendance et raison ne doivent pas être opposées comme deux termes distincts et subsistants en soi : si, de l'une à l'autre, il y a passage continu et transformation intime, c'est parce que, derrière l'une et l'autre, l'individu demeure constant. A l'objection : « Comment le bébé peut-il s'approprier à la constitution raisonnable, alors qu'il n'est pas encore raisonnable ? », Sénèque répond : « Il y a une constitution propre et chaque fois différente, pour le bébé, l'enfant, le vieillard. Tous s'approprient à la constitution où ils se trouvent... Autre, en effet, est la première enfance, autre la seconde, autre l'adolescence, autre la vieillesse. Moi cependant je reste le même que je fus bébé, enfant et adolescent. Ainsi la constitution, pour chacun, a beau varier ; l'appropriation y demeure égale. Car ce n'est pas mon enfance, ni mon adolescence, ni ma vieillesse, que la nature me confie ; c'est moi-même »[3].

II. L'ACTION ET LES CHOSES

65. Grâce à l'identité permanente du moi, l'appropriation, parfaite du premier coup, peut transmettre, peut faire

1. Cic., *de fin.*, IV, XVII, 48. — Sur ce passage de la nature à la raison, critiqué encore par Plotin, voir plus loin p. 140, n. 3 et M. de Gandillac, *La sagesse de Plotin*, Paris, 1952, p. 32, n. 5 et p. 56, n. 4.

2. « Ce n'est pas la présence des choses κατὰ φύσιν, ni l'absence des choses παρὰ φύσιν, qui importe..., mais le fait de saisir ou d'éviter ces choses, c'est-à-dire, l'être agissant dans l'homme » (Nebel, Der Begriff d. Καθῆκον bei d. alten Stoa, in *Hermes*, LXX, 1935, p. 452).

3. Sénèque, *Ep.*, 121, 14-16. — L'idée de la transformation intime est exprimée par l'image de l'herbe qui se change en blé (§ 15), image dont Cicéron (*de fin.*, IV, XIV, 37) avait tiré une objection, interprétant la transformation d'une nature toujours identique comme une addition successive d'états et de facultés qui, à la fin, devraient se conserver, juxtaposés, chacun avec sa valeur propre.

passer sa perfection du niveau de la tendance au niveau de la raison. La *fin* (τέλος) étant ainsi l'accord constant avec soi-même, il pourrait sembler que le sage fût entièrement isolé du monde extérieur, de même que par l'usage des représentations, l'autonomie du sujet menaçait de détruire le réel *représenté*. Il n'en est rien cependant. Car, tout d'abord, la « nature » propre, à laquelle le sage conforme sa conduite, n'est pas coupée de la nature universelle ; se conformant à l'une, il s'accorde avec l'autre[1]. Et ensuite, même les choses extérieures qui, autant pour la tendance que pour le choix réfléchi, nous sont apparues comme des occasions plutôt que des fins proprement dites,vont être englobées dans cet accord avec soi, tout comme la critique des représentations laissait intact un noyau réel du représenté, par où se conciliaient l'autonomie du sage et la pression de l'objet. La morale, ici, ne fait que formuler comme impératif cette vérité ontologique que tout être, en tant qu'être, agit et se manifeste par rapport à lui-même et par rapport à ce qui l'environne[2].

Il n'est pas inutile de poursuivre ce parallèle entre l'usage des représentations et l'action morale, pour préciser l'accord de l'être avec les choses ; on verra, en effet, qu'à partir de deux positions contraires, on aboutit à la même conclusion.

Dans la théorie de la connaissance, l'objet est posé d'abord ; c'est lui qui agit souverainement sur l'âme, s'y imprime adéquatement, y devient présent en personne : « la représentation manifeste à la fois elle-même et l'objet qui l'a provoquée »[3] ; on demeure toujours du côté de l'objet : entre le représenté et la représentation, il y a bien plus qu'une concordance ; c'est, ici encore[4], un accord à terme unique et par redoublement. Puis, l'âme va entrer dans cet accord ; elle consent, nécessairement mais librement, à l'autorité de l'objet ; c'est que l'acte même de l'assentiment[5], ainsi que l'objet qui lui réclame cet acte[6], lui sont « appropriés ». Cet accord initial va être menacé ; l'autonomie du sujet résiste à la pression des choses, de peur d'être aliénée et « arra-

1. P. 126, n. 6.
2. P. 62, n. 3.
3. P. 113, n. 3.
4. P. 127.
5. P. 115, n. 5 et 6.
6. P. 114, n. 6.

chée » à elle-même. Il se rétablit enfin, parce que, derrière l'objet singulier, apparaît la volonté indivise de Dieu et la totalité des choses : dans l'instant étroitement délimité, où il resserre la représentation et en fait la critique, le sage s'accorde tout entier avec l'être tout entier.

Dans la théorie morale, le sujet est posé en premier ; l'accord essentiel est avec lui-même ; c'est parce qu'il *est* conforme à soi, que le sujet *agit* de même. Cette action le place au contact des choses extérieures qui, à leur tour, vont entrer dans l'accord. S'il les poursuit, par tendance ou par choix raisonnable, c'est l'acte même de les poursuivre, qui est « naturel » au sujet et conforme à sa nature. Mais dans les choses poursuivies, il reconnaît, en plus de l'acte qui l'y porte[1], des objets qui lui sont « appropriés »[2], des « choses conformes à la nature ». Ici encore, l'harmonie sera mise à l'épreuve ; l'indiscipline des passions cède à l'attrait des choses et voudrait se liguer avec elles contre la raison ; le dynamisme de l'objet menace de se substituer à la « tendance » émanée de la raison[3] ; le sujet coopère à sa propre aliénation. Mais la vie morale devra rétablir l'accord ; on verra, en effet, que tout choix, conforme à la raison, exprime le sujet tout entier ; l'objet du choix, obtenu ou refusé, est compris dans « les choses qui arrivent naturellement »[4] ; c'est encore dans le même instant de l'action raisonnable, que l'agent s'accorde avec la nature tout entière.

66. Que l'accord entre le sujet et l'objet soit une exigence commune à la théorie de la connaissance et à l'éthique, cela est d'autant moins surprenant que l'impératif même de la vie morale, « vouloir les événements comme ils se produisent »[5], enveloppait déjà l'exigence de les connaître et de les interpréter. Cette exigence à son tour, permet de comprendre pourquoi il y a, dans le stoïcisme, une morale appliquée et pourquoi cette morale suppose, comme le système tout entier, l'unique réalité du présent.

L'interprétation apparaît, au premier abord, comme la

1. § 63, *i. f.*
2. P. 114, n. 6.
3. Ὁρμή, à ce niveau, signifie l'initiative morale (p. ex. M.-Aur., XII, 17).
4. P. 78, n. 4.
5. P. 79, n. 1.

partie passive de la morale : l'acceptation des événements. Mais cette acceptation même requiert à la fois la raison et la volonté, car il faut « vouloir les événements » et, pour cela, les connaître « comme ils se produisent » ; raison et volonté ne sont pas disjointes[1] ; l'interprétation coopérait avec le destin, non seulement par la compréhension, mais par l'épreuve et l'action[2].

1. L'acceptation ne se fait donc pas une fois pour toutes et par provision ; on ne la pratique pas globalement et indistinctement, mais à tel instant précis et à l'égard de tel événement singulier. L'attitude de soumission, bien qu'elle soit une disponibilité permanente, s'actualise et se détermine au contact et à l'appel des données concrètes qu'il faut comprendre pour les consentir. Par là, le stoïcisme se distingue radicalement du scepticisme primitif. Chez Pyrrhon, l'*acatalepsia*[3] et l'*ataraxia*[4] se commandent et s'impliquent mutuellement : c'est parce que « rien n'est plutôt comme ceci que comme cela »[5], que les choses ne peuvent offrir des objets consistants, ni à la connaissance, ni à la volonté ; la sagesse se définit par une attitude de quiétisme indifférencié, sans histoire, sans aventure, sans combat singulier : la *suspension du jugement (épochè)*[6] se pratique en bloc, une fois pour toutes et sans faire acception d'objets (« *omnia exaequauerunt* », dit Cicéron)[7] ; l'*apathie*[8] n'est pas, comme dans le stoïcisme, le résultat d'une lutte menée, dans telle « épreuve » précise, contre nos passions ; c'est une « impassibilité » en général, un état permanent et, lui aussi, indifférencié *(ataraxie)*, puisqu'il n'y a aucunes réalités, au dehors, pour mouvoir, éprouver, varier, ce calme absolu et sans ride[9].

1. M.-Aurèle, VI, 51 : Ὁ μὲν φιλόδοξος ἀλλοτρίαν ἐνέργειαν ἴδιον ἀγαθὸν ὑπολαμϐάνει, ὁ δὲ φιλήδονος ἰδίαν πεῖσιν· ὁ δὲ νοῦν ἔχων ἰδίαν πρᾶξιν. Cf. IX, 16 : Οὐκ ἐν πείσει, ἀλλ'ἐνεργείᾳ τὸ τοῦ λογικοῦ <καὶ> πολιτικοῦ ζῴου κακὸν καὶ ἀγαθόν, ὥσπερ οὐδὲ ἡ ἀρετὴ καὶ κακία αὐτοῦ ἐν πείσει, ἀλλ'ἐνεργείᾳ.

2. P. 124.

3. Diog. Laërt., IX, 61 ; cf. *proeom.*, XI, 16.

4. *Id.*, IX, 68.

5. Aulu-Gelle, XI, v, 4.

6. Diog. Laërt., IX, 61.

7. *De fin.*, III, IV, 12.

8. Cic., *Acad. Pr.*, II, XLII, 130.

9. Le principal problème que pose, à notre avis, la philosophie d'Anaxarque, c'est que, d'une part, elle enseigne l'inconsistance des choses (Sext., *math.*, VII, 88 = Diels, *Vors.* 72 (59), A 16) qu'elle semble réduire à des illusions, mais que,

2. Or, pas plus que l'acceptation stoïcienne ne peut se dispenser de l'intelligence et de l'interprétation de ce qu'elle accepte, pas plus la morale active proprement dite ne saurait se ramener à un simple *état* de conformité avec la nature. Il est vrai que les vertus sont des « dispositions » (διαθέσεις)[1] ; il est vrai que dans l'acte moral, c'est la disposition seule qui compte (et non le résultat matériel, la réussite)[2] ; encore faut-il que cette disposition trouve à s'employer[3]. Les occasions de cet emploi, ce sont les événements qui les suscitent ; en ce sens, la vertu se définit par la conformité avec la nature universelle[4] et « avec l'expérience des choses qui arrivent naturellement »[5]. Mais c'est dans le même sens, que la vertu se définit par la conformité avec la nature raisonnable de l'agent[6] ; car la raison, à moins de s'exercer à vide, suppose une « matière »[7], sur laquelle elle puisse, par la connaissance, la délibération, l'action, exercer son *discernement* et, par là, passer à l'acte ; c'est cela, et rien d'autre, que signifie l'exigence du *choix (selectio)*[8]. On peut alors définir « le propre de la vertu » comme « étant de faire un choix parmi les choses qui sont selon la nature »[9]. Or, cela suppose assurément que ces choses sont réelles, réellement diversifiées, que cette diversité s'exprime par une *valeur* (ἀξία)[10] propre à guider notre choix, à les faire adopter à titre de *préférables* (προηγμένα)[11]. S'il n'en était pas ainsi, si, entre les choses, on enlevait toute distinction, on supprimerait, avec toute possi-

d'autre part, elle définit la sagesse : καιροῦ μέτρα εἰδέναι (Clém., *Str.*, I, 36 = B 1) ; or l'idée stoïcienne de l'εὐκαιρία suppose précisément la réalité et la diversité réelle des choses « quorum omne bonum conuenientia atque opportunitate finitur » (*de fin.*, III, XIV, 46).

1. P. ex. Plut., *de uirt. mor.*, 2, 441 a (*S.V.F.*, I, 201).
2. Cic., *Acad. Pr.*, I, X (*S.V.F.*, I, 199), 38 : « Nec uirtutis usum modo..., sed ipsum habitum per se esse praeclarum » ; *parad.*, III, 1, 20 : « Nec enim peccata rerum euentu, sed uitiis hominum metienda sunt. »
3. Cic., *de fin.*, II, XIII, 43 : « (Aristo et Pyrrho) Dum enim in una uirtute sic omnia esse uoluerunt, ut eam rerum selectione exspoliarent nec ei quicquam aut unde oriretur darent, aut ubi niteretur, uirtutem ipsam, quam amplexabantur, sustulerunt. »
4. P. 126, n. 6.
5. P. 78, n. 4.
6. P. 126, n. 6.
7. ὕλη, Plut., *comm. not.*, 26, 1071 b ; Epict., p. ex. *Diss.*, I, XXIX, 2 ; cf. l'index de l'éd. Schenkl.
8. Cic., *de fin.*, III, VI, 20.
9. *Id.*, *ibid.*, III, IV, 12.
10. Voir, sur l'axiologie stoïcienne, la communication d'E. Bréhier, citée p. 70, n. 1.
11. Cic., *loc. cit.*, III, XV, 50 sqq.

bilité de choix, la vertu elle-même[1], et c'est pourquoi l'indifférentisme d'Ariston est assimilé au quiétisme de Pyrrhon[2]. Mais cela ne signifie nullement que ce soit cette « valeur » des objets choisis, qui se transmette au choix même ; autant dire que c'est le sujet proposé par l'examinateur, qui rend bonne l'épreuve du candidat qui le traite[3] ; encore faut-il, pour que les connaissances et la *raison* de l'élève puissent, dans l'*épreuve*, passer à l'acte, que tous les sujets, tous les *thèmes*[4] ne se confondent pas. Il n'y a donc aucune contradiction à qualifier les choses de distinctes, de préférables, d' « ayant une valeur », et à soutenir en même temps qu'elles sont *indifférentes* (ἀδιάφορα)[5] ; car « les matières sont indifférentes, mais l'usage qu'on en fait ne l'est pas »[6] ; encore faut-il que les matières soient différenciées.

67. I. La contradiction où l'on met souvent la doctrine du τέλος avec celle des préférables (et des devoirs particuliers auxquels ceux-ci donnent lieu) s'appuie, d'une part sur la critique des anciens, en particulier de Carnéade, et d'autre part sur la distinction stoïcienne entre la morale parfaite et la morale « moyenne » ; celle-ci où même le non-sage peut réussir, a pour objet les « choses moyennes »[7], parmi lesquelles se placent les *préférables*, qui ne sont ni des biens ni des maux absolus. — On sait que l'élaboration détaillée de cette morale moyenne est due principalement aux préoccupations pédagogiques de l'École ; il faut ajouter que cette morale ne contredit pas la morale parfaite ; simplement, elle n'en garde que le contenu matériel, incapable de saisir l'esprit créateur de tous les contenus. Faute de comprendre

1. *Id.*, *ibid.*, III, IV, 12 ; XV, 50.

2. *Id.*, *ibid.*, II, XIII, 43 ; III, III, 11 sq. ; IV, XVI, 43 ; *Acad. Pr.*, II, XLII, 130. — Pour une défense d'Ariston, voir l'étude détaillée de M. J. Moreau, *Ariston et le Stoïcisme*, in *Rev. des Et. Anc.*, 1948, pp. 27 sqq.

Il est curieux de comparer la thèse d'Ariston (Τόν τε φυσικὸν τόπον καὶ τὸν λογικὸν ἀνῄρει, λέγων, τὸν μὲν εἶναι ὑπὲρ ἡμᾶς, τὸν δ'οὐδὲν πρὸς ἡμᾶς · μόνον δὲ τὸν ἠθικὸν εἶναι πρὸς ἡμᾶς, Diog. Laërt., VII, 160) avec la critique de Pascal : « Descartes inutile et incertain », (*Pensées*, éd. Brunschvicg, §§ 78 et 79).

3. Cf. Epict., *Diss.*, I, VI, 32 sqq.

4. *Id.*, *ibid.*, I, XXIX, 39 (ὑπόθεσις).

5. P. ex. Diog. Laërt., VII, 105.

6. Epict., *Diss.*, II, V, 1 : Αἱ ὗλαι ἀδιάφοροι, ἡ δὲ χρῆσις αὐτῶν οὐκ ἀδιάφορος.

7. Cic., *de fin.*, III, XV, 50 sqq. ; au sein de ces choses moyennes, on répète la tripartition et distingue : les préférables, les choses à éviter (ἀποπροηγμένα) et les *indifférents*, au sens absolu du mot (cf. p. ex. Cic., *Acad. Post.*, I, X, 37).

que la vertu est *disposition*, encore que cette disposition doive se manifester par des actes, le non-sage peut au moins imiter ces actes mêmes, pris en leur « légalité » nue et puisque, pour déterminer le détail de sa conduite, il manque de ce critère universel qu'est la nature raisonnable, il a besoin d'une pluralité de critères singuliers, fournis par les traités de morale appliquée et la casuïstique. Autrement dit, il faut rendre *absolue*, à ses yeux, la valeur des préférables. Or, nous avons vu que, même au niveau de la tendance, la valeur des *aestimabilia* n'est pas absolue et que même les êtres sans raison poursuivent bien moins ces objets pour eux-mêmes, que l'exercice de la tendance qu'ils pratiquent à cette occasion. Bien loin donc que la morale moyenne, définie par la valeur absolue des « choses selon la nature », soit conforme à la vie « naturelle » au niveau de la tendance[1], elle en serait plutôt une dépravation. Seule, la vertu parfaite, « usant des choses comme n'en usant pas »[2], est une transposition exacte de la première vie selon la nature : le sage est aussi pleinement en accord avec la raison, que l'animal avec la tendance. Cet accord se manifeste, en toute circonstance, par la décision et le *choix*.

2. Et cela nous ramène à la polémique de Carnéade. On admet souvent[3] que c'est sous la pression de cette polémique, que l'idée du choix raisonnable a été formulée par les trois successeurs de Chrysippe : Diogène, Archédème et Antipater ; l'accord aurait été ainsi rétabli entre la morale générale et la morale appliquée, entre la doctrine du τέλος (conformité à la nature) et la doctrine des devoirs. Mais cet accord était-il réellement menacé ? L'incohérence que les anciens et, souvent, les modernes reprochent sur ce point au stoïcisme, provient surtout d'une confusion : la théorie des devoirs particuliers obéit à deux intentions toutes différentes. D'une part, elle formule à l'intention du sage, l'impératif même d'une *morale appliquée*, et le précise par

1. Ainsi que le supposait la critique de Cicéron (§ 64).

2. Sén., *ep.*, IX, 14 : « (Chrysippus) ait sapientem nulla re egere, et tamen multis illi rebus opus esse » à comp. avec le fragment cité p. 120, n. 3. — La citation paulinienne (*I Cor.*, VII, 31) est déjà faite par Leibniz dans son analyse d'Epictète (*Textes inédits*, publ. par. G. Grua t. II p. 568 *init.*).

3. En dernier lieu, Pohlenz, *Stoa*, t. I, pp. 186 sqq., qui attribue la formule d'Antipater à « la pression de Carnéade » (t. II, p. 95). — Voir, au contraire, sur l'orthodoxie fondamentale de Diogène, la démonstration (contre la thèse de Schäfer) de M. de Gandillac, in *R.E.L.*, XXVI, 1949, 94-98.

un ensemble de règles qui, bien que valables en général, restent toujours sujettes à révision, parce que le sage possède le critère et la *disposition* permanente de la vertu, lui permettant de résoudre les cas d'espèce[1]. Ce système de règles (§§ 78-81) organise et articule la totalité de la vertu pour lui permettre, dans tel cas donné, de passer à l'application et à l'acte. D'autre part, à l'intention du non-sage, qui manque de ce critère, elle fournit un code rigoureux de *morale moyenne* ; et si ce code présente des lacunes ou pose des problèmes d'interprétation, l'insensé devra recourir à la « direction de conscience », à la *parénétique*. Dans aucun des deux sens, la théorie des devoirs ne contredit la doctrine du τέλος ; dans le premier sens, elle *applique* et *manifeste*[2] la conformité avec la nature ; dans le second, elle n'entraîne pas d'autre opposition que celle qui existe entre le sage et « l'insensé » : la morale moyenne préfigure à l'état d'ébauche *(inchoatum)*[3] la vertu parfaite.

3. Aussi bien a-t-on pu montrer[4] que la formule du choix raisonnable ne doit rien à Carnéade, et qu'elle était déjà préparée par l'enseignement de Chrysippe. Elle s'accorde même avec la définition que Zénon avait donnée des devoirs particuliers : « l'action qui comporte une justification plausible » (εὔλογος ἀπολογισμός)[5], par où il entendait que « la valeur de ces actions, *prises en elles-mêmes*, n'est jamais que probable ou vraisemblable »[6], c'est-à-dire dépendant des circonstances ;

1. P. ex. Cic., *de fin.*, III, XVIII, 60 (sur le suicide).
2. Cf. p. 62, n. 3.
3. *Id.*, *ibid.*, III, XVIII, 59 ; *de off.*, III, III, 13 : « In iis autem, in quibus sapientia perfecta non est, ipsum illud quidem perfectum honestum nullo modo, *similitudines honesti esse possunt.* »
4. W. Wiersma, Τέλος und Καθῆκον in der alten Stoa, in *Mnemosyne*, t. V, 1937, pp. 219-228. — On lira également l'historique de la formule du *Télos* de Zénon à Antipater, que donne M. van Straaten, *Panétius*, Amsterdam, MCMXLVI, pp. 144-153, qui insiste sur l'identité de contenu des différentes formules.
5. P. 125, n. 2 ; cf. Cic., *de fin.*, III, XVII, 58. — Il faut noter que les textes de Stobée et de Diogène Laërce *(loc. cit.)* donnent, à côté de cette formule, celle du ἀκόλουθον qui définit, non pas tel devoir particulier, mais le τέλος de la vertu parfaite. — E. Bevan a fort bien montré comment cette formule de la « justification plausible » a pu être reprise et, pour ainsi dire, valorisée dans une intention polémique, par Arcésilas (*Stoïciens et Sceptiques*, trad. fr., Paris, 1927, p. 143 sq.).
6. E. Bréhier, *Chrysippe*, p. 232 (c'est nous qui soulignons). — Il semble donc que la question de savoir s'il faut traduire εὔλογος par « vraisemblable » ou par « bien fondé » (question qui partage les critiques, voir G. Kilb, *loc. cit.*, pp. 51-54) repose sur une fausse alternative, parce qu'elle méconnaît le *mouvement* de la doctrine (cf. aussi plus loin, § 76 et *ibid.* note finale).

seule, la raison même, qui exerce ce choix, possède, chez le sage, une valeur absolue. Or c'est là le sens de la définition du τέλος que propose Diogène : « Procéder raisonnablement dans le choix des choses conformes à la nature »[1]. Le seul point par où cette définition se distingue de la formule classique (agir conformément à la nature, c'est-à-dire « ne rien faire de ce qu'a coutume d'interdire la loi universelle, laquelle est la raison droite »[2]), c'est qu'elle met l'accent sur l'actualisation, *hic et nunc*, de la raison ; l'activité morale s'exerce nécessairement dans le concret et requiert, avec le discernement, le choix. Et c'est pourquoi la manière dont elle use des objets proposés à son option, est analogue à la méthode d'interprétation mise en œuvre dans ce que nous avons appelé la morale passive. Notons enfin, avant de préciser cette analogie, que la structure même de la morale stoïcienne fait voir comment les choses extérieures, loin d'être prises en considération seulement pour servir d'argument dans la polémique ou pour faire des concessions à la foule des « insensés », entrent dans la genèse même de la morale parfaite[3].

1. Diogène *ap.* Diog. Laërt., VII, 88 : Τὸ εὐλογιστεῖν ἐν τῇ τῶν κατὰ φύσιν ἐκλογῇ.

2. Diog. Laërt., *ibid.* : οὐδὲν ἐνεργοῦντας ὧν ἀπαγορεύειν εἴωθεν ὁ νόμος ὁ κοινός, ὅπερ ἐστὶν ὁ ὀρθὸς λόγος.

3. Dans l'exposé du *De finibus*, III, on part de l'accord avec soi (la *conciliatio* initiale, V, 16) et l'on aboutit à l'accord avec soi (la *conuenientia*, qui, traduit la formule de l' ὁμολογία de Zénon, VI, 21). Entre ces deux niveaux, et où le sujet est « approprié » à lui-même, se situe l'étape intermédiaire, où le sujet est tourné vers les choses extérieures ; son *devoir*, alors, est de *choisir* parmi ces choses celles qui « ont une valeur » ; le but de cette étape est d'éviter d'être aliéné de soi et de comprendre que ces choses, bien que précieuses, ont beaucoup moins de prix que l'activité même du choix, c'est-à-dire cette harmonie résultant de l'activité constante de sa nature raisonnable effectuant ce choix (VI, 20-21). Ainsi le sujet traverse les choses et revient à lui-même. Cette étape intermédiaire devra donc être dépassée ; mais c'est cependant une étape nécessaire et il faut même dire que, loin d'avoir un caractère simplement épisodique, elle est préparée au niveau initial et, en un sens, « conservée » au niveau de la sagesse parfaite. Dans la *conciliatio* initiale, en effet, est contenue (bien qu'encore à l'état indistinct), non seulement l'appropriation à soi, mais aussi aux choses qui conservent la constitution de l'individu (V, 16 ; cf. VI, 20) et, d'autre part, la sagesse parfaite n'est pas intériorité pure et simple : elle continue à user des choses extérieures et à choisir celles qui sont « précieuses » ; seulement elle comprend que ces biens, s'ils continuent à mériter d'être choisis *(seligere)* ne valent pas qu'on les recherche *(expetere)* comme des fins dernières. La continuité entre ces trois niveaux est indiquée à plusieurs reprises, en particulier en VII, 23 : « Cum autem omnia officia a principiis proficiscantur, ab isdem necesse est proficisci ipsam sapientiam. »

Dans la seconde partie de l'exposé d'ensemble, celle qui concerne la morale appliquée (XV, 50), on redescend au deuxième des trois niveaux précédents, démarche qui ne fait qu'expliciter la brève indication donnée au sujet de la

68. Pour « vouloir les événements comme ils se produisent », il fallait les comprendre et les interpréter. La première méthode d'exégèse cherchait à saisir l'événement dans sa signification cosmique ; par là même, l'événement était investi d'une signification humaine : le providentialisme finaliste faisait coïncider ce qui est bon pour l'Univers avec ce qui est bon pour nous. — Parallèlement, dans la morale active, la théorie des devoirs développe des normes universellement, généralement valables. Ces normes nous adviennent de l'extérieur ; on verra même plus loin qu'elles nous sont apportées par les événements ; en tout cas, elles sont déterminées par les *choses*[1] et elles sont « conformes à la nature » des choses. Mais par là même, elles sont conformes également à notre propre nature : devoirs s'imposant à nous comme des lois, ces normes ne nous prescrivent rien d'autre que d'opter pour des « préférables » ; par l'idée de « valeur », norme et inclination sont amenées à coïncider. Comme la méthode d'exégèse[2], la théorie des devoirs tend à être une science du particulier ; de même que l'interprétation finaliste s'efforce d'éclairer le moindre détail des événements, la casuistique et la direction de conscience visent à adapter les normes aux situations concrètes.

Cette première méthode d'interprétation se transforme et s'intériorise ; elle devient usage des représentations. A la représentation compréhensive, se substitue l'usage et la critique et, bientôt, le combat contre les représentations ; les événements voulus par la Providence, sont compris comme étant des οὐκ ἐφ' ἡμῖν. — De même, allant de la « valeur » des préférables à cet absolu qu'est le choix même, le sage comprend que les choses de prix ne sont au juste que des

vertu parfaite (VI, 22 : distinction entre *seligere* et *expetere*). Aussi reprend-on l'idée centrale de cette deuxième étape, celle des *aestimabilia* (XV, 50 ; cf. VI, 20), précisée maintenant comme « préférables ». La seule différence, en vérité capitale, c'est qu'au deuxième niveau de la démarche ascendante, les *aestimabilia* risquaient de nous apparaître comme réellement « précieux », alors qu'à présent, dans la démarche descendante, ils ne sauraient plus s'en faire accroire puisque, entre temps, la sagesse nous les a fait comprendre comme des ἀδιάφορα (XVI, 53).

1. Cic., *de fin.*, III, XVI, 53 : « Neque enim illud fieri poterat ullo modo, ut nihil relinqueretur in mediis, quod aut secundum naturam esset aut contra, nec, cum id relinqueretur, nihil in his poni, quod satis aestimabile esset, nec hoc posito non aliqua esse praeposita. » — Cf. *De off.*, I, II, 6 : « (Aristo, Pyrrho, Erillus)... qui tamen haberent ius suum disputandi de officio, si rerum aliquem dilectum reliquissent, ut ad officii inuentionem aditus esset. »

2. P. 85.

ἀδιάφοραι[1]. Par voie de conséquence, les normes fondées sur la nature de ces choses sont destituées de leur contrainte inconditionnée. Le choix raisonnable l'emporte sur la valeur des choses choisies ; ainsi le droit usage des représentations l'emportait sur la matérialité du représenté. Le « devoir parfait », le κατόρθωμα, prévaut contre la multiplicité des devoirs pris en leur contenu matériel. L'action droite ne saurait sans doute s'accomplir sans une matière[2] ; mais elle n'est pas, comme les devoirs incomplets *(inchoatum officium)*[3], définie par cette matière même. La « moralité » prend ainsi la place et la fonction de la « légalité » ; et l'emploi, ici, du vocabulaire kantien reçoit sa pleine justification autant de la théorie des devoirs[4] que du parallélisme entre la morale et la théorie de la connaissance : là aussi le réalisme primitif tendait vers un idéalisme critique ; de la réalité du représenté, on passait à l'autonomie du sage interprétant et critiquant la représentation[5]. — De plus, l'usage des représentations était requis par l'échec où avait conduit l'interprétation des événements envisagés à l'échelle cosmique ; la principale cause de cet échec était la difficulté de sortir du présent limité. De même, il se trouve que les normes des devoirs sont mises en échec, et cela, précisément, par suite des circonstances : *Sed incidunt saepe tempora, cum ea, quae maxime uidentur digna esse iusto homine, eoque, quem uirum bonum dicimus, commutantur, fiuntque contraria*[6]. L'autonomie du sage, de même qu'elle s'était prononcée sur la réalité de l'objet, connaît, à présent, de la

1. *De fin.*, III, VI, 21 ; XVI, 53.
2. *Ibid.*, III, XVIII, 61 : « Prima autem illa naturae, siue secunda siue contraria, sub iudicium sapientis et dilectum cadunt, estque illa subiecta quasi materia sapientia » ; cf. p. 137, n. 6.
3. *De fin.*, III, XVIII, 59.
4. Il y a dans la morale kantienne un rapport, tout à fait analogue, entre l'universalité de la maxime morale, purement formelle, et les devoirs particuliers dont la matière est fournie par les inclinations et les tendances. Pour une interprétation compréhensive de ce rapport (qui n'implique aucune contradiction), voir M.-A. Bloch, *Les tendances et la vie morale*, Paris, 1948, en part. pp. 47-64.
5. § 58.
6. « Souvent, cependant, se produisent des circonstances, où les devoirs les plus dignes d'un homme juste, de celui que nous appelons homme de bien, se transforment entièrement et prennent un caractère opposé, par exemple la remise d'un dépôt, ou l'exécution d'une promesse » ; Cic., *de off.*, I, X, 31, et *ibid.* : « Ea cum tempore commutantur, commutatur officium et non semper est idem. »

validité des devoirs ; ici comme là, *numquam fallitur in iudicando*[1].

69. Enfin, l'interprétation avait fini par rapporter l'événement présent, non plus à tel autre événement, passé ou à venir, mais à la nature même de l'interprète. Comprendre la représentation se résumait alors à savoir « de quelle vertu il faut user par rapport à l'objet qui l'a produite »[2]. L'interprétation tendait à l'action et l'action était conçue comme *épreuve.* Par là était consommé le mouvement vers l'intériorité et vers l'autonomie. Accepter les choses et s'y soumettre, ce n'est plus répondre, par une attitude subséquente, à un événement imprévu dont l'initiative n'appartient qu'au Destin ; c'est avoir parachevé son « équipement »[3] et tenir prête, par anticipation, la réponse à toutes les questions possibles ; l'événement ne sera plus le problème dont il faudrait chercher la solution, mais une simple «occasion pour montrer que nous avons reçu l'éducation philosophique »[4], une *facultas exhibendae uirtutis*[5]. Le parallélisme que nous avons esquissé entre la connaissance (en vue de l'acceptation et de la coopération) et l'action s'achève en participation. Et c'est dans cette même idée d'épreuve, qu'est dépassé le légalisme des καθήκοντα. Il ne s'agit plus d'accepter, des événements extérieurs, les devoirs particuliers qu'ils nous apportent, puis de se demander comment agir en conséquence ; il faut tenir d'emblée la plénitude de la vertu, « disposition permanente de l'âme, qui, seule, a du prix (*ipsum habitum per se esse praeclarum*) et qui se manifeste à l'occasion de ces événements et de leurs impératifs qu'elle informe comme une *matière (nec tamen uirtutem cuiquam adesse, quin ea semper uteretur)*[6].

L'interprétation avait essayé en vain de rattacher l'événement présent à l'enchaînement universel des causes ; c'est en acceptant le présent mutilé et en le délimitant elle-même, qu'elle avait retrouvé la totalité du réel[7]. De même, la con-

1. *De fin.*, III, XVIII, 59. — Cf. *Pro Murena,* 61 : « Sapientem nullius rei paenitere, nulla in re falli, mutare numquam. »
2. P. 123.
3. P. 124, n. 1.
4. Epict., *Diss.*, I, XXIX, 33.
5. P. 124, n. 3.
6. Zénon, *ap.* Cic., *Acad. Post.*, I, X, 38.
7. Cf. p. 122.

duite morale renonce à se conformer, en toute occasion, aux articles du code des devoirs, « menue monnaie de la sagesse »[1] ; dans la vertu, parfaite et, surtout, totale[2], on tient la *pièce d'or*[3], qui en est « le principe commun et comme la somme de toutes ces maximes »[4]. Or, pas plus que dans la connaissance l'autonomie du sage ne pouvait se passer d'un objet, et d'un objet donné dans le présent[5], la vertu plénière ne saurait manquer de matière, d'une matière apportée par telle « occasion » singulière et présente, mais où, cependant, la vertu s'exprime et se manifeste dans sa totalité[6].

Ainsi, de même que la logique et la physique, la morale stoïcienne nous ramène au problème du temps et de la réalité du présent. Dans la genèse idéale de la vertu, on a vu que, de la tendance à la sagesse, le passage s'effectuait entre deux totalités achevées, afin de recouvrer ce qui était donné. Tout le problème de la vertu active, de la vertu en acte, consiste, on vient de le voir, à faire passer le *tota simul* dans l'étroitesse de l'*occasio* présente. *Virtus stabilitatem, firmitatem, constantiam totius uitae complect(i)tur* ; c'est cette phrase, qui fait la transition vers l'exposé de la morale appliquée[7].

Il nous reste à voir de plus près comment la pratique morale est dominée par l'idée de présent, par celle-là même qu'avait élaborée la théorie physique.

1. E. Bréhier, *Chrysippe*, p. 231 : « Les maximes d'action de l'homme moyen sont une sorte de menue monnaie de la sagesse ; le principe commun et comme la somme de toutes ces maximes se trouvent dans la volonté du sage, et ils sont identiques à la sagesse elle-même ; l'homme moyen ne les connaît qu'une à une, et elles sont pour lui non des résultats naturels de son vouloir, mais des lois imposées à son action. »

2. Cic., *de off.*, III, III, 14 : « Illud autem officium, quod rectum idem appellant, perfectum atque absolutum est (cf. *de fin.*, III, XVIII, 59) et, ut idem dicunt, omnes numeros habet » (= πάντας ἐπέχον τοὺς ἀριθμούς, cf. *S.V.F.*, III II).

3. Cf. p. 48, n. 4 (l'allusion du texte de Bréhier à la métaphore bergsonienne est évidente).

4. Cf. n. 1.

5. Cf. § 59.

6. Cf. p. 49.

7. *De fin.*, III, XV, 50.

CHAPITRE VI : LA MORALE EN ACTE

I. LES DEVOIRS

70. Dans l'action, nous ne pouvons nous satisfaire du présent instantané. L'action implique projet et réalisation, donc, schématiquement, deux termes au moins, qui sont séparés, ici comme lors de l'interprétation[1], dans le temps. Pour pouvoir agir, il faudrait disposer de l'avenir, de cet avenir dont, seul, dispose le Destin. En ce sens, le Destin seul peut agir[2], et il ne resterait plus à l'homme qu'à assister passivement au déroulement de cette action dont les phases successives ne lui sont saisissables que sous forme d'éléments disjoints, survenant, les uns après les autres, dans une fuite d'instants discontinus. Mais les Stoïciens ont rejeté cet « argument paresseux »[3]. L'homme doit coopérer avec l'univers et, puisque la Providence n'est pas livrée à sa prescience, il doit essayer, à partir du présent, de la prévoir et de la deviner. C'est ici que, entre autres, les pratiques mantiques ont leur place[4].

Les projets de l'action morale ainsi formés sont valables sous condition[5], sous la condition que le Destin les ratifie et nous permette de les réaliser. Mais puisque notre prévision n'est jamais parfaite, le Destin peut contrecarrer nos projets, et nous connaîtrons alors que nous avons fait fausse route.

1. Cf. §§ 33, 62 ; pour être exact, il faudrait préciser que le minimum de termes requis est au nombre de trois, sans quoi il n'y aurait ni « choix », ni liberté.
2. Cf. p. 77, n. 3.
3. Cic., *de fato*, XII, 28.
4. Cf. pp. 80 ; 85-86 ; 89-90.
5. Cf. le texte de Chrysippe, cité p. 87, n. 3. — Voir aussi plus loin, § 76

Non pas par notre attitude morale même qui nous a fait agir, mais par le but précis que nous nous étions fixé. C'est là le sens de la distinction, capitale, entre le *but* d'une action (σκόπος) et sa *fin* (τέλος)[1]. Nous pouvons nous tromper sur le but ; car en ceci seul qu'il nous est refusé de l'atteindre, le Destin nous signifie que lui-même ne le voulait pas et que nous, par conséquent, ne devions pas le vouloir. Mais aussi bien ne le voulons-nous jamais que « sous réserve »[2] et la seule chose que le sage veut réellement, la *fin*, il a toujours raison de la vouloir et il l'obtient toujours ; car cette fin n'est autre que l'attitude morale. Chez Platon et chez Aristote, le sage et le législateur sont comparés à l'archer qui vise et atteint son but[3]. Chez les Stoïciens, cette image se transforme entièrement. Si, pour eux aussi, le sage ressemble à l'archer, c'est seulement en ceci qu'il vise avec un art consommé un but ; mais ce but, il peut l'atteindre ou le manquer, cela ne dépend pas de lui, mais du Destin. La fin de sa visée, fin toujours atteinte, n'est que dans cette visée même[4].*

71. Il faut essayer d'indiquer brièvement le sens de cette transformation. — Chez Platon, « le bien était conçu, tantôt comme la Fin où convergent toutes les voies de l'effort humain (le *telos* ou *teleuté*), tantôt comme le But *(skopos)* sur lequel le tireur dirigeait sa flèche et qu'il pouvait atteindre ou manquer »[5]. Cette fin est la cause finale[6], identique au but vers lequel on « porte ses regards »[7], c'est-à-dire la Forme-Modèle[8], laquelle prescrit à celui qui voudra l'imiter, un « choix judicieux » (ἐκλέγεσθαι)[9]. La conduite humaine, productive ou

1. D'accord, par exemple, avec L. Robin (*La Morale antique*, Paris, 1938, p. 133), nous estimons qu'il convient de faire une place centrale à cette distinction, encore que, avec ce sens précis, l'emploi des deux termes ne soit pas attesté dans les fragments de Chrysippe qui nous sont parvenus et ne semble remonter qu'à Antipater (cf. Pohlenz, *Stoa*, t. II, pp. 64, 96).
2. Μεθ' ὑπεξαιρέσεως (M.-Aur., IV. 1, 2 ; VI, 50, 2).
3. P. ex. *Lois*, III, 693 c ; XI, 934 b ; XII, 962 d ; *Eth. Nic.*, I, 1, 1094 a 24 ; II, 9, 1109 a 22-31 ; VIII, 11, 1160 a 14.
4. Cic., *de fin.*, III, VI, 22 et, dans un autre contexte, Sénèque, *Ep.*, 89, 8 : « Nec uirtus autem esse sine studio sui potest nec uirtutis studium sine ipsa. Non enim quemadmodum in iis, qui aliquid ex distanti loco ferire conantur, alibi est qui petit, alibi quod petitur. »
5. W. Jaeger, *Paideia*, t. II, Oxford, 1947, p. 69.
6. *Gorgias*, 499 e.
7. *Gorg.*, 507 d (βλέπειν πρός, métaphore constante dans les *Dialogues*).
8. *Gorg.*, 503 de (cf. *Cratyle*, 389.
9. *Ibid.* — Cette idée de choix procède du concept pythagoricien d'analogie

active, tend à reproduire ce Paradigme, étant entendu que la réussite n'en est jamais parfaite : la copie n'égale pas le modèle[1]. Dans une telle conception, la primauté de l'être est affirmée sur l'action. Toute la perfection est d'ores et déjà donnée dans la réalité stable des Formes ; l'action imitatrice ne prend qu'une valeur d'emprunt ; elle ne vaut jamais intrinsèquement par son effort même, mais uniquement par l'éclat de la Forme qu'elle s'épuise à recueillir et à reproduire dans une matière obscure. La métaphore adéquate de toute action est alors fournie par l'artisan, le démiurge, lequel doit toute sa valeur à la bonté du modèle, et non pas du tout à son activité même[2].

Cependant, appliquée à l'action morale, cette métaphore ne serait pas exacte tout à fait. La servilité des arts et techniques se marque, pour Aristote, dans le fait que leur œuvre (ἔργον) est extérieure à leur activité ; celle-ci est mouvement, imparfait en soi (κίνησις), mais non pas acte qui a sa perfection en lui-même (ἐνέργεια)[3]. Platon exprime cette même idée, disant que les arts et techniques savent acquérir ou produire, mais ne possèdent pas, à l'égard de leurs œuvres, la science d'usage[4]. Aussi bien, l'image du démiurge, appliquée à la morale du sage, devra-t-elle être précisée sur deux points. Les matériaux qu'informe la démiurgie morale ne sont pas extérieurs à cette activité : ils sont constitués par notre âme même[5] ; en ce sens, la conduite morale est

et exprime une activité d'adaptation, fondée elle-même sur la structure des choses ; dans le même sens, Platon emploie des termes tels que προσφέρειν ou ἁρμόττειν ; cf. *Le Paradigme dans la dialectique platonicienne*, *Paris*, 1947 ; *Le paradigme dans la théorie platonicienne de l'action*, *Rev. des Etudes Grecques*, t. LVIII, 1945, pp. 118-145 ; *Théologia*, *ibid.*, t. LXIII, 1950, p. 36, n. 8. — L'ἐκλογή stoïcienne suppose également, on l'a vu, une réalité réellement différenciée et une structure discernable dans les « thèmes-matières ». Mais elle vaut par l'activité rationnelle même, présidant à ce choix, bien plus que par sa convenance réelle avec les choses ; le résultat de ce choix est exposé à l'échec et, de toutes manières, n'est que « plausible » ; l'activité même qui effectue ce choix est toujours, chez le sage, parfaite et certaine : « Numquam fallitur in iudicando » (p. 143, n. 1).

1. *Cratyle*, 432 bc.

2. Ceci (qui n'est pas contredit par *Tim.*, 29 e 1) est fort bien mis en lumière, à un tout autre point de vue, par M. J.-P. Vernant, *Prométhée et la fonction technique*, in *Journal de Psychologie*, oct.-déc. 1952, pp. 426-429.

3. Eth. Nic., X, 3-4.

4. Cf. *La religion de Platon*, pp. 6-15.

5. *Le parad. dans la théorie plat. de l'action*, § 9 ; *Eth. Nic.*, II, 2, 1104 b 8-29 (avec citation de *Lois*, II, 653 a-654 a). Voir le commentaire de H.-H. Joachim : « In every action, whether good or bad, the agent may be regarded as informing a certain material. There are called up in him, on every occasion on which he has to act, certain feelings and emotions, and certain ten-

une activité conforme à notre nature (οἰκειοπραγία)[1]. D'autre part, une telle activité semble bien avoir sa fin en elle-même ; elle ne tend à rien d'autre qu'à s'exercer en conformité avec la nature de l'agent.

Néanmoins, l'agir reste subordonné à l'être. Il semble même que la nature humaine n'ait pour ainsi dire pas de détermination propre : elle ne fait que la recevoir des Formes auxquelles elle est « apparentée »[2]. Aussi sa plus grande perfection possible ne consiste-t-elle pas dans l'effort autonome pour imprimer le Modèle en elle-même grâce à des actes qui, par définition, ne parviendront jamais à une imitation parfaite, « conforme » en tous points. Elle consiste à abolir cet écart, en sortant de l'action, pour coïncider, dans la connaissance contemplative, avec le Réel. Cette contemplation, en cela même qu'elle délaisse l'action, est vertu suprême. Elle s'effectue, d'après Aristote, dans la jouissance de la vérité acquise, non par la recherche active de la vérité[3] ; pour lui comme pour Platon, la contemplation emprunte sa valeur et son contenu uniquement à l'objet ; aussi importe-t-il de souligner, avec Sir David Ross[4], qu'Aristote exclut de la vie contemplative l'expérience esthétique et les études physiques, dans la mesure où ces dernières s'attacheraient aux éléments contingents de la nature ; dans les deux cas, l'indignité de l'objet ne permettrait pas l'exercice d'une contemplation parfaite.

Pour reprendre l'image de l'archer : il est bien vrai que la Réalité suprême nous est proposée comme un but *final* ; mais c'est un pis-aller et une conséquence seulement de notre condition humaine ; car ainsi nous sont imposés, avec l'éloignement, les préparatifs du tir, la visée et l'envol parcourant la distance. Mais de fait, le but ne sera jamais mieux atteint que par une flèche qui n'en eût jamais été séparée ou qui, ayant rejoint la *fin*, s'y repose et ne garde plus trace

dencies to respond or to react to those feelings. His decision is expressed as the adjustment of his response to the feelings, and his action is the embodiment of his decision. He uses up in his action, or employs in it (so to say), this material of feeling and impulsive response to feeling » (Aristotle, *The Nicomachean Ethics*, Oxford, 1951, p. 85).

1. *Rép.*, IV, 434 c, 443 de.
2. *Phéd.*, 79 d ; cf. *Timée*, 44 d.
3. *Eth. Nic.*, X, 7, 1177 a 27 : εὔλογον δὲ τοῖς εἰδόσι τῶν ζητούντων ἡδίω τὴν διαγωγὴν εἶναι.
4. W.-D. Ross, *Aristote*, éd. fr., Paris, 1930, p. 325.

ni souvenir de son origine et de l'arc. Car alors seulement sera abolie la distance entre la fin en soi (τὸ οὗ) et ce qui vise cette fin (τὸ ᾧ)[1] ; l'imperfection de l'action se résorbera dans l'*autarcie*[2] stable de l'être ; c'est là, comme dit Aristote, une condition divine[3].

72. La fin à distance se ramène, chez Platon et chez Aristote, au présent éternel de la Forme. Les Stoïciens, ici comme ailleurs[4], suppriment également la distance, mais c'est en faveur, non de l'être, mais de l'être agissant, non de la Forme, mais de la seule cause réelle, la cause motrice[5]. Que cette cause, comme nous l'avons dit[6], ne soit pas irrationnelle pour autant, l'idée même de « choix raisonnable » et de but (σκόπος) judicieusement visé, l'atteste assez. Mais c'est de son activité même, qu'elle tient toute sa valeur ; la cause formelle et finale est déchue au rang de σκόπος, c'est-à-dire de simple cause « occasionnelle » et même « matérielle »[7]. C'est l'activité raisonnable s'exerçant sur cette matière, qui sera la fin suprême (τέλος), mais c'est une fin constamment et pleinement immanente, conformément à la conception physique du mouvement, qui est parfait à chaque instant[8]. La conduite du sage ne cesse d'exprimer sa propre perfection, au lieu de prendre modèle sur quelque fin transcendante. Pour poursuivre le σκόπος, il est certes toujours besoin du temps ; mais, pour atteindre la seule *fin* véritable, seul est requis le *présent* et c'est là, non plus du tout un présent d'éternité, mais un présent temporel.

La métaphore platonicienne de la démiurgie devient alors décidément inexacte : « Comparer la fin de la médecine et de l'art de naviguer avec la fin de la sagesse, c'est ne rien entendre

* 1. *Métaph.*, Λ, 7, 1072 b 1-3 ; *de anima*, II, 4, 415 b 2, 20 ; *Phys.*, II, 2, 194 a 35. — Pour cette distinction, le texte de la *Physique* renvoie à un des premiers dialogues d'Aristote (le Περὶ φιλοσοφίας) ; l'expression : ἡ διαίρεσις δηλοῖ du passage de la *Métaphysique* ne renvoie, selon le commentaire de Sir David Ross, à aucun ouvrage précis, mais « signifie sans doute simplement : 'La distinction bien connue' » (*Aristotle's Metaphysics*, t. II, Oxford, 1948, p. 377). De fait, la distinction semble remonter à Platon (*Lachès*, 185 d, 189 e sq. ; cf. *Philèbe*, 54 a-c).

2. *Philèbe*, 20 d ; *Eth. Nic.*, IX, 9, 1169 b 5 ; I, 5, 1097 b 8.

3. *Eth. Nic.*, X, 7.

4. P. 93.

5. § 40.

6. *Ibid.*

7. Cf. § 60, *i.f.* ; § 66, *i.f.*

8. P. 63, n. 2 ; p. 96, n. 1.

aux choses »[1]. Car la fin, dans ces techniques, est extérieure aux techniques mêmes et suppose, pour pouvoir être réalisée, la durée. La métaphore de l'archer n'est utilisable qu'à la condition d'être détournée entièrement de son sens platonicien et obvie. Mais il y a cependant des techniques plus convenables à figurer la sagesse ; celle-ci, peut-on dire, ressemble « au jeu de l'acteur... et à la danse, en ce sens que c'est en elle-même que réside sa fin et qu'elle ne la cherche pas en dehors <d'elle-même>, cette fin étant la réalisation de l'art. Et pourtant, il y a aussi quelque différence entre ces deux arts et la sagesse, par la raison que chez eux les actes correctement accomplis ne contiennent pas, si corrects qu'ils soient, toutes les parties dont ils se composent, au lieu que, <dans la sagesse>, ce que nous pourrions appeler... les « actions droites » ou les « actes correctement faits », que les Grecs appellent κατορθώματα, contiennent tout ce dont l'harmonie constitue la vertu »[2].

L'action et la danse sont choisies à cause de leur « finalité interne », c'est-à-dire qu'elles témoignent, opposées à la médecine ou à l'art de gouverner, de la profonde méfiance du Portique à l'égard de tout finalisme[3], s'il est vrai que « la finalité est externe ou elle n'est rien du tout »[4]. De plus, ces deux arts peuvent suggérer la plénitude (« *omnes numeros continent* »)[5] de la vertu, qui se manifeste entièrement et totalement à chaque instant de l'activité vertueuse ; autrement dit, cette activité fait passer dans l'instant une totalité que les autres techniques construisent péniblement et précairement dans le temps étendu ; l'analyse bergsonienne des sentiments esthétiques s'accorde tout à fait avec cette idée[6].

1. *De fin.*, III, VII, 25.
2. « Non enim gubernationi aut medicinae similem sapientiam esse arbitramur, sed actioni illi potius quam modo dixi et saltationi, ut in ipsa insit, non foris petatur extremum, id est artis effectio. Et tamen est etiam aliqua cum his ipsis artibus sapientiae dissimilitudo, propterea quod, in illis quae recte facta sunt, non continent tamen omnes partes e quibus constant ; quae autem nos aut recta aut recte facta dicamus, si placet, illi autem appellant κατορθώματα, omnes numeros uirtutis continent (cf. p. 144, n. 2) » (*de fin.*, III, VII, 24.)
3. Voir § 40 sqq.
4. *L'Evolution créatrice*, Paris, 1913, p. 44.
5. N. 2 fin. Cf. *de nat. deor.*, II, XIII, 36, *i.f.*
6. Les « attitudes présentes où sont indiquées et comme préformées les attitudes à venir... La perception d'une facilité à se mouvoir vient donc se fondre ici dans le plaisir d'arrêter en quelque sorte la marche du temps, et de tenir l'avenir dans le présent » (*Essai*[14], Paris, 1914, p. 9).

Enfin, c'est précisément parce que, en fin de compte, l'action et la danse échouent dans leur effort pour réaliser, à chaque instant, le *tota simul,* qu'elles aussi sont rejetées comme des figurations approximatives et insuffisantes de la vertu. Ce refus se précise chez Marc-Aurèle à l'aide d'une comparaison tirée de la biologie, c'est-à-dire de la science qui illustre le mieux la nécessité d' « attendre que le sucre fonde » : « Le fruit que produit l'âme raisonnable, elle-même le récolte, alors que les fruits des plantes et ce qui y correspond chez les animaux, d'autres les récoltent. Elle atteint sa fin propre, que tôt ou tard survienne le terme de la vie (τοῦ ἰδίου τέλους τυγχάνει, ὅπου ἂν τὸ τοῦ βίου πέρας ἐπιστῇ). Il n'en va pas de même de la danse, du jeu des acteurs et des autres choses semblables, où toute l'action reste inachevée (ἀτελὴς γίνεται ἡ ὅλη πρᾶξις), si quelque détail vient à manquer »[1].

73. Le refus du temps-attente et créateur, la dégradation de la cause finale au niveau de l'occasion et de la matière, du « thème »[2] seulement de l'action, l'indifférence à l'égard de la réussite et de l'ἔργον achevé[3], constituent une profonde transformation et de grande portée. En élevant l'activité, tout ensemble, au-dessus du projet-modèle et de l'œuvre-copie, les Stoïciens signifient que le producteur vaut mieux que ses produits et ses projets, alors que chez Platon et Aristote, il n'était, entre ces deux termes, qu'une sorte d'agent de transmission[4]. Mais cependant, il faut produire ; le sage stoïcien ne restera pas inactif.

Placer la vertu uniquement dans « ce qui dépend de nous » (or, ni la réussite de nos projets, ni ces *buts* mêmes, imposés par les circonstances, n'en dépendent), mais affirmer cependant que la vertu est activité, et activité pratique, — c'est, semble-t-il, se contredire. Ici encore[5], c'est Plotin qui se charge de souligner la contradiction apparente : « Je demande (encore) comment l'acte courageux dépend de nous, parce que, s'il n'y avait la guerre, nous n'aurions pas à l'accomplir. Il en est de même de toutes les actions vertueuses ; la vertu

1. M.-Aurèle, XI, 1, 1-2. Voir aussi, d'un autre point de vue, VII, 61.
2. P. 137, n. 4.
3. *Charmide,* 165 c sqq. ; *Rép.*, I, 352 d sqq. ; *Eth. Nic.*, II, 5, 1106 a 13, sqq.
4. Cf. §§ 40-41.
5. P. 122, n. 1 (cf. p. 116, n. 2).

est toujours forcée d'attendre des circonstances accidentelles pour agir selon l'occurrence. Si on donnait le choix à la vertu, en lui demandant si elle préfère qu'il y ait des guerres, afin de s'exercer, et des injustices pour définir et organiser les droits, ou si elle aime mieux rester tranquille parce que tout est dans l'ordre, elle préférera l'inaction à l'action, et elle aimera mieux que personne n'ait besoin de ses soins »[1]. — A cette hypothèse optimiste, proposée au « choix » de la vertu, Epictète avait répondu par avance, répliquant à cette question d'un élève : « Héraclès, devait-il donc se préparer ces occasions et chercher le moyen d'introduire dans son pays un lion, un sanglier et une hydre ? », — « Sottise que cela et folie ! Mais puisqu'ils existaient et qu'ils étaient tout trouvés, ils étaient d'utiles instruments pour révéler et exercer Héraclès »[2].

Autrement dit, l'hypothèse est purement académique ; en maintenant l'exigence de l'action, les Stoïciens se conforment à l'ordre des choses, telles qu'elles sont, et telles qu'elles sont *actuellement*. Sur ce point, ils s'apparentent décidément à Socrate et s'opposent au platonisme. Socrate avait cru devoir remplir sa mission « politique » dans l'Athènes de son temps, au lieu de déplorer les circonstances défavorables par où la démocratie existante interdisait toute tentative de réforme, et au lieu d'attendre d'un avenir béni et imprévisible les conditions enfin propices à la construction d'une Cité idéale[3]. En quoi il acceptait, comme les Stoïciens, le réel en même temps que le présent, ce même réel et ce même présent dont s'évade la vertu (néo-)platonicienne vers l'éternité des Idées.

74. Cependant, s'il reçoit des circonstances extérieures son thème d'action, le sage n'en dépend nullement ; il n'en est pas, comme le dira Plotin, « envoûté »[4]. Le τέλος est

1. Plotin, VI, VIII, 5. — Tout ce passage vise de fait et, croyons-nous, d'intention, la thèse stoïcienne, bien plus que celle d'Aristote (dans le texte allégué en note par E. Bréhier, *Eth. Nic.*, X, VIII, Aristote ne conteste pas, mais au contraire affirme, comme Plotin lui-même, la supériorité de la vie théorétique sur les vertus pratiques, lesquelles, tout comme chez Plotin, sont critiquées pour leur dépendance à l'égard des choses extérieures).

2. Epictète, *Diss.*, I, VI, 35-36.

3. Cf. M.-Aur., IX, 29, 5 : Μὴ τὴν Πλάτωνος πολιτείαν ἔλπιζε.

4. Plotin, IV, IV, 44 (le texte suppose que les impératifs de la vie active soient reçus dans l'intériorité même de l'âme dont la partie irrationnelle conspirerait avec les plaisirs que ces devoirs lui promettent : « c'est la passion qui donne les prémisses » (l. 6). — Voir plus loin p. 184, n. 2.

atteint à chaque instant, à l'occasion de tout σκόπος qui pourra se présenter ; ce « thème », le sage ne l'attend pas et n'en dépend pas, mais il sait qu'en toutes circonstances, il pourra traiter le thème donné ; la fin, le τέλος, il l'atteint par là même ; or la fin, qui n'a aucun contenu, le rend capable de déterminer, à l'occasion, tous les contenus possibles. Ce qui revient à dire, et qui s'oppose directement à la doctrine aristotélicienne, que la puissance est au-dessus de l'acte, parce qu'elle est puissance infinie de toutes les actes possibles.

C'est ainsi que la sagesse est, à chaque instant, capable de remplir tout devoir, sans s'épuiser dans aucun. C'est ainsi encore que le sage est revêtu de toutes les qualités dont, *en fait*, il est dépourvu : seul, il est riche, beau, libre, roi, maître du peuple[1] ; toutes qualités que, selon l'expression d'É. Bréhier, « le sage peut être dit posséder éminemment[2] », lui « qui seul sait faire usage de tout » (« *qui scit uti solus omnibus* »)[3].

Cette conception de la puissance, supérieure à tout ce qu'elle *peut* faire passer à l'acte, par cela même qu'elle en est privée et n'en a pas besoin, serait fort mal expliquée par son conditionnement social et ses origines cyniques[4]. Elle s'accorde profondément avec l'antifinalisme du système et avec la doctrine du temps. La cause motrice n'est plus engagée au service de telle Fin, ni justifiée par la réussite de telle œuvre particulières ; la vertu totale, capable de tous les devoirs, peut passer intégralement dans le présent, limité dans le temps et déterminé dans son contenu. L'acte singulier révèle totalement une puissance qui le dépasse infiniment[5].

1. P. ex. Cic., *Acad. Pr.*, II, XLIV, 136 ; Diog. Laërt., VII, 121 sqq.
2. E. Bréhier, *Chrysippe*, p. 217.
3. Cic., *de fin.*, III, XXII, 75.
4. Voir les indications et les correctifs requis dans É. Bréhier, *ibid.*, pp. 216 sqq.
5. En ce sens, il est exact de dire, avec Hegel, que la pensée stoïcienne « n'a pas de contenu en elle-même » et encore d'ajouter : « mais <seulement> un <contenu> donné <de l'extérieur> », et c'est précisément ce qui la distingue de la pensée sceptique (§ 66, 1) où Hegel verra « la réalisation de ce dont le stoïcisme est seulement le concept ». Mais on ne conviendra pas que cette pensée « n'est ici encore que la forme pure qui ne détermine rien », s'il est vrai que cette pensée (ou « puissance ») pure, loin de laisser subsister la « détermination » reçue comme quelque chose d' « étranger », pour « se retirer, loin de l'indépendance des choses », parvient au contraire à l'accueillir dans l'intériorité de sa volonté (§ 45, 2, § 50) ; *Phénoménologie*[2], éd. G. Lasson, 1929, B, IV, B, p. 154, 153. — « Ce qui s'oppose et alimente ici toute l'argumentation scep-

Au delà de toutes les déterminations, la sagesse stoïcienne détermine cependant sans cesse des actes. Si Plotin voyait là une contradiction, c'est peut-être parce que sa propre doctrine devait la lui rendre sensible. Sans vouloir examiner ici la question des sources et des influences, il nous paraît difficile, en effet, de méconnaître la parenté entre l'Un plotinien et l'idéal du sage stoïcien. « *Sapientem nulla re egere* », avait dit Chrysippe, « *et tamen multis illi rebus opus esse* »[1]. Ces choses, ce sont les occasions et la « matière » de l'action. Que si, conformément au vœu de Plotin, on retranche cette restriction et ces « choses », on obtient la formule même du Bien de Plotin : « Ce père n'est pas l'intelligence, ni la plénitude d'être ; il est antérieur à l'une et à l'autre ; l'une et l'autre sont après lui ; elles sont bien voisines au principe qui n'a besoin de rien ...l'intelligence possède la véritable plénitude et la pensée... mais, avant elle, il y a le principe *qui n'en a pas besoin et qui ne les possède pas* ; sinon, il ne serait pas le Bien »[2]. — Malgré toutes les différences, qui ne sont que trop évidentes, on retrouve ici la conception stoïcienne de la primauté donnée à la puissance sur l'acte[3]. Et

tique », écrit M. J. Hyppolite, commentant ce texte, « c'est le contenu *particulier* du concept et sa forme *universelle* ; ils sont justaposés et non fondus. Forme et contenu se séparent. Le contenu du concept a bien l'air d'être pris dans la pensée, mais cette emprise reste superficielle ; en fait la forme dans son universalité s'oppose au contenu dans sa détermination particulière » (*Genèse et structure de la Phénoménologie de l'Esprit de Hegel*, Paris, 1946, p. 176). Or il semble bien que, d'après l'intention du système, la puissance du κατόρθωμα détermine librement le contenu qu'elle reçoit et que l'universalité de cette puissance soit, non pas en retrait et en retraite par rapport aux contenus concrets mais, comme chez Plotin, au-dessus d'eux.

On pourrait comparer, par exemple, du seul point de vue de la méthode, le concept de souci chez Heidegger, défini comme une « totalité formelle » (*S. u. Z.*, p. 192) qui précède toute « conduite » et toute « situation » déterminées.

1. P. 138, n. 2.

2. Plotin, III, VIII, 11, 38 sqq.

3. Dans le même ordre d'idées, signalons seulement combien, sur un autre point encore, Plotin est plus près des Stoïciens que d'Aristote et même de Platon : le changement qui intervient dans l'emploi du mot προσθήκη. Chez Platon, ce terme exprime l'enrichissement dans l'ordre du réel ou de la connaissance (cf. *Les Dialogues de Platon*, § 26). Chez Plotin, cette *adjonction* est signe d'imperfection et d'appauvrissement (III, VII, 4, 19-22) ; l'Un n'a rien et n'a besoin de rien : toutes les qualités dont on voudrait l'enrichir ne feraient que l'amoindrir (III, VIII, 11, 11-12). — Ceci laisse intact ce qui a été dit p. 28.

E. Bréhier, dans un autre contexte, a proposé un rapprochement analogue entre les deux systèmes : De même que, pour Plotin (VI, 7, 17), « il n'est pas nécessaire qu'un être qui donne possède ce qu'il donne ; ...l'être qui donne est au-delà de ses dons ; il leur est supérieur », de même, dans le stoïcisme, « la valeur n'est pas ce qui donne la mesure, mais ce qui a besoin d'être mesuré ; et ce qui la donne, c'est l'être même.. quant à la sagesse si elle mesure le reste, elle est elle-même identique à l'être universel, qui est au-dessus de toute valeur » (*Sur une théorie de la Valeur dans la philosophie antique*, cité p. 70, n. 1, sect. IV).

c'est cette même conception, on essaiera de le montrer ailleurs, que Bergson redécouvrira chez Plotin.

75. Le contenu du projet moral, le « but » de l'action, nous est proposé ou imposé par les événements. Et cela, soit d'une façon imprévue et soudaine, soit, plus souvent, d'une manière plus constante et durable. Dans les deux cas, les événements donnent naissance aux καθήκοντα. Nous pouvons maintenant préciser le sens de ce terme.

Initialement, le « convenable » est la « conséquence dans la vie », la « conformité avec la nature » ; il définit adéquatement la fin (τέλος) de la vie morale[1]. « Le premier convenable » pour l'individu exige de se conserver dans sa constitution naturelle, c'est-à-dire qu'il prescrit cette primitive *conciliatio*, laquelle préfigure la vertu parfaite[2]. Celle-ci constituée, le terme peut encore servir à désigner l'action qu'inspire cette disposition permanente : « Parmi les convenables, ils disent que les uns sont parfaits, ceux qu'ils appellent κατορθώματα »[3] ; ou encore : « Parmi les convenables, il en est qui conviennent toujours, les autres non ; or, convient toujours le précepte de vivre selon la vertu »[4].

Cette dernière distinction montre déjà que les « convenables moyens », ceux qui ne sont pas des κατορθώματα, tirent leur validité du temps et des circonstances. Et ce temporalisme des καθήκοντα est indiqué très clairement par l'explication étymologique qu'en avait donnée Zénon : ce sont des devoirs qui « adviennent à quelqu'un »[5]. On sera donc plus près du sens stoïcien, en traduisant ces καθήκοντα par *devoirs de situation* ou *devoirs d'état* ; ce sont, dans tous les cas, des

1. Voir pp. 125 sqq. ; cf. Zeller, *loc. cit.*, p. 272, n. 1 : « Le καθῆκον est, par conséquent, la conformité avec la nature, en général, avec laquelle coïncide l'ἀκόλουθον. »

2. P. 129.

3. Stobée, *Ecl.*, 85, 18 : Τῶν δὲ καθηκόντων τὰ μὲν εἶναί φασι τέλεια, ἃ δὴ καὶ κατορθώματα λέγεσθαι...

4. Diog. Laërt., VII, 109 : Ἔτι τῶν καθηκόντων τὰ μὲν ἀεὶ καθήκει, τὰ δὲ οὐκ ἀεί · καὶ ἀεὶ μὲν καθήκει τὸ κατ' ἀρετὴν ζῆν.

5. Diog. Laërt., VII, 108 (*S.V.F.*, I, 230) : Κατωνομάσθαι δὲ οὕτως ὑπὸ πρώτου Ζήνωνος τὸ καθῆκον, ἀπὸ τοῦ κατά τινας ἥκειν, τῆς προσωνομασίας εἰλημμένης. — Notons que M. Schäfer, *loc. cit.*, p. 61, traduit, à tort selon nous, par « regarder, concerner quelqu'un » ; mais pour donner au terme cette signification abstraite et d'ailleurs courante, on ne voit pas pourquoi Zénon aurait cru devoir insister sur l'origine étymologique du mot. — En revanche, A.C. Pearson insiste bien sur le rôle des circonstances (*The fragments of Zeno and Cleanthes*, London, 1891, p. 186).

devoirs relatifs aux « circonstances »[1]. — Ils se placent toujours dans le présent. Mais le présent, on l'a vu[2], peut avoir une plus ou moins longue étendue ; le devoir du mari à l'égard de sa femme, le devoir de « prendre soin de sa santé »[3], *s'étendent*, en principe[4], jusqu'à la fin du mariage ou de notre vie ; dans d'autres cas, le devoir peut surgir d'un présent instantané, à la suite de tel événement imprévu.

76. Déterminés par les circonstances, les devoirs sont rattachésdirectement au Destin et à la volonté de Dieu. Les traitésde morale appliquée peuvent bien les décrire et les ordonner sous la forme d'un code constitué : non seulement, comme c'est le cas de toute disposition légale, il faut, pour que telle norme vienne à s'appliquer, que les circonstances soient données, mais encore la succession même des circonstances est prescrite ici par la loi du Destin[5]. A la totalité du code, correspond le présent de la période cosmique[6] ; pour la validité, *hic et nunc*, de tel devoir particulier, les « circonstances » fournissent tout autant l'*occasion* que le *motif*. En vertu, ici encore, de la contemporanéité entre l'intention et l'acte[7], le législateur divin suscite, dans tel événement précis, l'*occasio legis* en même temps que la *ratio legis* et indique dans l'énoncé même de la loi, le *casus datae legis*. En ce sens, on peut dire que toute norme morale est essentiellement une *loi spéciale* et, plus exactement, une décision prise en vue d'un cas particulier[8].

Mais, d'autre part, les événements singuliers composent la totalité d'une période, où tout est prévu : un seul événement dû au hasard et privé de cause détruirait l'unité du monde. Aussi la législation cosmique peut-elle être comparée à un système juridique où par définition il n'y aurait pas de *lacune*, ni de « *vide* »[9].

1. Cf. la division des devoirs selon les « circonstances » (περιστάσεις) Diog. Laërt., VII, 109 ; Stob., *Ecl.*, 86, 1.
2. Pp. 43 sq.
3. Diog. Laërt., VII, 109.
4. Ainsi l'autorisation du suicide restreint et précise le ἄνευ περιστάσεως du texte cité de Diogène Laërce ; cf. aussi p. 87, n. 3.
5. P. 101, n 7.
6. Pp. 43, 80, n. 1, 81, n. 4.
7. § 45.
8. On sait que certains auteurs, contrairement à la tradition, étendent l'idée de loi jusqu'à de telles dispositions individuelles (p. ex. le vote d'un budget). — Cf. R. Carré de Malberg, *Contribution à la théorie générale de l'Etat*, t. I, Paris, 1920, *Les Fonctions de l'Etat*, chap. I, sect. I, en part. p. 288-300.
9. M. G. Del Vecchio qui, sous réserve d'un recours au droit naturel, admet

S'ils déterminent les devoirs, les événements peuvent, suscitant de nouveaux impératifs, abolir ceux qui précèdent. Ainsi se résout le problème du « conflit de devoirs ». Ce conflit, comme toute contradiction, se placerait dans le présent et suppose la validité simultanée des normes qui se heurtent. Or dans le présent total du Destin, nulle contradiction ne peut se concevoir : Dieu ne revient pas sur ce qu'il a décidé[1]. Mais cette décision unique et totale ne nous est révélée que fragmentairement et successivement dans la *traductio temporis*[2]. A la fermeté inébranlable et « irrévocable »[3] de la décision divine, répond, dans l'élaboration des projets moraux, la fermeté conditionnelle du sage. Le sage, par exemple, s'occupera des affaires publiques sous condition, « si rien ne l'en empêche »[4]. L'empêchement qui survient contredira le projet dans son contenu matériel, mais seulement pour autant que ce contenu voudra déborder sur l'avenir, c'est-à-dire aller au delà de cet empêchement même[5].

de telles lacunes dans le système positif, les rattache précisément au caractère de *généralité* de la norme juridique (*Leçons de Philosophie du droit*, trad. fr. Paris, 1936, pp. 208-12). ★

1. Sénèque, *Quest. Nat.*, II, 36.
2. P. 80, n. 1.
3. Sénèque, *de prov.*, V, 8.
4. Diog. Laërt., VII, 121 (*S.V.F.*, III, 697).
5. Cette idée d'empêchement (cf. p. ex. Marc-Aurèle, VI, 50, VIII 32 et 47) fournit en tout cas *une* solution fondamentale au problème du conflit de devoirs. Le conflit, en effet, n'est pas entre deux normes investies d'une même contrainte, entre lesquelles le moi hésiterait, comme il semble hésiter, dans le débat sur la liberté, entre deux décisions également possibles ; dans ce cas, en effet, pour reprendre la phrase de Bergson, « comment se déciderait-il jamais ? » (*Essai*, p. 134). On pourrait d'ailleurs se demander si, dans notre problème, la pensée juridique (conflit des normes et technique de l'application) ne joue pas un rôle analogue à celui de la pensée spatiale, dans le problème de la liberté. Quoi qu'il en soit, il semble bien, d'après les textes stoïciens, que le conflit soit entre un devoir préexistant, auquel notre volonté a consenti et dont elle poursuit de toute son ardeur la réalisation et, d'autre part, un devoir subséquent, imprévu, qui s'oppose au premier et fait figure de trouble-fête ; aussi le second devoir se présente-t-il, au premier abord, non pas comme une norme nouvelle, mais comme un obstacle, un *empêchement* opposé à l'accomplissement du premier. C'est donc d'une manière abstraite seulement, que le conflit est posé entre deux normes ; en réalité il est entre un projet et un obstacle, entre notre volonté et une volonté étrangère ; autrement dit, parmi les deux termes du conflit, le second seulement se présente comme un impératif ; le premier, d'impératif qu'il était d'abord, n'invoque son origine et ses droits de naissance que parce que, en face du devoir brusquement apparu, il sent obscurément qu'il va déchoir au rang de simple optatif. Aussi toute solution véritable du conflit apparent consiste-t-elle, non pas à conférer une sorte de plus-value à l'une des deux normes (« la philosophie pratique ne dit pas... *fortior obligatio vincit*, » Kant, *Métaph. des Mœurs*, introd., IV, p. 28 de la 3e éd. de K. Vorländer), mais à comprendre que le conflit n'est qu'apparent parce qu'il est seulement entre un optatif et un impératif. — L'analyse classique de Victor Hugo (la *Tempête sous un crâne* des *Misérables*) semble, sur ce point, tout à fait d'accord avec la conception stoïcienne.

Aussi peut-on dire, dans un autre sens, que l'empêchement ratifie le projet dans son intention morale, laquelle ne s'était appliquée au contenu que *rebus sic stantibus* ; dans cette intention, *fin* véritable de l'action commencée, « personne ne peut t'empêcher » ; rien, en effet, ne peut s'opposer « à ce que tu pratiques la justice, la tempérance, le choix raisonnable »[1]. Dans ce texte, sont mis sur le même plan et soustraits conjointement à tout « obstacle », l'esprit de justice (dont la présence transforme en κατόρθωμα tout « devoir moyen »)[2] et le choix raisonnable (dont le résultat aboutissant au projet-devoir n'est jamais que plausible et probable[3], mais cependant justifié par la rationalité totale du choix même)[4]. Le choix qui s'exerce constamment et « par renouvellement »[5] dans le présent, compose l'ensemble de la vie morale (σύνθεσις) »[6] avec des projets successifs, dont chacun sera poursuivi jusqu'à son achèvement ou son « empêchement » : dans les deux cas, la raison du sage s'accorde avec le *Logos* du Destin. Prise selon la raison et la justice, la décision légalise son propre contenu ; la seconde maxime de la morale cartésienne sera, sur ce point, en pleine conformité avec l'enseignement du Portique[7].

1. M.-Aurèle, VIII, 32.
2. *De fin.*, III, XVIII, 59.
3. P. 139, n. 5-6.
4. P. 140 et n. 1.
5. P. 96.
6. M.-Aurèle, *loc. cit.*, et XII, 23 (2, σύστημα).
7. *Discours de la méthode*, III, éd. A.-T., t. VI, p. 24, l. 18 — p. 25, l. 14. — « *C'est une vérité très certaine* que, lorsqu'il n'est pas en notre pouvoir de discerner les plus vraies opinions, *nous devons suivre les plus probables* ; et même, qu'encore que nous ne remarquions point davantage de probabilité aux unes qu'aux autres, nous devons néanmoins nous déterminer à quelques-unes, et les considérer après, non plus comme douteuses, en tant qu'elles se rapportent à la pratique, mais *comme très vraies et très certaines, à cause que la raison qui nous y a fait déterminer se trouve telle.* » — M. E. Gilson explique ainsi « le sens de ce difficile passage... A partir du moment où nous l'adoptons, bien qu'elle reste pour notre entendement une opinion douteuse, notre volonté doit la suivre aussi inflexiblement que si c'était une opinion vraie et certaine. Et même on peut dire qu'elle est, en effet, très vraie et très certaine par rapport à notre volonté, puisque, notre entendement n'en pouvant découvrir aucune qui soit théoriquement meilleure, elle s'impose absolument au choix de notre volonté » (*Commentaire* au *Discours*, Paris, 1947, p. 245).

Mais si l'opinion, une fois adoptée, doit être considérée comme très vraie et très certaine, ce n'est pas seulement par rapport à notre volonté, et la raison de sa certitude n'est pas son caractère de pis-aller, mais « la vérité très certaine » de cette seconde maxime même, laquelle se communique intégralement aux opinions adoptées en vertu de cette maxime. « La raison qui nous y a fait déterminer » n'est autre que cette « vérité très certaine » qui, au début du texte cité, s'attache à la maxime.

Autrement dit, on trouve dans ce texte la méthode même des *Méditations*,

77. Si la décision coopère à chaque instant avec la volonté du Destin, elle peut être dite « opportune », et c'est là une autre manière d'en exprimer la totalité achevée. Car l'opportunité (εὐκαιρία) « ne s'augmente pas par la prolongation de la durée, puisque c'est quelque chose qui a sa mesure propre » (c'est-à-dire dont la limitation temporelle même définit l'achèvement), « ...de même la réalisation de la rectitude (κατόρθωσις)... n'est susceptible d'aucun progrès d'accroissement »[1]. — L'idée d'opportunité, d'origine médicale et judiciaire[2], s'adjoint ici l'idée de totalité, et nous la retrouverons dans la théorie du bonheur[3]. Elle signifie que la rectitude de l'action consiste à « choisir judicieusement » l'impératif du présent. Enfin, elle met l'accent sur l'*actualisation* des normes selon les circonstances, sur leur application *hic et nunc*. Or, telle semble être la signification de la théorie des *prénotions* morales, par où nous « anticipons » ce qu'il faudra, ensuite, appliquer.

78. C'est là le seul aspect sous lequel nous ayons à envisager ici cette théorie, dont l'exposé d'ensemble ne saurait être donné que dans le cadre de la logique stoïcienne. — Les prénotions (« notions communes » ou « notions naturelles »)[4] se forment, comme toutes les notions, à partir d'impressions

que vient de mettre en lumière M. M. Gueroult (*Descartes selon l'ordre des raisons*, t. I, Paris, 1953, chap. I), en vertu de laquelle la certitude d'une démarche se transmet à la démarche suivante et, en ce sens, ce texte est authentiquement cartésien. Mais on peut ajouter que son mouvement rappelle tout à fait celui de la doctrine stoïcienne, où le « choix raisonnable » imprègne de sa valeur absolue le contenu même de ce choix, pourtant simplement « plausible ».

« Même le devoir d'agir malgré l'incertitude et l'ignorance ne provient pas de la volonté, mais de la raison. La raison seule, en effet, nous enseigne qu'il est préférable que la volonté suive une opinion douteuse et agisse plutôt que de s'abstenir lorsqu'elle est privée de savoir certain. Elle commande d'ailleurs de changer ces opinions dès qu'on en a trouvé de meilleures et de tout faire pour les rechercher (76) », *id.*, *ibid.*, t. II, chap. XX et, sur l'accord entre le stoïcisme et la conception cartésienne de l'action droite, qui a « pour résultat de transférer la valeur du contenu de l'acte à sa forme », voir note 69 *i.f.* (ce second tome étant actuellement sous presse, nous citons d'après le manuscrit que nous remercions M. Gueroult d'avoir eu l'obligeance de nous communiquer). ★

1. Cic., *de fin.*, III, XIV, 45.

2. Voir aussi les textes cités *s.v.* καιρός dans le *Wortindex* de Diels-Kranz, 6e éd., 1952, p. 223 a. — Cf. p. 135, n. 9. — Sur le sens primitif de καιρός, voir maintenant R.-B. Onians, *The origins of European thought, Cambridge*, 1951, pp. 343-348.

3. Il semble même que l'idée d'opportunité n'intervienne ici que pour rattacher la théorie du bonheur à celle du κατόρθωμα (§ 103-104).

4. Aëtius, *Plac.*, IV, I (*Dox. Gr.*, p. 400 = *S.V.F.*, II, 83 ; Diog. Laërt., VII, 54 ; Cic., *Tusc.*, IV, XXIV, 53. ★

sensibles[1]. Mais elles se constituent « naturellement » (sans aucune élaboration technique)[2], sont « communes » à tous les hommes et atteignent leur achèvement lors de la septième année[3]. Elles ont pour contenu l'existence des dieux et de la providence et les idées de juste et de bien[4]. C'est à ces dernières prénotions, que Chrysippe déjà avait rattaché la morale stoïcienne[5].

« La raison, d'après laquelle nous sommes dits ' raisonnables ', se constitue à partir des prénotions et atteint son achèvement vers la septième année »[6]. — A sept (ou à quatorze)[7] ans, l'enfant n'est certes pas encore un sage. Mais il possède cependant l'ensemble des notions requises pour le devenir. Ici encore[8], on peut dire que « tout est donné » ; la sagesse, au départ, est le « sens commun »[9] et, parvenue à son terme, elle ne laisse pas de s'accorder avec lui (c'est dans un tout autre sens, que la *science* platonicienne revalorise parfois, lors de la redescente, et rejoint l'*opinion* commune). Cette raison, pour se transformer en sagesse, n'a besoin que de s'actualiser ou, comme on peut dire aussi, de s'appliquer, « car si, outre ces principes, on possédait encore cet art de les appliquer, qu'est-ce qui nous empêcherait d'être parfaits ? »[10]. Cet art d'application est un et indivisible, comme la sagesse elle-même ; mais on peut en distinguer plusieurs étapes : il faut *analyser*, puis *organiser* les pré-

1. Aëtius, *loc. cit.* — Les impressions sensibles sont à l'origine de toutes les notions, naturelles ou non. Aussi, dans la classification établie dans ce texte, n'y a-t-il pas lieu de faire une place à la sensation (ainsi E. Bréhier, *Chrysippe*, p. 102, n. 4), laquelle est « le premier mode d'inscription » sur l'âme-table rase où elle va donner naissance à des notions auxquelles seules s'applique la classification : « Parmi les notions (ἐννοιῶν), les unes se produisent naturellement (φυσικῶς) selon les modes qu'on vient de dire (c'est-à-dire sensation, mémoire et expérience), et sans élaboration technique (ἀνεπιτεχνήτως) ; les autres se produisent ensuite (ou : « seulement », ἤδη, mais elles aussi à partir de sensations précédentes ; cf. le texte de Sextus, cité p. 163, n. 7), par l'enseignement et l'application (διὰ διδασκαλίας καὶ ἐπιμελείας) ; celles-ci portent uniquement le nom d'ἔννοιαι ; les autres s'appellent également (scil. en outre) prénotions (προλήψεις). »

2. Note précéd. ; cf. Diog. Laërt., VII, 51, *i.f.*

3. Aët., *loc. cit.* ; selon d'autres textes (p. ex. Diogène *ap.* Diog. Laërt., VII, 55), ce terme serait la quatorzième année.

4. Diog. Laërt., VII, 52, 53. Cf. Aët., *Plac.*, I, 6 = *Dox. Gr.*, pp. 292 sqq. (idée des dieux) ; Cic., *de fin.*, III, VI, 21 ; X, 33 (idée du bien).

5. Plut., *Stoïc. repugn.*, XVII, in *S.V.F.*, III, 69.

6. Aët., *loc. cit.* (p. 400).

7. Voir note 3.

8. Pp. 55 sqq., 93, 125.

9. Ceci a été marqué très nettement par E. Bréhier, *Chrysippe*, pp. 65, 194.

10. Epictète, *Diss.*, II, IX, 9 (noter l'idée d' « empêchement » ; cf. p. 157 sq.).

notions, enfin les *appliquer*, les adapter à des cas particuliers.

Originairement, les prénotions, semble-t-il, ne sont pas des notions précises, différenciées. — L'idée de bien et celle des dieux et de la providence[1] contiennent, à l'état d'enveloppement, l'ensemble de la morale et de la physique. C'est seulement lorsque ces notions globales (et totales) s'analysent, qu'elles se divisent en notions de plus en plus nombreuses et distinctes, de manière à contenir, finalement, l'ensemble des devoirs particuliers (pour ne considérer que la prénotion du bien). Il en est ici comme en médecine : tout l'art d'Hippocrate n'est qu'un développement de plus en plus détaillé de la seule idée de sain et de malsain[2]. Aussi n'y a-t-il nulle contradiction si, d'une part, les prénotions concernent, d'une manière générale, le bien et le mal, le beau et le laid, ce qui convient et ce qui ne convient pas[3], et si, d'autre part, les idées les plus précises, contenues dans les mots du langage courant (p. ex. l'envie)[4] sont appelées prénotions.

Il faut, tout d'abord, *définir* les prénotions, et cette définition *explique*, développe adéquatement et intégralement[5] le contenu de chaque notion, de manière à rendre conscient, à « interpréter ce que tous les hommes savent »[6] ; les notions

1. P. 160, n. 4.

2. Epictète, *Diss.*, II, XVII, 8-9.

3. Epictète, *Diss.*, II, XI, 3. — Les notions morales (« naturelles ») sont ici opposées aux notions techniques (§ 2), conformément au texte d'Aëtius (p. 160, n. 1), mais aussi, d'une manière plus lointaine, conformément à la distinction platonicienne entre les Valeurs (τὰ μέγιστα, qui comprennent surtout la triade du Beau, du Bien, du Juste) et les connaissances techniques ; cf. *Les Dialogues de Platon*, p. 27, n. 6, § 48 et *passim*.

4. Epictète, *Diss.*, II, XII, 5 sqq. (cf. *Philèbe*, 48 b sqq.). — « Etant donné », écrit M. Pohlenz, « que les Prolepseis trouvent leur expression verbale dans les ὀνόματα, Epictète, à la suite d'Antisthène, peut désigner l'éclaircissement de ceux-ci comme ἀρχὴ τ. παιδεύσεως (I, 17, 12, cf. II, 17, 13 et surtout 11, 10) ; mais les unes et les autres ne sont évidemment pas identiques » (*Stoa*, t. II, p. 164). — Il n'y a là aucune difficulté. Les idées d'envie et de générosité ne sont en effet pas identiques à celles de bien et de mal, pas plus que l'art d'Hippocrate ne s'épuise à savoir appliquer des ventouses (*Diss.*, II, XVII, 9). Mais il y a cependant rapport d'identité, parce que l'ensemble englobant de la prénotion s'analyse jusque dans le détail de ces termes précis et particuliers et, dans chaque cas, y est présent totalement (de même que, en face de tel malade, c'est l'art tout entier du médecin qui est présent dans la prescription de tel remède précis). — Sur la « signification » des mots, cf. aussi M.-Aurèle, III, 15 et, surtout, Diog. Laërt., VII, 83.

5. Antipater : Ὅρος δέ ἐστιν... λόγος κατὰ ἀνάλυσιν ἀπαρτιζόντως ἐκφερόμενος (Diog. Laërt., VII 60 = *S.V.F.*, II. 226).

6. Galien, *de diff. puls.*, IV, 2 (*S.V.F.*, II, 229) :... ...τῶν ἐννοηματικῶν ὅρων, οὓς οὐδὲν ἔφαμεν ἑρμηνεύειν πλέον ὧν ἅπαντες ἄνθρωποι γιγνώσκουσιν.

communes et naturelles seront ainsi éclairées par la raison[1] et, de « pré »- notions, deviennent des connaissances achevées et *développées*[2]. — Mais ces notions n'existent pas à l'état d'isolement, puisque dans *la* prénotion du bien et du mal sont englobées à l'avance toutes les notions morales particulières. Définir telle notion ne nous conduit à la sagesse totale qu'à la condition de rattacher cette définition à d'autres, d'organiser entre elles les prénotions particulières et d'en ordonner l'ensemble dans un système dont l'extension contienne, à l'état développé, ce qui était donné, d'une façon enveloppée, dans la compréhension globale de l'idée de bien. Le terme employé pour cette activité qui *analyse* les pré-notions, διαρθρόω, exprime également celle de les *organiser en système*[3].

Enfin, après cette préparation théorique (dont l'achèvement, chez le sage, ne se sépare pas de l'action), il s'agit d' « adapter la prénotion aux cas particuliers », c'est-à-dire de l'appliquer concrètement dans la conduite morale[4].

79. Ce mouvement de la définition au système, puis à l'application, implique les idées de totalité et d'actualisation.

Ces deux idées sont solidaires, et si elles caractérisent le terme de ce mouvement (l'application concrète), c'est parce que, en un sens, elles conviennent déjà à son début, lequel n'est pas, à parler rigoureusement, dans la définition des prénotions, mais déjà dans les impressions sensibles, qui en furent à l'origine[5].

1. Epict., *Diss.*, II, XII, 6.

✱2. St August., *Cité de Dieu*, VIII, VII : « ...notiones quas appellant ἐννοίας earum rerum scilicet quas definiendo *explicant*. » — Cicéron, *Top.*, VII, 31 : « Notionem appello quod Graeci tum ἔννοιαν tum πρόληψιν. Ea est insita et animo praecepta cuiusque formae cognitio, *enodationis* indigens. » — Cic., *Tusc.*, IV, XXIV, 53 ; on passe en revue plusieurs définitions stoïciennes du courage : « Sunt enim omnino omnes fere similes, sed *declarant* communes notiones alia magis alia. » Et la conclusion : « Nous aurons beau chercher chicane à ces gens-là, ainsi que Carnéade se plaisait à le faire ; je crains bien qu'il n'y ait qu'eux de philosophes : Quae enim istarum definitionum non *aperit* notionem nostram quam habemus omnes de fortitudine *tectam* atque *inuolutam* ! » Cf. *de oratore*, I, XLII, 189 : « Est enim definitio rerum earum, quae sunt eins rei propriae quam definire uolumus, breuis et circumscripta quaedam *explicatio*. »

3. Ce terme qui se rencontre, entre autres, chez Chrysippe (Diog. Laërt. VII, 199 = *S.V.F.*, II, 16 : Περὶ τὴν Διάρθρωσιν τῶν ἠθικῶν ἐννοιῶν) est fréquent chez Epictète, et la traduction de J. Souilhé par « système » ou « organiser » nous paraît tout à fait exacte (p. ex. *Diss.*, II, XI, 18 ; II, XVII, 7, 10, 13).

4. Epictète, *Diss.*, II, XVII (Πῶς ἐφαρμοστέον τὰς προλήψεις τοῖς ἐπὶ μέρους) et *passim*.

5. P. 160, n. 1.

On sait, en effet, que la seule réalité reconnue dans le stoïcisme est d'ordre corporel. La faculté de connaissance qui saisit le plus adéquatement le réel, sera donc la sensation (αἴσθησις), mais aussi le raisonnement (λόγος)[1], dans la mesure où il reste étroitement attaché aux données sensibles et statue, fût-ce en concluant à une réalité invisible[2], sur des prémisses fournies par les sens. C'est ainsi que le *critère*, pour Chrysippe, est la sensation et la prénotion (conclusion d'un « raisonnement spontané »[3])[4]. La compréhension se fait, soit par sensation (αἰσθητικῶς), soit par raisonnement (διανοητικῶς) ; dans les deux cas, elle est « suscitée par les choses » (ἀπὸ μυρίων πραγμάτων κινεῖσθαι)[5].

Il y a là, jusqu'à un certain point, du sensualisme. Même quand la pensée s'éloigne de plus en plus des données sensibles, comme dans l'élaboration des concepts « techniques »[6], dans les raisonnements, dans le maniement des « exprimables » incorporels, on a soin de marquer que le lien avec les impressions fournies par les sens, n'est jamais entièrement rompu[7]. Mais c'est du rationalisme aussi bien ; déjà au niveau de la sensation, la *compréhension* suppose l'intervention du *logos*[8]. On pourrait dire plutôt qu'il y a là un réalisme et un actualisme ou, plus simplement, que la sensation est signe, à la fois du réel et du réel actuellement perçu.

Originairement, la prénotion est donnée et directement conclue dans l'expérience sensible. Devenue concept simplement pensé, elle n'est pas entièrement coupée de son origine, puisqu'elle est « issue(s)... de traces réelles que les corps sensibles laissent dans la partie hégémonique de l'âme »[9].

1. Diog. Laërt., VII, 52.
2. Ainsi l'existence des dieux et de la providence (p. 160, n. 4).
3. E. Bréhier, *Chrysippe*, p. 67, n. 2 et l'analyse de la représentation et du critère (pp. 80-107).
4. Diog. Laërt., VII, 54.
5. Epict., *Diss.*, I, XIV, 7.
6. Aët., *loc. cit.* ; Diog. Laërt., VII, 52-53 (*S.V.F.*, II, 87).
7. Cf. Sext. Emp., *math.*, XI, 250 : La compréhension de tout sensible ou intelligible (= incorporel) se fait : ἤτοι κατὰ ἐνάργειαν περιπτωτικῶς ἢ κατὰ τὴν ἀπὸ περιπτωτικῶς πεφηνότων ἀναλογιστικὴν μετάβασιν, et surtout VIII, 409 (*S.V.F.*, II, 85) : La démonstration (qui se fait avec des exprimables incorporels) peut aboutir à une représentation compréhensive, c'est-à-dire à une τύπωσις dans la partie hégémonique, parce qu'elle subit le contact à distance des impressions sensibles ; de même le pédotribe ou le maître d'armes suscite les mouvements corrects de l'enfant, soit en lui prenant les mains et en les guidant, soit en les exécutant lui-même ; son exemple agit alors à distance.
8. P. 116 (cf. pp. 57, 60).
9. E. Bréhier, *Incorp.* p. 18. — Toutefois, cette origine corporelle ne suffit

Elle n'est cependant que *pré*-notion, anticipation de ce qu'il faudra actualiser et replonger dans le concret d'où elle est tirée. Et c'est à cela, précisément, que visent la définition, l'organisation en système et l'application aux cas particuliers.

80. La définition, en effet, saisit l'être de la chose. Elle est, selon un texte de Chrysippe, « l'explication du propre » (τοῦ ἰδίου ἀπόδοσις)[1] c'est-à-dire, de « l'essence constitutive de la chose (ἰδίως ποιόν) »[2]. Même si l'on n'y voit qu'une « esquisse »[3], elle nous « introduit dans la connaissance révélatrice de la chose »[4].

Bien qu'elle ne nous donne qu'un concept universel (or, seul, est réel le concret particulier), la définition constitue cependant un commencement de « réalisation » et de « ré-incarnation » de la prénotion, issue d'impressions sensibles. Et cela, semble-t-il, pour deux raisons. D'une part, elle actualise par la pensée une notion simplement en puissance et en développe le contenu latent ; en quoi elle manifeste (*declarare*)[5], *hic et nunc*, le *consensus gentium*, signe que la notion « commune » est une notion « naturelle ». Les « vertus dialectiques » consistent essentiellement à soutenir, dans l'instant présent de la discussion, une thèse acquise et possé-

pas, semble-t-il, à garantir à ces notions la corporéité (réalité) permanente ; il faut pour cela qu'elles soient, par la pensée qui les définit et organise et par l'application concrète, actualisées et *corporalisées* à nouveau. On ne peut pas, pour prouver leur nature corporelle (permanente), alléguer : « Comment, sans cela, pourrait-on dire que la science qui contient de tels objets de représentation est un corps ? » *(ibid.)*. Le texte cité de Sextus (*math.*, VII, 38) prouve tout le contraire : La vérité est corporelle parce qu'elle est un *système*, lequel, cependant, est composé d'éléments incorporels.

1. Schol. Vat, in Dionys. Thrac., p. 107, 5, Hilgard (*S.V.F.*, II, 226).

2. C'est-à-dire un corporel (p. 17). — Cette assimilation est écartée par E. Bréhier, *Incorp.*, p. 30. Mais la définition se distingue de l'universel seulement par la syntaxe (Sext., *math.*, XI, 8 = *S.V.F.*, II, 224), et l'universel, d'autre part, rentre dans la définition même de la prénotion (Diog. Laërt., VII, 54 : Ἔστι δ'ἡ πρόληψις ἔννοια φυσικὴ τῶν καθόλου), ce qui n'empêche nullement que la prénotion ne soit, par son origine et son aptitude à *application*, liée au concret et compréhensive du réel.

3. Ὑπογραφή. Cette « esquisse » ou « description » est qualifiée de définition sommaire dans Dioclès, *ap*, Diog. Laërt., VII, 60.

4. Galien, *de diff. puls.*, IV, 2 (*S.V.F.*, II, 229 : « Ceux qui sont forts en terminologie estiment que les ἐννοηματικοὶ ὅροι (cf. p. 161, n. 6) ne sont pas des définitions, mais ils les appellent esquisses et ébauches (ὑπογραφάς τε καὶ ὑποτυπώσεις). — Quant à l'ὑπογραφή, il la définit : λόγος τυπωδῶς εἰσάγων εἰς τὴν δηλουμένην τοῦ πράγματος γνῶσιν (*S.V.F.*, II, 227, ; cf. Diog. Laërt., VII, 60 : ὑπογραφὴ δέ ἐστι λόγος τυπωδῶς εἰσάγων εἰς τὰ πράγματα).

5. P. 162, n. 2.

dée d'avance, à actualiser une conviction préexistante, à la réaffirmer contre des objections[1]. — D'autre part, la définition nous introduit à la connaissance de la chose[2], c'est-à-dire nous prépare à appliquer la formule générale à l'objet concret ; c'est pour cela que la définition stoïcienne s'énonce sous forme d'une proposition hypothétique : « Si telle chose est homme, elle est un vivant mortel et doué de raison »[3]. — Mais le retour au concret n'est pas achevé ; il faut rétablir maintenant, en composant entre elles les définitions particulières, la primitive totalité de la prénotion dont l'analyse avait fait sortir les notions particulières.

81. De cette manière, on obtient la vérité (ἀλήθεια), qui se distingue du vrai (τἀληθές, c'est-à-dire telle proposition vraie qui pourrait être énoncée par l'insensé aussi bien que par le sage) sous trois rapports : en essence, en constitution, en puissance (οὐσίᾳ τε καὶ συστάσει καὶ δυνάμει)[4] :

1° En essence, puisque le vrai est un incorporel (étant « une proposition, or la proposition est un exprimable et l'exprimable est incorporel »), alors que la vérité est un corps (« dans la mesure où elle est la science de toutes les propositions vraies » ; or la science est une « manière d'être » du principe hégémonique, lequel est un corps) ;

2ᵉ en constitution, puisque le *vrai* est quelque chose de simple et d'isolé (μονοειδές τι καὶ ἁπλοῦν), alors que la *vérité* est conçue comme une science constituée en système et comme le rassemblement d'une multiplicité (ἐπιστήμη καθεστηκυῖα συστηματική τε καὶ πλειόνων ἄθροισμα)[5] ;

3° en puissance, « puisque le vrai ne tient pas du tout à la science... tandis que la vérité est saisie conformément à la science ». C'est ce qui explique qu'un méchant ou un insensé

1. Diog. Laërt., VII, 46-47 : ἀπροπτωσία (« l'art de savoir à quel moment il faut, ou ne faut pas, donner son assentiment »), ἀνεικαιότης (la circonspection), ἀνελεγξία (« la vigueur dans l'argumentation par où l'on évite d'être amené à la thèse opposée »), ἀματαιότης (« disposition qui rapporte les représentations au raisonnement droit »).

2. P. 164, n. 4. — Diog. Laërt., VII, 40 : Τὸ μὲν οὖν περὶ κανόνων καὶ κριτηρίων παραλαμβάνουσι πρὸς τὸ τὴν ἀλήθειαν εὑρεῖν... καὶ τὸ ὁρικὸν δὲ ὁμοίως πρὸς ἐπίγνωσιν τῆς ἀληθείας. Διὰ γὰρ τῶν ἐννοιῶν τὰ πράγματα λαμβάνεται.

3. Sext., *math.*, XI, 8 (*S.V.F.*, II, 224) : Εἴ τί ἐστι ἄνθρωπος, ἐκεῖνο ζῷόν ἐστι λογικὸν θνητόν.

4. Sext., *math.*, VII, 38 sqq. (*S.V.F.*, II, 132).

5. Cf. la définition du λόγος par Chrysippe : ἐννοιῶν τέ τινων καὶ προλήψεων ἄθροισμα (*S.V.F.*, II, 841).

« dise parfois quelque chose de vrai, mais sans posséder la science du vrai » ; « celui qui la possède », en revanche, « est un sage, car il tient la science des (propositions) vraies et il ne (se) trompe jamais, même s'il dit une non-vérité (ψεῦδος) »[1].

Dans la vérité, les connaissances abstraites (1), isolées et fragmentaires (2), simplement contingentes et qui se trouvent tomber juste (3), sont jointes en une totalité systématiquement ordonnée. Par là, elles quittent la sphère de la pensée abstraite et deviennent *corps*, c'est-à-dire, se réalisent. De plus, l'ensemble des connaissances organisées est présent dans la science du sage, et cela, actuellement et « en acte »[2] ; cet acte est appelé « puissance » de tous les actes particuliers, c'est-à-dire de chacune des propositions vraies que le sage, en toute occasion, peut être amené à soutenir[3].

Ce mouvement de retour au concret s'achève dans l'application, dans « l'adaptation » (ἐφαρμόζειν) du système à un cas particulier, soit par une proposition particulière, soit par tel acte moral. Dans les deux cas, c'est le système tout entier qui passe dans le cas d'espèce[4] ; c'est le tout de la vertu qui est présent dans tel κατόρθωμα comme le tout de la vérité dans telle proposition vraie[5]. A l'inverse, l'insensé est capable de « dire parfois quelque chose de vrai », comme le méchant peut accomplir tel devoir[6], d'où l'esprit de vertu est absent.

82. Au total, la théorie des prénotions, pas plus, croyons-nous, que la théorie stoïcienne du concept en général, n'auto-

1. Comme souvent chez Platon (*Hipp. Min.*, *Rép.*, II, 382-383), ψεύδεσθαι semble avoir ici le double sens de « se tromper » et de « mentir ». Ainsi notre texte envisage d'une part la légitimité du mensonge, dit par le sage (cf. encore Plut., *Stoïc. repugn.*, 47, 1055 f = *S.V.F.*, II, 994 ; Stob., III. 10 = *S.V.F.*, III, 554), mais explique d'autre part, que le sage : ψεύσεται δὲ οὐδέποτε διὰ τὸ μὴ ἔχειν τὴν γνώμην ψεύδει συγκατατιθεμένην (*ibid.*, § 44).
2. Du seul fait que la science est une manière d'être du principe hégémonique,
3. Cf. le texte célèbre où Cicéron expose son projet de réduire en système (« ad artem », cf. plus haut, p. 61, n. 2). les connaissances juridiques (*de oratore* I, XLI, 186-190). ★
4. Cf. p. 97, n. 7.
5. On pourrait comparer le « vrai » que même l'insensé peut « dire parfois, mais sans posséder la science du vrai », d'une part à l'opinion vraie (*Ménon*, 97-98 a) et, d'autre part, à l'expérience qui connaît le ὅτι, mais ignore le διότι (*Métaph.*, A, 1, 981 a 20-34). — Ce qui distingue la *vérité* stoïcienne de la *science* platonicienne et aristotélicienne, c'est l'idée de puissance totale se manifestant intégralement dans tel *vrai* particulier.
6. M.-Aurèle, III, 16, 1.

risent à parler de nominalisme. Il faut même dire qu'entre Platon, Aristote et les Stoïciens, il y a accord pour chercher au concept un fondement réel. Ce fondement, pour Platon, est donné dans les Formes substantielles ; ce qui correspond, chez lui, aux prénotions, les « connaissances préexistantes »[1], n'anticipe pas les connaissances futures où elles devraient s'appliquer, mais manifeste le souvenir d'une connaissance passée, préempirique, qu'il faut tâcher de restaurer par le « ressouvenir »[2]. — La prénotion stoïcienne et les « connaissances préexistantes » chez Aristote[3] reposent sur la sensation et elles « anticipent » un savoir futur, c'est-à-dire leur application à des cas particuliers. Ainsi pour Aristote, telle règle de géométrie est simplement une connaissance en puissance[4] et qui, pour passer à l'acte, doit être rapportée par la démonstration à tel triangle particulier[5]. De même la prénotion est issue du concret et doit être replongée dans le concret. Mais comme ils sont entièrement libérés de l'héritage platonicien, les Stoïciens peuvent donner à la science pour objet l'individuel[6] ou, plus exactement, le « système » des individus. De cette manière, l'universel n'est plus une étape intermédiaire et de simple potentialité, entre l'induction et la démonstration[7] ; la prénotion, à tous

1. Προειδέναι (*Phéd.*, 74 e 2, 6 ; cf. *Cratyle*, 433 e 4).

2. Selon L. Robin, Platon aurait renoncé, vers la fin de sa carrière, à soutenir la théorie de la réminiscence (*Sur la doctrine de la réminiscence*, réimpr. in *La pensée hellénique*, Paris, 1942, pp. 337-348). Remarquons seulement que le *Timée* suppose, d'accord avec le *Phèdre*, non seulement la métempsycôse (liée, depuis le pythagorisme, à cette théorie), mais très précisément l'initiation préempirique des âmes par le Démiurge (par les divinités astrales, dans le *Phèdre*). Dans *Tim.*, 41 e, il s'agit en effet des âmes humaines, et non pas des « âmes sidérales » (*loc. cit.*, p. 346).

3. P. ex. *Anal. Post.*, I, 1, 71 a 2.

4. Pour Platon, en revanche, une telle connaissance porterait sur l'essence du triangle et sa propre perfection n'aurait nullement besoin, lors de la démarche descendante, d'une application concrète. Mais il y a cependant chez Platon aussi l'équivalent d'une telle connaissance en puissance, à savoir l'idée de *discours écrit* (γεγραμμένος λόγος). Ce sont des connaissances dont celui qui prétend les détenir, n'est pas capable de rendre raison (*Protag.*, 329 a ; *Phèdre*, 275 d) et, plus généralement, la lettre d'où l'esprit s'est retiré et que l'on ne parvient plus alors ré-actualiser (*Phèdre*, 275 a). — Mais il faudra revenir sur l'ensemble du problème esquissé dans le présent paragraphe.

5. *Anal. Pr.*, II, XXI, 67 a 9-26 ; cf. la mise au point de tout le problème concernant l'induction et l'universel par L. Robin, *loc. cit*,, pp. 347-348. — Il est curieux de noter sur ce point l'aristotélisme de Kant, pour qui « l'arithmétique n'est plus la science des nombres en tant qu'objets idéaux ; elle est la science des *choses nombrées* » (L. Brunschvicg, *Les étapes de la philosophie mathématique*, Paris, 1947, p. 259 ; cf. 258 déb.).

6. P. 85.

7. Les démonstrations du savant s'appliquent toujours à des réalités singulières (cf. *Métaph.*, M, 10, 1087 a 15-25).

les niveaux de son élaboration, est en acte et est rapportée, même dans la définition, au réel. Le système, où les définitions particulières tendent à se prolonger et à s'organiser ensemble, est un universel concret, tout à fait comparable à la vertu totale. Mais, pas plus que celle-ci, ce n'est une totalité par composition. C'est, dans les deux cas, une puissance en acte de tous les actes possibles ; puissance dont la totalité indivise passe constamment et au gré des occasions, dans tel acte particulier. Ici encore, l'image de la pièce d'or paraît la moins inexacte.

II. Le présent

83. La « menue monnaie », c'est chacun des devoirs que nous apportent les situations ou, en termes stoïciens, les « circonstances » (περιστάσεις). Or, les circonstances ne fournissent que la « matière », le « thème » de notre action, et ce serait prendre le *but* pour la *fin*, que de préférer un thème à un autre, de demander qu'on nous « change de thème »[1]. Les circonstances ni les devoirs qu'elles suscitent ne dépendent de nous et, pour ce qui ne dépend pas de nous, « la philosophie ne promet rien »[2].

Cette dépréciation des situations-matières est liée à un refus du temps étendu, du temps « créateur ». C'est dans le temps que se construit l'action qui tend vers son but ; pour aller du projet à la réalisation, elle doit parcourir une étendue temporelle (διάστημα)[3]. Cette étendue, dont seul dispose le Destin, nous est nécessaire pour réussir à atteindre le but, mais nullement pour le viser. Or, la réussite est à venir, mais la visée se place dans un présent qui se renouvelle incessamment[4], seul mode du temps qui nous soit donné.

Aussi n'y a-t-il qu'une seule faute morale, et l'on comprend que les Stoïciens lui attribuent une égale gravité, quelle que soit la forme qu'elle revête : c'est de ne pas obéir à l'impératif

1. Epictète, *Diss.*, I, XXIX, 39.
2. Epictète, *Diss.*, I, XV, 3.
3. § 16 (cf. M.-Aurèle, VIII, 32 et la περίοδος, XII, 1, 1).
4. P. 158.

du présent[1]. D'une façon correspondante, si c'est un refus d'obéissance que de réclamer un « autre thème », plus facile, c'en sera également un que de négliger les devoirs jugés trop aisés, sous prétexte qu'on est absorbé par des tâches plus graves, par des attentes ou des préoccupations, mais qui, en ce moment précis, ne sollicitent pas notre activité. Attendant le verdict que le Sénat doit rendre contre lui, Agrippinus va faire son exercice, puis prendre son bain : « puisque l'heure est venue de le faire »[2]. On peut manger sa soupe « de manière à plaire aux dieux »[3]. La philosophie est le seul art qui nous enseigne ce qu'il faut faire « en toute matière et en toute circonstance »[4], et l'impératif catégorique du stoïcisme se formule dans un précepte de Marc-Aurèle, qui ne paraît banal que si on le détache de son fondement métaphysique[5] : « A chaque heure, applique-toi de tout ton soin... à faire ce que tu as sur les bras »[6].

84. L'exigence de l'impératif présent et l'idée, solidaire, de la réalité unique du présent apparaissent tout au long des écrits stoïciens de morale où elles prennent des formes variées qu'il faudrait étudier dans le détail. Indiquons seulement quelques thèmes.

Puisque le *télos* de l'action peut être atteint à chaque instant, et que cet instant est le seul temps dont nous disposions, il est également (lui, et non pas l'avenir de nos bonnes résolutions) l'unique temps du salut : le temps de la libre initiative actuelle[7]. Il s'ensuit qu'il faut accomplir

1. Epictète, *Diss.*, I, VII, 31-32 : A un élève qui s'excuse d'avoir manqué un problème de logique, en disant : « Ai-je pour cela tué mon père ? », Epictète répond : « Esclave, mais où était ton père ici pour pouvoir le tuer ? Qu'as-tu donc fait ? La seule faute qui dans le cas était possible, tu l'as commise. C'est là précisément ce que je disais moi aussi à Rufus qui me reprochait de n'avoir pas découvert une omission dans un syllogisme. Ce n'est tout de même pas, lui disais-je, comme si j'avais brûlé le Capitole ! ' Et lui de me répondre : ' Esclave, dans le cas présent, cette omission, voilà le Capitole. »
2. Epictète, *Diss.*, I, I, 28-32.
3. Epictète, *Diss.*, I, XIII.
4. Epictète, *Diss.*, I, I, 1-4 ; XXVI, 2.
5. C'est-à-dire le rattachement de chaque devoir à la volonté, successivement dévoilée, du Destin (p. 157).
6. M.-Aurèle, II, 5, 1.
7. M.-Aurèle, XI, 7 : « Avec quelle évidence se présente cette vérité que tu ne saurais trouver dans la vie de situation plus favorable pour te livrer à la philosophie, que celle où tu te trouves présentement. » Comp. II, 4 et XI, 21, 4 : τὰς ἰδίας ὁρμάς (cf. p. 134, n. 3).

l'action présente, comme si c'était la dernière[1]. Mais, à l'inverse, il n'y a aucune préparation requise pour bien mourir, si ce n'est de bien faire ce qu'on est en train de faire[2].

A cela se rattache l'idée que « le présent est égal pour tous » : « Dusses-tu vivre trois fois mille ans, et même autant de fois dix mille, souviens-toi toujours que personne ne perd d'autre existence que celle qu'il vit et qu'on ne vit que celle qu'on perd... Le présent est égal pour tous et ce qu'on perd est donc égal aussi... On ne saurait perdre, en effet, le passé ni l'avenir, car ce que nous n'avons pas, comment pourrait-on le ravir »[3]. — « L'actualisme » stoïcien frappe le passé et l'avenir d'un égal discrédit. La vie est conçue à l'image de la pointe du cône bergsonien, mais sur laquelle appuieraient, non seulement les « souvenirs utiles », mais bien la totalité de la science du sage[4]. La mémoire (et encore le texte dit simplement : « les souvenirs ») n'intervient que dans la formation des concepts[5] ; or les concepts sont issus d'impressions sensibles et doivent être actualisés par l'application. Il n'y a rien d'équivalent, chez les stoïciens, aux « vastes palais de la mémoire » qui feront l'émerveillement de saint Augustin, ni aux représentations des plaisirs passés où Epicure puise de la consolation et s'exerce à l'ataraxie. N'étant

1. M.-Aurèle, II, 5, 2 : « Se rendre libre de toutes les préoccupations (φαντασιῶν) ; or, tu t'en rendras libre, si tu accomplis chaque action de ta vie comme si c'était la dernière » ; et, en VII, 69, cette définition de la « perfection morale (τελειότης τοῦ ἤθους) : passer chaque journée comme si c'était la dernière ». — De telles phrases sont parfaitement d'accord avec la théorie du *télos*. Mais Epictète, dont l'enseignement se conforme également à cette théorie, dirait plutôt : à condition d'obéir parfaitement à l'impératif du présent, peu importe l'heure à laquelle je mourrai (cf. note suiv.).

2. Epictète, *Diss.*, IV, x, 11 : « Dans quelle action veux-tu être surpris par la mort... Tu mourras en homme de bien, en accomplissant une action utile ; car, puisque de toute façon il faut mourir, il est fatal que l'on soit surpris en train de faire quelque chose, en train ou de labourer, ou de bêcher, ou de trafiquer, ou d'exercer le consulat, ou d'avoir soit une indigestion, soit la dysenterie ». Cf. M.-Aurèle, VI, 2 : « Qu'il te soit indifférent, quand tu accomplis ton devoir, d'avoir froid ou chaud, d'avoir sommeil ou d'avoir assez dormi, ...de mourir ou de faire quelque autre chose. En effet, l'acte par lequel nous mourrons est l'un de ceux dont se compose la vie. Il suffit donc, pour celui-là aussi, de bien disposer l'affaire présente. » — On peut rapprocher de tels textes ce trait de saint Louis de Gonzague qui, interrogé sur ce qu'il ferait si on lui annonçait la fin du monde, alors qu'il était en train de jouer à la balle, répondit : Je continuerais de jouer à la balle.

3. M.-Aurèle, II, 14 (cf. IV, 47). Et III, 10 : « Chacun ne vit que le présent, cet infiniment petit ; car le reste, ou bien est déjà vécu, ou bien est incertain (τὰ δ'ἄλλα ἢ βεβίωται ἢ ἐν ἀδήλῳ) . »

4. § 81.

5. Aët., *Plac.*, IV, 11 (cf. p. 160, n. 1).

plus le temps de l'action, le passé est aboli et c'est dans un tout autre sens, nous y reviendrons, que l'instant présent peut s'élargir et reculer ses limites.

85. Ce refus de l'avenir, comme du lieu des passions (crainte et espoir ou cupidité)[1] n'est pas propre au Stoïcisme ; il est d'accord avec la tradition platonicienne, reprise par Plotin. — Le *Phédon* avait montré que le ressort de la vertu vulgaire est la crainte[2], et que le philosophe n'a nul *souci* (ἐσπουδακέναι) des biens extérieurs ni des biens du corps[3]. Le *Lachès* avait refusé de définir le courage par la connaissance des choses à craindre et à espérer : la vertu ne saurait être science qu'à la condition de connaître les biens et les maux, non seulement à venir, mais absolument, sans restriction temporelle[4]. Dans un texte curieux du *Philèbe*, Platon oppose aux opinions et aux espérances de l'insensé, non pas les espérances du sage, mais le contentement que celui-ci trouve dans sa sagesse même[5]. — Plotin demandera que « l'âme supérieure oublie ce qui lui vient de l'âme inférieure... car il est beau, ici-bas, de se soustraire aux soucis des hommes (τῶν ἀνθρωπίνων σπουδασμάτων) ; et, par conséquent, il est nécessaire de se soustraire aux souvenirs de ces soucis »[6].

Epictète, pour expliquer ce qui nous pousse sans cesse à consulter les devins, répond : « La lâcheté, la crainte de ce qui arrivera »[7]. Cette crainte est indigne du sage, parce qu'elle

1. La crainte *(metus)* : « Opinio magni mali inpendentis » (Cic., *Tusc.*, III, XI, 25) : ὁ δὲ φόβος ἐστὶ προσδοκία κακοῦ (Diog. Laërt., VII, 112 ; cf. *Lachès*, 198 b : δέος γὰρ εἶναι προσδοκίαν μέλλοντος κακοῦ). — La cupidité : « (Metus opinio impendentis mali quod intolerabile esse uideatur), lubido opinio uenturi boni quod sit ex usu iam praesens esse atque adesse » (*Tusc.*, IV, VII, 14).

2. *Phédon*, 68 de. Cf. Spinoza, *Eth.*, IV, prop. 63.

3. *Phédon*, 64 d. — Plus loin le mot de μελέτη exprime le souci inquiet autour des choses du corps (81 c 4, 82 b 2, 82 a 7 ; μελετᾶν : 81 e 4, 6), mais un verbe de la même racine traduit le soin et la sollicitude qu'il faut consacrer à son âme (ἐκεῖνοι οἷς τι μέλλει τῆς ἑαυτῶν ψυχῆς, 82 d 2 ; cf. aussi, dans le même sens, μελέτη et μελετᾶν : 80 e 6, 81 a 1 et ἐπιμέλεια : 107 c 1).

4. *Lachès*, 198-199.

5. *Philèbe*, 12 d 2-4 ; la même idée dans Démocrite, *Vors.*, 68 (55), B. 176 : Τύχη μεγαλόδωρος, ἀλλ' ἀβέβαιος, φύσις δὲ αὐτάρκης · διόπερ νικᾷ τῷ ἥσσονι καὶ βεβαίῳ τὸ μεῖζον τῆς ἐλπίδος. Il faut ajouter que même pour le sage, il y a, mais sur un tout autre plan, un « espoir » légitime : *Philèbe*, 40 a-b (cf. Démocrite, B, 58, 185) ; plus généralement, le « bon espoir » du philosophe en face de la mort (*Phédon*, 63 c 1, 5 ; 67 c 1 ; 114 c 9) répond à la théorie platonicienne de la connaissance, d'après laquelle Dieu seul est sage (*Phèdre*, 278 d) tandis que l'homme ne saurait parvenir à l'initiation parfaite qu'après sa mort et promû à une condition divine (cf. *La religion de Pl.*, pp. 40-42, et p. 41, n. 1.

6. Plotin, IV, III, 32, 10-17. Cf. Platon, *Phèdre*, 249 c *i. f.*

7. Epictète, *Diss.*, II, VII, 9.

repose sur une illusion et méconnaît l'unique réalité du présent. « Que l'avenir ne te trouble pas », écrit Marc-Aurèle, « tu y arriveras, s'il le faut, portant en toi la même raison dont tu te sers maintenant à l'égard des choses présentes »[1]. Ce « trouble » et cette « agitation »[2], il faut les renvoyer à l'avenir qui, en ce moment, n'est rien pour nous. Aussi le sage « se contente-t-il de ces deux choses : d'accomplir, quant à lui, l'action présente selon la justice et de chérir le lot qui lui est attribué présentement ; il laisse là toutes les préoccupations et les soucis (ἀσχολίας πάσας καὶ σπουδάς) »[3].

86. Avant de nous demander ce qui distingue ces deux groupes de textes, platoniciens et stoïciens, il faut indiquer ce en quoi ils s'accordent. On peut dire que, de part et d'autre, le phénomène du souci est vu et reconnu, mais qu'on refuse de s'y arrêter pour en faire l'objet d'une phénoménologie. C'est que Stoïciens et Platoniciens reconnaissent, en outre, une réalité cosmique (ou transcendante) à laquelle peut et doit se rattacher l'existence humaine. Que si l'on retranche cette référence à une réalité qui dépasse « les préoccupations et les soucis » des hommes, il est clair qu'alors ce phénomène fournira le principal terrain de l'investigation philosophique qui pourra lui faire supporter, non seulement la construction d'une science descriptive et analytique, mais encore d'une ontologie. En quoi il y aura un approfondissement plus qu'une découverte. Car ce terrain même, qu'on retournera ainsi glèbe par glèbe, les anciens l'avaient découvert et délimité ; s'ils s'en sont détournés, plutôt que d'en explorer les moindres parcelles, c'était à bon escient. Un autre objet, pensaient-ils, était offert à leurs méditations et où devaient s'appuyer, tout ensemble, l'ontologie et l'anthropologie.

Il n'est pas sans intérêt de citer ici les considérations d'un écrivain contemporain, d'autant plus instructives qu'elles ne portent nulle trace de la réflexion des anciens. Après avoir rappelé qu'au septième chant de l'*Inferno*, Dante frappe d'un même châtiment les avares et les prodigues, unis par leurs fautes contrairement opposées *(colpa contraria)*, —

1. M.-Aurèle, VII, 8.
2. P. 118, n. 6.
3. M.-Aurèle, X, 11, 3.

l'auteur poursuit : « Une *colpa contraria* relie l'Epicurien avide de jouissance au broyeur de noir qui voudrait comprendre la vie comme un être pour la mort, fondée sur le souci. Mais c'est du supra-temporel, que l'humanité reçoit les possibilités où elle découvre ce qui donne valeur à la vie ; tout ce qui est livré à l'échéance du temps ne concerne que son simple conditionnement »[1].

Laissant entièrement de côté l'intention polémique du passage, on peut noter les points suivants. — L'idée de la *colpa contraria* implique (à tort ou à raison) que la crainte n'est pas plus fondamentale que l'espérance ; la pathologie stoïcienne met sur le même plan l'*opinio mali inpendentis* et l'*opinio uenturi boni*[2] ; la condamnation du pessimisme courant est solidaire, chez Platon, du refus de l'optimisme vulgaire[3]. — Comme dans les textes antiques, le souci et son objet[4] tombent au rang de simple conditionnement, dès que sera rétablie la référence au « supra-temporel »[5]. — Enfin, l'allusion à « l'Epicurien avide de jouissance » mériterait d'être poursuivie. Car, excepté les philosophies sceptiques[6], l'épicurisme historique est certainement, parmi toutes les doctrines de l'antiquité, la plus « moderne », en ce sens qu'il rend la morale, jusqu'à un certain point[7], indépendante à l'égard de la physique[8]. On peut même penser que le relâche-

1. F. Medicus, *Menschlichkeit*, Artemis-Verlag, Zurich-Stuttgart, 1951, p. 205.
2. P. 171, n. 1. — Spinoza, *Eth.*, IV, prop. 47.
3. *La relig. de Pl.*, pp. 76-77.
4. C'est-à-dire tout ce qui constitue la « matière » ou le « thème » de l'action (§§ 66-67) ; le sage y voit des « occasions » et des *buts* auxquels il faut consacrer ses *soins* ; l'insensé y voit des *fins* véritables qu'il poursuit de son *souci* (cf. l'opposition dans M.-Aurèle, XII, 27, 2 *i.f.*). — Cf. § 87.
5. Le rétablissement de ce lien est exigé (et ici encore indépendamment de toute influence de la pensée antique) en conclusion même à une philosophie qui délibérément en avait accepté la rupture : « La contingence est ce qui jamais, ce qui à aucun prix, ne saurait être accepté par l'homme. La finitude est insupportable. Elle doit, quelque part, être surmontée » (A. de Waelhens, *La philosophie de Martin Heidegger*, Louvain, 1942, p. 366).
6. Si certaines de ces philosophies ont pu être revendiquées par des penseurs modernes, c'est précisément à cause de leur hostilité à l'égard d'une physique substantialiste (conventionnalisme de Protagoras) et dans la mesure où elles conçoivent la morale comme une science autonome, détachée de toute ontologie (probabilisme de Carnéade) ; voir E. Dupréel, *Les sophistes*, Neuchâtel, 1948, chap. I (en part. p. 55) et *Essais Pluralistes*, Paris, 1949.
7. Il faut même dire que, dans la mesure où elle est rattachée à la physique, la morale en reçoit, non pas une signification cosmique, mais la confirmation et la preuve que la recherche d'une telle signification serait vaine.
8. Ceci a été parfaitement indiqué par E. Bréhier : « La physique atomistique a son évidence en elle-même, et la démonstration de ses théorèmes est complètement indépendante des résultats qu'elle peut avoir dans la vie morale...

ment du lien entre ces deux disciplines est une des raisons principales (et une raison plus décisive que l'accusation d'hédonisme) qui font exclure l'épicurisme de toutes les conciliations éclectiques tentées depuis Antiochus d'Ascalon. Se renfermant ainsi dans les bornes de l'existence humaine, dont aucune réalité transcendante ne permet de déchiffrer le sens, l'épicurisme prend son départ dans une description analytique de cette existence même. Et il est remarquable que cette description mette l'accent, plus que les autres systèmes, sur l'idée de souci et d'angoisse[1]. Mais il n'est pas moins remarquable que la justesse de ce diagnostic ait pu être contestée, non pas d'un point de vue métaphysique, mais au niveau même où prétend se placer l'analyse épicurienne : *Nec quemquam uidi, qui magis ea, quae timenda esse negaret, timeret, mortem dico et deos. Quibus mediocres homines non ita ualde mouentur, his ille clamat omnium mortalium mentes esse perterritas*[2]. Comme si l'homme antique « moyen », « normal », même en dehors de tout présupposé métaphysique, ne se reconnaissait pas dans la phénoménologie épicurienne. Il est vrai qu'il reste à traduire *mediocres* par « inauthentiques »[3]. *

La physique corpusculaire d'Epicure... reste dégagée de toute implication morale, et c'est elle qui reparaîtra, chaque fois que l'esprit humain s'orientera vers une vision de l'univers également éloignée, si l'on peut dire, de l'anthropocentrisme et du théocentrisme » (*Histoire de la philosophie*, t. I, fasc. II, Paris, 1938, p. 342.

1. Epicure a vu que : « Diuitiis homines et honore et laude potentis [Adfluere atque bona gnatorum excellere fama, [Nec minus esse domi cuiquam tamen anxia corda, [Atque animi ingratis uitam uexare < sine ulla > [Pausa, atque infestis cogi saeuire querelis. » (Lucrèce, VI, 12-16.) — Voir Gaetano Capone Braga, *Aspetti pessimistici della dottrina di Epicuro*, in *Sophia*, 1943, 1946, réimpr. in *Studi su Epicuro*, Milan, 1951, pp. 47-87 ; et, sur Lucrèce, Dr Logre, *L'anxiété de Lucrèce*, Paris, 1946.

2. Cicéron, *de nat. deor.*, I, XXXI, 86 : « Je n'ai vu personne qui ait redouté autant qu'Epicure cela même qu'il nie être redoutable ; je veux dire la mort et les dieux. Là où des gens normaux ne s'émeuvent pas outre mesure, lui proclame que l'esprit de tous les mortels est frappé de terreur. »

3. Cf. Voltaire : « Pourquoi nous faire horreur de notre être ? Notre existence n'est point si malheureuse qu'on veut nous le faire accroire » (*Lettres philosophiques*, XXV, *Sur les Pensées de M. Pascal*, § VI). — On retrouve ici le problème classique (cf. encore Platon, *Rép.*, IX, 582 a sqq. ; Stuart Mill, *De l'utilitarisme*, chap. II) qu'on pourrait appeler celui de la compétence diagnostique (non : judiciaire). La question ici n'est pas, en effet, de savoir si l'on est fondé, en droit, en morale et en vérité, à juger et à condamner autrui ; elle est de savoir si je puis soumettre la pensée et la conduite d'autrui à un diagnostic qui est essentiellement interprétation (et accessoirement seulement jugement et condamnation) se prétendant valable *pour lui*. La première question est infiniment plus facile à résoudre ; la compétence judiciaire, du moment qu'elle détient la force et un lieu pour se prononcer (que ce soit le tribunal réel ou le for intérieur du moraliste) ne sera jamais embarrassée pour se trouver un fon-

87. S'il y a accord, entre le platonisme et le stoïcisme, pour libérer l'existence humaine de l'emprise de l'avenir, c'est cependant dans des intentions très différentes. Pour les platoniciens, la réalité réelle est transcendante par rapport à l'univers visible, et l'existence humaine n'est qu'une préparation à la vie véritable, celle que mènera l'âme immortelle dans la contemplation de cette réalité. Par là se trouvent dépréciées, non seulement les préoccupations du vulgaire (dont l'objet illusoire nous présente de notre condition réelle une image fallacieuse, où tout est mis sens dessus dessous)[1], mais également les vertus actives. Leur pratique, en effet, est liée aux nécessités de notre condition présente et provisoire. Elles nous prescrivent le contact et l'usage des choses extérieures et risquent de nous placer sous le charme de celles-ci et de nous exposer à leur envoûtement[2]. Or, l'action (qui tire toute sa valeur du Modèle qu'elle imite) n'est qu'une contemplation imparfaite, à l'état d' « affaiblissement » et de « moindre vérité »[3]. Aussi bien la morale active ne relève-t-elle pas du « beau », mais du « nécessaire »[4], et cela même est « fâcheux »[5]. Bien qu'il faille accepter cette condition nécessaire (ni Platon ni Plotin ne nous exemptent de la vertu et des *œuvres*)[6], le désir d'éternité peut substituer, dès à

dement. Mais la compétence diagnostique exhibera en vain tous ses titres, de droit humain ou divin ; elle sera proprement illégale, aussi longtemps qu'il plaira au patient de la récuser.

Ce problème a été vu dans toute son acuité par Platon : « Je ne sais produire en faveur de mes opinions qu'un seul témoin, mon interlocuteur lui-même », c'est-à-dire, mon contradicteur (*Gorgias*, 474 a, cf. 487 a-e). Epictète a repris ce texte (*Diss.*, II, XII, 5) qui reçoit son fondement, dans le stoïcisme, de la théorie des notions communes.

1. Cf. Platon, *Gorgias*, 481 c.
2. Plotin, IV, IV, 44.
3. Platon, *Rép.*, VI, 473 a : Ἆρ' οἷόν τέ τι πραχθῆναι ὡς λέγεται, ἢ φύσιν ἔχει πρᾶξιν λέξεως ἧττον ἀληθείας ἐφάπτεσθαι ; — Plotin, III, VIII, 4, 40 et 43-44 : Τίς γὰρ θεωρεῖν τὸ ἀληθινὸν δυνάμενος προηγουμένως ἔρχεται ἐπὶ τὸ εἴδωλον τοῦ ἀληθινοῦ ;
4. Platon, *Rép.*, VII, 540 b : Ἄρχοντας ἑκάστους τῆς πόλεως ἕνεκα, οὐχ ὡς καλόν τι, ἀλλ' ὡς ἀναγκαῖον πράττοντας, Plotin, VI, III, 16, 29-31 : (αἱ πρακτικαὶ ἀρεταί)... ὅσαι μὴ χωρίζουσι τὴν ψυχὴν πρὸς τὰ ἐκεῖ ἄγουσαι, ἀλλ' ἐνταῦθα τὸ καλῶς ἐνεργοῦσι προηγούμενον τοῦτο, ἀλλ' οὐχ ὡς ἀναγκαῖον τιθέμεναι.
5. Platon, *Lois*, VII, 803 b 5.
6. Cela n'est pas douteux dans les *Dialogues*, où le quatrième mouvement de la démarche dialectique *(science)* symbolise déjà, et dans certains cas effectue, la redescente dans la Caverne. Mais cela est vrai également pour Plotin ; il est saisissant, en particulier, de comparer tel texte du traité *Contre les Gnostiques* (II, IX, 15, 26-40) avec l'*Epître* de saint Jacques (II, 14-19). — Le rôle des vertus pratiques dans le plotinisme a été souvent méconnu ou minimisé ; il est fortement souligné, au contraire, et replacé dans le mouvement d'ensemble de cette philosophie par M. de Gandillac, *La sagesse de Plotin*, chap. VI (cf. aussi *ibid.*, p. 147, n. 3).

présent, aux préoccupations et espoirs de l'insensé, l'espoir légitime du sage[1], qui ne se place pas dans un futur temporel, mais brise le cercle du temps par une échappée vers le présent éternel.

Le Dieu stoïcien n'est ni transcendant, ni immatériel ; s'il peut être dit éternel, c'est en ce sens (et à la condition) que son activité se manifeste et se renouvelle dans l'étendue temporelle des périodes cosmiques. Quant à la survie, plus ou moins longue, des âmes humaines (ou de certaines d'entre elles), l'École n'est jamais parvenue à fixer un dogme accepté par tous, et ce problème même n'intervient guère, exception faite de certains textes de Sénèque[2], dans l'élaboration de la morale.*

88. Aussi n'est-ce pas une espérance métaphysique qui permettra d'échapper à l'attrait des choses[3], aux « préoccupations et aux soucis »[4]. La réalité réelle et totale doit être saisie, en nous (la partie hégémonique) et hors de nous (les actes et la volonté du Destin), à chaque instant présent et à l'occasion des événements et des choses extérieures. De l'existence humaine à la réalité divine (ici cosmique), il n'y a aucun mouvement d'évasion et à peine un « passage », mais plutôt une transformation et un approfondissement « sur place »[5]. Car le sage n'abandonne pas les objets du souci, il leur consacre, au contraire, tout son soin.

Il en est ici comme dans le débat sur la liberté. Une « distance, indiscernable en apparence »[6], sépare la liberté de la servitude ; tant que cette distance n'est pas reconnue, le Destin semble contredire à la liberté. De même il paraît « paradoxal » de soutenir « tout ensemble qu'il faille agir en toutes choses avec prudence (εὐλαβῶς)[7], mais aussi avec assurance (θαρρούντως)[8]. » En réalité, cette thèse n'a rien d'« étrange » (les deux attitudes contraires ne concernent pas, en effet, les mêmes objets) et elle n'est paradoxale que

1. P. 171, n. 5.
2. Voir les textes dans Zeller, *loc. cit.*, pp. 207 sq.
3. P. 118, n. 3.
4. P. 172, n. 3.
5. Cf. p. 58, n. 1, *i.f.*
6. § 32, *i. f.*
*7. On sait que la *prudence* est, dans l'ordre des « passions légitimes » (εὐπάθειαι), l'équivalent de la *crainte* (φόβος) ; Diog. Laërt., VII, 116.
8. Epictète, *Diss.*, II, 1, 1.

dans la mesure où elle prétend s'opposer à la conduite de l'insensé à laquelle, d'autre part, elle ressemble par les situations qu'elle accepte comme thèmes. Pour ce qui ne dépend pas de nous, il faut faire preuve, non pas de souci ni de crainte, mais d'assurance et faire confiance au Destin. La prudence, en revanche, est requise là où le vulgaire se montre plein d'audace : il ne craint nullement, en effet, de se tromper en des matières qui dépendent de lui, dans son attitude morale[1]. Il n'y a donc là aucune difficulté théorique. Mais il y en a une, d'ordre pratique. Car cet idéal immanent exige de rechercher le salut au milieu même des tentations. Le philosophe côtoie sans cesse les non-philosophes[2] ; sa conduite morale et pleine d' « assurance » prend pour objet ces mêmes matières et ces mêmes situations qui disposent le vulgaire à la crainte ; son refuge, sa « citadelle »[3] ne s'établit pas dans un « lieu supracéleste », mais dans cette vie même. Aussi Epictète avoue qu' « il est difficile d'unir et de coordonner ces deux attitudes : le *soin* (ἐπιμέλεια) que l'homme consacre aux matières[4] avec lesquelles il est en contact, et la fermeté de l'âme (εὐστάθεια) qui demeure indifférente » et exempte de souci[5].

Ajoutons qu'une interprétation philosophique peut voir

1. *Id.*, *ibid.*, §§ 2-20 ; à comp. avec Platon, *Lois*, V, 727 a-728 c.

2. Il est remarquable de voir combien souvent les textes dénoncent la tentation de misanthropie, laquelle naît bien moins du spectacle des méchants et des insensés (cf. Platon, *Phéd.*, 89 d-e ; *Cratyle*, 386 a-b), que de situations toutes banales où l'on se heurte à une promiscuité jugée insupportable : le bain public (Epictète, *Man.*, IV), la cohue aux fêtes d'Olympie (*Diss.*, I, VI, 26) et, en général, le comportement de nos semblables dont le spectacle quotidien nous est imposé : « Vois-les faire, quand ils mangent, qu'ils dorment, qu'ils s'accouplent, qu'ils s'accroupissent à l'écart et ainsi de suite ; puis, quand ils se donnent de grands airs et se rengorgent, ou bien quand ils se fâchent et qu'ils vous accablent de leur supériorité » (M.-Aurèle, X, 19). Cf. Pascal : « Ma fantaisie me fait haïr un croasseur et un qui souffle en mangeant » (*Pensées*, II, 86 ; à comp. avec M.-Aur., V, 28). De tels textes, en nombre très abondant, illustrent les difficultés et aussi le mérite de l'idéal stoïcien du sage et des exigences d'*humanitas* et de *philanthropie*. Ils pourraient servir également à une étude de l'esthétique stoïcienne. — Cf. p. 71, n. 4.

3. P. 103, n. 1. Cf. Sénèque, *Ep.*, 82, 4-5 : « Quid deinde prodest secessisse ? Tamquam non trans maria nos sollicitudinum causae persequantur ! Quae latebra est, in quam non intret metus mortis ?... Multa extra sunt, quae circumeunt nos, quo aut fallant aut urgeant, multa intus, quae in media solitudine exaestuant. Philosophia circumdanda est : inexpugnabilis est murus, quem fortuna multis machinis lacessitum non transit. In insuperabili loco stat animus, qui externa deseruit, et arce se sua uindicat : infra illum omne telum cadit. »

4. Cf. § 66, 2).

5. Epictète, *Diss.*, II, V, 9. — Cf. Sénèque, *de breu. uit.*, XVII, 6 : « Numquam derunt uel felices uel miserae sollicitudinis causae ; per occupationes uita trudetur : otium numquam agetur, semper optabitur. »

dans la conquête de cette fermeté, le résultat ou « l'effectuation » du « souci » et ramener « le double sens » de « *cura* » à « *une* disposition fondamentale »[1].

89. Toute cette opposition entre le soin et le souci[2], entre l'usage et la matière[3] se concentre dans la métaphore de l'acteur. — Les devoirs issus des situations, s'imposent à nous comme tel rôle à l'acteur. L'acteur n'est responsable, ni du personnage qui lui a été confié, ni du temps dont il dispose pour jouer. Tout ce qu'on lui demande, et tout ce qui dépend pleinement de lui, c'est de jouer le mieux possible, à chaque instant, et aussi longtemps que le magistrat qui l'a engagé, le laisse en scène[4].

Les critiques platoniciennes de la tragédie visaient, derrière l'immoralité des personnages, une conception inexacte de la vie humaine[5] et du temps[6]. De même l'exégèse d'Epictète fait voir combien les héros tragiques sont éloignés de la sagesse[7]. On peut même dire, d'une façon générale, que « les tragédies sont uniquement la narration en vers tragiques des passions qu'ont éprouvées des hommes fascinés par les objets extérieurs »[8]. Mais, contrairement à ce qu'avait jugé

1. Heidegger, *Sein u. Zeit.*, p. 199.

2. P. 176-178. Ce texte de Diogène Laërce (φοϐηθήσεσθαι μὲν γὰρ τὸν σοφὸν οὐδαμῶς, εὐλαβηθήσεσθαι δέ) est à rapprocher de ceux que nous avons cités aux pp. 138, n. 2 et 120, n. 3. Ces précisions terminologiques rendent compte de cette « distance indiscernable en apparence » qui sépare le sage de l'insensé et trouvent leur justification dans l'idéal immanent du sage stoïcien qui se distingue des autres hommes, moins par son comportement extérieur que par sa disposition d'âme. Mais il y a là un problème terminologique (et philosophique) d'ordre beaucoup plus général qui mériterait une étude approfondie et qui a été signalé, au sujet de l'opposition *Eros et Agape* selon M. A. Nygren, par M. H. Marrou, dans *Esprit*, XIII, déc. 1945, pp. 908 sq.

3. P. 137, n. 6.

4. M.-Aurèle, XII, 36 (cf. VIII, 47, 3-5).

5. Le texte fondamental est *Rép.*, X, 603 c (« La poésie imitative représente les hommes dans des actions forcées ou volontaires, en conséquence desquelles *ils se croient* heureux ou malheureux »), où le mot décisif est οἰομένους, omis dans la reprise que fait Aristote de cette définition dans l'*Art poétique* (VI, 1449 b 24).

6. Nous nous permettons de renvoyer à ce sujet à notre étude sur *Le problème de la tragédie d'après Platon, Rev. des Et. Grecques*, LXI, 1948, pp. 55-58.

7. Médée s'est trompée (*Diss.*, I, XXVIII, 7-8), ignorant que le pouvoir de faire ce que nous voulons ne doit pas être cherché à l'extérieur (II, XVII, 21) ; Admète, Etéocle et Polynice n'ont pas su appliquer la *notion commune* d'amitié (II, XXII, 11-14) ; le mauvais usage des représentations peut être illustré par l'exemple de Pâris (I, XXVIII, 13 ; cf. II, XXII, 23) ; Agamemnon et Achille ignorent l'utile et le nuisible (II, XXIV, 21) et ne savent pas appliquer les prénotions (I, XXII 5-8), etc.

8. Epictète, *Diss.*, I, IV, 26 (cf. la définition de Platon, note 5).

Platon[1], l'exégèse morale des tragiques peut contribuer à l'éducation ; elle analyse les fautes qu'il convient d'éviter ; de plus, la tragédie nous montre « les événements de la vie » et nous rappelle « qu'ils doivent arriver naturellement et qu'il faut, puisque leur représentation nous charme à la scène, ne pas se plaindre quand ils se réalisent sur une scène plus vaste »[2].

Cette attitude plus conciliante à l'égard de la tragédie s'explique sans doute par l'acceptation de la vie et de la cité réelles ; les Stoïciens ne rêvent plus d'une cité idéale[3] dont ils puissent exclure les poètes ; comment reprocher alors à ceux-ci de représenter des personnages tels que le philosophe en rencontre partout[4] et parmi lesquels il consent à vivre ? Et comment, s'il craignait l'influence corruptrice des poèmes tragiques, résisterait-il à l'attrait des choses ?

90. De part et d'autre, on convient donc que la tragédie imite la vie ordinaire et le comportement du vulgaire ; à l'inverse, la question se pose de savoir si l'homme de bien sera (ou devra être) amené à imiter dans sa vie la tragédie. Il le sera fatalement, au jugement de Platon, et c'est ce qu'il faut éviter à tout prix. Aussi bien, ici comme ailleurs, Platon imagine une « transposition »[5] de la tragédie, transposition littéraire (*hymnes* et *éloges*)[6] et politique et morale (organisation de la Cité des *Lois*)[7]. Sous ces deux formes, la transposition concerne la tragédie en acte, le *drame* à agir : le *texte* est toujours traité comme un modèle auquel se conformeront

1. L'explication d'Homère et des tragiques dans *Rép.*, II-III est faite à l'usage des éducateurs, non des élèves.

2. M.-Aurèle, XI, 6 (le texte fait partie d'un petit sommaire de l'histoire du théâtre). Le « charme » des représentations, où Platon avait dénoncé leur principal danger (*Rép.*, X, 605 c sqq.) est utilisé ici à titre de « propédeutique » (cf. pp. 57, 72). De plus, l'accent est mis, non pas sur le comportement (souvent blâmable) des personnages, mais sur les événements qui leur adviennent et où le stoïcisme reconnaît l'action du Destin (alors que Platon avait écarté la représentation tragique du malheur où les spectateurs pourraient trouver des arguments contre la justice divine (*Le probl. de la trag.*, 47-48).

3. P. 152, n. 3. — Cf. le « précepte stoïcien » : « Numquam priuatum esse sapientem » (*ap.* Cic., *Tusc.*, IV, XXIII, 51).

4. C'est l'absence de l'éducation philosophique qui fait prendre au tragique les événements les plus ordinaires de la vie (Épictète, *Diss.*, II, XVI, 31).

5. Le procédé de *La transposition platonicienne* a été défini et étudié sur plusieurs points par Mgr A. Diès, *Autour de Platon*, t. II, Paris, MCMXXVII, pp. 400-449.

6. Platon, *Lois*, VII, 801-802 a (cf. *Rép.*, X, 607 a).

7. *Lois.*, VII, 817 b.

les spectateurs et, surtout, les acteurs. La transposition devra donc procéder à un changement et à une substitution de textes (poétique, dans le premier cas, politique, dans le second) ; on est ainsi assuré d'obtenir des lecteurs et, surtout, des récitants, une conduite conforme au texte. D'une façon correspondante, ceux dont l'âme risque le plus de pâtir sous l'influence de la tragédie des poètes, ce sont les acteurs. D'où l'interdiction faite aux gardiens de la Cité de représenter eux-mêmes les poèmes des tragiques[1] et, s'il n'y a pas d'inconvénient pour les citoyens des *Lois* à assister au spectacle des comédies, c'est à la condition qu'eux-mêmes ne montent jamais sur la scène ; les acteurs seront des esclaves ou des étrangers salariés[2].

Leur consentement aux conditions réelles de la vie, joint au refus de l'utopisme, devait écarter de l'esprit des Stoïciens, toute idée d'une semblable « transposition ». Bien mieux, la transposition platonicienne procédant par substitution de textes, devait leur apparaître comme la faute par excellence, la faute contre le Destin. « Est-il donc en ton pouvoir de choisir le thème (ὑπόθεσις) ?[3] Tel corps t'a été donné, tels parents, tels frères, telle patrie, tel rang dans cette patrie. Et voilà que tu viens me dire : ' Change-moi le thème ' »[4]. Résister au thème que nous octroie la vie et refuser *l'argument* des poèmes dramatiques, c'est commettre la même faute et c'est se fermer à la plus haute leçon des tragédies, qui est de nous « rappeler les événements de la vie, et qu'ils doivent arriver ainsi naturellement »[5]. Faut-il, pour autant, imiter le comportement des personnages tragiques, de ces « hommes fascinés par les objets extérieurs »[6] ? — Nullement, et c'est précisément pourquoi les Stoïciens nous invitent à prendre modèle sur celui-là même dont Platon avait interdit la profession à ses citoyens : l'acteur. Car l'acteur figure symboliquement le sage en ce qu'il accepte son texte et met tout son soin à le réciter, tout en refusant, puisqu'il n'est qu'un

1. *Rép*,, III, 394 e-396 e.
2. *Lois* VII, 816 e.
3 On sait que, depuis la philologie alexandrine, ὑπόθεσις désigne la « notice » placée en tête de chaque pièce et qui en contient, entre autres, « l'argument ».
4. Epictète, *Diss.*, I, XXIX, 39.
5. P. 179, n. 2 ; cf. Epict., *Man.*, XXXIII, 9.
6. P. 178, n. 8.

acteur, de « prendre au tragique » les événements qu'il joue ; comme pour le sage, ils ne sont rien pour lui, ils sont « indifférents». ✱

91. De Platon aux Stoïciens, il est possible que le jeu des acteurs ait subi une transformation, se soit fait plus pathétique, sans doute, mais, peut-être, moins « naturel »[1]. Ce qui est certain, c'est que, selon Platon, l'acteur reçoit nécessairement dans son âme les défauts des personnages qu'il aura joués, alors que, d'après Epictète, l'acteur, comme par définition, tient son rôle à distance ; aussi, pour réduire à l'absurde l'élève qui « vient lui dire : , Change-moi le thème ' », Epictète lui répond-il : « Le temps viendra bientôt où les acteurs croiront que leurs masques, leurs brodequins et leur costume, c'est eux-mêmes »[2].

La métaphore de l'acteur figurait, dans un autre contexte[3], l'idée d'une activité qui porte sa fin en elle-même et qui tend à exprimer, dans chaque instant, sa totalité achevée. Cette idée se précise : si le jeu de l'acteur est parfait à chaque instant, c'est parce que le présent lui suffit, parce que l'acteur n'est pas solidaire de son personnage qui, lui, déborde constamment le présent par ses souvenirs et regrets, ses craintes et espoirs[4]. Car la métaphore fait voir que « les matières sont indifférentes, mais que l'usage qu'on en fait, ne l'est pas »[5]. Le rôle qui nous a été confié a besoin de temps pour être récité complètement. Mais personne ne sait s'il nous sera demandé de le réciter jusqu'au bout (cela ne dépend pas de nous), et cet « achèvement » temporel n'est nullement requis pour la perfection du jeu (« dans la vie, trois actes font une pièce achevée »)[6]. Aussi est-ce une faute grave, que de trop bien coïncider avec son rôle, de demander le temps nécessaire

1. O. Navarre, tout en constatant l'impossibilité où nous sommes, faute de données suffisantes, de « faire l'histoire de l'art scénique en Grèce puis à Rome et (de) le suivre dans ses transformations successives », propose quelques indications dans son article : *Histrio*, dans Daremberg-Saglio, *Dict. des Antiquités*, III, I, p. 228-9.

2. Epictète, *Diss.*, I, XXIX, 41.

3. § 72.

4. Malgré la différence qu'il reconnaît entre l'acteur et le spectateur, Meinong estime que, comme celui-ci, l'acteur n'éprouve que des émotions et des désirs d'imagination (« Phantasie-gefühle », « -begehrungen » ; *Uber Annahmen*², Leipzig, 1910, p. 315).

5. P. 137, n. 6.

6. M.-Aurèle, XII, 36, 3 (cf. III, 8, 2). ✱

à la récitation complète[1]. Or, le bon acteur ne « se » joue pas ; il garde les distances entre lui et son personnage[2]. Tout ce à quoi il s'applique, c'est à bien jouer à chaque instant. Comme déjà chez Platon[3], « le sentiment tragique de la vie » est condamné très clairement : il consiste à s'identifier à son rôle de manière que l'acteur et le personnage deviennent indiscernables[4] ; à déborder le jeu, c'est-à-dire « l'action » présente, vers le passé et vers l'avenir, et à négliger ainsi, en faveur de regrets stériles et d'espérances vaines, le seul mode du temps qui nous soit donné : le présent. Au lieu d'imiter l'acteur, on imite ainsi le personnage tragique[5]. On l'imite encore si, dans le présent même, on ne garde pas cette sorte de détachement confiant que Marc-Aurèle exprime par ἵλεως[6]. Il ne suffit pas de « souffrir », pour faire preuve de « stoïque fierté »[7] ; accepter le présent dans l'esprit stoïcien, c'est y consentir « de bonne grâce », sans humeur sombre[8], sans raidissement et « esprit d'opposition », sans « pose tragique »[9].

1. *Id.*, *ibid.*, et VIII, 47 (cf. VIII, 32). Epict., *Man.*, XVII.
2. Ceci peut subsister avec ce qu'écrit M. G. Gusdorf « « Le comédien joue son rôle, mais, en même temps, il se joue lui-même », qui continue : « Il parvient à réaliser en lui, à incarner un personnage par une application de tout son être, par une mobilisation intime *qui applique à telle ou telle situation particulière l'essentiel de sa propre vie* (c'est nous qui soulignons ; *La découverte de soi*, Paris, 1948, p. 268).
3. *Le probl. de la tragédie d'après Pl.*, p. 58.
4. Epictète, *Diss.*, I, XXIV, 16-18 : « Les rois débutent par la prospérité : ' Ornez les palais ', mais au troisième ou quatrième acte : ' Hélas ! Cithéron, pourquoi m'as-tu reçu ? '. — Esclave, où sont les couronnes, où est le diadème ? Les gardes du corps ne te servent plus de rien ? Dès lors, quand tu rencontres quelqu'un de ces gens-là, souviens-toi que tu rencontres un héros de tragédie, non pas un acteur, mais Œdipe lui-même. »
5. Epictète, *Diss.*, II, XVI, 30-31 : « L'eau de Marcia serait-elle donc plus mauvaise que celle de Dirkè ? — Mais j'étais habitué à celle-là. — Tu t'habitueras également à celle-ci. Et puis, si tu te laisses influencer par de tels objets, tu n'as aussi qu'à pleurer sur eux et à tâcher de composer un vers à la manière d'Euripide : « 'Les thermes de Néron et l'eau de Marcia.' » Vois comment naît une tragédie quand les fous sont aux prises avec des événements ordinaires. »
6. M.-Aurèle, XII, 36, 5 ; II, 3, 3. — Voir, entre autres textes, XII, 3, 4 : « Si tu écartes de ton principe hégémonique tout ce qui dépend de la passion et, du temps, l'avenir et le passé... si tu t'appliques à vivre ce que tu vis, à savoir le présent, tu pourras passer le temps qui te reste jusqu'à ta mort sans troubles, avec bienveillance et bonne grâce envers ton Génie (ἀταράχτως καὶ εὐμενῶς καὶ ἵλέως). »
7. *La mort du loup*, fin. — Ici, comme dans la conclusion au *Mont des Oliviers*, Vigny illustre plutôt un stoïcisme tronqué, c'est-à-dire coupé de sa physique, par où l'éthique même du stoïcisme authentique se trouve altérée. ★
8. Epictète, *Diss.*, IV, VII, 6 (μανία).
9. M.-Aurèle, XI, 3 ; IX, 29, 7-8 ; cf. V, 28, 4.

92. Que le sage doive imiter l'acteur, ne signifie nullement que la vie soit destituée de sa réalité et de son sérieux[1], qu'elle soit ramenée à une comédie qui reçoive sa conclusion d'un : « La farce est jouée »[2]. La dramaturgie cosmique n'a rien de « l'enfantillage divin » célébré par Nietzsche et Héraclite[3] ; elle ne procède pas comme le montreur de marionnettes, dont Platon se reconnaît incapable de décider s'il agit par simple « amusement » ou s'il poursuit quelque dessein « sérieux »[4]. La rationalité et la bonté du Destin sont garanties par la *légalité* irréfragable des événements ; Celui qui organise le spectacle est comparé au magistrat[5]. Le bon acteur coopère directement et à chaque instant avec le Destin[6] ; « interrompre le jeu »[7], c'est « rompre l'enchaînement des causes, autant qu'il dépend de toi »[8].

Or, le jeu de l'acteur est activité, épreuve[9] où se concentre toute la volonté morale du sage qui, dès lors, peut être comparé à l'athlète[10]. Mais, à l'inverse, l'indifférence[11] à l'égard de la « matière », de l'argument, du « texte », veut que le sage soit, non plus acteur, mais simple « spectateur »[12] en face du monde et des événements, et qu'il se contente de contempler là, où le vulgaire « agit » et s'agite.

93. Qu'un telle conception justifie et fonde la vertu active, qu'elle accepte et même ratifie tous les devoirs particuliers et concrets plus sérieusement et plus profondément que

1. Pour une critique de l'antithèse : jeu-sérieux, voir J. Huizinga, *Homo ludens*, trad. fr., Paris, 1951, pp. 22 sqq.
2. Serait encore plus éloignée du stoïcisme l'idée de « jouer la comédie », de porter un « masque », de donner « l'illusion » (ainsi l'exégèse nietzchéenne des dernières paroles attribuées à Auguste, *Le gai savoir*, § 36).
3. Nietzsche, *Volonté de Puissance*, éd. Krôner, 1930 (1952), § 797 ; Héraclite, *Vors.*, 22 (12), B, 52.
4. Platon, *Lois*, I, 644 d ; cf. VIII, 803 c et *Cratyle*, 406 c 3 : φιλοπαίσμονες γὰρ καὶ οἱ θεοί. — Chez M.-Aurèle, l'image de la marionnette figure l'homme qui cède aux choses extérieures (XII, 19).
5. M.-Aurèle, XII, 36, 2.
6. M.-Aurèle, VI, 42.
7. Epictète, *Diss.*, I, XXV, 7-13.
8. P. 101, n. 2 ; cf. Epictète, *Diss.*, I, XII, 25.
9. Pp. 124, 137.
10. Entre beaucoup d'autres textes d'Epictète (et de Sénèque ; cf. p. 124, n. 3), voir *Diss.*, I, XXIX, 34-43, où le thème de l'athlète est directement mis en rapport avec celui de l'acteur.
11. Sur le problème de « l'indifférence » appliquée aux événements « providentiels », cf. § 47.
12. Epictète, *Diss.*, II, XIV, 23-27 (Cette comparaison traditionnelle de la vie avec un spectacle est ici profondément renouvelée, puisqu'elle ne sert nullement à justifier la « vie théorétique »).

toutes les philosophies précédentes (à l'exception, peut-être, de l'École cynique), cela nous paraît indiscutable. Si, malgré tout et parce qu'il réserve la liberté intérieure, le stoïcisme mérite d'être qualifié de « philosophie défaitiste »[1] ou si, comme le croira Montaigne[2], il a eu raison de priver l'entreprise présente de ses stimulants passionnels, nous n'avons pas à en décider ici. Mais il reste à préciser et à restreindre sur deux points la portée de la métaphore de l'acteur.

Il est clair, tout d'abord, que la personnalité de l'acteur ne se dissout nullement en un « faisceau » ou une « série » de personnages. « Si on enlève à l'acteur à la fois ses brodequins et son masque, et si on le produit à la manière d'une ombre, l'acteur a-t-il disparu ou subsiste-t-il ? S'il a sa voix, il subsiste »[3]. « Sa voix », c'est ce qu'Épictète, ailleurs, appelle « la personne morale »[4] ; c'est la faculté d'incarner tous les rôles, c'est-à-dire, ici encore, la puissance supérieure à tous les actes possibles qu'elle peut produire.[5] Et cette puissance, il s'en faut qu'elle soit la même chez tous ; tous ne sont pas capables de jouer tous les rôles ; aussi faut-il avoir et prendre « conscience » de la « force » qui nous a été impartie[6]. Épictète, ici, vient très près de ce que Schopenhauer appellera le « caractère acquis », c'est-à-dire la connaissance exacte de ce

1. R.-G. Collingwood, *The idea of history*, Oxford, 1946 (réimpr. 1948, 1949), p. 40 et, en général, la Première partie, §§ 7-11. — B. Russell : « To a modern mind, it is difficult to feel enthusiastic about a virtuous life if nothing is going to be achieved by it » (*A history of western philosophy*, New York, 1945, p. 255). — Il faudrait, à ce sujet, reprendre le problème de la politique stoïcienne et, en particulier, la tentative des Gracques, où l'on peut penser que l'attitude de Blossius a été plus près du stoïcisme et même de la philosophie que celle de Panétius. « Ce ne fut pas un Panétius », écrit M. A. Grenier, « que (les Gracques) rencontrèrent, mais un stoïcien, le philosophe Blossius » (*Le génie romain, etc.*, Coll. de l'Évol. de l'Humanité, Paris, 1938, p. 217). Cf. plus loin p. 213, n. 4.

2. Montaigne, *Essais*, III, x : « Cette aspreté et violence de desir empesche, plus qu'elle ne sert, à la conduitte de ce qu'on entreprend, nous remplit d'impatience envers les evenemens ou contraires ou tardifs, et d'aigreur et de soupçon envers ceux avec qui nous negotions. Nous ne conduisons jamais bien la chose de laquelle nous sommes possedez et conduicts... Il faut jouer deuement nostre rolle, mais comme rolle d'un personnage emprunté. Du masque et de l'apparence il n'en faut pas faire une essence réelle, ny de l'estranger le propre. Nous ne sçavons pas distinguer la peau de la chemise » (cf. Epictète, cité p. 181, n. 2 ; p. 182, n. 4) ; éd. J. Plattard, t. III, II, Paris, 1932, pp. 96, 101).

3. Epictète, *Diss.*, I, XXIX, 43. — Cf. L. Jouvet : « Le comédien est un instrumentiste qui est son propre instrument » ((*Réflexions du Comédien*, *Nouv. Revue crit.*, 1938, p. 143).

4. P. 101, n. 1.

5. §§ 73-74.

6. Epictète, *Diss.*, I, II, 30-37.

que vaut et de ce que peut notre « caractère empirique »[1]. Il faut s'accommoder de n'importe quel rôle ; car le moindre nous permet encore de montrer « qu'il m'a été donné de déployer une belle voix »[2]. Mais le sage seul peut tenir tous les rôles et il en est même, tels la royauté et le rôle de chef[3], que lui seul sait jouer convenablement.

Par où l'on voit déjà que, malgré leur « indifférence », les rôles-matières, non seulement ne sont pas sans « différence »[4], mais que certains, plus que d'autres, conviennent au sage. A l'inverse, il en est qui ne lui conviennent pas du tout. Il est vrai que certains rôles n'ont guère coutume de lui échoir[5] ; il en est d'autres qui menacent d'imprégner de leur indignité la « dignité morale »[6] de l'acteur ; dans un tel cas de conflit, c'est la « conscience » du « caractère acquis », c'est-à-dire de notre « dignité » et « valeur »[7], qui devra nous déterminer à la modestie et à l'acceptation de ce rôle, mais qui pourra autoriser le sage à le refuser et, s'il n'y a pas d'autre issue, à recourir au suicide[8]. — La métaphore de l'acteur ne peut pas être maintenue jusqu'au bout. Il faut préciser que si le sage a le droit d'en suspendre l'exigence, c'est justement au sujet des situations et des « rôles » que le vulgaire n'a pas le courage (ni, par conséquent, le droit) de

1. Schopenhauer, *Le Monde*, etc., t. I, § 55 (éd. Grisebach, t. I, pp. 394 sqq.) ; *Mémoire sur le libre arbitre*, III (éd. Grisebach, t. III, p. 429).
2. Epictète, *Diss.*, I, XXIX, 45.
3. P. 153, n. 1-3. — Cf. Epictète, *Diss.*, I, XXIX, 44.
4. P. 137.
5. Epictète, *Diss.*, I, XXIV, 15 : « Souviens-toi que c'est chez les riches, chez les rois, chez les tyrans, que se passent les tragédies : aucun pauvre ne joue de rôle dans la tragédie, si ce n'est comme choreute. »
6. (πρόσωπον), Epictète, *Diss.*, I, II, 14. — Ici, comme dans le titre du traité, le mot a presque le sens de προαίρεσις (cf. III, XXIII, 5) et implique une intention normative. Aux §§ 30 et, surtout, 7, il signifie le « caractère acquis », le caractère individuel avec ses limites infranchissables. M. Pohlenz voit dans tout ce traité l'influence de Panétius (*Stoa*, t. I, p. 336 ; t. II, p. 165) ; de toutes manières, il semble bien que la tendance individualiste de la morale panétienne (voir Tatakis, *loc. cit.*, p. 164 sq. et van Straaten, *loc. cit.*, pp. 139-144) ne soit en accord, ni avec l'ancien stoïcisme, ni avec celui d'Epictète ; la raison principale en est l'étroite dépendance où Epictète, au contraire de Panétius, maintient la morale par rapport à la physique. — Il faut rappeler enfin certains textes du *de officiis* (principalement I, XXX, 107 sqq., cf. XXVIII, 97, III, X, 43), probablement inspirés de Panétius (bien que non admis dans la collection des fragments par M. van Straaten) pour leur importance dans l'histoire de l'idée de personne ; voir, sur l'évolution de cette idée, I. Meyerson, *Les Fonctions psychologiques et les œuvres*, Paris, 1948, pp. 157 sqq., et les analyses du R. P. E. des Places dans *Pindare et Platon*, Paris, 1949, p. 11 et *passim*. ✱
7. Voir la communication d'E. Bréhier (cité p. 70, n. 1), sect. III-IV.
8. Epictète, *Diss.*, I, II, 25-37 ; et § 16 : « Mais si je ne joue pas à la tragédie, on me coupera le cou. — Va donc et joue. Moi, je ne jouerai pas. »

refuser[1]. Il faut ajouter encore qu'ici, comme d'une manière générale dans l'autorisation du suicide, le stoïcisme témoigne que son idéal du sage ne ressortit pas à « l'imagination »[2], puisqu'il ouvre une « issue » là où les limites des forces humaines rendraient l'exigence insupportable[3]. Et il faut dire surtout que, si la personne du sage dépasse les rôles et en fixe la « valeur », c'est parce qu'elle-même est au-dessus de toute valeur ; mais cette dignité éminente, elle ne la tient pas de son statut de « personne », au sens moderne et romantique du mot, mais de la sagesse qui « est elle-même identique à l'être universel »[4].

Notons enfin que le théâtre pourrait reprendre son bien à la philosophie et trouver dans la métaphore stoïcienne de l'acteur de quoi alimenter et, peut-être, éclairer les débats autour du *Paradoxe sur le comédien*[5].

III. L'EXPÉRIENCE DU TEMPS

94. On voit assez que l'exigence morale n'a aucun contenu matériel. Le précepte de « vivre conformément à la nature » se résume à « faire, à chaque heure, ce que tu as sur les bras »[6], à concentrer dans le seul instant présent une actualité oublieuse de sa genèse et dédaigneuse de son épanouissement ; selon la formule de Marc-Aurèle, à « délimiter le présent »[7].

1. *Id.*, *ibid.* — Cic., *de fin.*, III, XVIII, 60-61.
2. Malebranche, *Recherche de la vérité*, II, III, 4. *
3. A préciser qu'en cela même, on reste fidèle au dogme de l'Ecole et à la volonté du Destin (le suicide est toujours, ce que les interprètes affectent parfois de négliger, un acte d'obéissance).
4. E. Bréhier, *loc. cit.*, sect. IV, *i.f.*
5. On sait que L. Jouvet a critiqué le *Paradoxe*, disant en particulier que le « dédoublement » n'était pas propre à l'acteur (*Témoignages sur le Théâtre*, Flammarion, 1952, pp. 191 sqq.) et que cette explication n'atteignait pas « l'acte du théâtre ». — Peut-être pourrait-on trouver dans le jeu même de Jouvet (et, à notre connaissance, de Jouvet seulement) un parfait équivalent esthétique de ce qu'est, sur le plan moral, « l'action » du sage, qui fait passer sa « personne » dans chaque geste et dans chaque réplique et, cependant, dépasse constamment et domine, par cette même personne, son personnage. — Mais ceci seulement à titre d'indication. — Voir maintenant le beau livre de M. H. Gouhier, *Le théâtre et l'existence*, Paris, 1952, en particulier chap. IV : *L'existence sur la scène*.
6. P. 169, n. 6.
7. P. 118, n. 6.

Nous avons vu comment s'effectuait le passage de la physique à l'éthique. Il nous reste à rattacher le présent de la vie morale aux rythmes de la vie universelle et à retrouver le fondement cosmologique du temps vécu.

Dans la physique stoïcienne, c'est l'acte qui délimite le temps. C'est le mouvement, et non pas le nombre. Le temps stoïcien, même celui que la physique attribue aux mouvements des corps sidéraux, n'est pas ou, en tout cas, n'est pas uniquement, un temps mathématique[1]. Le grand mouvement périodique qui scande le temps infini selon les naissances du monde et ses conflagrations, se définit tout autant que par les révolutions astrales, par la vie organique de ce Vivant qu'est l'Univers. Il en est de même du temps de la vie morale qui échappe à toute mesure objective, puisque c'est à celui qui le vit, de le « délimiter ». Mais cependant, cette délimitation n'a rien de subjectif ni d'arbitraire ; l'agent moral, ici comme partout ailleurs, ne fait que se conformer à la légalité stricte de la nature universelle.

Ce double aspect d'une *légalité*, mais qui est une légalité, non seulement appliquée, mais *vécue*, caractérise et définit la doctrine du Retour éternel. Quels que soient les antécédents de cette doctrine[2], l'intention profonde qui la fait adopter par les Stoïciens, est de soumettre le monde et les événements de la vie humaine à cette même régularité et à cette rationalité même que Platon et Aristote avaient réservées au monde supralunaire[3]. La vie humaine, partiellement livrée au hasard dans les systèmes précédents, est rendue entièrement rationnelle et, en ce sens, on pourrait dire qu'elle est « mathématisée » (les lois des nombres, chez Platon et Aristote, ne gouvernaient que les révolutions des corps célestes). La « bonté » du Démiurge platonicien[4] ne s'abaissait à la vie humaine que d'une manière diffuse et indirecte ; dans le stoïcisme, tout se passe comme si ses « calculs »[5] rigoureux

1. P. 33, 41.
2. On lira toujours avec profit les analyses de Th. Gomperz à partir du texte d'Eudème (*Vors.*, 58 (45), B, 34) sur le retour éternel dans le pythagorisme (*Les penseurs de la Grèce*, trad. A. Reymond, t. I, Paris, 1928, pp. 175 sqq.).
3. P. 60. Cette intention est magnifiquement illustrée par le chœur de la *Phèdre* de Sénèque (959 sqq.), texte dont s'inspirera Boèce dans sa *Consolation* (I, *metr.* v).
4. *Timée*, 29 e.
5. *Timée*, 32 b *fin* ; 33 a 6-7 ; 34 a 9.

et bienfaisants enveloppaient notre vie, jusqu'à en déterminer les moindres détails[1]. — Cette extension des lois numérales et, en tout cas, rationnelles, au monde sublunaire explique tout d'abord l'*optimisme*[2] de cette doctrine et éclaire les polémiques de l'époque impériale ; Alexandre d'Aphrodise, par exemple, ne fait aucune difficulté pour reconnaître que le « Destin » gouverne le monde des astres (rien, sur ce point, ne contredit l'orthodoxie péripatéticienne), mais refuse de lui soumettre la « nature » (méconnaissant le caractère optimiste de la théorie stoïcienne, il préfère la « liberté » solidaire du « hasard »[3], au Destin qu'il interprète, non comme garant de la providence, mais comme facteur de servitude)[4]. — Elle explique ensuite l'importance d'un texte qui rattache le rythme des conflagrations au retour périodique et simultané des planètes à leur constellation d'origine (« Grande année ») et qui montre l'aspect astrologique et mathématique de la doctrine[5]. ★

95. Le monde du devenir et, surtout, du devenir humain, est ainsi investi de la régularité rationnelle des mouvements astraux, lesquels, selon le *Timée*[6], reproduisent parfaitement

1. §§ 36, 25 (p. 60).
2. E. Bréhier a souligné l'inspiration optimiste de cette doctrine (*Chrysippe*, pp. 154-156) qu'elle perdra, d'ailleurs, en partie, chez Marc-Aurèle.
3. Cf. aussi, parmi d'autres textes, Tacite, *Ann.*, VI, 22 et Chalcidius, *In Plat. Tim.*, 142-144 : « Diuina quidem, atque intelligibilia, quaeque iis proxima sunt, secundum prouidentiam solam ; naturalia uero et corporea, iuxta fatum ; ea porro, quae nostri arbitrii, nostrique iuris sunt, sponte nostra. Porro quae extra nos posita, sine ratione, atque inopinate, accidunt ; si quidem ex nostro disposito coepta erunt, fortuita ; si sine nostra institutione, casu prouenire dicuntur » (t. II, p. 214 des *Fragm. Philos. Graec.*, de Mullach) ; et Aët., *Plac.*, I, 29, 7 (*Dox. Gr.*, p. 326 = *S.V.F.*, II, 966).
4. Alex. d'Aphrod., *de fato*, p. 169, 19 sqq. (éd. I. Bruns) et Atticos, XII, 2, (p. 29, éd. J. Baudry) ; du point de vue platonicien, Albinos, *Epitomé*, XXVI (p. 125 sqq., éd. P. Louis).
5. Nemesius, *de nat. hom.*, 34, 288 (*S.V.F.*, II, 625). — Ce texte est interprété, au contraire, comme secondaire et accessoire par M. J. Moreau (*L'Ame du monde de Platon aux Stoïciens*, Paris, 1939, § 73, n. 11) et aussi, semble-t-il, par M. Pohlenz, *Stoa*, t. II, p. 44 (la référence faite dans ce texte à la Grande année « est due, dans doute, seulement à une réminiscence de Platon, *Tim.*, 38 d »). — Du reste, quand M. J. Moreau écrit : « La périodicité astronomique fournit à une telle conception le moyen d'atteindre la précision métrique, paraît de la sorte lui apporter une confirmation, mais ne saurait, à notre avis, constituer le fondement du fatalisme stoïcien » (p. 169), cette idée de « confirmation » nous paraît suffisante et suffisamment éclairante pour l'exégèse de cette doctrine ; quant à son « fondement », il faut convenir, en effet, qu'il n'est pas d'essence proprement mathématique (si ce n'est, précisément, au sens où le mathématisme sidéral du *Timée* est étendu, sous la forme d'une légalité rationnelle, à l'univers dans son ensemble). — Voir aussi P. Boyancé, *Etudes sur le songe de Scipion*, Bordeaux-Paris, 1936, p. 166 sq. ★
6. *Timée*, 40 a-b.

l'être stable des Formes ; au reste, éternels et incorruptibles *de fait*[1], les divinités sidérales s'apparentent aux Formes qui, elles, détiennent ces attributs de plein droit[2]. — Mais, par une sorte de retour, tel que nous en avons déjà rencontré[3], il se produit comme un mouvement inverse, en vertu duquel le devenir (biologique et psychologique)[4] pénètre jusqu'au monde des « essences » immuables (dont l'équivalent, dans le stoïcisme, serait le *logos* inébranlable du Destin). Même les corps des astres ne sont plus incorruptibles, et c'est dans son ensemble, que l'univers est soumis à la génération et à la corruption[5] ; les arguments que produit Zénon en faveur de cette thèse, sont tous d'ordre géologique et historique[6] ; nous sommes loin de la physique mathématique du *Timée*.

Ainsi, de sa naissance à la conflagration, l'univers est plongé dans la vie, le devenir, le temps. Mais par la périodicité de ces événements (et de *tous* les événements), il est doué d'une rationalité stricte, de stabilité, d' « éternité ». Or l'éternité stoïcienne demeure un flux inconsistant et infini, tout près de ce non-être qui est celui d'une simple pensée, tant que les périodes cosmiques ne l'auront pas « réalisée » et actualisée, en y découpant et délimitant des présents temporels, déterminés par leur « étendue ». D'où cette conjonction, dans la doctrine du Retour éternel, de ce qu'on pourrait appeler rationalisme et vitalisme : les moindres événements sont prescrits par le *Logos* universel, mais cette prescription resterait à l'état de « quasi-existence » propre à la « pensée » (ἐννόημα)[7], si elle ne s'accomplissait dans le temps réel des périodes. A l'inverse, privés de cette périodicité, les événements seraient destitués de leur rationalité et de leur légalité ; le décret de Zeus n'est pas arbitraire : c'est précisément parce qu'il est pris en connaissance de cause, comme étant le meilleur, qu'il doit se maintenir constant à travers les périodes.

1. *Timée*, 41 a-b ; l'expression : « The *de facto* immortality » est de A.-E. Taylor (*A commentary on Pl.'s Timaeus*, Oxford, 1928, p. 249).
2. *Phédon*, 78 c sqq.
3. §§ 25, 45 sqq., 54 sqq., 63.
4. Ces deux aspects sont fortement soulignés dans l'ouvrage cité de M. J. Moreau.
5. Cf. le texte de Diog. Laërt., cité dans l'avant-propos, p. 5, n. 1.
6. Zénon, *ap.* Phil., *de incorrupt. mundi*, XXIII, sq. (*S.V.F.*, I, 106).
7. P. 18.

96. Telle serait la solution stoïcienne apportée au problème que la philosophie contemporaine formule dans l'opposition entre *fait* et *événement*[1]. Tout ce qui advient dans la vie de l'individu et de l'univers (qui lui aussi est un individu), ce sont des « faits », soumis au principe de causalité[2] et susceptibles de répétition[3]. Mais ce sont des « événements » aussi bien ; dans l'ordre cosmique comme selon l'exigence de la vie morale, ces « faits » s'actualisent (ou doivent l'être par nous) *hic et nunc*, dans leur singularité concrète et vécue. Les prénotions elles aussi sont des lois, mais, pour passer à l'acte, doivent « s'appliquer aux cas particuliers »[4]. Ce cas particulier même, du seul fait qu'il vient à se présenter, est ordonné par la loi du Destin ; sa singularité, multipliée dans le jeu de miroirs des périodes, apparaît comme un « objet idéal »[5] reproduit dans une infinité d'exemplaires. Mais ce fait idéal est concrètement et actuellement vécu, dans la libre initiative de l'agent moral[6], et c'est pourquoi la doctrine du Retour éternel et du déterminisme qu'elle enveloppe, se conclut, non par l'argument paresseux, mais par un appel à la liberté.

97. Il faut ajouter que même les doctrines qui enseignent l'irréversibilité du temps et l'impossibilité de la répétition,

1. Voir p. ex. Tran-Duc-Thao, *Phénoménologie et matérialisme dialectique*, Paris, 1951, pp. 112-115 (« Les *faits* que constate ou calcule le savant ne sont pas des *événements* toujours uniques, mais des objets idéaux définis par concepts et qu'on peut reproduire, en droit, dans une infinité d'événements » ; en revanche, « il appartient à l'essence du réel de se poser à chaque instant dans sa singularité irréductible », pp. 112-113). Cf. aussi Bergson, *Mat. et Mém.*, 46e éd., 1946, p. 203 : « Ce qu'on appelle ordinairement un *fait*, ce n'est pas la réalité telle qu'elle apparaîtrait à une intuition immédiate, etc... » ; et *l'Essai*, 14e éd., 1914, p. 152, sur l'impossibilité pour les « faits psychologiques profonds » de se ressembler tout à fait et de se répéter.

2. Cf. E. Bréhier, *Chrysippe*, p. 183.

3. « Dans la perspective de l'infini, chaque moment et chaque situation *restent sur place* et acquièrent ainsi le régime ontologique de l'archétype » (M. Eliade, *Le mythe de l'éternel retour*, Paris, 1949, p. 184).

4. §§ 78, 82 ; cf. p. 89.

5. Cf. n. 1.

6. P. ex. M.-Aurèle, XI, 7. — « Dans la durée spirituelle, les événements n'arrivent qu'une seule fois, mais une telle durée est absolument étrangère à la cosmologie et à la théologie stoïciennes » (L. Guillermit-J. Vuillemin, *Le sens du destin*, Neuchâtel, 1948, p. 51). Elle n'est pas cependant, et ne peut pas être étrangère à la morale stoïcienne, encore qu'il faille modifier la définition et dire que dans la durée spirituelle du stoïcisme, ce sont les *faits* qui *arrivent*, et arrivent *hic et nunc* ; ce n'est pas leur répétition qui « naturalise » le temps moral ; plutôt c'est la réalité (sur le plan cosmique) et l'exigence (sur le plan moral) de leur *actualisation* qui coordonnent physique et morale ; la loi du Destin est et doit être concrètement et actuellement vécue.

admettent des « faits » au sein même des « événements » de l'existence humaine et, par là, reconnaissent le retour et la répétition. Bien mieux, la durée irréversible du bergsonisme n'est saisie qu'au prix d'un effort qu'ordinairement nous ne fournissons pas et que même, nous n'avons nul « intérêt » à fournir. « La vie de tous les jours » se caractérise par sa « monotonie », par ses habitudes en quelque sorte mécaniques, par un automatisme fondé sur la répétition ; bref, c'est une existence dont on peut dire que toutes les « prévisions » y réussissent[1]. Les « événements » y sont vécus comme des « faits », et c'est là ce qui correspond, dans la philosophie bergsonienne, à ce que d'autres doctrines appellent « l'existence inauthentique ». Inauthentique, une telle existence est proprement constituée par la répétition, laquelle apparaît comme dégradation[2] et péché[3]. C'est que la durée irréversible nous est moins donnée, qu'elle n'est proposée à notre conquête et à notre initiative.

1. *Essai*, p. 128-129 (« Je suis ici un automate conscient, et je le suis parce que j'ai tout avantage à l'être ») ; « Le monde où nos sens et notre conscience nous introduisent habituellement n'est plus que l'ombre de lui-même ; et il est froid comme la mort... tout y est dans un présent qui semble recommencer sans cesse » (*La pensée et le mouvant*, p. 142) ; il se caractérise par « la fixité et la monotonie » (*ibid.*, p. 116) ; il est « immobile est glacé » (*ibid.*, p. 176) ; C'est qu'il lui manque cet « imprévisible rien qui change tout » *ibid.*, p. 99), c'est-à-dire « une certaine nuance ou qualité de l'action même » qui constitue « la liberté » (*Essai*, p. 140). — Sur « automatisme et répétition », cf. *L'Energie spirituelle*, 42e éd., 1946, p. 24 et, en matière de morale et politique, la doctrine des sociétés fermées. — Nous nous bornons ici à l'indication de quelques textes sur lesquels nous espérons avoir l'occasion de revenir.

2. On pourrait comparer la « spontanéité » du « pour-soi », chez Sartre, au présent de la liberté où se place l'initiative morale (ὁρμή, p. 169, n. 7; §§ 84, 98, 104) qui se renouvelle incessamment (§ 76) ; le dépassement par celle-ci de toutes les déterminations concrètes (§ 74) n'est pas sans analogie avec l'idée qu' « une spontanéité qui se pose en tant que spontanéité est obligée du même coup de refuser ce qu'elle pose, sinon son être deviendrait de l'acquit et c'est en vertu de l'acquit qu'elle se perpétuerait à l'être. Et ce refus lui-même est un acquit qu'elle doit refuser sous peine de s'engluer dans un prolongement inerte de son existence » (*L'Etre et le Néant*[5], 1943, p. 194) ; voir aussi plus loin l'analyse de la durée psychique (pp. 196-218), dérivée et impure, parce qu'elle est un « *datum* inerte » (214), avec « une priorité essentielle du Passé » (212). Mais il y a là, non seulement une « réflexion impure » qui fausse la « temporalité originelle », mais un mode d'existence d'où la spontanéité s'est retirée, où le passé détermine l'avenir, une « action à distance de formes antérieures sur des formes postérieures » (215). Cf. *Le Diable et le Bon Dieu*, III, x, 2 : « O Gœtz, est-il possible que tu croies vivre cette journée pour la première fois ?... Est-ce que tu ne sais pas ce qui va arriver ?... Allons, tout est réglé comme la messe. » — C'est dans un tout autre sens que la *répétition* (« Wiederholung »), chez Kierkegaard, puis chez Heidegger, reprend le passé authentique (*Sein u. Zeit.*, p. 339).

3. Cf. la conception paulinienne de la chair (*Rom.*, VII, 14-24). — Voir, sur l'idée de σάρξ chez Epictète, A. Jagu, *Epictète et Platon*, Paris, 1946, p. 121.

Or, le stoïcisme aussi connaît une telle répétition mécanique, où le retour des choses échappe à notre initiative, et où l'agent moral est livré au courant du temps. On peut même dire que c'est dans le stoïcisme que l'idée de la répétition-abandon reçoit son plein fondement : alors que le temps du présent est toujours déterminé (et dominé) par l'acte qui en fixe l'étendue, le temps-flux, illimité du côté du passé et de l'avenir, menace de nous entraîner[1], si nous ne parvenons pas à le stabiliser et à le « circonscrire » dans le présent[2]. Alors que la physique enseigne (et que la morale exige) que le temps dérive sa réalité de celle de l'acte, l'agent, ici, s'abandonne au courant d'un temps dont il n'est pas l'auteur, dont il ne parvient pas à ressaisir l'initiative[3] et qu'il subit passivement[4].

98. Le temps apparaît ainsi comme doué d'un dynamisme qui menace notre autonomie, tout comme les choses extérieures. Dans les deux cas, c'est ce qui ne dépend pas de nous, qui nous amène sous sa dépendance, aussi longtemps que notre liberté n'en aura pas « mis en arrêt » et stabilisé[5]

1. Entre beaucoup d'autres textes, M.-Aurèle, IV, 43 : « Le temps est comme un fleuve que formeraient les événements, un courant violent. A peine chaque chose est-elle en vue, qu'elle est emportée. » — Le retour des événements et la liberté : « Considère, par exemple, l'époque de Vespasien. Tu verras tout cela : gens qui se marient, élèvent une famille, sont malades, meurent, guerroient, célèbrent des fêtes... Mais il est nécessaire ici de te rappeler que le soin apporté à chaque action a une valeur propre comme une juste proportion » (IV, 32 ; cf. 48 ; II, 17). « Tels sont les cycles que traverse le monde, du haut en bas, de siècle en siècle... s'il y a un Dieu, tout est pour le mieux ; si tout marche au hasard, ne marche pas toi-même au hasard » (IX, 28). « Marcher au hasard », c'est être livré passivement au cours et au retour des événements ; or, « ce n'est pas dans la passion, mais dans l'action, que consiste, pour l'être raisonnable et sociable, le bien et le mal, comme la vertu et le vice, pour lui, ne sont pas dans la passion, mais dans l'action » (IX, 16 ; cf. VI, 51). Et cette action même n'est que la libre initiative, par où nous dominons le cours du temps : « Rappelle-toi combien de temps tu remets à plus tard et que de fois, ayant obtenu des Dieux des renouvellements d'échéance, tu n'en profites pas » (II, 4) ; « Ne fais pas comme si tu devais vivre dix mille ans... Tant que tu vis, tant que c'est possible, deviens homme de bien » (IV, 17) ; « Tu l'as mérité. Tu préfères attendre à demain pour devenir un honnête homme au lieu de l'être dès aujourd'hui » (VIII, 22, 2) ; « Tout à l'heure tu auras vécu ! Et tu n'es pas encore simple, ni calme, ni assuré que rien de l'extérieur ne pourra te nuire, etc... » (IV, 37) ; le lieu d'où nous pouvons dominer et enrayer la fuite du temps, c'est l'instant présent : « Avec quelle évidence se présente cette vérité, que tu ne saurais trouver dans la vie de situation plus favorable pour te livrer à la philosophie, que celle où tu te trouves présentement » (XI, 7).
2. M.-Aurèle, VII, 29 (cf. p. 118).
3. P. 100.
4. Voir note 1.
5. P. 118.

le flux qui nous emporte. Pourtant ce n'est pas là le temps « réel » ; toute sa force et sa réalité même ne sont faites que de l'ignorance où nous sommes de ce qui dépend de nous, et de notre abandon aux représentations. Aussi l'idée de faute, dans le stoïcisme également, est-elle parfois liée à l'idée de répétition. La faute, vue de l'extérieur, c'est-à-dire la faute d'autrui, semble être soumise à une nécessité naturelle, semblable à celle qui ramène les saisons et les fruits[1]. Prise dans l'expérience concrète, notre propre faute, telle qu'elle est étudiée dans la théorie des passions, consiste à céder au dynamisme des répétitions et à se placer sous la dépendance d'un temps étranger. Au lieu de stabiliser aussitôt *(continuo)*[2] et d'arrêter un emportement passionnel, on s'abandonne à son élan, et ainsi, ce qui s'est produit une fois (ἅπαξ), se reproduira (πάλιν)[3] et nous enchaînera, à force d'abandons réitérés, par des *habitudes, des maladies, des maux chroniques*[4]. Le propre de la passion est de nous asservir au temps irréel (§ 18) où le passé se survit pour communiquer son « existence » et son contenu au futur, et où il détruit le seul temps réel, le présent, c'est-à-dire le temps du salut, le seul où puisse se placer l'initiative morale. Aussi, comme par définition, n'y peut-on porter remède, quand la passion est dans toute sa « nouveauté » (πρόσφατος, *recens*)[5], car la raison est alors comme paralysée ; il ne reste qu'à attendre que le temps qui l'a fait naître, relâche son emprise et affaiblisse la passion.* « Toute douleur a un terme et, quand la raison ne l'impose pas, le temps nous y conduit. » Mais ce temps, quand il nous délivrera, pas plus que quand il nous a asservis, n'est le temps de notre liberté ; aussi Sénèque poursuit-il : « Or pour l'homme de bon sens, dans

1. M.-Aurèle, XII, 16, 2 : « Celui qui n'admet pas que le méchant commette de fautes, ressemble à qui n'admettrait pas que le figuier produise son suc dans les figues, que les marmots piaillent, que le cheval hennisse et toutes autres nécessités de cet ordre. » — IX, 42 : « Si tu te heurtes à l'impudence de quelqu'un, demande-toi aussitôt ' Se peut-il qu'il n'y ait pas d'impudents en ce monde ? '. Cela ne se peut. Ne réclame donc pas l'impossible. ». — VII, 1 : « Qu'est-ce que le vice ? — C'est ce que tu as vu souvent. » — Cf. Epictète, *Man.*, IV.

2. Cic., *Tusc.*, IV, XI, 24.

3. Epictète, *Diss.*, II, XVIII, 8-9 ; 31.

4. Epictète, *loc. cit.*, 8-18 ; Cic., *loc. cit.*, X, 23.

5. Cic., *Tusc.*, IV, XXIX, 63 (*S.V.F.*, III, 484). — A comp. avec l'idée de « surprise » de la pathologie cartésienne (*T. d. P.*, art. 70, 72), reprise par P. Ricœur, *Philosophie de la volonté*, Paris, 1949, pp. 238 sqq., 260.

le chagrin la plus honteuse manière de guérir, c'est de guérir par lassitude »[1].

99. Le présent de l'initiative et l'inertie d'une durée qui s'écoule interminablement ont leurs équivalents rigoureux dans la vie cosmique. Le présent de chaque période est délimité par l'action divine et conquis sur le flux incessant de l'éternité, infini en passé et en avenir. Dieu, à l'égard de l'éternité, procède comme le sage à l'égard de sa propre vie ; il arrête le flux, réalise le non-être et concentre dans une totalité achevée, une dispersion infinie : il fait passer à l'acte une virtualité évanescente.

Ces deux aspects ou, selon l'expression de Chrysippe, ces deux « acceptions »[2] du temps, présent limité et *aiôn* infini, sont longuement examinés dans le livre de Marc-Aurèle, sans que la portée physique de l'analyse se sépare jamais de l'intention morale. On distingue dans les textes deux mouvements en sens opposés : le présent de nos illusions que nous voudrions étendre aux dimensions de la vie universelle, va être ramené à un instant infinitésimal où se dissout la vie cosmique tout entière ; à l'inverse, le présent instantané, ressaisi et déterminé par l'initiative morale va s'élargir jusqu'aux confins des périodes cosmiques, de manière à inclure celles-ci dans ses propres limites.

La théorie de Chrysippe avait attribué la même *incorporalité* (et irréalité) au temps infini et à l'instant mathématique, l'un et l'autre étant susceptibles d'une division à l'infini qui en montrait l'inconsistance[3] ; la même méthode d'analyse faisait évanouir le présent « au sens rigoureux » et l'illusoire plénitude de la durée infinie. Cette méthode d'analyse qui, chez Chrysippe, semble avoir procédé d'une intention surtout logique, prendra chez Marc-Aurèle une portée existentielle.

« Le présent est égal pour tous »[4] et « chacun ne vit que le présent, cet infiniment petit. Le reste, en effet, ou bien est

1. Sénèque, *Ep.*, 63, 12 : « Finem dolendi etiam qui consilio non fecerat tempore inuenit. Turpissimum autem est in homine prudente remedium maeroris lassitudo maerendi ; malo relinquas dolorem quam ab illo relinquaris. »
2. P. 36.
3. P. 38, n. 6.
4. M.-Aurèle, II, 14, 3.

déjà vécu, ou bien est incertain »[1]. — D'abord, ce présent nous apparaît d'une étendue et d'une extensibilité infinies : regret et espoir tendent à en reculer les limites, à le consolider en bloc de durée[2] ; les choses mêmes et les représentations nous suggèrent cette durée stable où nos passions voudraient satisfaire leur « désir d'éternité ». Mais, à y regarder de près, on s'aperçoit que la densité temporelle dont les choses et les événements offrent l'apparence est d'une minceur extrême ; le présent vécu se ramène à un instant mathématique, divisible à l'infini[3].

100. Il faut, pour s'en convaincre, appliquer une méthode d'analyse. « L'usage des représentations » consistait à en faire la critique, à séparer du noyau du *représenté*, l'apparence amplifiante et déformante de la *représentation*[4]. Marc-Aurèle recommande également une méthode d'*analyse*, de *division*[5]. Mais, plus qu'Épictète, il insiste sur l'apparence de durée, et c'est cette apparence, principalement, que la méthode sera chargée de détruire. Il ne faut pas accepter les représentations « en bloc »[6], c'est-à-dire étalées dans la durée ; on comprendra ainsi que, dans ce complexe, un seul élément est réel et nous appartient, celui par où l'événement est rigoureusement présent[7]. Notons au passage que cette analyse s'en prend directement à ce que la philosophie contemporaine appelle les « structures » : « Tu peux parvenir à faire fi d'un chant ravissant, de la danse, du pancrace. S'il s'agit d'un air mélodieux, il suffit de le décomposer en ses notes et,

1. M.-Aurèle, III, 10, 1. — L'accent de ce texte et, plus particulièrement, les périphrases pour désigner le passé et l'avenir indiquent déjà l'insistance sur la portée existentielle d'une thèse que Chrysippe avait formulée ainsi : « Seul le présent existe ; le passé et le futur... n'existent pas du tout » (§ 10) ; mais envisagés dans leur seul contenu dogmatique, les deux formules sont rigoureusement identiques.

2. M.-Aurèle, V, 23, 3 : « Comment ne serait-il pas fou l'homme qui, en ce milieu, s'enfle ou se crispe ou se lamente, comme si quelque chose lui avait causé un trouble pendant une durée appréciable, et même considérable ? »

3. M.-Aurèle, VIII, 36, 3.

4. P. 118-121.

5. M.-Aurèle, XII, 10, (analyser chaque chose εἰς ὕλην, αἴτιον, ἀναφοράν) ; III, 11 (3 : τί ἐστι καὶ ἐκ τίνων συγκέκριται καὶ πόσον χρόνον πέφυκε παραμένειν) ; II, 12 (analyse de l'idée de mort) ; VI, 13 (portée morale de la méthode qui détruit l'apparence amplifiante des choses et nous rend l'autonomie).

6. M.-Aurèle, XI, 16, 2 (où A.-I. Trannoy propose d'écrire : ‹μὴ› ὁλικῶς) ; cf. V, 36 (ὁλοσχερῶς), II, 12, 3 ; XI, 2 ; l'idée, du point de vue qui nous intéresse ici, est la même si l'on maintient la leçon des mss ὁρικῶς (ainsi W. Theiler dans son édition récente, Zurich, 1951, p. 342 *ad loc.*).

7. M.-Aurèle, VII, 29, 3.

à chacune, de te demander si tu ne saurais y résister. Tu n'oserais le reconnaître. Pour la danse, use d'une méthode analogue devant chaque mouvement ou figure, et de même pour le pancrace »[1]. Derrière l'intention morale d'un tel texte, on saisit comme un anti-bergsonisme par anticipation. Comme dans le cas du « souci »[2], on peut dire que le *phénomène* de la durée « mélodique » est vu et reconnu, d'autant mieux reconnu que le stoïcien ne veut pas de cette durée créatrice qui menace de le « ravir » et de l' « arracher »[3] à lui-même. — Enfin, à pousser cette méthode jusqu'au bout, le présent même se dissipe en un instant infinitésimal[4].

Cette méthode d'analyse et de désintégration s'applique à tout ce qui nous est donné dans le présent et qui, malgré nos désirs, ne dépend pas de nous ; d'où cette prescription générale et l'unique exception qu'elle comporte : « Sauf pour la vertu et ce qui se rattache à la vertu, n'oublie pas de pénétrer à fond dans le détail des choses afin d'arriver, par cette analyse, à les mépriser. » Mais la méthode ne borne pas sa validité à l'instant présent; « Applique le même procédé à toute la vie »[5].

La durée entière et irréelle est illimitée, selon la théorie de Chrysippe, en passé et en avenir. Chez Marc-Aurèle, elle est comparée à un fleuve coulant entre deux gouffres[6] ; le courant rapide transforme et engloutit toutes choses en un clin d'œil ; il semble opérer sans cesse sur toute son étendue, cette désintégration des choses à laquelle nous conviait la méthode d'analyse[7]. De ce temps infini, « quelle minuscule part a été départie à chacun, puisque dans un instant elle va s'évanouir dans le néant »[8]. C'est la vie tout entière qui se contracte et s'abîme dans « un intervalle bref et infinitésimal »[9].

Le mouvement destructeur s'étend plus loin. Si nous rêvons

1. M.-Aurèle, XI, 2.
2. P. 172.
3. P. 121, n. 3.
4. M.-Aurèle, VIII, 36, 3.
5. M.-Aurèle, XI, 2, 2.
6. M.-Aurèle, IV, 3, 7 (cf. p. 39, n. 6).
7. M.-Aurèle, IV, 43 : « L'*aiôn* est comme un fleuve que formeraient les événements, un courant violent. A peine chaque chose est-elle en vue, qu'elle est emportée ; et une autre défile à sa place qui va être emportée. » — IX, 30.
8. M.-Aurèle, XII, 32.
9. M.-Aurèle, V, 24. — IV, 48 et 50.

de prolonger notre existence par l'artifice de la renommée posthume[1], la durée que voudrait enfler notre ambition sera, elle aussi, rapetissée aux dimensions de l'instant[2]. Même les événements qui se déroulent durant l'ensemble d'une période cosmique sont justiciables de la même méthode d'analyse et se dissolvent dans l'inconsistance de l'instant[3]. Dès que le bloc du présent est brisé et fragmenté à l'infini, l'ensemble de l'*aiôn* ne suffira pas à en restituer l'intégrité, ou plutôt, l'évanescence de l'instant se communique à l'*aiôn* tout entier. Ainsi est transposée dans l'expérience vécue l'aporie aristotélicienne sur l'instant « dont se compose et le temps infini et tel laps de temps considéré. Or, ce qui est composé de non-êtres semble ne pouvoir pas participer à la substance »[4].

101. Il faut, dans ces textes, faire sa part au pessimisme de Marc-Aurèle. Ce qui reste de proprement stoïcien, c'est l'usage fait de la méthode de division pour montrer l'irréalité de l'instant (pris en soi et à part de l'acte qui le détermine) et de l'ensemble du temps infini[5]. Cette irréalité est affirmée du temps passivement subi, le temps de nos désirs et passions, le temps du « souci » où l'agent moral abdique son autonomie[6] et accepte d' « attendre que le sucre fonde ». Mais il y a un autre temps, celui où le Destin réalise, non pas nos projets, mais ceux de la Providence, et ce temps-ci possède une réalité dérivée qu'il emprunte aux événements que veut et

1. Il faut noter que jamais chez Marc-Aurèle la doctrine du Retour éternel n'est invoquée pour combattre la peur de mourir.

2. M.-Aurèle, III, 10 : « Minime est donc l'instant que chacun vit, minime le coin où il vit, minime aussi la plus longue gloire posthume. Et encore celle-ci n'existe-t-elle que par relais de pygmées, qui mourront à peine nés, qui ne se connaissent pas eux-mêmes, ni encore moins l'homme mort depuis longtemps. » — IV, 3, 7 : « Détourne les yeux sur la promptitude de l'oubli où tombent toutes choses, et sur le gouffre du temps infini, de part et d'autre ; sur la vanité du bruit qu'on fait, la versatilité et l'irréflexion de ceux qui ont l'air d'applaudir, les limites étroites où c'est circonscrit. »

3. M.-Aurèle, VI, 15 : « Toujours parmi les choses, les unes se hâtent d'être, les autres d'avoir été ; et de ce qui vient à être, une partie s'est déjà éteinte. Ecoulement et transformations renouvellent le monde constamment, comme la fuite incessante du temps (χρόνος) renouvelle à mesure l'*aiôn* infini. » — VII, 19 : « Que de Chrysippes, que de Socrates, que d'Epictètes l'*aiôn* a déjà engloutis. » — VIII, 25. — X, 27 : « Considère sans cesse comment tous les événements qui se produisent à cette heure se sont produits identiques dans le passé, et considère qu'ils se reproduiront... Tous ces spectacles-là se ressemblaient ; seulement, c'étaient d'autres acteurs. »

4. Aristote, *Phys.*, Δ ,10, 218 a 1-3.

5. §§ 14-15.

6. § 83 sqq. — Cf. M.-Aurèle, VIII, 32 ; 47 ; Epictète, *Diss.*, I, 1, 15-17.

qu'accomplit le Destin. Et par là, nous allons passer au second mouvement, inverse du premier et qui va élargir et étendre l'instant présent aux dimensions de la période cosmique.

Déjà Apollodore avait dit que, en un sens, le temps tout entier, c'est-à-dire le temps déterminé par les périodes, est présent, au sens où l'on parle de l'année présente[1] ; selon la formule de Sénèque : *Diuinitati omne praesens*[2]. » Or, de même que la fragilité du présent illusoire se communiquait au temps tout entier, de même, maintenant, le présent cosmique va communiquer sa densité et sa plénitude au présent vécu. On a vu que la succession des événements est ramenée, à l'échelle cosmique, à une simultanéité essentielle[3] ; Marc-Aurèle écrit : « Considère combien de choses, dans le même instant infinitésimal, se produisent simultanément en chacun de nous, tant dans le domaine du corps que dans celui de l'ame. Ainsi tu ne seras pas surpris qu'il se produise beaucoup plus d'événements, ou plutôt qu'ils se produisent tous simultanément dans l'être à la fois unique et universel que nous appelons monde »[4]. Unique, le monde est homogène et unifié en ses parties[5] qui, toutes, conspirent à la même œuvre[6]. En sorte que : « Qui a vu le présent a tout vu, et tout ce qui a été depuis l'infini et tout ce qui sera à l'infini ; car toutes choses ont même origine et mêmes aspects »[7]. La doctrine du Retour éternel semble même dépassée : non seulement les mêmes événements vont se répéter, mais il y a, à l'intérieur de chaque série cosmique, une identité fondamentale des choses : « A considérer le passé, puis tous les événements qui se font dans le présent, on peut assister d'avance à l'avenir. Car le spectacle sera toujours absolument pareil, et l'on ne saurait s'écarter du rythme des événements. Aussi contempler la vie humaine quarante ou dix mille années, c'est équi-

1. Apollodore *ap.* Ar. Didym., *Epit.*, 26 (*Dox. Gr.*, 461, 10).
2. P. 81, n. 4.
3. Pp. 62-63.
4. M.-Aurèle, VI, 25.
5. P. 59. — M.-Aurèle, IV, 40 (« Considère sans cesse que le monde est comme un être unique... comment il fait tout d'une seule impulsion première ; comment toutes choses causent à la fois ce qui arrive ») ; VI, 38 (« Considère fréquemment la cohésion de tout ce qui existe dans le monde et les étroits rapports des choses entre elles... ») ; VI, 45 (« Tout ce qui arrive à chacun est utile à l'ensemble »).
6. M.-Aurèle, VI, 42.
7. M.-Aurèle, VI, 37.

valent. Que verras-tu de plus ? »[1] Or, toutes ces connaissances, l'âme peut les ramasser dans l'instant : « L'âme parcourt le monde entier et l'espace qui l'environne, elle en explore la forme, elle plonge dans l'infini de l'*aiôn*, elle embrasse la renaissance périodique de l'univers. Elle fait le tour des choses, elle se rend compte que nos neveux ne verront rien de nouveau, comme nos prédécesseurs n'ont rien vu de plus que nous, mais que, en quelque sorte, le quadragénaire, pour peu qu'il ait du sens, a vu tout le passé et tout l'avenir dans l'identité du présent »[2].

Or, cet instant « totalisant »[3], de même que le présent de la période cosmique est dû à l'activité de Zeus, emprunte sa réalité à l'initiative de l'agent moral. La décision de « délimiter l'instant présent »[4] parvient à s'opposer efficacement au flux qui emporte tout[5], à le stabiliser[6] ; elle permet de « posséder incontinent tous les biens que tu souhaites d'atteindre par un détour » (à travers le temps étranger)[7] et de composer la vie avec la plénitude du κατόρθωμα qui ne demande rien à « l'ère successive »[8].

1. M.-Aurèle, VII, 49. — L'unité du monde et l'identité foncière des événements sont garanties, dans le stoïcisme, par le *Logos* constant du destin (pp. 187-189). Détaché de ce contexte, le thème du retour des choses n'est pas proprement stoïcien ; comp. Lucrèce, V, 1135 : « Nec magis id nunc est neque erit mox quam fuit ante » ; Schopenhauer : « La devise de l'histoire en général devrait se formuler : '*Eadem, sed aliter*'. Quiconque a lu Hérodote, a déjà poussé suffisamment, du point de vue philosophique, l'étude de l'histoire. Car il trouve là tout ce qui constitue la suite de l'histoire universelle, etc » (*Le Monde*, II, III, 38 (éd. Grisebach, t. II, pp. 521 sq.).

2. M.-Aurèle, XI, 1 (κατὰ τὸ ὁμοειδές, trad. Trannoy ; cf. VI, 37). — Cf. p. 80, n. 3.

3. P. 49.

4. M.-Aurèle, VII, 29, 3.

5. M.-Aurèle, IV, 32 (« Considère, par exemple, l'époque de Vespasien. Tu verras tout cela : gens qui se marient, élèvent une famille..., Passe maintenant à l'époque de Trajan : encore toutes les mêmes scènes et disparue encore cette génération... Mais il est nécessaire ici de te rappeler que le soin apporté à chaque action a une valeur propre comme une juste proportion. ») VI, 47 (« Considère sans cesse les hommes de toutes sortes, de toutes professions et de toutes classes qui sont morts... En somme, voici la seule chose qui ait du prix : c'est de passer sa vie dans la sincérité et la justice ») ; VII, 28 (« Recueille-toi en toi-même. Par la nature, la raison qui te gouverne se suffit à elle-même, quand elle pratique la justice et que, ce faisant, elle conserve son calme. »)

6. M.-Aurèle, XI, 11 (« Si les objets qui te troublent, soit que tu les poursuives ou que tu les fuies, ne viennent pas te trouver ; mais si, au contraire, en un sens c'est toi qui vas au devant d'eux, que ton jugement à leur égard se tienne tranquille : ils demeureront immobiles et l'on ne te verra pas ni les poursuivre ni les fuir »), cf. XI, 12, XI, 16.

7. M.-Aurèle, XII, 1, et la suite : « Je veux dire : si tu laisses de côté tout la passé, si tu te reposes pour l'avenir sur la providence et si, te bornant au présent, tu le règles sur la piété et la justice » (cf. VII, 29 ; VIII, 36).

8. M.-Aurèle, VIII, 32 (cf. VII, 69).

102. La théorie physique du temps — de même d'ailleurs que celle du lieu[1], — a donc son équivalent rigoureux dans la doctrine morale : c'est toujours l'acte libre qui délimite l'étendue (διάστημα) du présent et concrétise le flux évanescent. La conception du bonheur instantané, par lequel le sage rivalise avec les dieux, peut servir à achever l'interprétation de cette théorie ; c'est elle, d'ailleurs, qui achève et couronne l'exposé de la morale et celui de la physique[2].

La théorie du bonheur, plus encore que les autres dogmes du système[3] exige que soient écartées d'emblée les difficultés, les conditions préalables que Platon et Aristote avaient posées à la vie heureuse. Or, comme le dira Plotin, « puisque le bonheur est dans la vie qui est bonne, il faut évidemment la placer dans la vie de l'Etre, qui est la meilleure des vies. Il ne faut pas mesurer cette vie par le temps, mais par l'éternité »[4]. Le bonheur est une condition divine et réclame l'éternité. Dès lors, il est clair que l'homme n'y accèdera jamais entièrement ; il ne saurait « s'immortaliser » que « dans la mesure du possible »[5] ; mais cette possibilité, selon Aristote, ne nous est offerte que pour « peu de temps »[6] et si, avec les platoniciens, on admet l'immortalité de l'âme, le bonheur est renvoyé dans l'éternité (dans l'*aiôn* au sens stoïcien) et inaccessible dans le temps réel de l'action. Que si, refusant la croyance à l'immortalité, on veut chercher un équivalent

1. On a vu que c'est l'initiative du monde choisissant son « lieu », qui détermine le « centre » du vide (pp. 30, 43). L'immensité de l'espace, de la substance universelle (p. 39, 6 ; 42, 4) est fréquemment associée à celle de l'*aiôn* (M.-Aurèle, V, 24 ; VII, 10 ; VI, 36 : « L'Asie, l'Europe sont des coins de l'univers : tout océan n'est qu'une goutte dans l'univers... tout le présent, un point de l'*aiôn*, etc... ». — Mais il appartient à l'homme de fixer un centre à cette immensité où il se perd. Ce problème qui peut paraître purement « métaphysique », prend un sens très concret lors des exils, fréquents à l'époque impériale. Or l'exil, en tant que « commutatio locorum » ne saurait nous *décentrer* véritablement : « Duo, quae pulcherrima sunt, quocumque nos mouerimus sequentur : natura communis et propria uirtus » ; la *virtus* de l'exilé crée le centre et la capitale de l'Empire au lieu même de sa rélégation : prenant congé de Marcellus, exilé à Mytilène, Brutus a l'impression que « se magis in exsilium ire, qui sine illo rediturus esset, quam illum in exsilio relinqui » ; le jour où les sénateurs adressent des supplications solennelles à César pour obtenir le rappel de Marcellus, « on eût dit que tous avaient l'âme de Brutus *et non pro Marcello, sed pro se deprecari, ne exsules essent si sine illo fuissent* » (Sénèque, *ad Helu. de consol.*, VIII, 1-2 ; IX, 4-6). — Cf. M.-Aur., X, 15, 2.

2. Cic., *de fin.*, III, XXII, 75-76 ; *de nat. deor.*, II, LXI, 153.

3. Pp. 56-60 ; 93 ; 112 ; 146 sqq.

4. Plotin, I, V, 7, 20-22.

5. Platon, *Théét.*, 176 b, cf. *Banquet*, 212 a, *Timée*, 90 b-c ; *Lois*, IV, 716 c-d ; Aristote, *Eth. Nic.*, X, VII, 1177 b 33 sq.

6. Arist., *Métaph.*, Λ, 7, 1072 b 15.

temporel de l'éternité platonicienne, on en est réduit à la longévité exempte de tout accident pénible[1] ; mais suspendu à cette condition, le bonheur menace de nous échapper encore, et l'on sera obligé de se demander, après Solon, s'il ne faut pas, avant de proclamer le bonheur d'un homme, attendre jusqu'à ce qu'aient pris fin et sa vie et son bonheur[2]. Mais c'est là un conseil « peu sage » et qui nous place sous la dépendance du temps étranger, du temps où il faut « attendre » *(exspectare)*[3].

Il faut donc, pour rendre le bonheur accessible au sage, en arracher le privilège aux dieux. Selcn le sens commun, constate Plutarque, rien ne distingue davantage les dieux des hommes que le bonheur et la vertu ; « mais d'après Chrysippe, il ne leur reste même pas cela »[4]. Que leur reste-t-il donc ? « Ils dureront davantage »[5]. Mais cette plus longue durée n'augmente nullement la félicité de leur condition et ne constitue aucun titre spécial dont ils puissent s'enorgueillir[6] : « Pendant une plus longue durée, le bonheur dont on jouit n'est pas plus grand, mais semblable et identique à celui qui (n')échoit (que) pendant un laps de temps indivisible »[7].

L'idée stoïcienne de bonheur, est donc bien rattachée à l'idée de temps. Mais l'on ne saurait ramener les conceptions épicurienne et stoïcienne du bonheur à une seule aspiration, écrivant : « Dans quelque sens qu'on l'entende, il n'y a pas de bonheur sans sécurité, je veux dire sans perspective de durée pour un état dont on s'est accommodé »[8]. Le temps stoïcien n'est pas cette perspective de durée, réservoir de sécurité où puisse se prolonger et se reposer indéfiniment un état acquis. Ce temps-réservoir, c'est l'*aion* de Marc-Aurèle[9], et

1. Platon, *Hipp. Maj.*, 291 d.
2. Cic., *de fin.*, II, XVII, 87 ; Aristote, *Eth. Eud.*, II, I, 1219 b 6 et la discussion dans l'*Eth. Nic.*, I, II, 1100 a 10 sqq. (cf. X, 7, 1177 b 4-5, 22).
3. Cic., *de fin.*, III, XXII, 76.
4. Plutarque, *de comm. not.*, 33, 1076 a-b.
5. Sénèque, *Ep.*, 53, 11.
6. Plutarque, *Stoïc. repugn.*, 13, 1038 d.
7. Plutarque, *Stoïc. repugn.*, 26, 1046 c sqq. — Le bonheur et la sagesse d'un instant dont Chrysippe avait dit que le sage ne bougerait pas le petit doigt pour les obtenir, car ils « passent comme l'éclair » (cf. *Eth. Nic.*, I, 6, 1098 a 17-20) doivent sans doute s'entendre des réussites de l'insensé à qui il arrive parfois de tomber juste (cf. pp. 165 sq.).
8. Bergson, *Les deux sources de la morale et de la religion*, 28e éd., 1939, p. 324.
9. M.-Aurèle, VII, 19 (cf. 10).

c'est un temps qui existe à peine. Il n'y a pas un cadre temporel préexistant où puissent prendre place nos états et nos actes, puisque c'est l'acte seul qui détermine et qui réalise le temps.

103. Son exigence de perfection suppose que le bonheur ne s'accroisse pas du fait de sa durée. C'est pourquoi Plotin dira qu'il ne faut pas le « mesurer » par le temps, mais par l'éternité[1]. L'instant de plénitude et d'achèvement où Aristote avait placé le plaisir est soustrait au temps (il exclut mouvement et genèse)[2] ; mais il faut bien avouer que cette sortie hors du temps et qui nous associe à l'éternité (ἀεί) divine, ne dure que « peu de temps »[3]. Aux yeux des stoïciens, les deux solutions sont inadmissibles. Pas plus que l'éternité des platoniciens, ils ne peuvent accepter l'instant d'Aristote : ce serait déserter le seul temps réel (celui de l'action et de l'initiative morale) et n'échapper que pour une « brève durée » à la servitude du temps illusoire (celui des événements qui ne dépendent pas de nous). Pour eux aussi, la perfection n'est susceptible ni d'accroissement, ni de diminution : « A reculer, si c'était possible, le jour de ta mort, tu ne gagnes rien en fait de bonheur, car un délai ne rend pas la vie plus heureuse, mais seulement plus longue »[4]. La perfection n'est donc pas solidaire du temps qui s'écoule et qui paraît s'enfler et s'allonger. Mais elle n'est cependant pas hors du temps, et même le temps peut nous donner une image parfaite pour la comprendre. Non pas, sans doute, le temps qui s'étale, mais ce que les Grecs appellent l'*instant opportun*, c'est-à-dire l'instant précis où l'initiative s'accorde parfaitement avec l'événement. Ici, nous avons un mode temporel qui par définition, ne gagne rien à se prolonger et

1. P. 200, n. 4.
2. Aristote, *Eth. Nic.*, X, 3, 1174 b 7-9 (cf. pp. 52, 96). Sur la « confusion » entre l'instant vécu et l'instant de la *Physique* conçu comme une limite mathématique, voir le commentaire de H.-H. Joachim, *loc. cit.*, p. 279. — Il nous semble, au contraire, qu'il n'y a là aucune confusion, les considérations sur le temps en morale étant entièrement distinctes des recherches physiques (cf. p. 52). Ici comme ailleurs (p. 32), il faut interpréter Aristote à la lumière de ce que nous proposons d'appeler le « temps logique » (p. 65, n. 3) et considérer pour chaque *dogme* du système sa place dans l'ensemble et son *niveau* propre, plutôt que de chercher pour tous les dogmes une cohérence en quelque sorte intemporelle.
3. P. 200, n. 6.
4. Sénèque, *de benef.*, V, XVII, 6.

qui, aux yeux des Stoïciens, montre une fois de plus le caractère dérivé du temps : l'instant opportun se définit par l'adaptation parfaite de deux réalités ; le bonheur est cet instant où l'homme est entièrement d'accord avec la nature[1]. Il est très remarquable que cette théorie de l'εὐκαιρία n'intervienne pas, d'après l'exposé cicéronien, dans l'étude de l'acte moral (bien qu'elle puisse l'éclairer et même le définir)[2], mais bien dans l'étude du bonheur (lequel serait plutôt, si l'on peut dire, une opportunité permanente). C'est que le bonheur durable et qui « veut l'éternité »[3] doit être recherché dans le temps, et dans ce que le temps offre de plus sensiblement achevé. Et ce ne peut pas être, comme chez Aristote, le terme d'un mouvement préparatoire[4] (il nous ferait sortir du temps, après que son *attente* nous aurait asservis au temps étranger). C'est la coïncidence brusque et instantanée[5], dans laquelle l'initiative saisit une *occasion*. Cette εὐκαιρία est parfaite ; on voit aussitôt que toute prolongation de durée, au lieu de la perfectionner, la détruirait.

104. Dans un autre sens, toutefois, il ne semble pas que la comparaison puisse convenir. Le moment opportun n'arrive pas à notre gré ; nous sommes obligés de l'attendre et, s'il dépend de nous de saisir l'occasion, il ne nous est pas donné de la provoquer. Mais l'on a vu que l'intention du sage coopère aux événements du Destin[6], qu'elle reçoit les adversités comme des *épreuves* et les change en *occasio uirtutis*[7]. Aussi bien tout ce qui est opportun dans l'ordre du Destin, sera également tel à l'égard de notre propre vie ; chaque événement qui, dans la trame universelle arrive à son heure, sera, pour nous, une occasion favorable[8], c'est-à-dire favorable à l'initiative morale[9].

1. Cic., *de fin.*, III, XIV, 45 : « Quem ad modum opportunitas... non fit maior productione temporis (habent enim suum modum quae opportuna dicuntur), sic recta effectio... item conuenientia, denique ipsum bonum, quod in eo positum est ut naturae consentiat, crescendi accessionem nullam habet. »
2. Cf. § 84.
3. Platon, *Banquet*, 200 d, 206 a 6.
4. P. 94, n. 4.
5. On sait que l'accession à la vertu et au bonheur ne se fait pas graduellement et au cours d'une évolution, mais s'accomplit brusquement et instantanément (Plutarque, *de comm. not.*, 9, 1062 b etc.).
6. P. 100-101.
7. P. 124, n. 2.
8. M.-Aurèle, XII, 35 ; VII, 57.
9. M.-Aurèle, XI, 7 (cité à la p. 192, n. 1, *i.f.*).

L'instant où est saisie l'occasion échappe tout ensemble au temps des clepsydres et au temps des passions ; il a, disent les textes, « sa mesure propre »[1]. Mais il ne saurait en être ainsi s'il joignait seulement telle initiative à telle occasion, si sa « mesure » était faite de sa singularité qui vient et qui passe[2], qui répugne à toute possibilité de répétition, avouant ainsi son caractère instable et fragmentaire. Ce n'est précisément pas l'événement qui en détermine la mesure ; car s'il est vrai que tout évènement peut être l'occasion pour accéder à la sagesse et au bonheur, il n'est justement qu'une « occasion ». L'initiative qui s'adapte à lui le dépasse, comme l'esprit de vertu déborde le *devoir* singulier qu'il change en κατόρθωμα. Et comme le κατόρθωμα manifeste une puissance de tous les devoirs possibles, encore qu'il le fasse à l'occasion de tel devoir donné[3], de même l'εὐκαιρία du bonheur est puissance infinie se manifestant dans telle occasion donnée.

105. Rattachée ainsi à la doctrine du κατόρθωμα, la thèse du bonheur dans l'instant devient entièrement cohérente, Elle signifie que le bonheur se conquiert dans l'instant, sans être solidaire de la durée. Comme la vertu, il est une « disposition »[4] constante qui atteint son achèvement dans l'instant. — Cette interprétation est conforme aux textes[5]. Mais il semble cependant que les Stoïciens aient insisté, plus que dans la théorie de la vertu[6], sur le caractère en apparence

1. Cic., *de fin.*, III, XIV, 45 : « Habent enim suum modum quae opportuna dicuntur » ; M.-Aurèle, IV, 32, 5 : ἡ ἐπιστροφὴ καθ' ἑκάστην πρᾶξιν ἰδίαν ἀξίαν ἔχει καὶ συμμετρίαν, XI, 1, 1-2. Sénèque, *Ep.*, 85, 22 : « Nesciunt beatam uitam unam esse. In optimo illam statu ponit qualitas sua, non magnitudo... Qui illam numero aestimat et mensura et partibus, id illi quod habet eximium, eripit. Quid autem est in beata uita eximium ? quod plena est. »

2. Cf. Chrysippe *ap.* Plut. (p. 201, n. 7).

3. §§ 73-76.

4. P. 136, n. 1.

5. Dans l'exposé du *de finibus*, l'idée de la perfection du κατόρθωμα développée précédemment (VII, 24) est reprise et interprétée à la lumière de l'εὐκαιρία, avant que celle-ci soit appliquée à la *uita beata* (XIV, 45-46). — Tout comme la « matière » de l'acte (p. 137, n. 6), la durée du bonheur est opposée à l' « usage » : « Doce non esse positum bonum uitae in spatio eius, sed in usu, posse fieri, immo saepissime fieri, ut qui diu uixit, parum uixerit » (Sénèque, *Ep.*, 49, 10). — Enfin, l'interprétation s'impose du seul fait que le souverain bien est placé dans la vertu.

6. Cf. toutefois M.-Aurèle, VI, 23 : « En toute occasion, invoque les Dieux ! Et ne t'inquiète pas de savoir combien de temps tu agiras ainsi : c'est assez même de trois heures employées de la sorte. »

paradoxal du bonheur dont la jouissance momentanée vaudrait une félicité éternelle. Et l'on voit bien qu'il ne suffisait pas de présenter ce bonheur comme une disposition permanente qui, une fois atteinte, a puissance de se reproduire et de se renouveler constamment (comme le mouvement dont la perfection se renouvelle à chaque instant, sans s'accroître)[1]. Une telle doctrine n'eût été satisfaisante que si le système avait enseigné l'immortalité et l'éternité, afin de permettre à cette disposition, de se perpétuer indéfiniment ; c'est le bonheur, plus que la vertu, qui « veut l'éternité ». Il est vrai que déjà dans la théorie de l'action morale, la perfection de la *fin* était libérée de l'emprise du temps, nécessaire à la poursuite du *but*. L'exigence de vivre chaque jour comme si c'était le dernier[2], signifiait que la vertu est susceptible de répétition, mais qu'elle n'en est pas tributaire. Cette exigence est invoquée par Sénèque pour montrer que la perfection de la vie heureuse est soustraite au temps[3]. Aussi le parallélisme (et, plus profondément, l'identité) est-il exact entre la *puissance* et le temps de la vertu, d'une part, du bonheur, d'autre part. Mais il reste que cette conception est plus difficile à comprendre en ce qui concerne le bonheur, parce que notre « désir d'éternité » nous suggère et impose une image illusoire du temps. C'est à détruire cette illusion, qu'est destiné le paradoxe du bonheur instantané, et il faut, pour comprendre et pour *vérifier* ce paradoxe, accomplir le second mouvement par lequel Marc-Aurèle avait retrouvé dans l'instant, le présent total des périodes cosmiques.

106. C'est « la brièveté de la vie » qui met le principal obstacle à « la vie heureuse » ; c'est par là que l'homme semble inférieur aux dieux. C'est dans cette opposition que l'illusion est la plus forte, et c'est là qu'il importe de la dénoncer. — Les dieux « dureront davantage »[4]. Mais cette

1. P. 63, n. 3 ; p. 96, n. 2.
2. P. 170, n. 1 et 2.
3. Sénèque, *Ep.*, 101, 7-8 : « Sic itaque formemus animum, tamquam ad extrema uentum sit. Nihil differamus. Cotidie cum uita paria faciamus. Maximum uitae uitium est, quod inperfecta semper est, quod aliquid ex illa differtur. Qui cotidie uitae suae summam manum inposuit, non indiget tempore, etc. »
4. P. 201, n. 5. — « Bonus tempore tantum a deo differt » (*de prouid.*, I, 5) ; « sapiens autem uicinus proximusque diis consistit, excepta mortalitate similis deo » (*de const. sap.*, VIII, 2 ; cf. Cic., *de nat. deor.*, II, LXI, 153 : « ...nulla alia nisi immortalitate, quae nihil ad bene uiuendum pertinet, cedens caelestibus »).

plus longue durée, nous pouvons fort bien l'imaginer et l'apprécier à sa juste valeur. C'est une existence où des années s'ajoutent aux années indéfiniment. Or, l'expérience nous montre que, non seulement le bonheur ne saurait consister dans une telle succession sans fin, mais que c'est là précisément le seul lieu où il ne saurait s'établir. De bien des vieillards on peut dire qu'ils « meurent prématurément » ; c'est que, en faisant la somme de leurs années, on s'aperçoit qu'ils n'ont vécu que fort peu de temps ; tout le reste, ils l'ont laissé « inemployé » *(sine usu)*[1]. Est brève la vie que nos désirs et projets allongent à l'infini, détruisant à chaque instant le seul temps réel : le présent[2]. A l'inverse, *uita si uti scias, longa est* [3]. Cet usage se place dans le seul présent, et il consiste dans l'activité morale (dans le *travail*, dirait un auteur contemporain)[4], en sorte que : *Quam bene uiuas refert, non quamdiu*[5].

C'est donc la brièveté de la vie, réduite à l'instant de l'initiative morale, qui devient le lieu du bonheur[6]. Si, comme

1. Sénèque, *de breu. uit.*, III, 2-3.

2. Sénèque, *ibid.*, IX, 1 : « Potestne quicquam stultius esse quam quorundam sensus, hominum eorum dico qui prudentiam iactant ? Operosius occupati sunt. Vt melius possint uiuere, impendio uitae uitam instruunt. » — *Ep.*, 78, 27 : « Scit tempore honesta non crescere ; his necesse est uideri omnem uitam breuem, qui illam uoluptatibus uanis et ideo infinitis metiuntur. » — *Ep.*, 101, 8 (suite du texte cité p. 205, n. 3) : « Ex hac autem indigentia timor nascitur et cupiditas futuri exedens animum. Nihil est miserius dubitatione uenientium, quorsus euadant... Quo modo effugiemus hanc uolutationem ? Vno, si uita nostra non prominebit, si in se colligitur. Ille enim ex futuro suspenditur, cui inritum est praesens. »

3. Sénèque, *de breu. uit.*, II, 1.

4. J. Vuillemin, *L'être et le travail*, Paris, 1949. — Il ne s'agit nullement de ramener la doctrine de cet ouvrage à un stoïcisme dont, à bien des égards, elle se distingue profondément, mais d'en invoquer le témoignage en faveur d'une expérience fondamentale, quelles qu'en soient l'interprétation et l'exploitation doctrinales. On peut à ce sujet citer des phrases telles que : « L'effort nous révèle à nous-mêmes la source d'un mouvement qui paraissait d'abord s'imprimer de l'extérieur dans notre privation et notre servitude » (p. 20) ; « transfigurer sa finitude par le travail, c'est donc pour (l'homme) se rendre présent ce qui n'est plus, se représenter le passé et l'avenir, justifier sa présence finie et actuelle à partir de l'infinité et de la totalité du temps » (p. 21 sq.) ; « la nostalgie qui incarne le sentiment premier du temps en exprime aussi la négation, car c'est en vain que le présent court après l'avenir et cherche à retenir le passé ; de là naît le faux infini dans le pathos romantique et quiétiste du temps. En dévoilant l'illusion de la nostalgie, le travail nous montre créateurs de ces extases que nous croyions étrangères » (p. 23).

5. Sénèque, *Ep.*, 101, 15.

6. M.-Aurèle, XI, 1 : « L'âme atteint sa fin propre, que tôt ou tard survienne le terme de la vie... Pour l'âme, dans chaque cas particulier et à quelque moment qu'on la surprenne, elle rend achevé et sans lacune ce qu'elle s'est proposé et elle peut dire : Je possède, moi, tout ce qui est mien » (cf. XI, 7).

d'après Epicure[1], ce bonheur ne comporte pas d'accroissement, c'est parce qu'il amène l'intention et l'acte à une coïncidence parfaite. Cette règle si banale de ne pas différer les tâches « comme si nous devions vivre toujours »[2] contient à elle seule le moyen de détruire le temps illusoire ; elle implique la liberté d'abolir dans le présent, toute distance entre la poursuite et la fin[3] ; cette liberté n'est pas celle de tel acte particulier, mais, d'une manière générale, celle d'accéder à la vertu[4].

Cette réduction de la distance nous associe au Destin[5], elle s'effectue grâce à la raison, par laquelle nous ne sommes pas inférieurs aux dieux[6] ; enfin, de par sa nature même, elle ne peut se placer que dans le présent. Envisagée donc dans la seule référence au présent (et sans encore considérer le temps du futur qui ne viendra qu'*après*), la thèse du bonheur momentané qui nous élève à une condition divine, n'a rien de paradoxal. Mais si le bonheur du présent nous permet de conquérir ce qu'une attente durant des siècles ne saurait nous apporter, c'est parce qu'il concentre en lui une totalité que l'insensé s'efforce d'amasser dans la succession du temps qui s'écoule. Cette totalité peut tenir dans le présent, parce que l'instant, comme l'avait dit Marc-Aurèle, peut contenir et comprendre les siècles des périodes cosmiques[7] ; ainsi l'instant s'étend le long du présent de Zeus, comme la goutte de vin, d'après Chrysippe, s'étend à la dimension de l'Océan et le pénètre tout entier[8].

107. Ce mouvement totalisant, nous n'avons pas à le décrire à nouveau. Mais il reste à montrer qu'il opère une

1. Epicure *ap.* Diog. Laërt., X, 145. — « Pour l'Epicurien comme pour le Stoïcien, le Sage s'affranchit des vicissitudes de la vie en se dégageant de la continuité sans fin de la durée sensible, en se plaçant au contraire dans l'immutabilité, indépendante du temps, de l'éternelle Nature. Mais le naturalisme a un tout autre sens dans l'une et l'autre école ; celui des Epicuriens exclut à la fois la nécessité et la raison » (L. Robin, *Lucrèce, De rerum natura, Commentaire exégétique et critique*, en collab. avec A. Ernout, t. II, Paris, 1926, p. 151 ; *ad* III, 944-949).
2. « Tamquam semper uicturi uiuitis » (*de breuit. uit.*, III, 4).
3. P. 100.
4. M.-Aurèle, VIII, 22, 2.
5. Pp. 99 sqq.
6. *Ibid.*; 123, 1. — Epictète, *Diss.*, I, XII, 26 : « Par ta raison, tu n'es pas inférieur aux dieux et tu n'es pas moindre qu'eux, la grandeur de la raison ne se jugeant pas par la longueur ou la hauteur, mais par les opinions. »
7. § 101.
8. § 19.

destruction du temps illusoire, à tel point que, le bonheur momentané une fois atteint, la question même de sa prolongation, la question de ce qui viendra « après », ne peut plus avoir aucun sens intelligible[1], parce qu'elle suppose toujours l'unique réalité du temps irréel, du temps asservissant, et parce qu'elle interprète comme un paradoxe ce qui est une illusion dévoilée : la rigoureuse équivalence, dans le bonheur, de l'instant et de l'éternité. *

Puisque le sage, de l'aveu même des Stoïciens, est plus rare que le phénix, il n'est pas étonnant que le bonheur du sage paraisse paradoxal et que les textes éprouvent des difficultés extrêmes à décrire cette transformation brusque[2] qui, dans l'instant, brise le cercle magique du temps. — Parfois, il semble que la vie heureuse, une fois conquise, manifeste son achèvement dans le sentiment de « sécurité divine » où elle nous dispose à l'égard de toutes les menaces du futur[3]. — Ailleurs, la puissance et proprement la « capacité » de l'instant est illustrée par l'idée de proportion. « Qu'on dessine un cercle plus grand ou plus petit, la différence concerne l'aire *(spatium)*, non la forme... Or la forme est la même dans les deux cas. La rectitude[4] ne se mesure ni par la grandeur, ni par le nombre, ni par le temps ; on ne peut pas plus l'étendre que la ramasser »[5]. L'irréalité du temps vulgaire se prouve ici par le fait qu'on peut l'allonger ou le resserrer indéfiniment, sans toucher aux « mesures » propres à la perfection du bonheur présent[6]. Une méthode de réduction comparable servira à Bergson, reprenant une idée de Laplace et de Kant[7], à montrer l'irréalité du temps astronomique[8] ; mais ce sera en faveur du temps de « l'attente ». La méthode

1. Cf. Baudelaire : « Mais qu'importe l'éternité de la damnation à qui a trouvé dans une seconde l'infini de la jouissance ? » (*Le spleen de Paris*, IX, *i.f.*).

2. P. 203, n. 5.

3. Sénèque, *Ep.*, 53, 12 : « Ecce res magna, habere inbecillitatem hominis, securitatem dei. Incredibilis philosophiae uis est ad omnem fortuitam uim retundendam. Nullum telum in corpore eius sedet, munita est, solida est. » — *De breuit. uit*, VII, 9 : « At ille qui nullum non tempus in usus suos confert, qui omnes dies tamquam uitam ordinat, nec optat crastinum nec timet... De cetero fors fortuna ut uolet ordinet : uita iam in tuto est. » — *Ep.*, 101, 10 : « Qui hoc modo se aptauit, cui uita sua cotidie fuit tota, securus est. »

4. « Quod rectum est », cf. Cic., *de fin.*, III, XIV, 45.

5. Sénèque, *Ep.*, 74, 27.

6. P. 204, n. 1. — M.-Aurèle, II, 14 ; III, 10, 1 ; X, 1.

7. Voir L. Brunschvicg, *L'expérience humaine et la causalité physique*[3], Paris, 1949, p. 313, n. 1.

8. Bergson, *Essai*, pp. 147 sqq.

stoïcienne, au contraire, réduit le temps de l'attente et le temps « vécu » à son expression mathématique *(magnitudo)* et oppose cette étendue, si grande ou si petite soit-elle, au présent achevé du bonheur qui, lui, n'est pas grandeur, mais qualité *(qualitas)*[1]. — Une autre comparaison essaie de détruire l'illusion du temps, c'est celle avec l'art de la miniature (μικροτεχνία)[2] qui se rattache directement à l'idée de proportion : « C'est le propre d'un grand artiste d'avoir su enfermer le tout dans un espace insignifiant. Le sage est aussi à l'aise dans son existence que Dieu dans la suite des siècles »[3]. Cette comparaison suggère la plénitude (de l'instant, opposé à la vie ; de la vie, opposée à la suite des siècles) comme une réalisation totale de tous les contenus ; c'est là la conception de Chrysippe et de Marc-Aurèle[4], et c'est ce qu'on a pu appeler « le principe de production totale »[5]. Mais cette même plénitude nous est présentée ailleurs comme une totalité *de* (non : *en*) puissance[6], indifférente à l'acte[7] qui la manifeste, parce que tout contenu partiel[8] et particulier[9] lui est assez pour s'actualiser tout entière.

108. Ces deux conceptions qui semblent se contredire, il faut essayer d'en effectuer l'union pour comprendre la thèse du bonheur dans l'instant et pour entrevoir cette destruction du temps illusoire que les stoïciens ont réservée au sage. Il semble alors que l'infinité dispersée et dissipée dans l'*aiôn* se condense et se concentre dans une totalité présente, mais de telle sorte que l'idée d'écoulement et la limitation de l'instant soient conservées ; c'est précisément le fragment qui permet de restituer le tout[10]. Et c'est pourquoi, malgré

1. Sénèque, *Ep.*, 85, 22 : « In optimo illam (scil. uitam beatam) statu ponit qualitas sua, non magnitudo. Itaque in aequo est longa et breuis, diffusa et angustior, in multa loca multasque partes distributa et in unum coacta. » Cf. *Ep.*, 70, 4-5 : « Sapiens uiuit quantum debet, non quantum potest... cogitat semper qualis uita, non quanta sit. »
2. Voir l'éd. des *Lettres à Lucilius* par F. Préchac et H. Noblot, t. II, Paris 1947, p. 52, n. 4.
3. Sénèque, *Ep.*, 53, 11. — Voir maintenant, pour des thèmes comparables, P.-M. Schuhl, *Le merveilleux*, 1952, chap. IV.
4. P. 207.
5. L. Guillermit et J. Vuillemin, *Le sens du destin*, p. 55.
6. §§ 73-74 ; 81-82.
7. P. 169 déb.
8. § 76.
9. §§ 78-82.
10. §§ 51 sqq.

les apparences, le bonheur instantané n'est pas, comme chez Aristote, une trouée faite dans le temps pour atteindre l'éternité, même pour « peu de temps », mais bien un *plenum* temporel. Aussi la comparaison du bonheur avec le moment opportun[1] prendra-t-elle parfois un sens étrangement précis et concret : au faîte du bonheur *(cum sit beatissimus)*, le sage pourra décider le suicide, *si id opportune facere possit : sic enim censent, opportunitatis esse beate uiuere quod est conuenienter naturae uiuere*[2].

Si cette idée même d'une « éternité » essentiellement temporelle se laisse retrouver dans la doctrine contemporaine qui semble avoir renouvelé le problème du temps, nous ne l'examinerons pas ici. Mais il faut indiquer, dans le stoïcisme et le bergsonisme, cette inspiration commune, en vertu de laquelle seul est réel le présent ; ce présent, déterminé par l'acte, peut s'étendre jusqu'aux modes temporels qui, dans l'expérience vulgaire, s'appellent passé et avenir, mais que l'effort philosophique, dans un acte d'*attention* et de *concentration*, rend contemporains au présent[3].

1. § 103.
2. Cic., *de fin.*, III, XVIII, 61.
3. Cf. les textes de M.-Aurèle, pp. 197-199. — Sénèque, *Ep.*, 101, 9 : « Quo modo effugiemus hanc uolutationem ? Vno, si uita nostra non prominebit, si *in se colligitur.* » — *Ep.*, 85, 22 : « In aequo est longa et breuis, diffusa et angustior, in multa loca multasque partes distributa et *in unum coacta.* » — Et *de breuit. uit.*, XV, 5 : « Sapientis ergo multum patet uita ; non idem illum qui ceteros terminus cludit ; solus generis humani legibus soluitur ; omnia illi saecula ut deo seruiunt, Transiit tempus aliquod ? hoc recordatione comprendit ; instat ? hoc utitur ; uenturum est ? hoc praecipit. Longam illi uitam facit *omnium temporum in unum collatio.* » — « La distinction que nous faisons entre notre présent et notre passé est donc, sinon arbitraire, du moins relative à l'étendue du champ que peut embrasser notre attention à la vie. Le ' présent ' occupe juste autant de place que cet effort ...Dès lors, rien ne nous empêche de reporter aussi loin que possible, en arrière, la ligne de séparation entre notre présent et notre passé. Une attention à la vie qui serait suffisamment puissante, et suffisamment dégagée de tout intérêt pratique, embrasserait ainsi dans un présent indivisé l'histoire passée tout entière de la personne consciente » (Bergson, *La pensée et le mouvant*, pp. 167 sq., 169 sq. ; cf. *L'énergie spirituelle*, 42e éd., 1946, p. 56). Sur l'acte de connaissance capable, semble-t-il, de rendre présent l'avenir, voir *Introd. à la Métaphysique*, *ibid.*, p. 179 (à comparer avec l'idée de la προσθήκη appauvrissante chez Plotin ; cf. plus haut, p. 154, n. 3). — Ici comme précédemment (p. 191, n. 1), nous nous bornons à rapprocher des textes dont l'interprétation sera réservée à une étude ultérieure.

CONCLUSION

109. Nous ne résumerons pas ici les interprétations et les résultats de ces études. En ce qui concerne la philosophie stoïcienne, il suffit de constater que la théorie du temps pénètre et éclaire le système tout entier ; seules, les exigences scolaires de la tradition antique ont relégué cette théorie dans un chapitre de la physique, en sorte que l'exégèse est obligée (mais, on espère l'avoir montré, par une obligation *légale*) de ressaisir et de faire transparaître cette théorie à travers les autres parties de la doctrine. — Mais il ne sera pas inutile, en plus des quelques allusions déjà faites en passant, d'indiquer des aspects par où la conception stoïcienne du temps s'oppose à d'autres philosophies, ou s'en rapproche.

Le temps stoïcien est *qualitatif*, non *mathématique*[1]. Cette opposition, par delà l'aristotélisme[2], vaut par rapport au temps astronomique du *Timée*. Il y a cependant accord, en ce sens que les stoïciens enseignent, comme Platon, une pluralité de « temps propres », dominés par un « temps commun »[3] ; et dans les deux systèmes, c'est l'activité et le mouvement (ici, des planètes, là, de tout agent corporel) qui définissent et qui délimitent le temps.

L'insistance sur l'autonomie des agents libres conduit à privilégier le présent, comme le seul mode réel du temps, comme le lieu de la liberté et de l'achèvement instantanés. En cosmologie comme en morale, la perfection s'atteint brus-

1. P. 209, n. 1.
2. § 12.
3. *Ibid.* ; A. Rivaud, éd. du *Timée*, p. 151, n. 1 (*ad* 38 a).

quement, sans développement graduel, elle est « dès l'abord présente »[1]. Ce refus des genèses lentes n'est pas sans analogie avec l'idée contemporaine de la structure « qui doit être présent(e) d'un coup »[2]. Le temps de la maturation, le temps « créateur », n'est réel qu'au regard de Dieu et à l'échelle cosmique ; l'homme qui s'y abandonnerait, tomberait dans la servitude des choses « qui ne dépendent pas de nous ».

110. Ce temps créateur, le stoïcisme le connaît : « Si tu me disais maintenant : Je veux une figue, je te répondrais : Il faut du temps. Laisse d'abord venir les fleurs, puis naître le fruit, et enfin laisse-le mûrir. Et quand le fruit du figuier n'arrive pas subitement et en une heure à son point de maturité, tu voudrais recueillir le fruit d'une volonté humaine si vite et *si facilement* »[3]. Mais cette phrase, d'une tonalité presque bergsonienne, prend tout son sens par l'expression finale. Ce que doit enseigner la métaphore du fruit qui mûrit, ce n'est pas la patience passive, mais l'effort continu et constant de la volonté morale. Or l'initiative et sa fin se placent dans le seul présent ; le temps de l'attente leur échappe et leur est indifférent. Il est vrai que l'apprentissage des initiatives, le *progrès* (προκοπή), impliquent la durée et il semble que cette durée soit, en un sens, à la disposition de celui qui progresse[4] ; c'est qu'en elle, l'apprenti-philosophe tend constamment à convertir le temps illusoire en présent réel ; mais il n'y parvient que par une conversion, une transformation brusque qui rompt le progrès précédent, et n'en

1. E. Bréhier, *Chrysippe*, pp. 146, 215 ; cf. plus haut, p. 203, n. 5.

2. E. Bréhier, *Transformation de la philosophie française*, Paris, 1950, p. 128 sq. et chap. XI ; *Revue philosophique*, oct.-déc. 1949, p. 388.

3. Epictète, *Diss.*, I, XV, 7-8.

4. En réalité, l'opposition est seulement entre ce qui dépend de nous et ce qui n'en dépend pas ; or, il semble que le temps du progrès moral soit à notre disposition dans l'exacte mesure où il dépend de notre initiative (M.-Aurèle, XI, 7). — Le platonisme libère le philosophe de toutes les choses et de toutes les circonstances extérieures et proclame qu'il n'a pas « besoin en outre » (προσδεῖσθαι, *Euthyd.*, 280 b 3 ; *Lysis*, 208 e *i.f.* ; cf. au contraire Aristote, *Eth. Nic.*, I, 9, 1099 a 31-b 8 ; VII, 14, 1153 b 16 sqq. et les textes cités à la p. 201, n. 2) de quoi que ce soit. Et pourtant, « la mesure des entretiens dialectiques est la vie entière » (*Rép.*, V, 450 b), la dialectique n'accepte pas « d'être pressée par l'eau qui s'écoule » dans la clepsydre, et il faut la succession des réincarnations pour parfaire notre progrès moral. — Comparer également, dans l'*Epître* de saint Jacques, l'opposition entre l'avenir des insensés qui forment des projets (« Vous qui ne savez pas ce qui arrivera demain ! ») et le temps de la patience des croyants qui attendent l'avènement du Seigneur, patience illustrée par l'exemple du laboureur qui attend la maturation du fruit (IV, 13-14 ; V, 7-8). ★

sort nullement comme le fruit de la fleur[1]. L'exacte réplique à l'image bergsonienne du verre d'eau sucrée qui illustre « la nécessité d'attendre », se trouve dans un autre texte d'Epictète : « Enchaînés à plusieurs objets, nous sommes opprimés par eux et tiraillés en sens contraire. C'est pourquoi, si la navigation est impossible, nous voilà assis, tout crispés et penchés à chaque instant : Quel est le vent qui souffle ? — Le vent du Nord... Quand le Zéphyr soufflera-t-il ? — Quand il lui plaira, mon cher, à lui ou à Eole. Ce n'est pas toi que Dieu a établi le dispensateur des vents, c'est Eole. Que faire alors ? — Organiser le mieux possible ce qui dépend de nous et, pour les autres choses, en user comme elles se présentent »[2]. Autrement dit, il n'y a, pour le sage, aucune « nécessité d'attendre »[3].

111. Cette dépréciation de l'avenir comme lieu du *souci* laissait subsister le *soin* donné aux devoirs. Les devoirs, on l'a vu, sont apportés par les circonstances, et le stoïcisme accepte tous les impératifs propres aux situations ; il est une philosophie de l'action et, plus particulièrement, de l'action sociale[4]. Cependant, soustraite à ses préoccupations passionnelles, l'action, en un sens, demeure toujours extérieure au sage ; l'acteur ne s'identifie pas avec son rôle et ne s'y « engage » pas entièrement. Cette sorte d'engagement dégagé que l'on pourrait retrouver dans la littérature contemporaine[5], semble déjà avoir indisposé, dans l'antiquité, ceux qui exigent un engagement total et une soumission sans réserves[6]. Il est clair, en effet, que l'attitude stoïcienne échappe à l'alternative artificielle et oppressive entre la tour d'ivoire et l'action déifiée. Par où l'idée stoïcienne de la liberté prend

1. P. 151, n. 1.
2. Epictète, *Diss.*, I, 1, 16-17. Cf. le texte de M.-Aurèle (cité au § 72, *i.f.*).
3. Rappelons seulement que l'exemple du verre d'eau ne peut fournir un sommaire du bergsonisme que pour l'interprétation la plus superficielle, et que nous avons eu l'occasion, sur un autre plan, de noter plusieurs points communs aux deux systèmes.
4. Cf. p. 179, n. 3 ; *de fin.*, III, XIX et la formule, chez M.-Aurèle, du λογικὸν καὶ πολιτικὸν ζῷον (p. ex. IX, 16). Il vaut la peine de rappeler, sur ce point, le témoignage de Montesquieu, *De l'esprit des lois*, XXIV, X.
5. On pourrait trouver plus d'un thème stoïcien en particulier dans l'œuvre littéraire de J.-P. Sartre. Sur le point en question, voir p. ex. *Les chemins de la liberté*, t. I, p. 102 : « Pas un instant, il n'a cessé d'être *pondéré*, dispos, en parfait accord avec lui-même. Il est em...é, mais ça lui reste extérieur. Au dedans, il est chez soi. »
6. Cf. le texte d'Epictète cité p. 102, n. 7.

un nouvel aspect. C'est bien toujours, comme on l'enseigne avec raison, une « liberté intérieure », mais c'est aussi, et plus précisément, avec la soumission aux devoirs (qui est une soumission au Destin), le refus de se mettre à genoux devant l'action[1] et d'adorer ce qu'on ne refuse pas d'accepter. En ce sens, et malgré de nombreuses différences, le stoïcisme s'apparente aux philosophies qui organisent les devoirs, mais sans en rendre absolus le contenu, l'acceptation ou le succès, tels le probabilisme de la Nouvelle Académie ou la morale cartésienne. Mais c'est assez, ici, d'avoir indiqué ce problème si profondément « inactuel ».

112. L'indépendance à l'égard de l'avenir et de la réussite peut être illustrée par la distinction qu'a établie M. Eugène Dupréel entre deux types de techniques : la technique au sens ordinaire du mot (technique A) et les pratiques religieuses (technique B) qui prétendent arriver là où les techniques courantes ne peuvent aller. « Il faut, pour aboutir, ce qu'on peut appeler la *collaboration de l'intervalle*. L'intervalle, c'est tout ce qui, entre le projet et le résultat, peut survenir, sans être le fait propre de l'agent, et qui se combine avec l'effort direct de celui-ci pour assurer le succès ou l'empêcher... La technique B ne prétend influencer que la partie de l'opération soustraite aux forces et au savoir de l'agent, elle ne porte que sur l'intervalle, et elle ne laisse, quant à elle, *aucun intervalle* »[2].

En termes stoïciens : technique pour réussir en des choses qui ne dépendent pas de nous. A supposer qu'elle parvienne à réduire l'intervalle, ce sera à titre de *confatale*[3]. Mais au juste, l'idée même d'intervalle, de *distance*, ne garde plus le moindre sens dans le système. Il n'y a aucun écart entre l'intention et l'acte, entre projet et réalisation, entre le bien voulu et le bien obtenu[4]. La contingence dont devra triom-

1. Comp. ce qui a été dit de la causalité parasitaire (p. 110) et de l'acceptation sous condition (§§ 70, 76). Il faut ajouter que c'est précisément par la valorisation et la légalisation conditionnelles des devoirs (§§ 76, 93 déb.), que la liberté du sage s'accorde avec la volonté du destin ; s'il en rendait l'acceptation absolue, pour s'y attacher pour de bon et de toute son âme (c'est-à-dire de toutes ses passions, § 93 déb.), un « empêchement » nouvellement apparu risquerait de compromettre, tout ensemble, sa liberté et son obéissance (§ 76).
2. Eug. Dupréel, *Sociologie générale*, Paris, 1948, pp. 207-209.
3. Sénèque, *Quest. Nat.*, II, XXXVII-XXXVIII (cf. p. 90, n. 4).
4. P. 100.

pher la technique B n'est plus dans les choses (qui ne dépendent pas de nous), elle ne peut être qu'en nous-mêmes, dans nos désirs et regrets. Elle se manifeste chaque fois que nous répondons à l'événement réel (qui, par définition, est un bien et est « opportun »)[1] par le souhait d'un bien autre et, donc, d'un faux bien. La philosophie s'offre à nous comme la seule technique capable de réduire cet intervalle et de vaincre cette contingence en nous.

La technique B devient alors complètement inutile ou, si elle se confond avec la philosophie, ce sera à condition de changer tout à fait d'intention. Elle viserait, non plus à faire obtenir, mais à faire accepter. Elle nous enseignerait, non plus à trouver une solution à nos problèmes, mais à poser nos problèmes uniquement en fonction de la solution d'ores et déjà donnée.

113. La soumission au Destin et la liberté intérieure l'attitude, à la fois active et détachée, à l'égard de l'avenir la visée du *but*, mais seulement « sous condition »[2], et l'atteinte de la *fin* à chaque instant, — autant de thèses qui rendent la liberté stoïcienne, vue de l'extérieur, indiscernable de la servitude[3]. Le bonheur du sage est saisi dans l'instant et dans un instant temporel et limité, par où il semble privé de toute apparence de bonheur. Il ne se manifeste pas par une vie longue et heureuse, étalée aux regards de tous ; il ne s'exprime pas dans des *extases* hors du temps, dans des ravissements dramatiques et solennels dont des élèves respectueux, comme chez Plotin, puissent dénombrer les rares productions. Il est partout et toujours, et cependant nul signe extérieur ne le manifeste.

E. Bréhier a montré dans l'idéal du sage un ensemble de deux conceptions qui ne se sont séparées et distinguées que plus tard : l'honnêteté et la sainteté[4]. De même la théorie du bonheur et de la vertu, achevés dans le temps et dans le quotidien[5], enveloppe comme par anticipation une conception religieuse et, semble-t-il, très moderne, puisqu'elle

1. P. 203, n. 8 et 9.
2. P. 145, n. 5 ; p. 157, n. 4.
3. Pp. 78, 176.
4. E. Bréhier, *Chrysippe*, p. 214.
5. §§ 83, 88.

trouve son équivalent exact dans la description kierkegaardienne du chevalier de la foi : « On y cherche en vain la fissure où l'infini se fait jour. Il est solide en tout point. Sa démarche est ferme, toute au fini... Rien à déceler de cette nature étrangère et superbe où l'on reconnaît le chevalier de l'infini... Chaque fois qu'on le voit intervenir quelque part, il le fait avec une persévérance caractéristique de l'homme terrestre dont l'esprit s'attache à ces soins... Il vit dans une insouciance de vaurien, et pourtant il paie au prix le plus cher le temps favorable, chaque instant de la vie... or cet homme a effectué et accomplit à tout moment le mouvement de l'infini »[1].

114. Plus peut-être qu'aucune autre doctrine antique, le stoïcisme a gardé sa vitalité et exercé, au cours des âges, une influence débordant de loin le cadre des écoles. Mais on peut se demander si, par un choc en retour, cette victoire n'a pas été vaincue par ceux-là mêmes qui la subissaient. Il n'est pas sûr que la sagesse des siècles n'ait pas altéré profondément le système et attenté à son unité, quand, cédant à une tentation déjà ancienne[2], elle disjoint le *Fatum stoïcum* de la providence[3] et quand, plus généralement, elle détache la morale de la physique[4]. En quoi, d'ailleurs, elle fait preuve de clairvoyance, s'il est vrai, comme l'a soutenu M. A. Koyré[5], que la physique stoïcienne est à jamais révolue et qu'elle peut fournir un exemple privilégié d'une construction « scientifique » qui, malgré la survivance de la philosophie dont elle fut un élément intégrant, n'est plus qu'un poids mort. Aussi n'y aurait-il rien d'étonnant si une enquête précise sur la pérennité du stoïcisme, pris dans son seul contenu doctrinal, devait, dans bien des cas, conclure à un malentendu.

Rien de semblable en ce qui concerne la théorie stoïcienne du temps. Faisant partie justement de la physique, dont elle constituait un chapitre modeste, négligée, le plus sou-

1. Kierkegaard, *Crainte et tremblement*, trad. P.-H. Tisseau, Paris, 1935, pp 53-56. — M.-Aur., X, 12, 2 : Σχολαῖόν τι καὶ ἅμα εὐκίνητόν ἐστι καὶ φαιδρὸν ἅμα καὶ συνεστηκὸς ὁ τῷ λόγῳ κατὰ πᾶν ἑπόμενος. (cf. plus haut § 88).

2. § 46.

3. Cf. Leibniz, *Théodicée*, préf.

4. P. 182, n. 7.

5. *Bulletin de la Soc. fr. de Phil.*, mai-juin, 1936, p. 139. ★

vent, même par les historiens du stoïcisme antique, on ne conçoit même pas qu'elle ait pu connaître la fortune d'une influence active et directe au delà du Portique. Si, néanmoins, nous avons pu noter des points communs entre cette théorie et des doctrines plus récentes, il semble donc bien qu'il n'y ait là ni influence ni évolution. On peut simplement constater des *structures communes*, où l'on pourrait trouver, dans un autre sens, sans doute, que celui de la tradition ou celui de Leibniz, des arguments en faveur d'une *perennis philosophia* et, surtout, l'indication d'une méthode possible pour aider à sa découverte[1].

Il resterait à chercher, non pas, précisément, le processus historique de causalité, mais la raison philosophique qui a présidé à la constitution de ces structures communes. — Le trait le plus remarquable de la théorie stoïcienne était de dériver la réalité du temps de l'initiative de l'agent, des agents, de l'Agent universel. Or l'agent est un individu réel (corporel), doué de raison ; chacun de ses actes peut atteindre une perfection immédiate sans, cependant, poursuivre une *fin* lointaine, si ce n'est à titre de *but* ; l'être se manifeste dans ce qu'il fait, plus que dans ce qu'il projette ; la causalité motrice, rationnelle et parfaite à chaque instant, permet de surmonter l'alternative entre le mécanisme et le finalisme. Le temps, par ce mouvement de réalisation, devient comme le lieu de l'achèvement brusque et immédiat (ἀθρόως)[2] et cet instant peut s'allonger en *étendue* présente (διάστημα) aussi longtemps, si l'on peut dire, que persévère l'initiative de l'acte ; il faut préciser que celle-ci ne se perpétue pas en vertu de sa vitesse acquise, mais par une tension de la volonté qui se renouvelle constamment (πάλιν καὶ πάλιν). En revanche, le temps est destitué de son pouvoir de maturation ; son privilège de nous tenir en haleine, de nous faire attendre, apparaît comme une illusion dont l'abandon de notre liberté fait la seule force ; une doctrine de l'évolution ne serait vraie qu'à l'échelle cosmique, où tous les instants sont contemporains. Le schème fondamental du temps stoïcien n'est pas l'avant-après, mais le tout-de-suite. La saisie de ce schème n'est cependant pas donnée à un regard contemplatif, mais

1. Voir la communication (citée p. 65, n. 3), *i.f.*
2. Cf. Simpl., *in Arist. de anima*, 217, 36 (*S.V.F.*, II, 395).

proposée à un effort moral ; le temps dérive de l'acte, il n'est pas l'image de l'éternité. Aussi bien ce tout-de-suite garde-t-il son caractère temporel ; c'est une « partie » du temps qui s'écoule, du flux, de l'*aiôn*. Comme la liberté stoïcienne se voit seulement de l'intérieur, de même la réalité du présent, pour qui n'en est pas l'agent et l'artisan actif, demeure indiscernable du temps qui passe, de ce temps dont le premier créateur d'un « système de l'évolution »[1] devait avouer un jour qu'il était cause de destruction plutôt que de génération[2].

Cette transfiguration imperceptible du temps, nous avons cru pouvoir la reconnaître chez Kierkegaard, c'est-à-dire dans un contexte doctrinal tout à fait différent. Et sans doute faudra-t-il faire la même réserve en ce qui concerne la plupart des rapprochements que nous avons eu l'occasion d'indiquer (et qu'on pourrait multiplier). A cet égard, la théorie stoïcienne du temps constitue, tout autant qu'un enchaînement de dogmes susceptibles, tels quels, de se transmettre d'une école à l'autre, un ensemble de structures de pensée, pouvant recevoir des applications et des utilisations très diverses[3]. Par où n'est pas résolue, mais plutôt rendue plus malaisée la question de savoir pourquoi ces structures, dans chacun des cas signalés, ont pu être, non pas précisément reprises, mais retrouvées. Il suffisait ici de formuler cette question ; car la solution dépasserait à coup sûr les limites d'une étude sur le stoïcisme, mais aussi sans doute, par ses implications méthodologiques et, peut-être, métaphysiques, la portée de chacun des systèmes envisagés.

1. L'expression, appliquée à la philosophie d'Aristote, est de W. Windelband, *Lehrb. d. Gesch. d. Phil*[12]., Tübingen, 1928, § 13.

2. Aristote, *Phys.*, Δ, 13, 222 b 16-20.

3. Dans *La sagesse de Plotin*, M. de Gandillac met en lumière un phénomène tout à fait comparable : « Qu'il ait ou non rencontré sur sa route le christianisme de la 'grande Eglise', aucun dialogue n'était possible entre elle et lui. Et pourtant c'est bien Plotin qui... allait fournir à la théologie des premiers âges comme à tout un secteur central de la spiritualité chrétienne leurs cadres et leurs formes d'expression » (p. 198). Or l'influence effective qu'ont pu exercer les traités plotiniens sur la pensée chrétienne a été diffuse et indirecte (cf. p. XV-XVI) ; elle n'est pas assignable dans certains rapprochements (p. ex. p. 68 sur les triades), qui n'en révèlent pas moins des structures communes.

INDEX ANALYTIQUE

INDEX DES NOMS PROPRES[1]

1. L'index ne mentionne pas les auteurs cités au titre de doxographes.

NOTES ADDITIONNELLES

P. 6, n. 3. J. Humbert, *Syntaxe grecque*, 3e éd., 1960, § 240. — J. Collart, *Varron, grammairien latin*, Paris, 1954.

P. 7. Pour de brèves études d'ensemble sur ces auteurs : P. Aubenque et J.-M. André, *Sénèque*, Seghers, éd., 1964 (coll. « Philosophes de tous les temps ») et, dans la même collection, J. Moreau, *Epictète* (1964) ; G. Germain, *Epictète et la spiritualité stoïcienne*, éd. du Seuil, 1964 (coll. « Maîtres spirituels ») ; V. Goldschmidt, *Chrysippe, Epictète*, in « Les philosophes célèbres », ouvrage publié sous la direction de M. Merleau-Ponty (L. Mazenod éd., 1956).

P. 9, n. 1. Dans la collection G. Budé, F. Préchac et H. Noblot ont achevé l'édition des *Lettres à Lucilius* (t. III, 1957, t. IV, 1962, t. V, 1964) et A. Jagu a publié les deux derniers volumes des *Entretiens* d'Epictète (1963, 1965). Dans la *Teubneriana*, M. Pohlenz a donné une édition des traités de Plutarque contre les Stoïciens (et les Epicuriens), *Plutarchi Moralia*, vol. VI, fasc. 2 (1952) et J. Mau a mené à bonne fin l'édition, interrompue pendant quarante ans, de Sextus Empiricus (vol. III, 1954, suivi d'un précieux *index verborum*, dû à K. Janacek). Dans la *Loeb Classical Library*, H. Cherniss a publié une édition commentée du *De facie lunae* (*Plutarch's Moralia*, XII, 1957), appelée à remplacer celle de P. Raingeard, qui est sévèrement jugée dans une note (p. 29, n. *a*). Dans la collection des *Oxford Classical Texts*, H.S. Long a donné une édition enfin critique de l'ensemble des dix livres de Diogène Laërce (2 vol., 1964). P. Grimal a publié un commentaire sur le *De constantia sapientis* (« Les Belles-Lettres », 1953) qui accorde grande attention au genre littéraire du *dialogus* et à l'art de persuader chez les Stoïciens. La plupart des grands textes stoïciens (à l'exclusion des *fragments*, mais en compagnie des deux traités de Plutarque) ont été réunis sous le titre : *Les Stoïciens*, textes traduits par Emile Bréhier, édités sous la direction de Pierre-Maxime Schuhl (Bibliothèque de la Pléiade, Gallimard éd., 1962).

Je voudrais signaler enfin le beau livre de Revilo Pendleton Oliver, *Niccolo Perotti's version of the Enchiridion of Epictetus*, edited, with an introduction and a list of Perotti's writings (University of Illinois Press, Urbana, 1954). C'est la première publication de la plus ancienne traduction latine, restée inédite, du *Manuel*, traduction (1450) antérieure, de vingt-cinq ans, à celle d'Ange Politien (publiée, elle, avec le texte grec, à Strasbourg, en 1516). N. Perotti faisait partie du cercle du cardinal Bessarion ; humaniste, ecclésiastique et administrateur au service de Nicolas V, il a eu le mérite de découvrir l'intérêt d'un texte, fort peu en accord avec les aspirations de l'humanisme du XVe s. (p. 27-28). L'édition très soignée que donne M. Oliver de cette version est précédée d'une introduction intéressant, entre autres, l'histoire du stoïcisme et aussi la redécouverte du latin classique (où l'éditeur voit « un des chapitres les plus importants de l'histoire intellectuelle de l'Europe », p. 33).

P. 10. Une *Bibliographie* stoïcienne a été établie par P.-M. Schuhl, à la fin du volume *Les Stoïciens*, qui vient d'être mentionné. Les *Actes* du VIIe Congrès de l'Association Guillaume Budé (Paris, « Les Belles Lettres », 1964) contiennent, outre des communications dont plusieurs seront signalées plus loin, trois « rapports » qui, autant que des bibliographies raisonnées, sont de véritables études historiques : P.-M. Schuhl, *L'état des études stoïciennes* (p. 263 sqq.) ; P. Boyancé, *Le stoïcisme à Rome* (p. 218 sqq.) ; Julien-Eymard d'Angers, *Le renouveau du stoïcisme aux XVIe et XVIIe siècles* (p. 122 sqq.).

P. 15, n. 3. Sur l'ensemble du chapitre Z, 6, voir P. Aubenque, *Le problème de l'être chez Aristote* (P.U.F., 1962), p. 474 sqq. qui, sur le point en question, arrive à une conclusion voisine de la nôtre (p. 474, n. 3 : « Seul l'être par soi (ce que les Platoniciens appellent *Idée*) coïncide avec sa quiddité ; or Idées ou êtres par soi n'existent pas dans le *monde sublunaire* »).

P. 17, n. 6. Il n'est pas sans intérêt de noter que Ch. Wolff cite le début de ce texte (« Sed *Posidonius* apud eundem *Stobaeum* materiam universi reducit ad id, quod figuram in seipsa & qualitatem nullam habet ») comme l'unique contestation d'une vérité, reconnue par tous les philosophes, à savoir : « in resolutione compositi tandem deveniendum sit ad aliquod in se indivisible » (*Philosophia Prima sive Ontologia*, 1736, rééditée par J. Ecole, G. Olms éd., Hildesheim, 1962, § 686, note).

P. 21, n. 5. Sur la critique de Plotin des catégories stoïciennes (VI, 1, 25-30), il n'y a à peu près rien à tirer de la dissertation de Ch. Rutten, *Les catégories du monde sensible dans les* Ennéades *de Plotin* (« Bibliothèque de la Faculté de Philosophie et Lettres de l'Université de Liège », fasc. CLV, Paris, « Les Belles Lettres », 1961), si ce n'est, appuyée sur l'autorité d'un manuel, cette phrase étonnante : les Stoïciens « déclarent l'intelligible irréel et *inintelligible le réel* » (p. 37 ; souligné par nous).

P. 26, n. 1. Voir aussi R. Mondolfo, *L'infinito nel pensiero dell'antichità classica* (Florence, « La Nuova Italia », 1956, p. 476 sqq.).

P. 30, n. 2. H. Cherniss, dans son édition citée plus haut, écrit, à la p. 926 a 1 : ‹ἤ›, εἰ ἄλλην κτλ . : ce qui met en question la traduction (il faut comprendre : « ...ou, si le monde vient à se fixer [dans le vide], parce qu'il a trouvé quelque autre raison de s'arrêter, non à cause de la nature du lieu... »), sans toucher au sens général du texte.

P. 30, n. 3. Les pages confuses qu'une récente publication a consacrées au vide et (cf. ici, plus loin, pp. 31, 37) au temps chez Posidonius peuvent s'expliquer en partie par une consultation incomplète et manifestement indirecte des sources originales (M. Laffranque, *Poseidonios d'Apamée*, P.U.F., 1964, pp. 309-317).

P. 37, n. 4. R. Mondolfo indique bien que cette divisibilité à l'infini a pour correctif la « vision unitaire » (*loc. cit.*, p. 512).

P. 39, § 14, fin. Sur la solution stoïcienne apportée au paradoxe de Démocrite, voir la communication de S. Sambursky, *Le dynamisme stoïcien et le monde physique* (*Actes* du VIIe Congrès, *loc. cit.*, p. 278 sqq. en part. p. 283-284).

P. 39, § 15 déb. Dans son compte rendu, favorable pour l'essentiel (*Gnomon*, 1955, Heft 6, p. 454), M. van Straaten formule des réserves au sujet de ce « parallèle » entre le temps et l'espace. Mais pour ce qui concerne du moins la comparaison du temps infini avec le vide infini, elle est déjà faite, d'après le récit d'Arius Didyme, par Chrysippe (Diels, *Dox. gr.*, p. 461, l. 27).

P. 51, n. 5. Voir maintenant, dans le même sens, l'étude de St. Zeppi, *L'etica di Democrito*, qui admet l'antériorité et l'originalité des fragments et constate, entre la morale de Democrite et celle de Socrate (dont il pense trouver l'expression dans le *Gorgias*), sinon une influence, du moins une « affinité » (p. 238) ; in *Protagora e la filosofia del suo tempo* (Florence, « La Nuova Italia », 1961, p. 215 sqq.). — Dans son étude d'ensemble sur Démocrite (*Atomos idea, l'origine del concetto dell'atomo nel pensiero greco*, Florence, Felice Le Monnier éd., 1953 ; cf. notre c.r. in *R.M.M.*, avr.-juin, 1954, p. 213), V.E. Alfieri a consacré un chapitre (IX) à la morale, envisagée dans l'ensemble du système, plutôt que dans les influences qu'elle a pu exercer.

P. 52, § 21 fin. La prévention de scepticisme généralisé contre les « sogenannten Pythagoreer » (le livre d'E. Franck date de 1923) reste encore tenace : elle permet l'objection préjudicielle (P. Friedländer, *Platon*, t. II, Berlin, 1957, p. 312, n. 10 *i.f.*) et, plus commodément, la prétérition pure et simple (cf. P. Boyancé, *L'Apollon solaire*, in *Mélanges*

J. Carcopino, Hachette, 1966, p. 170, n.2 ; V. Goldschmidt, *Les dialogues de Platon*², p. XX). — Il se dessine toutefois une réaction de principe qui inspire des recherches précises et continues, seules capables d'avoir raison, à la longue, de ce préjugé. Citons seulement les travaux, d'autant plus significatifs et précieux qu'ils sont dus à des historiens, de P. Lévêque et P. Vidal-Naquet, *Clisthène l'Athénien* (« Annales littéraires de l'Université de Besançon », vol. 65, « Les Belles Lettres », 1964), chap. VI et VIII et, des mêmes auteurs, *Epaminondas pythagoricien ou le problème tactique de la droite et de la gauche*, in *Historia*, vol. IX, juillet 1960, Heft 3, p. 294 sqq. Mentionnons aussi, de M. Detienne : *Homère, Hésiode et Pythagore*, coll. Latomus, vol. LVII, Bruxelles-Berchem, 1962 et plusieurs articles : *Xénocrate et la démonologie pythagoricienne* (*R.E.A.*, juil.-déc., 1958, p. 271 sqq.), *La légende pythagoricienne d'Hélène* (*Rev. d'hist. des relig.*, 1958, p. 129 sqq.), et, *ibid.*, 1960, p. 19 sqq., *Héraclès, héros pythagoricien.*

P. 55, n. 1. Voir, dans la deuxième édition (P.U.F., 1959), pp. 12, 99.

P. 57. § 25. Cette intention pédagogique, qui se retrouve dans la rhétorique stoïcienne, se manifeste également dans certains raisonnements de l'Ecole ; cf. V. Goldschmidt, *Logique et rhétorique chez les Stoïciens*, in *Logique et Analyse*, 6e année, déc. 1963, 21 à 24 (Nauwelaerts éd., Louvain. Paris), p. 450 sqq.

P. 61, n. 6. A. Méhat, dans son *Etude sur les ' Stromates ' de Clément d'Alexandrie* (éd. du Seuil, 1966), s'est attaché à ce « problème complexe et important de la philosophie ancienne : celui des divisions de la philosophie et de leur ordonnance » (p. 76) et a analysé les divisions stoïciennes dans leur rapport avec l'œuvre de Clément.

P. 64, n. 3. Cette conception du système sera reprise par Leibniz (voir M. Serres, *Le système de Leibniz et ses modèles mathématiques*, P.U.F., 1968, p. 15-16.)

P. 71, n. 4. Nous maintenons cette interprétation, corroborée par *Théét.*, 166 a sqq. (dont ce n'est pas ici le lieu de donner le commentaire), en face du livre d'A. Capizzi, *Protagora* (Florence, G.C. Sansoni éd., 1955) qui présente un Protagoras adepte de l'éléatisme et fort peu préoccupé de morale ou de politique. La thèse de M. Capizzi, pour novatrice qu'elle soit, n'a guère emporté la conviction (voir le compte rendu de P. Aubenque, in *Rev. phil.*, avr.-juin 1964, p. 249 sqq.). L'ouvrage, déjà cité, de St. Zeppi *(Protagora e la filosofia del suo tempo)* revient à des vues plus modérées (il montre, en particulier, que la théorie gnoséologique de Protagoras est entièrement compatible avec son éthique), bien que je ne pense pas qu'il faille voir, dans l' « Apologie » du *Théétète*, une « méthode autoritaire de suggestion irrationnelle » ni, à ce propos, évoquer le « despotisme éclairé » (p. 94). — Notons enfin que R. Mondolfo (*La comprensione del soggetto umano nella antichità classica*, Florence, « La Nuova Italia », 1958, p. 158-159) paraît favorable, lui aussi, à un rapprochement de Protagoras avec le pragmatisme (plus exactement : « l'humanisme ») de F.C.S. Schiller, rapprochement qui, en dépit de ses apparences d'anachronisme, est la voie la plus sûre pour comprendre (à la suite, d'ailleurs, des interprétations données par Schiller lui-même) la portée philosophique de la thèse de l'homme-mesure.

P. 82, n. 3. Benson Mates, *Stoïc Logic* (Univers. of California Press, Berkeley et Los Angeles, 1953), 2e éd., 1961. W. and M. Kneale, *The development of Logic* (Londres, Oxford University Press, 1962). J'ai rendu compte du premier livre (*R.M.M.*, avr. juin 1954, p. 213 sq.), et Cl. Imbert a consacré à ces deux ouvrages une importante étude (Connaissance de la logique ancienne, in *Critique*, avr., 1965, p. 342) qui, sur plusieurs points, de détail et de principe, rejoint les remarques que j'avais présentées. — M. Mignucci, *Il significato della logica stoica*, Bologne, Casa editrice Prof. Riccardo Pàtron, 1965. Cet ouvrage se propose surtout de comparer la logique des Stoïciens avec celle d'Aristote. En dépit de son projet de l'éclairer par leur « conception du monde », l'auteur reste prisonnier de la perspective anhistorique où les travaux de J. Lukasiewicz semblent avoir engagé sans espoir de retour les recherches sur la logique stoïcienne. Or cette logique (bien moins, précisément, que celle d'Aristote) ne peut se comprendre indépendamment de la philosophie dont elle est une « partie » (et non pas seulement, comme le précisent les textes, dans une intention polémique contre Aristote, un « instrument »). C'est selon ce principe d'exégèse, qui n'exclut nullement le recours à la logique contemporaine, que sera conduite l'étude que Cl. Imbert prépare sur *Logique et langage chez les Stoïciens.*

Le κυριεύων λόγος a fait l'objet d'une étude d'ensemble de P.-M. Schuhl, *Le dominateur et les possibles* (P.U.F., 1960) ; voir aussi G. Stahl, *Une formalisation du « dominateur »* (*Rev. phil.*, avr.-juin 1963, p. 239 sqq.) et R. Blanché, Sur l'interprétation du κυριεύων λόγος (*Rev. phil.*, avr.-juin 1965, p. 133 sqq.).

P. 82, n. 7 *i.f.* Le texte de J. Lequier est recueilli dans les *Œuvres complètes*, publiées par J. Grenier (Editions de la Baconnière, Neuchâtel, 1952), à la p. 157 sq. — Il faut signaler que le P. X. Tilliette a consacré récemment une étude au *Dialogue du Prédestiné et du Réprouvé* (Prédestination et liberté selon Jules Lequier, in *Recherches de science religieuse*, janv.-mars 1961).

P. 84. J'ai développé ces indications dans Sagesse et liberté, in *Rev. d'hist. et de phil. relig.*, 1960, n° 4, p. 323 sqq.

P. 95, n. 2. Cf. P.-M. Schuhl, *Le dominateur et les possibles, loc. cit.*, p. 62 sqq.

P. 96, n. 1. Cette extériorité du destin, à laquelle l'insensé voudrait échapper (p. 104, n. 2) mais qui, en droit, s'arrête au seuil de la liberté intérieure (§ 50), aura, à première vue, pour antithèse, dans la doctrine de Freud, « l'excitation pulsionnelle », qui « n'émane pas du monde extérieur, mais de l'intérieur même de l'organisme » ; « S'il s'agissait de l'action d'une excitation extérieure, la fuite constituerait évidemment une solution appropriée. Dans le cas de la pulsion, toute tentative de fuite est vouée à l'échec, car le moi ne saurait se fuir lui-même » (S. Freud, *Métapsychologie*, trad. fr., « Les Essais » LVI, Gallimard éd., 1952, pp. 28-29, 67). Mais ce destin intérieur, qui a pour équivalent, dans le stoïcisme, ce que j'ai appelé plus loin « la contingence en nous » (§ 112) comporte des issues, naturelles (sublimation) ou techniques (cure analytique), et les Stoïciens, pour leur part, comparent l'Ecole à un cabinet de médecin (p. ex. Epictète, *Diss.*, III, XXIII, 30).

P. 101, n. 6. V. Goldschmidt, La théorie platonicienne de la dénonciation, in *R.M.M.*, oct.-déc., 1953, p. 352 sqq.

P. 102. Sur le difficile équilibre à maintenir entre ces deux cités, voir la communication de P. Aubenque, *Sénèque et l'unité du genre humain* (« Actas del congreso internacional de filosofia, en conmemoracion de Seneca, en el XIX centenario de su muerte », Cordoba, 1965, en part. p. 83) qui insiste, en conclusion, sur le « naturalisme » de l'*humanitas* de Sénèque.

P. 107, n. 4. Cléanthe a placé l'*hégémonikon* du monde dans le soleil, selon sa théologie solaire que P. Boyancé a étudiée dans *L'Apollon solaire*, in Mélanges J. Carcopino, Hachette éd., 1966, p. 166 sqq.

P. 109, n. 1. C'est à partir de tels textes (il en est d'autres), qu'on pourrait tenter une exposition métaphysique du problème d'autrui dans le stoïcisme. Sous ses aspects moral et politique, ce problème est envisagé dans le livre de A.-J. Voelke, *Les rapports avec autrui dans la philosophie grecque d'Aristote* a *Panétius* (J. Vrin éd., 1961, chap. IV et V). — « Peut-être, comme l'écrit P. Pachet dans son compte rendu, aurait-on pu mieux évaluer l'importance de l'apport grec au problème, en rappelant cette conception de la philosophie comme dialogue et enseignement, comme échange avec autrui, conception pour laquelle la philosophie grecque reste originale » (in *Revue philosophique*, avr.-juin 1964, p. 260).

P. 113, § 52 *i.f.* Dans son beau livre sur *Les Grecs et l'irrationnel* (Berkeley, 1959 ; trad. fr., Aubier, éditions Montaigne, 1965), E.R. Dodds blâme Zénon et Chrysippe de « revenir délibérément, par-delà Platon et Aristote, à l'intellectualisme naïf du ve siècle » et de méconnaître « l'âme irrationnelle » et la réalité des « passions » ; en revanche, il loue Posidonius qui s'était insurgé contre « cette psychologie fantastique », et avait « exigé un retour à Platon » (p. 229).

Mais les « retours », en histoire de la philosophie, sont rarement des répétitions. Posidonius est fort éloigné d'une simple reprise de l'anthropologie platonicienne (Pohlenz, *Die Stoa*, I, p. 226 ; II, p. 114 ad p. 228 *i.f.*). Et Zénon et Chrysippe, précisément parce que Platon et Aristote avaient enseigné entre temps, peuvent bien revenir à un « intellectualisme », mais celui-ci ne peut plus être « naïf ».

Aussi bien jugera-t-on, par-delà les toutes premières apparences, qu'il est peu de doctrines antiques qui, autant que la stoïcienne, aient tenu compte des passions et reconnu les puissances « irrationnelles » : il est vrai que c'était, non pour s'y complaire, mais pour tenter de les exorciser.

P. 116, § 54 *i.f.* C'est en ce sens, et sous réserve de son *réalisme*, toujours conservé, que la théorie stoïcienne de la connaissance peut être qualifiée d' « activisme » (R. Mondolfo, *La comprensione del soggetto umano*, *loc. cit.*, p. 205).

P. 130, n. 2. Sur la morale proprement cicéronienne, envisagée, et dans ses sources et dans son originalité, voir la thèse du P. Milton Valente, *L'éthique stoïcienne chez Cicéron* (Paris, Librairie Saint-Paul, 1956) et, sur la philosophie cicéronienne telle que, sans aucunement négliger ses sources, on peut la dégager d'une confrontation des traités théoriques avec les *Discours* (et les *Lettres*), la thèse d'A. Michel, *Rhétorique et philosophie chez Cicéron* (P.U.F., 1960) et, du même auteur, Rhétorique et philosophie dans les *Tusculanes* (*R.E.L.*, 39, 1961, pp. 158 sqq.)' Quelques aspects de l'interprétation philosophique dans la littérature latine (*Rev. phil.*, janv.-mars, 1967, pp. 79 sqq.).

P. 146, § 70 *i.f.* La distinction entre le *but* et la *fin*, déjà attaquée par Carnéade, a été utilisée récemment pour reprocher à l'éthique et au droit naturel des Stoïciens de « tomber dans le rigorisme et le formalisme d'une éthique vide de l'intention », faute d'un « ordre objectif et matériel des valeurs » (H. Welzel, *Naturrecht und materiale Gerechtigkeit*, Göttingen, 1955, Vandenhoeck & Ruprecht, p. 45). L'inspiration schélerienne de cette critique (*Le formalisme en éthique* ne contient que de rares et vagues références au stoïcisme) qui, bien entendu, vise surtout le kantisme (ainsi, p. 167 déb.) atteste l'actualité du débat. De fait, l'axiologie contemporaine ignore parfois ses antécédents antiques (et stoïciens) et, pour avoir raison du « formalisme » kantien, s'appuie, tout ensemble, sur une mésinterprétation psychologiste et un subtantialisme de la personne. Cf. V. Goldschmidt, « *La loi de Scheler* » (Actes du XIIe Congrès international de philosophie, t. XII, 1960).

P. 149, n. 1. C'est en référence à ce texte de la *Métaphysique* que P. Aubenque écrit : « Les Stoïciens seront logiques avec eux-mêmes lorsque, repoussant la contingence, ils feront du monde un Dieu » (*Le problème de l'être chez Aristote*, p. 388).

P. 156, n. 9 *i.f.* Voir, dans la nouvelle édition (publiée sous le titre : *Philosophie du droit*, Paris, Dalloz, 1953), pp. 281-284. — Il faut ajouter que c'est la conception kelsénienne du système juridique qui se prête le mieux, ici, à une comparaison, aussi bien par sa critique de la théorie des lacunes (où Kelsen ne voit que des fictions idéologiques, c'est-à-dire un « droit idéal ou souhaité », opposé au droit positif) que par son rejet de tout conflit de normes (cf. p. ici 157) ; H. Kelsen, *Théorie pure du droit*, trad. par Ch. Eisenmann, Paris, Dalloz, 1962, pp. 329-334 ; 273 sqq.

P. 158, n. 7 *i.f.* Les références renvoient au *Descartes selon l'ordre des raisons*, t. II, Paris, Aubier, 1953, pp. 265 et 262 (deuxième édition, 1968).

P. 159, n. 4. Pour les survivances de l'idée de prénotion chez Athénagore, Tertullien et Clément d'Alexandrie, voir la thèse de l'abbé M. Spanneut, *Le stoïcisme des Pères de l'Eglise* (Paris, éd. du Seuil, 1957, pp. 204 sqq.). Le grand intérêt de ce travail (qui signale des rapprochements sur bien d'autres points encore) est de montrer, pour la première fois et d'une manière systématique, « le stoïcisme des Pères », en complément et en correctif du traditionnel « platonisme » qui, d'après les résultats du livre, ne débute qu'aux environs de 250.

P. 160. P. Boyancé a prouvé que ces premières prénotions déterminent l'exposé de la théologie stoïcienne du IIe livre du *De natura deorum* (Les preuves stoïciennes de l'existence des dieux d'après Cicéron, in *Hermes*, 90 Band, Heft 1, févr. 1962, pp. 45 sqq.) ; il esquisse, à cet égard, une comparaison avec le *De finibus* III, pour la prénotion de l'*honestum* (p. 71). Ces analyses, pour l'essentiel, restituent au récit du *De nat. deor.* II son caractère d' « exposé volontairement synthétique, capable de se donner pour *la* position stoïcienne, et non celle de tel stoïcien... Nous sommes devant les représentants d'une école, moins préoccupés d'affirmer leur originalité personnelle que de dire ce qu'ils croient la vérité de leur secte » (p. 53 et, pour le *De fin.* III, ici même, p. 130, n. 2 et p. 140, n. 3). A partir de quoi, M. Boyancé fait voir combien il est malaisé et, somme toute, arbitraire, d'isoler dans cet exposé synthétique, des éléments qu'on puisse attribuer, à titre de sources, à Posidonius.

P. 162, n. 2. Sur le rôle des prénotions dans la rhétorique cicéronienne, voir la thèse d'A. Michel (*Rhétorique et philosophie chez Cicéron, loc. cit*, pp 191 sqq., 349 sqq.). On souhaiterait une étude sur le même sujet consacrée à saint Augustin ; notons seulement, dans les *Confessions* : X, XXIII, 33 (*notitia* de la vérité) ; XI, XIV, 17 (« Quid est ergo tempus ? Si nemo ex me quaerat, scio ; si quaerenti *explicare* uelim, nescio », où les commentateurs n'ont pas vu le parallèle avec Plotin, III, VII, 1, 3-8) ; XII, VI, 6 et XIX, 28 (cf. V. Goldschmidt, Exégèse et axiomatique chez saint Augustin, in *Etudes sur l'histoire de la philosophie en hommage à Martial Gueroult* (Paris, Fischbacher éd., 1964, p. 32).

P. 166, n. 3. Ce projet, dont Cicéron avait donné une esquisse dans son *De iure ciuili in artem redigendo* (Aulu-

Gelle, I, xxii, 7) et qui a été réalisé par S. Sulpicius Rufus (*Brutus*, 41, 152) est d'inspiration stoïcienne (Pohlenz, *Die Stoa*, I, 263). Cette même inspiration est attestée pour Q. Aelius Tubéron qui a eu une part éminente dans la constitution de la science du droit (*Dig.*, I, 2, 2, 46), non seulement par Cicéron (*ap.* Aulu-Gelle, *loc. cit.* : « disciplinas enim Tubero stoicas et dialecticas percalluerat »), mais par Pomponius qui, dans son histoire du droit romain, l'appelle *Stoicus* (*Dig.*, *loc. cit.*, § 40).

Cette influence stoïcienne s'est exercée autant par la dialectique que par l'idée de système *(in artem redigere)*. Voir M. Villey, *Recherches sur la littérature didactique du droit romain* (Paris, Domat-Montchrestien, 1946) et *Logique d'Aristote et droit romain* in *Leçons d'histoire de la philosophie du droit* (« Annales de la Faculté de droit et des sciences politiques de Strasbourg », IV, Paris, Dalloz, 1957 ; on regrettera que ce travail ne soit pas recueilli dans la « nouvelle édition » des *Leçons*, Dalloz, 1962), p. 161 sqq., en part., p. 175, n. 35.

P. 174. Nous avons développé ce point dans notre essai sur *Epicure* (« Les philosophes célèbres », L. Mazenod, p. 80 sqq.).

P. 176, § 87 *i.f.* C'est à partir de là que les Stoïciens sont contradictoirement jugés au xviiie siècle : « Dire, écrit J. Barbeyrac, qu'une personne, qui souffre pour une bonne cause, est réellement heureuse, lorsqu'elle n'a point de récompense à en attendre après la Mort, c'est avancer une proposition également contraire au Bon-Sens & à tous les sentiments de la Nature » (in Pufendorf, *Le droit de la nature et des gens*, t. I, Londres, 1740, *préface du traducteur*, p. cxl), alors que Montesquieu écrit : « La religion de *Confucius* nie l'immortalité de l'âme ; et la secte de *Zénon* ne la croyait pas. Qui le dirait ? ces deux sectes ont tiré de leurs mauvais principes des conséquences, non pas justes, mais admirables pour la société » (*De l'esprit des lois*, XXIV, xix).

P. 176, n. 7. Il était préférable de traduire par « circonspection » (sans préjudice du commentaire suivant), d'autant que P. Aubenque a montré que la *prudence*, entendue au sens aristotélicien du terme, n'a pas de place dans le stoïcisme (La « phronésis » chez les stoïciens, in *Actes* du VIIe Congrès de l'Ass. G. Budé, *loc. cit.*, pp. 291 sqq.).

P. 181, § 90 *i.f.* C'est sur cette absence du sentiment tragique de la vie qu'est finalement jugé le stoïcisme, dans la belle étude, aussi compréhensive que personnelle, que G. Germain a consacrée à *Epictète et la spiritualité stoïcienne* (éd. du Seuil, 1964, p. 177 sq.).

P. 181, n. 6. Sur le sens précis de cette comparaison, voir J. Andrieu, *Le dialogue antique, structure et présentation* (Paris, « Les Belles Lettres », 1954, pp. 37 sqq.).

P. 182, n. 7. Notons que, dans une communication, faite au VIIe Congrès de l'Association Guillaume Budé (Sénèque et Vigny. Sur une source probable de *La mort du loup*, *Actes*, pp. 162 sq.), M. Bizos a signalé avec vraisemblance que le célèbre vers : « Gémir, pleurer, prier est également lâche » a pu être suggéré au poète par un texte de Sénèque (*Q.N.*, III, pr., § 12) ; il n'en conclut pas moins, et avec raison, à « l'opposition entre les deux écrivains ».

P. 185, n. 6. Alors que l'influence de Panétius sur le *De officiis* a été pendant longtemps majorée, on tend maintenant à faire une plus grande part, dans ce traité, à l'originalité de Cicéron (K. Büchner, Panétius et Cicéron, in *Actes* du VIIe Congrès G. Budé, p. 255 sq. et, *ibid.*, pp. 222 sqq., 242, le jugement de P. Boyancé).

P. 186, n. 2. Sur Malebranche et le stoïcisme, voir M. Gueroult, *Malebranche*, t. III (Aubier éd., 1959), pp. 312 sqq. — Sur *Sénèque et Malebranche*, J. Moreau a présenté une communication au *Congreso internacional de filosofia, en conmemoracion de Seneca*, *loc. cit.*, pp. 215 sqq.

P. 188, § 94 *i.f.* A partir d'un autre texte d'Alexandre d'Aphrodise (*De anima liber alter*, 170, 21-171, 1 et 175, 27-32 Bruns), L. Robin définit la liberté aristotélicienne comme le non-être en nous, comme une imperfection et comme « un signe de la misère de l'homme, de l'obligation où il est, au lieu de *suivre* sa route, d'avoir à la *choisir* » (*Aristote*, P.U.F., 1944, p. 168).

P. 188, n. 5 *i.f.* Ajouter, maintenant, l'article déjà cité, *L'Apollon solaire* (Mélanges J. Carcopino, Hachette, 1966, pp. 149 sqq.).

P. 193. Cf. Leibniz : « ...Les Stoïciens disaient que le sage seul est libre ; et en effet, on n'a point l'esprit libre, quand on est occupé d'une grande passion, car on ne peut point vouloir alors comme il faut, c'est-à-dire avec la délibération qui est requise » (*Nouv. Essais*, II, XXI, 8) et, sur ce texte, le commentaire de M. Serres : *Le système de Leibniz*, p. 569.

P. 199, n. 1. Voir G. Verbeke, Les Stoïciens et le progrès de l'histoire, *Revue philosophique de Louvain*, 62, 1964, pp. 5 sqq. et, sur ce problème chez Sénèque, P. Aubenque et J.-M. André, *Sénèque* (éd. Seghers, 1964), pp. 83 sqq.

P. 208. Voir les belles analyses de Vl. Jankélévitch, *L'aventure, l'ennui, le sérieux* (Aubier éd., 1963, pp. 174-178).

P. 212, n. 4. Sur « Sénèque et l'infinité du progrès spirituel », voir R. Mondolfo, *La comprensione del soggetto umano* etc., *loc. cit.*, pp. 721 sqq.

P. 216, n. 5. Une interprétation beaucoup plus favorable de la physique stoïcienne, du point de vue de la science moderne, a été développée par S. Sambursky, *Physics of the Stoics* (Routledge et Kegan Paul, Londres, 1959). Voir aussi, du même auteur (chez le même éditeur) : *The physical world of the Greeks* (1956) et *The physical world of late antiquity* (1962).

COMPLÉMENTS POUR LA 3e ÉDITION

Les compléments à la première édition de ce livre ont été distribués dans des Notes additionnelles, qui sont reproduites ici. Dans cette nouvelle édition, il n'a pas paru souhaitable, toutefois d'appliquer ce même procédé pointilliste. Quant au livre même, on ne pouvait ainsi aboutir qu'à un rapiéçage qui aurait risqué d'en recouvrir le dessin primitif, sans pour autant lui apporter un renfort véritable : n'ayant prétendu, au départ, à une relation exhaustive, ni du système stoïcien, ni de la bibliographie, il lui faudra bien essayer de survivre par ses propres moyens. Et quant aux études parues depuis 1969, elles méritaient mieux que de figurer, à titre de compléments, dans des notes dispersées. Il a donc paru préférable, d'une part, d'indiquer, selon un choix et groupées dans un ordre nécessairement arbitraires, les principales de ces publications, et de signaler, d'autre part, deux ou trois questions qui ont pu se poser à partir du présent ouvrage.

***

Ouvrages d'initiation : G. Rodis-Lewis, *La morale stoïcienne*, coll. « Initiation philosophique », P.U.F., 1970. — A. Virieux-Reymond, *Pour connaître la pensée des Stoïciens*, Bordas, 1976 ; sans aucunement négliger les autres parties du système, l'auteur de *La logique et l'épistémologie des Stoïciens* (Chambéry, 1949) donne grand soin au chapitre II, le plus développé et intitulé : *Théorie de la connaissance et logique*.

Éditions : L. Edelstein and I. G. Kidd, *Posidonius, I, The Fragments*, Cambridge, University Press, 1972 ; le second volume, devant contenir le commentaire, est en préparation. — H. Cherniss vient de publier les traités de Plutarque contre les Stoïciens : *Plutarch's Moralia*, XIII, Part II, dans la collection Loeb *(L.C.L.)*, 1976. Cette édition renouvelle l'établissement du texte (pp. 406-411 ; 656-659), l'analyse de la structure des traités, contre les préjugés stylistiques des modernes (pp. 396 ; 652-653 déb.) et, bien entendu, le commentaire. — La première partie du tome XIII due également au maître de Princeton, comprend les *Questions platoniciennes* et la *Génération de l'âme*, où les références ou allusions au stoïcisme sont fréquentes.

Monographies : A. Graeser, *Zenon von Kition, Positionen und Probleme*, Berlin & New York, 1975. — J.-B. Gould, *The Philosophy of Chrysippus*, Leyde, 1971 ; ouvrage méritoire, mais qui ne supporte pas la comparaison avec le *Chrysippe* d'E. Bréhier, avec lequel il prétend imprudemment rivaliser, et qui pratique à l'égard de la tradition des textes, une espèce d'hypercritique qui lui fait éliminer (ou négliger) des problèmes pourtant indubitablement traités par Chrysippe. — D. Babut, *Plutarque et le stoïcisme*, Paris, 1969 (Publications de l'Université de Lyon).

Ouvrages de synthèse : J. M. Rist, *Stoic Philosophy*, Cambridge, University Press, 1969 ; (une réédition du livre, ainsi que de l'*Epicurus* et du *Plotinus* du même auteur, devra paraître sous peu dans la Cambridge Paperbacks Edition). Négligeant volontairement des considérations proprement historiques en faveur de l'interprétation philosophique, ces études portent principalement sur des problèmes de morale et de psychologie (mais aussi sur le critère et sur les catégories) et illustrent deux idées directrices : que le stoïcisme s'est, en grande partie, constitué contre l'autorité d'Aristote, et que le renouvellement du système par Posidonius repose souvent sur une méconnaissance des thèses originales de Chrysippe. — D. Babut, *La religion des philosophes grecs*, P.U.F., 1974, chap. VI ; étude claire et bien documentée. — A. A. Long, *Hellenistic Philosophy*, Duckworth, London, 1974. Plus de la moitié du livre est consacrée à l'ancien stoïcisme. Alliant la précision du détail à des vues synthétiques, soutenu par une inspiration humaniste et attentif au mouvement historique qui prolonge la pensée hellénistique bien au delà de la Renaissance, ce livre est un modèle du genre. — *The Cambridge History of Later Greek and Early Medieval Philosophy*, ed. by A. H. Armstrong, Cambridge, University Press, 1970, ne concerne pas le stoïcisme comme tel : il n'en faut pas moins signaler le chapitre (7), aussi bref que suggestif, que le regretté Ph. Merlan a consacré à cette philosophie, à partir de Posidonius, en tant qu'elle prépare déjà la pensée de Plotin.

Ouvrages sur la logique : G. Watson, *The Stoic Theory of Knowledge*, Belfast, s.d. [1966]. — M. Frede, *Die stoische Logik*, Göttingen, 1974. — Cl. Imbert, *Logique et langage dans l'Ancien Stoïcisme*, à paraître en 1977. Les deux termes du titre représentent un hendiadyn, pour rendre le double sens de *logos* : de fait, autant que d'une étude technique de la logique stoïcienne, il s'agit d'une réinterprétation du système.

Sur la morale : A. J. Voelke, *L'idée de volonté dans le stoïcisme*, P.U.F., 1973 ; l'ouvrage apporte une contribution importante au débat qui s'est instauré autour du problème du « volontarisme » antique (cf. notre c.r. dans la *R.E.G.*, 87, 1974, p. 460). — J. C. Fraisse, *Philia, La notion d'amitié dans la philosophie antique*, J. Vrin éd., 1974. Tenant compte, autant de l'individualité des auteurs que du mouvement des idées, le livre consacre deux chapitres au stoïcisme (pp. 375-445), et jette des lumières nouvelles, en particulier sur Panétius et sur Sénèque.

Sur l'anthropologie et sur le problème de l'humanité primitive : on sait que ces questions ont été relancées (contre K. Reinhardt) et renouvelées par W. Spörri (*Späthellenistische Berichte über Welt, Kultur und Götter*, Bâle, 1959) et qu'elles concernent surtout Démocrite et Épicure. Il faut signaler cependant deux ouvrages qui traitent incidemment, à ce sujet, des Stoïciens : Th. Cole, *Democritus and the Sources of Greek Anthropology*, Press of Western Reserve University (Americ. Philolog. Assoc., 25), 1967 (plus particulièrement les Appendices II et III), et le beau commentaire d'A. Burton, *Diodorus Siculus, Book I*, Leyde, 1972.

Sur une expression, enfin, qui traverse toute la philosophie antique, de Démocrite aux Sceptiques, il faut lire l'article, très dense et parfaitement éclairant, de Ph. De Lacy, Οὐ μᾶλλον *and the Antecendents of Ancient Scepticism*, in *Essays in Ancient Greek Philosophy*, ed. by J. P. Anton with G. L. Kustas, State University of New York Press, 1971, p. 593 sqq.

Recueils de travaux. — C'est un usage, répandu depuis quelques années avec un succès croissant, que de réunir en volume des travaux dus à différents auteurs, et consacrés à un philosophe, ou à une école, voire à une œuvre. Cette formule, qui tient à la fois des *Actes* d'un congrès, des *Mélanges* offerts à un savant et, plus actuellement, du *Digest*, présente des avantages incontestables : sans nécessairement refléter le « dernier état de la science », elle donne une idée de la variété des problèmes posés, de la prolifération des méthodes mises en œuvre et de l'irréductibilité des présupposés ; elle comporte aussi, de la manière la plus utile, des indications bibliographiques diverses qu'on trouverait difficilement réunies ailleurs. Cette variété, bien sûr, est rarement unifiée, ni même, toujours, harmonisée. Mais c'est là la condition même de la recherche, en matière d'histoire de la philosophie, laquelle recherche est soumise à des courants, plutôt que promise à un progrès véritable (au delà du perfectionnement de certaines techniques d'ordre plutôt philologique). Ce qui est somme toute rassurant, si l'on juge, à la suite des Grecs, que l'objet même de cette recherche, c'est-à-dire la philosophie, change plutôt qu'elle ne progresse. Si bien que, plutôt que du dernier état de la science, on parlerait, plus adéquatement, du dernier état des questions, entendant par là que ces questions sont parfois formulées par la philosophie des savants, plutôt que par celle des auteurs qui leur sert de prétexte.

Ces réserves, toutes théoriques d'ailleurs, étant faites, pour mémoire et parce que ce n'est pas ici le lieu de les développer, nous avons la bonne fortune de pouvoir faire état de trois recueils consacrés au stoïcisme et appelés à rendre de grands services, à en juger d'après le premier qui, à ce jour, a effectivement paru : *Problems in Stoicism*, édité par Anthony A. Long, University of London, The Athlone Press, 1971 ; D. Babut, sous le titre de *Questions stoïciennes*, a consacré une étude développée à ce recueil, dans la *R.E.G.*, 86, 1973, pp. 444-455. L'ouvrage réunit les contributions suivantes : *Phantasia Kataleptike* (F. H. Sandbach) ; *Ennoia et prolepsis* (F. H. Sandbach) ; *Les catégories et leurs emplois* (J. M. Rist) ; *Grammaire et métaphysique dans le Stoïcisme* (A. C. Lloyd) ; *Langage et pensée dans le Stoïcisme* (A. A. Long) ; *Oikeiosis* (S. G. Pembroke) ; *Intermédiaires stoïciens et la Fin de l'homme* (I. G. Kidd) ; *Liberté et déterminisme dans la théorie stoïcienne de l'action humaine* (A. A. Long) ; *Posidonius sur les émotions* (I. G. Kidd) ; *La loi naturelle et le stoïcisme* (G. Watson). Ce qui assure une certaine liaison entre ces études, c'est d'abord leur présentation synthétique, rédigée par l'éditeur, et c'est aussi et surtout le fait que la moitié des contributions aient été discutées lors des séminaires organisés par l'*Institute of Classical Studies* de l'Université de Londres, en 1967-68.

Un recueil, intitulé *The Stoics*, sera publié, sous la direction de J. M. Rist, par l'University of California Press, en 1977. Je dois à l'obligeance de M. Rist de pouvoir en indiquer ici le contenu : *Une introduction à la logique stoïcienne* (I. Mueller, Chicago) ; *Principes de la grammaire stoïcienne* (M. Frede, Princeton) ; *La théorie stoïcienne de la signification* (A. Graeser, Berne) ; *La dialectique et le sage* (A. A. Long, Liverpool) ; *Que sait le sage ?* (G. B. Kerferd, Manchester) ; *Monisme et immanence : Les fondements de la physique stoïcienne* (R. B. Todd, U. Brit. Columbia) ; *La cosmologie stoïcienne* (M. Lapidge, Cambridge) ; *Nécessité et destin dans la philosophie stoïcienne* (M. Reesor, Queen's University) ; *Déterminisme stoïcien et responsabilité morale* (C. Stough, Californie, S. Barbara) ; *Émotion et décision dans la philosophie stoïcienne* (A. C. Lloyd, Liverpool) ; *Action et règles morales dans l'éthique stoïcienne* (I. G. Kidd, St. Andrew) ; *Le concept stoïcien de détachement* (J. M. Rist, Toronto) ; *Zénon sur l'art : anatomie d'une définition* (F. E. Sparshott, Toronto).

Sur le thème : *Les Stoïciens et leur logique*, l'Université de Picardie et le Centre d'Études et de Recherches interdisciplinaires de Chantilly ont organisé un colloque, qui s'est tenu, du 18 au 22 Septembre 1976, au Centre Culturel des Fontaines, à Chantilly. Les communications présentées à ce colloque seront publiées, par les soins de J. Brunschwig, dans un recueil, à paraître chez J. Vrin, en 1977. Voici les titres des communications, dans l'ordre où elles se sont succédé : *Logique et physique dans la pensée des Stoïciens* (M. Mignucci, Padoue) ; *Mos geometricus, mos physicus* (J. P. Dumont, Lille) ; *La philosophie du signe chez les Stoïciens* (G. Verbeke, Louvain) ; *Le déterminisme stoïcien* (J. Barnes, Oxford) ; *Cléanthe et Chrysippe face au maître-argument de Diodore* (H. Barreau, C.N.R.S.) ; *Un schème pluridisciplinaire dans la pensée stoïcienne : mélange et intégrité* (J. Brunschwig, Université de Picardie) ; *Les doctrines de la vérité et du vrai chez les Stoïciens* (A. A. Long, Liverpool) ; *Remarques sur l'origine épicurienne de la prénotion* (V. Goldschmidt, Clermont-Ferrand) ; *Doctrine logique et théorie de la représentation* (Cl. Imbert, E.N.S., Paris) ; *Katalepsis and Synkatathesis* (G. B. Kerferd, Manchester) ; *La syntaxe de Chrysippe : logique et linguistique dans l'interprétation de l'Ancien Stoïcisme* (U. Egli, Constance) ; *La classification des propositions simples en Diogène Laërce VII, 69-70* (R. Goulet, C.N.R.S.) ; *Definite propositions and the concept of reference* (A. C. Lloyd, Liverpool) ; *L'impératif stoïcien, sa fonction logique, sa valeur morale* (P. Pachet, Paris VII) ; *L'enquête sur la psychologie du désir et la logique du discours stoïcien* (M. Daraki, Vincennes) *Immutabilité du vrai, nécessité logique et connexion naturelle* (J. Moreau, Bordeaux) ; *Le statut ontologique des incorporels dans l'Ancien Stoïcisme* (P. Pasquino, Paris) ; *Les catégories stoïciennes* (A. Graeser, Berne) ; *Zeno and the Origins of Stoic Logic* (J. M. Rist, Toronto) ; *Une hénadologie dans le Commentaire d'Alexandre d'Aphrodise à Métaphysique 992 b 9* (J. Bertier, C.N.R.S.) *Posidonius and Logic* (I. G. Kidd, St. Andrews) ; *Style stoïcien et méthode sceptique* (Fr. Zaslawsky, C.N.R.S.).

***

Il resterait à indiquer brièvement trois problèmes qui ont pu être posés récemment, et qui ont quelque rapport avec les vues exposées dans ce livre.

I. La première question porte sur le statut des incorporels et, notamment, des *lekta*, et elle se précise dans la différence terminologique entre *exister* (ὑπάρχειν) et *subsister* (ὑφιστάναι). Cette question a été soulevée dans deux articles, sinon parus, du moins rédigés à peu près au même moment, et qui indépendamment l'un de l'autre, développent des thèses diamétralement opposées. A. A. Long, dans un travail dont l'objet et la portée débordent de beaucoup cette question restreinte (*Language and thought in Stoicism*, in *Problems in Stoicism*, pp. 89-93), s'interroge sur l'emploi du mot ὑπάρχειν , appliqué aux *lekta*, et pense que cet emploi est limité aux cas où l'exprimable est vrai, c'est-à-dire que la réalité de l'objet externe se communique en quelque sorte à l'exprimable qui l'énonce : je suis entièrement d'accord sur le principe même de cette thèse, puisque l'actualité (et l'existence actuelle) des incorporels (et, en particulier, du temps) m'avait semblé être dérivée d'une réalité externe (et, dans le cas du temps, d'un agent corporel). Peut-être conviendrait-il d'être moins affirmatif sur la portée générale (et doctrinale) de la distinction : ὑπάρχειν — ὑφιστάναι , qui n'est attribuée qu'à Chrysippe, au sujet du seul problème du temps, et dans un seul texte. Mais c'est là un problème lexicographique, qui demanderait à être repris pour lui-même : de toute manière, le travail de Long, qui ne porte pas essentiellement sur ce problème, distingue ces deux termes très clairement et, à mon sens, en pleine conformité avec les textes. — De son côté, P. Hadot a soutenu une thèse exactement inverse ; selon lui, ὑφιστάναι s'appliquerait à la « substantialité corporelle », alors que ὑπάρχειν désignerait le mode d'existence des incorporels (in *Archiv für Begriffsgeschichte*, XIII, 1969, pp.

115-127). Cette thèse a été critiquée par A. Graeser (*Archiv...*, XV, 1971, pp. 303-305) et, en réponse à une attaque qui ne s'imposait guère, par moi-même (*R.E.G.*, LXXXV, 1972, pp. 331-344), et m'a fourni l'occasion de redéfinir la double conception stoïcienne du temps (cf. plus haut, §§ 14-18) et d'analyser un procédé très ingénieux de la polémique de Plutarque, dans les *Notions Communes*, 41 (*S.V.F.*, II, 518). — Enfin, la dernière contribution à ce problème se trouve dans la communication, présentée au colloque de Chantilly, par G. B. Kerferd (et qu'on lira donc dans le recueil dont la publication a été annoncée plus haut) ; sous le titre : *The Problem of SYNKATATHESIS and KATALEPSIS*, M. Kerferd traite une question beaucoup plus large, mais, chemin faisant, donne une mise au point, prudente et compréhensive, des débats qui se sont engagés sur ce point de terminologie.

II. La deuxième question, ou objection, provient plutôt d'un malentendu, dont je puis être responsable, mais elle est intéressante parce qu'elle concerne à la fois la doctrine stoïcienne et la méthode d'exégèse.

Dans son beau livre sur la *Stoic Philosophy*, J.M. Rist me reproche, très courtoisement, de « présenter Marc-Aurèle comme un disciple de Chrysippe », et rappelle que Marc-Aurèle ne mentionne pas les définitions que Zénon et Chrysippe avaient données du temps ; que pour Marc-Aurèle, le problème du temps se situe « dans un contexte fort différent de celui qui était familier aux anciens Stoïciens » parce que le temps, pour lui, est « un problème moral » ; ou encore que « Marc-Aurèle qui connaît plusieurs théories de l'ancien stoïcisme, a perdu tout sens de leur signification » (pp. 287 sq.). Je suis entièrement d'accord avec ces thèses qui ne sont pas douteuses, et que je croyais avoir rappelées moi-même (p. 194), avec moins d'insistance parce qu'elles ne sont guère contestées. Et surtout parce que j'étais aux prises avec un tout autre problème : non pas de réaffirmer, avec l'opinion dominante et d'ailleurs indubitable, « que du temps de Marc-Aurèle, le stoïcisme avait dégénéré en un moralisme aride », mais de montrer, tout au contraire, la survivance, dans les *Pensées*, de la conception de Chrysippe, quant à la structure du temps (§ 15) et quant à la méthode d'analyse, méthode qui, chez Chrysippe, relève à la fois de la logique et de la physique et qui, chez Marc-Aurèle, prend une « portée existentielle » (p. 194).

Or, l'intérêt de cette survivance que je crois avoir établie, est double. En ce qui concerne la doctrine, elle fait voir que, chez un auteur qui ne se pique pas d'acribie doxographique, il peut y avoir une résurgence et comme une revivification de structures de pensée qui, à l'origine, fournissaient son cadre à la seule théorie physique et qui, chez Marc-Aurèle, sont engagées au service de la connaissance éthique, et, par là, préservent précisément celle-ci de verser dans un « moralisme aride ». Il ne serait même pas exact de cantonner les méditations de Marc-Aurèle dans la seule sphère éthique : elles visent, tout autant et solidairement, le problème cosmique, là même où elles ne parviennent plus à le maîtriser. — Ce qui caractérise et proprement *constitue* une pensée philosophique, ce n'est pas de développer des thèmes ou de soutenir des thèses : c'est de mettre en œuvre une *méthode* d'analyse et de validation. Ce que j'ai essayé de montrer, c'est que Marc-Aurèle est en possession d'une telle *méthode*, et que celle-ci est conforme, dans sa structure, à l'ancien stoïcisme, quelles que puissent être d'ailleurs les différences, de part et d'autres, des *dogmes* soutenus. Si les méditations de Marc-Aurèle ont pu agir, au cours des âges, sur des générations de lecteurs, fort différents et que ne rebutait pas ce « monumental moralizing dullness » (G. Watson) qu'on a pu prêter au stoïcisme romain, c'est justement parce qu'elles sont soutenues par une méthode philosophique qui leur sert d'armature et qui relie leurs épanchements à l'intuition des fondateurs. — Dans son livre *Physics of the Stoics*, S. Sambursky cite un texte de Marc-Aurèle, où une lecture *prima facie* ne verrait sans doute qu'un moralisme ennuyeux, et montre qu'il « traduit une thèse physique [de Chrysippe] en une maxime destinée à l'attitude morale de l'individu et à ses actions » (p. 115). Bien que ce rapprochement soit aussi lumineux que légitime, Sambursky a cru devoir se précautionner contre des lecteurs pointilleux : il commence donc par indiquer qu'il ne lui est pas inconnu que Marc-Aurèle a vécu « quatre cents ans après Chrysippe ».

Du point de vue méthodologique, la conséquence se dégage aisément : si le thème du temps, chez Marc-Aurèle, ne sert pas seulement à alimenter ses états d'âme, et si l'élaboration de ce thème se fait à l'aide d'une démarche qui, par sa structure, demeure stoïcienne, l'historien, ici comme ailleurs, essaiera de ressaisir cette démarche et cette structure (au lieu d'en rester à la surface des thèmes et des thèses), car ce sont elles qui, seules, communiquent aux *Pensées* leur caractère philosophique (et non pas, simplement, « moraliste »). — Sur une telle méthodologie des structures, exposée ailleurs, il n'y a pas lieu, ici, de s'étendre : indiquons seulement que, parmi les nombreux obstacles auxquels se heurte son application (et sa compréhension), il faut compter nos propres préjugés stylistiques modernes, comme cela vient d'être montré magistralement par H. Cherniss (*Plutarch's Moralia*, XIII, p. 396).

Cela dit, il est bien certain que le temps, pour Marc-Aurèle, n'est pas un problème essentiellement physique, et qu'il serait tout à fait inexact de présenter, à cet égard, Marc-Aurèle comme un disciple de Chrysippe. Je suis fâché d'avoir pu donner cette impression, et reconnaissant à M. Rist de m'avoir fourni l'occasion de la corriger.

III. La troisième difficulté a été proposée par H. Cherniss. C'est, de beaucoup, la plus redoutable, et il n'est pas sûr du tout qu'on puisse la lever d'une manière satisfaisante. Il vaut la peine d'en exposer au moins les données : d'abord, parce que l'objection est parfaitement fondée, ensuite parce qu'elle touche à un point important de la cosmologie stoïcienne, enfin parce que l'*aporétique*, en l'espèce, est le seul moyen d'avancer la solution — si tant est que la question en admette une.

Il s'agit de la place que le monde occupe dans le vide. Le vide, selon les Stoïciens, est dépourvu de toute détermination : il n'a ni haut ni bas, ni commencement, ni milieu, ni fin. Or, dans un texte, rapporté deux (ou trois) fois par Plutarque, Chrysippe aurait dit que le monde se tient au centre du vide, sinon, il y aurait lieu de craindre pour son indestructibilité [Je saisis cette occasion pour corriger une des erreurs typographiques qui ont subsisté dans *Les Stoïciens* de la Bibliothèque de la Pléiade : à la p. 129, à la ligne 12 avant la fin de la page, il faut lire : « incorruptible ». et non pas : « corruptible »]. Pour expliquer cette contradiction manifeste, et pour essayer de la mettre en accord avec cette structure générale du système, selon laquelle ce sont les corps qui déterminent le statut et les qualifications des incorporels, j'avais proposé de comprendre que le centre du vide est déterminé par le lieu que le monde y occupe (§§ 9 et 17 *i.f.*). A quoi M. Cherniss objecte, et avec raison : « Dans ce cas, comment [Chrysippe] a-t-il pu penser que la position occupée par l'univers change quelque chose à son indestructibilité ? » (*Plutarch's Moralia*, XIII, p. 581, note *c*).

1. Le premier savant moderne qui, à notre connaissance, a vu qu'il y avait ici un problème, est Zeller qui, au terme d'une note précise et documentée, conclut que Plutarque « voit avec raison une curieuse contradiction » dans la doctrine de Chrysippe (*Phil. d. Gr.*, III, 1[4], 1909, p. 191, n. 3). Les solutions apportées depuis lors à ce problème peuvent se répartir en trois groupes. a) La première solution consiste à passer le problème sous silence. On ne peut donc donner ici que des références « négatives » : aux endroits où l'on s'attendrait à voir soulevée la question et où, de fait, elle ne l'est pas : K. Reinhardt, *Poseidonos*, Munich, 1921, p. 184, sqq., 201 ; R.P. Festugière, *Le Dieu cosmique*, Paris, 1949, p. 483 ; Ch. Mugler, *Deux thèmes de la cosmologie grecque...*, Paris, 1953, p. 146, 173 ; M. Laffranque, *Poseidonios d'Apamée*, Paris, 1964, p. 310 ; J.B. Gould, *The Philosophy of Chrysippus*, Leyde, 1971, pp. 119-121. — b) La deuxième solution, adoptée par Pohlenz (*Stoa*, I, p. 77) et par Sambursky (*Physics of the Stoics*, p. 112), aboutit à récuser le témoignage de Plutarque, en chargeant celui-ci, selon l'expression de H. Cherniss, « de mésinterprétations évidentes » (*Plut.'s Mor.*, *loc. cit.*). — c) La troisième solution revient en un sens à Zeller, en ce qu'elle maintient la tension du problème, c'est-à-dire la « contradiction », et essaie de l'expliquer. Pour R. Mondolfo, l'affirmation de Chrysippe selon laquelle le monde est placé au centre du vide s'explique par l'exigence stoïcienne d'une perfection physique, rationnelle et esthétique, incompatible, en l'espèce, avec l'exigence de l'infinité spatiale : c'est donc à bon droit que Plutarque, sur ce point, s'est moqué de

Chrysippe (*L'Infinito nel Pensiero dell'Antichità Classica*, Florence, 1956, p. 515). — Ce qui, dans cette interprétation, apparaît comme « motif esthétique », c'est le refus stoïcien, mis en évidence par E. Bréhier, de l' « illimitation du monde », que les Stoïciens ne parviennent pas à concilier avec le principe, qu'ils admettent d'autre part, de l'impossibilité d'un rapport entre le monde et le vide. Dans sa thèse sur *La théorie des Incorporels dans l'ancien stoïcisme*, qui est un des livres les plus pénétrants et, à mon sens, indépassé, qu'on ait écrits sur la philosophie stoïcienne, Bréhier expose ce problème, à la lumière de l'*Esthétique transcendentale*, et montre l' « essence de la contradiction » où s'engage le système. Dans cette exégèse, la « contradiction » dénoncée par Plutarque n'est même pas, explicitement, prise comme point de départ : dépassant de loin cette polémique, E. Bréhier montre, à partir du système même, les difficultés inhérentes à la conception stoïcienne de l'espace (2e éd., pp. 44-52). La thèse est de 1908 (2e éd., 1928 ; 4e éd., 1970). Bréhier n'a pas repris ce problème plus tard. Dans son *Chrysippe* (1910, nouv. éd. revue, 1951, p. 150), il réaffirme l' « existence d'un vide infini au centre duquel réside la sphère du monde », en renvoyant aux développements de sa thèse. Mais dans l'*Histoire de la philosophie* (t. I, 1926, nouv. éd. revue, 1951, p. 311) il dit simplement que « le monde peut exister *au sein* d'un vide infini [souligné par nous], sans crainte de se dissiper » : cette dernière expression répond à une objection péripatéticienne, et l'ensemble de la phrase ne concerne plus le problème de l'espace comme tel.

Ces trois types de solutions étant donnés, on peut constater d'abord qu'ils semblent épuiser toutes les réponses possibles. Ou bien, en effet, on supprime le problème, ou bien on le simplifie, en critiquant le témoignage de Plutarque, ou bien enfin, on conserve ce témoignage, ce qui conduit à critiquer, avec plus ou moins de ménagement, les Stoïciens. — On pourrait également pousser l'aporétique plus loin, en portant sur chacune de ces solutions des appréciations contradictoires. La première « solution » si l'on peut dire, consiste à négliger, à éluder, à escamoter le problème ; mais l'on peut y voir aussi bien une manière de récuser délibérément un faux problème, ou encore le refus de s'engager dans des discussions sans fin sur un problème peut-être insoluble. La deuxième solution, sous prétexte de sauver la cohérence du système stoïcien, en vient à taxer Plutarque de mauvaise foi ou d'inintelligence : procédé trop commode, quand il s'agit de résoudre un problème philosophique ; cependant, il est très vrai que « Plutarque a adopté un point de vue unilatéral sur plusieurs thèses, qu'il a détachées de leur contexte dans le système stoïcien, pour en abuser pour sa polémique » (H. Cherniss, *Plut.'s Moral.*, XIII, p. 403 *i.f. sq.*, cf. aussi p. 655). La troisième solution, enfin, garde toutes les données du problème, mais c'est précisément la confiance excessive qu'elle témoigne à Plutarque doxographe qu'on pourrait lui reprocher. Cette dernière critique, à vrai dire, si elle atteint Zeller et Mondolfo, serait beaucoup moins forte contre l'interprétation de Bréhier, qui développe les difficultés de la conception de l'espace à partir de la cosmologie stoïcienne même : le témoignage de Plutarque n'intervient ici que d'une façon accessoire.

Si, après avoir épuisé les solutions, on veut retrouver le problème, on ne peut rien faire de mieux, aussi bien, que d'imiter la méthode de Bréhier, c'est-à-dire de considérer la théorie stoïcienne, en mettant d'abord entre parenthèses le texte de Plutarque qui semble y contredire. S'agissant, en effet, d'un témoignage isolé, qui ne prend pas plus de poids du fait que son auteur l'a répété trois fois, il importe de mettre d'abord à l'abri l'enseignement stoïcien.

2. Le monde a lui-même un centre, et il est entouré d'un vide infini. A cette thèse, les Péripatéticiens et, en particulier, Alexandre d'Aphrodise, ont adressé trois objections : 1° Selon Chrysippe, « le vide est un intervalle capable de recevoir un corps, mais qui n'en reçoit pas » (*S.V.F.*, II, 505) : le vide est donc un relatif (capable de recevoir) dont le corrélatif (capable d'être reçu) devrait exister aussi : « or eux-mêmes n'admettent pas, et de fait il n'existe pas, de corps infini » (II, 535, p. 171, 10) ; 2° S'il y avait un vide en dehors du monde, la substance du monde serait dispersée et dissipée à l'infini (II, 540) ; 3° Puisque le vide ne comporte aucune détermination (il ne présente pas de « lieux naturels »), « pourquoi le monde reste-t-il là où il est, au lieu de se mouvoir ? et, s'il se meut, pourquoi ici, plutôt que là ? » (II, 552). — Des réponses stoïciennes, nous ne connaissons avec précision que celle qu'ils ont faite à la deuxième objection (et qui, d'ailleurs, est beaucoup moins une réponse proprement dite qu'une thèse intégrée d'emblé dans leur cosmologie) : ce qui unifie et maintient le monde, c'est la tension interne de l' ἕξις qui parcourt toutes les parties et les fait tendre vers le centre (la réponse est reconnue comme pertinente par Alexandre même (II, 552). — A la première difficulté, on peut se demander si les Stoïciens ne pouvaient pas répondre par leur thèse de la conflagration : la dilatation que subit alors le feu originaire lui fait occuper, selon l'expression de Plutarque, une « place immense » (ἄπλετον , II, 618, p. 188, 2), et Cléomède, dans un autre contexte, il est vrai, nous dit que « les morceaux de bois réduits en fumée se répandent autant dire à l'infini » (σχεδὸν ἐπ' ἄπειρον , II, 572). La théorie du *mélange total* pourrait expliquer que la substance du monde se communique à l'infini : il y aurait donc bien, lors de la conflagration, comme un corps infini. — La troisième objection, enfin, pourrait être levée à l'intérieur et à l'aide même des considérations aristotéliciennes d'où elle procède : il y a une alternative, en effet et, s'il est vrai que le monde, une fois en mouvement, « sera transporté à l'infini », c'est cependant le premier terme de l'alternative qui s'applique : puisqu'il est supposé immobile, le monde « restera en repos » (*Phys.*, IV, 8, 215 a 20-21).

« Toutes les difficultés que l'on a opposées dans l'antiquité aux Stoïciens viennent de ce que l'on se figure le vide et le monde existant au même titre, puisqu'en effet le vide est indépendant du corps » (E. Bréhier, *La théorie des incorporels*, p. 49). En vue du problème précis qui nous occupe ici, on ajoutera que le vide extracosmique est conçu par les adversaires, comme doué de déterminations préexistantes que, dans la cosmologie stoïcienne, il ne tient que du monde même. Ainsi la première objection postule un corps qui serait à la dimension du vide infini ; mais pour les Stoïciens, c'est la dilatation « immense » ou « autant dire infinie » qui, lors de la conflagration, détermine l'infinité où elle établit son *lieu* ; dans l'amendement de cette théorie, proposé par Posidonius, c'est encore le monde qui délimite le vide « suffisant » à cette dilatation (*Dox. Gr.*, 338, 20-21). — La deuxième objection prête implicitement au vide des « lieux naturels » vers lesquels serait attirée et détournée la substance du monde, en particulier l'éther (cf. E. Bréhier, *Chrysippe*, p. 149, n. 1). De fait, répond Cléomède, le vide est « sans action » sur le monde (II, p. 172, 2), et les éléments qui le composent sont joints ensemble par la *disposition* qui les parcourt et les fait tendre vers le centre (*De nat. deor.*, II, XLV). — Quant à la troisième objection, nous avons cru pouvoir la résoudre par le texte même de la *Physique* qui admet parfaitement, dans l'hypothèse du vide, un mobile immobile : en réalité, telle qu'elle est formulée par Alexandre (« quant à soutenir que le Tout avec la disposition qui le contient, reste sur place, au lieu de se mouvoir, la disposition n'y contribuera en rien », II, 552 *i.f.*), l'objection suppose qu'en l'absence d'un lieu naturel dans le vide, le monde serait perpétuellement en état d'errance, faute d'un endroit où se reposer. Ce qui revient encore à rendre le monde solidaire et dépendant du vide, dont l'absence même de détermination agirait sur lui. Or le mouvement, dans le stoïcisme, est causé par le mobile (et non pas par les lieux qui l'attirent ou le repoussent), et le lieu où se situe et s'achève le mouvement, est déterminé par le seul mobile (et son ἕξις). « Jamblique se demande d'abord si ce sont les choses mêmes qui sont dans un lieu, qui délimitent le lieu autour d'elles ou avec elles, ou si c'est le lieu qui délimite les choses, à considérer que c'est lui qui achève leurs contours, et il dit que : ' Si, comme l'affirment les Stoïciens, le lieu ne subsiste qu'en tant qu'accompagnement des corps (παρυφίσταται) [sur ce verbe, désignant la moindre existence des incorporels, cf. plus haut, p. 247 sq.], alors c'est des corps aussi bien que le lieu reçoit en outre [c'est-à-dire, outre sa subsistance] sa limite, qui s'établit juste là, et dans la mesure, où il est entièrement rempli par des corps ' » (II, 507).

La phrase citée par Jamblique applique au *lieu* ce postulat que nous avions cru pouvoir dégager de la théorie stoïcienne du temps, en vertu duquel les incorporels doivent aux corps leurs subsistance et leurs déterminations éventuelles. Et cela est vrai du vide aussi bien, dont l'infinité équivaut à l'absence de toute détermination (cf. II, 541), puisque cette infinité est encore conçue comme requise par la conflagration, lors de laquelle le monde « occupe nécessairement un lieu plus de dix mille fois plus étendu <que celui qu'il occupe présentement> » (Cléomède, II, p. 171, 26 ; cf. II, 609). — Cela étant, revenons au texte de Plutarque (*De St. repugn.*, 44 = *S.V.F.*, II, 551).

3. Rapportant une phrase de Chrysippe, tirée du IVe livre du traité *Des Possibles*, Plutarque y relève deux « contradictions », qu'il distingue clairement l'une de l'autre. La première consiste à admettre un centre du vide où serait placé le monde (or, le vide, selon l'aveu même de Chrysippe, n'a ni haut ni bas, ni centre ni limites). La seconde contradiction est de présenter ce centre comme le lieu naturel du monde, en sorte que, si le monde était placé ailleurs, son incorruptibilité serait menacée, puisque ses éléments le déserteraient, pour se porter vers ce centre (or, d'après la cosmologie stoïcienne, « c'est l'ordre du monde qui est cause du mouvement de toutes ses parties vers son propre centre », 1054, E 8-9).

Bien que rendues solidaires dans l'exposé de Plutarque, ces deux thèses de Chrysippe, dont nous ignorons le contexte originel, ne paraissent pas, pour la cohérence du système, d'une égale gravité. La première admet un centre du vide. Cette affirmation n'est guère attestée ailleurs, mais l'on pourrait l'expliquer à l'aide du postulat qu'on vient de rappeler, et dire alors que « Chrysippe affirme ' l'impossibilité ' d'un centre du vide, contre la philosophie d'Epicure (où le vide, avec son haut et son bas, présente à la chute des atomes un cadre aux déterminations préexistantes) et admet un centre du vide, dans sa propre doctrine (où le corps du monde communique au vide une détermination dont celui-ci, par lui-même, est totalement dépourvu) » (*Système stoïcien*, p. 29, n. 5). On pourrait corroborer cette explication par un argument comparable à celui par lequel S. Samburski trouve dans une maxime morale de Marc-Aurèle la transposition d'une thèse physique de Chrysippe (cf. plus haut, p. 249), et montrer que l'équivalent de ce centre défini par le monde se retrouve dans des textes de Sénèque sur l'exil, où « la *virtus* de l'exilé crée le centre et la capitale de l'Empire au lieu même de sa rélégation » (*Syst. stoïc.*, p. 200, n. 1).

Si l'on explique ainsi la première « contradiction », la seconde n'en subsiste pas moins, et c'est sur celle-ci que M. Cherniss a insisté : « ... comment Chrysippe a-t-il pu penser que la position occupée par l'univers change quelque chose à son indestructibilité ? » : il est clair que la difficulté reste entière. On peut en résumer ainsi les données.

Le texte de Chrysippe, rapporté par Plutarque, est irrécusable, puisqu'il s'appuie sur une référence précise, répétée encore dans le *De defectu oraculorum*. — Ce texte, *dans son contenu dogmatique*, est irrecevable : il contredit la théorie stoïcienne du vide et compromettrait toute la cohérence du système. — Pour lever la difficulté, on ne peut, ni, comme l'a bien dit Cherniss, « charger Plutarque de mésinterprétations évidentes » (l'embarras vient du texte même de Chrysippe, et non pas du commentaire de Plutarque), ni davantage charger Chrysippe d'une inadvertance (le texte contient une thèse, munie de ses arguments, et il serait inadmissible de le traiter comme un *obiter dictum*). — On ajoutera que, parmi les nombreuses contradictions que Plutarque compte à Chrysippe, celle-ci paraît tout à fait spécifique : elle ne résulte pas de textes plus ou moins bien compris, et arrangés en vue de la polémique (comme c'est le cas au sujet du problème du temps, cf. *R.E.G.*, 1972, pp. 338-340), mais de la simple juxtaposition de deux thèses, clairement contraires l'une à l'autre.

4. C'est peut-être cette dernière remarque qui pourrait nous tirer d'embarras, et cela à l'aide des indications que Plutarque lui-même a l'ingénuité — et l'imprudence — de nous fournir. Au 10e chapitre du même traité, il nous dit d'abord que cette espèce de perplexité en face de deux thèses contraires, le lecteur de Chrysippe l'éprouve fréquemment : « Il a lui-même défendu, non pas dans quelques textes isolés mais fort souvent, des thèses opposées à celles qu'il approuve, et cela avec tant de force, tant d'application et tant d'ardeur que le lecteur vulgaire serait bien en peine de discerner le sentiment personnel <de Chrysippe> » (10, 1036 B 3-7). Et Plutarque expose longuement les raisons, à la fois dialectiques (en vue des controverses avec les Académiciens) et pédagogiques qui ont fait recommander à Chrysippe cette pratique de la méthode « antilogique » (cf. Cherniss, *loc. cit.*, p. 429, n. *a*, p. 436, n. *a*) : « Même quand on a compris une thèse [or on ne peut avoir la *compréhension, katalepsis*, que d'une thèse vraie], il sera possible de soutenir la thèse contraire en faisant valoir les arguments qu'elle comporte » (1037 B 2-4). — On est alors conduit à conjecturer que le passage concernant le centre du vide et son action sur la substance du monde est extrait d'une telle *disputatio in utramque partem*. J'ajoute, à titre, sinon de confirmation, du moins de convergence, que Mlle Cl. Imbert a opéré de son côté le rapprochement des chapitres 10 et 44, et m'écrit : « Il me semble que Chrysippe discute une thèse adverse et applique le précepte, rappelé plus haut par Plutarque, 'de ne pas négliger la discussion des thèses contraires' ».

Cette conjecture se recommande par plusieurs avantages. Elle permet de résoudre la « contradiction ». Elle laisse intacte la citation de Chrysippe avec son sens obvie, et sans la solliciter. Elle explique la difficulté à partir de la méthode même de Chrysippe. Elle dispense de charger Plutarque d'une « interprétation fautive d'un passage détaché de son contexte » (M. Pohlenz, *Stoa*, I, 77). — Elle dispense même de suspecter, en l'espèce, sa bonne foi. La citation de Chrysippe provient probablement des « extraits » que Plutarque a recueillis dans les traités stoïciens (et épicuriens), en vue de la rédaction de ses écrits polémiques (cf. H. Cherniss, *loc. cit.*, pp. 398 i.f. — 401). Rien ne prouve qu'il ait perdu de vue le contexte primitif de cette citation, parce que rien n'indique que le rétablissement de ce contexte eût suffi, à ses yeux, à ôter la « contradiction ». Celle-ci, en effet, ne consiste pas précisément à soutenir, d'une part, que le vide n'a pas de propriétés et, d'autre part, qu'il est doué d'un centre : elle consiste, après avoir soutenu la première thèse, à admettre, par hypothèse, la seconde, à conforter cette dernière par des arguments contraires à ceux des Stoïciens, et à « oublier » (1055 A 6) les arguments stoïciens : on donne ainsi l'impression, non pas précisément de se contredire, mais de « mettre son point d'honneur à se réfuter soi-même » (1055 B *i.f.*). En d'autres termes : c'est l'usage même de la méthode « antilogique » que désapprouve Plutarque, parce qu'elle oblige à produire des arguments étrangers que le stoïcisme condamne, et à passer sous silence des arguments stoïciens dont la force devrait interdire de donner un exposé argumenté de la thèse contraire.

Il semble bien, en effet, qu'il faille donner son sens fort à ὑποθέμενος , qui introduit toute cette discussion : Les Stoïciens combattent la théorie épicurienne de la chute des atomes, « puisque, dans l'infini, il n'y a pas de différence selon laquelle on puisse concevoir (νοεῖται) un haut et un bas. Mais au IVe Livre de son traité *Des Possibles*, Chrysippe pose l'hypothèse de quelque place centrale et d'un lieu central... » <alors que, dans le vide sans propriétés, aucune détermination ne peut se « concevoir »> (chap. 44, déb.). C'est donc bien la méthode antilogique même qui est incriminée, non pas précisément parce qu'elle est source de contradictions (ce qui est dans son essence même), mais parce qu'elle nous oblige à défendre, ne fût-ce qu'à titre d'*hypothèses*, des thèses qui répugnent, non seulement à la vérité stoïcienne, mais à la vérité tout court, c'est-à-dire aux « opinions communes » et au sens commun (cf. Cherniss, pp. 625-6). Et dans le *De defectu*, l'accent est mis, bien moins sur la contradiction (entre deux thèses stoïciennes), que sur le fait même d' « imaginer comme en rêve un lieu central de l'infini » (c'est-à-dire sur la contradiction avec la vérité scientifique) : c'est seulement « en rêve », en effet, que l'on peut « concevoir » pareille hypothèse (28, 425 E).

5. Si cette conjecture est admise, elle peut résoudre le problème d'où nous sommes partis. Mais elle soulève, à son tour, d'autres questions, qu'on se bornera ici à indiquer, et qui sont au moins au nombre de trois.

a) Quelle est au juste la thèse que soutient ici Chrysippe ? Elle s'apparente à l'épicurisme (c'est d'ailleurs par rapport à celui-ci, que Plutarque la situe), en ce qu'elle affecte le vide infini d'une détermination préexistante : mais c'est d'un centre, et non pas du haut et du bas. Elle semble tenir compte, d'autre part, de l'objection péripatéticienne, rapportée par Cléomède : dans le vide infini, la substance du monde risquerait de se dissiper et de se disperser (II, 540), objection dont on trouve déjà une trace chez Epicure (*A Hérodote*, 42, 12-13, Us.) et qui est renforcée ici par la théorie des lieux naturels (le centre du vide attirerait vers lui la substance cosmique). Et comme nous ne connaissons pas de théorie physique qui ait admis un centre du vide, on peut penser que la thèse soutenue ici par Chrysippe est bien entièrement « hypothétique » : on sait aussi bien que dans la discussion des *apories* où il prétend pourtant examiner la doxographie sur tel sujet donné, Aristote envisage souvent des « opinions » qui n'avaient été émises par personne, mais qui ont leur place dans le système, construit par lui, des apories.

b) La seconde question, beaucoup plus complexe, porterait sur le sens même de « possible ». Nous savons par Epictète que le Premier Livre du traité de Chrysippe Περὶ Δυνατῶν (*S.V.F.*, II, p. 5, 22) était consacré, en tout ou partie, à l'Argument Dominateur de Diodore (*Diss.*, II, XIX, 9). Dans la seule section des *Fragments*, à laquelle il donne pour titre le terme de « possibilité », von Arnim associe ce mot à celui de « destin » (II, 959-964). Pourtant, la citation rapportée par Plutarque prouve que le Quatrième Livre avait porté, en partie du moins, sur la cosmologie et, si notre conjecture est exacte, sur des *problèmes* cosmologiques, plutôt que sur l'exposé des thèses stoïciennes. Étant donné, en effet, l'application générale de la méthode dialectique, le mot de « possible » prend ici un autre sens que dans les discussions avec les Mégariques : on dirait, en termes kantiens, qu'il indique, non plus la modalité mais la relation. Nous avons proposé plus haut de restituer son sens technique à ὑποθέμενος : c'est bien d'une hypothèse qu'il s'agit, quand on pose le centre du vide, et c'est à titre d'hypothèse encore (« ... si l'on concevait le monde comme étant situé d'ailleurs... », 1054 C 11) que sont envisagés un autre lieu du monde et les conséquences qui en résulteraient. Or l'exemple qui nous est donné d'un « jugement hypothétique », est celui-ci : « Supposons que la terre soit le centre de la sphère du soleil » (Ammonius, in *S.V.F.*, II, p. 62, 5). D'où l'on pourrait se demander si la méthode « antilogique », dont Plutarque, au chapitre 10, nous donne une description fort ambivalente, puisqu'elle hésite entre l'emploi éristique et l'usage heuristique, n'était pas aussi, de la part de Chrysippe, une méthode de recherche, au même titre, en tous cas, que la méthode aporétique (c'est-à-dire, précisément, dialectique) d'Aristote. Dans des textes qu'il faudrait examiner de plus près, Sextus nous indique que l'hypothèse intervenait dans les démonstrations stoïciennes (p. ex. *S.V.F.*, II, 267).

Ce rapport entre le possible et l'hypothèse est longuement étudié dans la thèse de Mlle Cl. Imbert, dont nous citerons cette phrase : « Le possible ne se dit pas des événements, mais d'une pensée posée à titre d'hypothèse dans une prémisse complexe. Et si la conclusion est obtenue par l'absurde, il faut bien avoir supposé des possibles irréels ». Les quelques fragments que Plutarque nous donne au chapitre 44 ne permettent pas, en l'espèce, de restituer le raisonnement de Chrysippe, mais il faut rappeler, ici encore, que la critique adressée par Alexandre à la conception stoïcienne du vide, procède, elle aussi, par hypothèse : « Supposons, si cela est possible, un vide en dehors du monde : il sera ou bien limité ou bien infini... Si, au contraire, il est infini, comme c'est l'avis de Chrysippe... » (*S.V.F.*, II, p. 171, 4-6). Et c'est comme « impossible », qu'il faut refuser à l'infini quelque « nature », comme serait un centre doué d'un pouvoir d'attraction sur des mobiles : « De rien de ce qui est infini, il n'est possible qu'il y ait une nature, car la nature doit gouverner entièrement ce à quoi elle se rapporte » (Cléomède, *S.V.F.*, II, p. 170, 29-30).

c) La troisième question, enfin, concerne le « centre du vide », dans la doctrine stoïcienne même. — D'après le catalogue de Diogène Laërce, le traité *Des Possibles* faisait partie des écrits logiques (*S.V.F.*, II, p. 5, 22), de même que les traités sur les raisonnements hypothétiques (II, p. 7, 25-32). La thèse selon laquelle « l'infini ne comporte ni commencement, ni milieu, ni fin », Chrysippe, nous dit Plutarque, l'a « soutenue souvent », et von Arnim précise : « dans ses écrits de physique » (II, p. 171, 35). Si donc, comme nous l'avons conjecturé, le IVe Livre *Des Possibles* portait, non pas sur la cosmologie stoïcienne, mais sur la possibilité logique des différentes théories cosmologiques (sur leurs conditions de possibilité, si l'on veut), parmi lesquelles l'une aurait envisagé les conséquences qui résulteraient pour la position du monde, de l'hypothèse d'un vide infini, doué de propriétés préexistantes, — alors la thèse *dogmatique*, acceptée par E. Bréhier et par moi, qui situe le monde au milieu du vide, n'aurait plus aucun support dans les textes, et il n'y aurait plus à chercher la solution à un problème désormais supprimé.

Et il est vrai que, d'un point de vue philologique (ou historique, comme on voudra), on pourrait s'en tenir là. Mais le problème philosophique, et aussi scientifique, n'en subsiste pas moins. Il a été rappelé plus haut que, dans son exposition des difficultés qu'enveloppe la conception stoïcienne de l'espace, E. Bréhier n'accorde pas un rôle déterminant au témoignage de Plutarque. Et dans sa *Physique des Stoïciens*, où la thèse de Chrysippe, autant que par les sources antiques, est éclairée à la lumière de la physique moderne (pp. 110-114), S. Sambursky écarte le récit de Plutarque, avec d'autant plus d'énergie peut-être que ce récit, bien qu'il implique une « absurdité » dans sa lettre, présente de la doctrine stoïcienne la seule représentation dont l'imagination, en l'espèce, soit capable — lors même que l'entendement lui en démontrerait le caractère illusoire. On est bien, en effet, en face d'une « illusion naturelle » qui, telle l'apparence transcendentale, est « inévitable » (*C.R.P.*, A, 297 ; Barni-Archambault, éd. B. Rousset, p. 305). Ce qui nous ferait revenir au kantisme, dont E. Bréhier s'était servi, précisément, pour développer les apories de l'espace stoïcien.

S. Sambursky, pour rendre compte de l'immobilité du monde, invoque, entre autres, un texte tiré de l'*Isagoge* d'Achille (sur lequel cf. Diels, *Dox. Gr.*, p. 17 sqq.), où il est fait état de l'« équilibre du poids » des quatre éléments (p. 110 ; *S.V.F.*, II, 555). C'est ce que le *Phédon* appelle ἰσορροπία (109 a 3) ; la théorie remonte à Anaximandre, comme nous l'indique Aristote (*De caelo*, II, 13, 295 b 10-16), et cette théorie semble bien impliquer que le monde est au centre de l'infini (cf. Kirk & Raven, *The Presocr. Phil.*, 1962, p. 135 déb.). Dans la théorie stoïcienne, où le vide n'est requis que pour assurer au monde, lors de la conflagration, un « lieu » où il puisse se dilater « comme à l'infini », il était bien difficile d'échapper à la représentation d'un centre du vide, encore que ce centre n'ait pu être marqué et déterminé que par le monde même. — Il est vrai que cette difficulté n'est pas, comme telle, signalée par les Anciens, et qu'elle se découvre seulement à l'interprétation moderne. Au moins l'« illusion » inévitable qui la soustend, a-t-elle pu faciliter à Chrysippe l'apologie, sérieuse ou « antilogique », de la thèse d'un centre du vide. Il est remarquable, en tout état de cause, que le texte de Plutarque, quelle que soit l'explication qu'on choisisse d'en donner, soit le seul à soulever cette difficulté, et que les Péripatéticiens, pour leur part, ne semblent pas en avoir tiré argument contre Chrysippe. — Il est à souhaiter, en tout cas, que soit repris l'ensemble de ce problème de la « position » du monde, à partir d'Anaximandre, précisément, et en tenant compte aussi, dans la mesure où les textes le permettent, des Epicuriens (et de Mélissos).

Après ces questions qu'on vient de formuler, il est à peine besoin de répéter que l'explication du passage de Plutarque reste une conjecture qui, dans l'état actuel de notre information, peut être rendue tout au plus probable, et donc ne saurait prétendre dépasser le niveau de l'*opinion*.

En terminant, provisoirement peut-être, cet essai de réponse, je tiens à remercier ici M. Harold Cherniss, dont l'objection précise m'a obligé à reprendre entièrement un texte insuffisamment commenté : je suis loin de croire que la réponse soit aussi pertinente que son objection.

Novembre 1976.

POSTFACE A LA QUATRIEME EDITION

On saisit l'occasion de cette réédition pour indiquer quelques publications parues entre temps et pouvant contribuer, parfois indirectement, à la compréhension de la philosophie stoïcienne.

Textes. – Dans la Collection Guillaume-Budé *(C.U.F.)*, l'édition des *Oeuvres Morales* de Plutarque se poursuit activement. Après les *Dialogues Pythiques* (R. Flacelière, 1974), les traités 37-41 (R. Klaerr et Y. Vernière, 1974), les traités 27-36 (J. Dumortier et J. Defradas, 1975), l'ensemble de ces deux volumes formant le tome VII, on annonce, pour le premier trimestre 1980, la parution du tome VIII, par J. Hani, et comprenant les traités 42-45, c'est à dire (outre le *De genio Socratis*, le *De exilio* et la *Consolatio ad uxorem*), le *De fato*. En 1978, F. Fuhrmann a publié les livres IV-VI des *Propos de Table*, dont il avait commencé l'édition en 1972.

Dans la même collection, également en 1978, R. Marache a poursuivi son édition d'Aulu-Gelle, commencée en 1967 (livres I-IV), par les livres V-X. – D. Isaac a publié en deux volumes (1977, 1979), de Proclus, *Trois études sur la Providence (Providence, Fatalisme, Liberté)*, connues principalement par la traduction latine de Guillaume de Moerbeke, recoupée par une adaptation byzantine.

Le *De signis* de Philodème, dont on sait l'importance pour l'histoire de la logique stoïcienne (et pour notre connaissance de la polémique entre les écoles), longtemps épuisé (la première édition remonte à 1941) vient de paraître en seconde édition : *Philodemus, On Methods of Inference*, Edited with Translation and Commentary by Phillip Howard De Lacy and Estelle Allen De Lacy, Revised Edition with the Collaboration of Marcello Gigante, Francesca Longo Auricchio, Adele Tepedino Guerra ; Bibliopolis, Naples, 1978. L'édition présente de nombreuses améliorations apportées au déchiffrement du papyrus, et un commentaire augmenté et mis à jour.

Le *De mixtione* d'Alexandre d'Aphrodise a fait l'objet d'une édition avec traduction et commentaire par Robert. B. Todd, *Alexander of Aphrodisias, On Stoic Physics*, Brill, Leyde, 1976 (vol. XXVIII de la collection *Philosophia Antiqua* dirigée par Verdenius et Waszink).

A. Glibert-Thirry a donné une édition critique du texte grec et de la traduction latine médiévale du *Pseudo-Andronicus de Rhodes* « ΠΕΡΙ ΠΑΘΩΝ », Brill, Leyde, 1977 (*Corpus lat. commentar. in Aristot. Graecorum*, Suppl. 2).

On doit signaler enfin, parce qu'on y relève des traces stoïciennes, le traité sur les Catégories attribué à Archytas de Tarente, qui a été édité, traduit et commenté par Thomas Alexander Szlezak : *Pseudo-Archytas, Uber die Kategorien*, W. De Gruyter, 1972 (vol. 4 de la collection *Peripatoi*, dirigée par M. Moraux).

Etudes. – Les deux recueils d'articles annoncés plus haut (p. 246) ont maintenant paru : *Les Stoïciens et leur Logique*, Actes du Colloque de Chantilly, 18-22 septembre 1976, Vrin, 1978 ; *The Stoics*, Edited by John M. Rist, University of California Press, 1978.

En 1977, Leonardo Tarán a publié les *Selected Papers* de Harold Cherniss (Brill, Leyde). Cet important recueil dont on a rendu compte ailleurs (*R.E.G.*, 1978, p. 247 sqq.) comprend au moins trois études spécialement consacrées à des questions stoïciennes (n°s 35, 36, 39) ; de fait, il suffit de se reporter à l'*Index locorum* pour s'apercevoir que des textes stoïciens sont cités et commentés tout au long du livre.

P. Grimal a publié une monographie sur *Sénèque, ou la conscience de l'Empire*, « Les Belles Lettres », 1978.

Sur la physique, mentionnons l'ouvrage de David E. Hahm, *The Origins of Stoic Cosmology*, Ohio State University Press, 1977. Sur la logique : le livre de M. Frede a fait l'objet d'une recension détaillée de K. von Fritz (*Philosophische Rundschau*, 25/1-2, 1978, p. 102 sqq.), qui inclut un historique de l'exégèse, depuis Prantl. – Sur l'ensemble du problème de la logique stoïcienne, en attendant l'ouvrage de Claude Imbert, annoncé plus haut (p. 244) on trouvera l'orientation générale de son interprétation dans les articles suivants :

Sur la méthode en histoire de la logique, in *Lecture Notes in Mathematics*, 499 ; Logic Conference, Proceedings of the International Summer Institute and Logic Colloquium, Kiel 1974, Springer-Verlag, 1975 ;

Théorie de la représentation et doctrine logique, in *Les Stoïciens et leur logique*, Vrin, 1978, p. 223-249 ;

Pour une structure de la croyance : l'argument d'Anselme, in *La Croyance*, Nouvelle revue de psychanalyse, 18, automne 1978, Gallimard, p. 43-52 ;

La logique stoïcienne et l'art poétique alexandrin, à paraître dans *Doubt and Dogmatism*, Oxford University Press, 1979.

Au sujet de la modalité, et de l'argument de Diodore : Jules Vuillemin, *La Puissance selon Aristote et le possible selon Diodore*, in *Manuscrito*, Revista de Filosofia, I, 1, Universidade Estadual de Campinas (Brésil), oct. 1977, p. 23-63 ; et *L'argument dominateur*, in *Rev. de Métaph. et de Morale*, 84/2, 1979, p. 225-257. – Vu le rôle directeur que s'est arrogé, dans l'explication des textes (et non pas seulement stoïciens), la philosophie analytique, il faut signaler ici, et en souligner la portée, de J. Vuillemin encore : *De la philosophie analytique à l'idée d'un système critique*, in *Actes* du Stuttgarter Hegel-Kongress 1975, Bouvier Verlag, Bonn, 1977, p. 327-339 : c'en est, à ma connaissance, la première critique, radicale et philosophique.

J. Collart (al.), *Varron, grammaire antique et stylistique latine* – Recueil offert à Jean Collart, « Les Belles Lettres », 1978. Plusieurs articles de ce volume intéressent la grammaire et, par là, la logique stoïciennes (en particulier ceux de J. Collart, d'A. Michel, de F. Lambert, mais il faudrait citer l'ensemble de la IIe section, intitulée : *La grammaire antique*).

I. Hadot, *Le Problème du néoplatonisme alexandrin, Hiéroclès et Simplicius*, « Etudes Augustiniennes », 1978. D'une ambition plus vaste (il s'agit de prouver « qu'il n'y a pas d'école néoplatonicienne d'Alexandrie dont les tendances doctrinales différeraient des tendances propres à l'école d'Athènes »), l'ouvrage (cf. notre c. r. in *R.E.G.*, 1979, p. 284 sq.) analyse, dans sa IIIe Partie, les « aspects doctrinaux du commentaire de Simplicius sur le 'Manuel' d'Epictète », dont l'auteur prépare une édition.

Indiquons, pour finir, trois problèmes : celui du progrès, d'abord. On connaît la Frazer Lecture de E. R. Dodds, publiée dans un recueil auquel elle donne son titre (*The Ancient Concept of Progress and other Essays on Greek Literature and Belief*, Oxford, Clarendon Press, 1973) et qui contient d'autre références au stoïcisme. La thèse soutenue dans cette Leçon, a été discutée par W. Den Boer, dans un petit livre : *Progress in the Greece of Thucydides*, North-Holland Publishing Company, Amsterdam, Oxford, New York, 1977. La question a été posée pour une époque bien plus ancienne par D. Babut, *L'Idée de progrès et la relativité du savoir humain selon Xénophane (fragments 18 et 38 D-K)*, in *Revue de Philologie*, 1977, p. 217-228. (L'ouvrage de Th. Cole a été indiqué plus haut, p. 245).

Le deuxième problème concerne les origines cyniques de l'Ecole stoïcienne et le mythe de Cronos : on lira l'étude, à la fois précise et ouverte, de P. Vidal-Naquet : *Plato's Myth of the Statesman, The Ambiguities of the Golden Age and of History*, in *The Journal of Hellenic Studies*, vol. XCVIII, 1978, p. 132-141. – M. Daraki avait consacré naguère une thèse du 3e Cycle, non publiée, à la *République* de Zénon (on peut lire, du même auteur, *La sagesse des cyniques grecs*, in *L'histoire*, n° 3, juil.-août 1978, p. 5-13). – L. Paquet a publié un recueil très utile : *Les Cyniques grecs, fragments et témoignages*, Editions de l'Université d'Ottawa, 1975 ; on regrettera seulement que la défaveur des temps ne lui ait pas permis de joindre à sa traduction les textes originaux (p. 20).

La dernière question, enfin, porterait sur la théorie des passions, dont l'étude est maintenant facilitée par l'édition qu'on vient de mentionner du Pseudo-Andronicus ; Mme Daraki a consacré à ce problème sa communication au colloque de Chantilly (*Les fonctions psychologiques du Logos, op. cit.*, p. 87 sqq.). Plus récemment, Alexandre Ničev a traité de *Questions éthiques et esthétiques chez Polybe*, Ἔλεος *chez Polybe et Aristote*, in *R.E.G.*, XCI, 1978, p. 149-157. On accordera d'autant plus d'attention à ce travail que le professeur de Sofia avait longuement étudié ces questions, à partir d'Aristote, mais aussi en s'appuyant sur des textes stoïciens (et néoplatoniciens) dans son ouvrage *L'Enigme de la Catharsis tragique dans Aristote*, Editions de l'Académie Bulgare des Sciences, Sofia, 1970 (cf. notre c.r. in *R. E. A.*, LXXVI, 1974, p. 157 sq.), qui, à bien des égards, renouvelle l'interprétation, et de la *Poétique* d'Aristote et de la tragédie grecque (sophocléenne surtout).

*

* *

Depuis la première édition de ce livre, les études consacrées au stoïcisme se sont considérablement multipliées. Ce mouvement est encore en cours, et il serait certainement prématuré de l'apprécier dans son ensemble, et d'en dresser le bilan. Au moins pourrait-on hasarder, sur le mode conjectural, quelques impressions.

On peut penser qu'à l'origine de ce mouvement, plutôt que le gros livre de M. Pohlenz qui borne plus qu'il n'ouvre des horizons, il convient de placer les travaux de Lukasiewicz, appuyés sur l'autorité d'un Frege légèrement commenté, et bientôt renforcés par l'intimidante conjonction de la logique symbolique, de la philosophie analytique et de la linguistique. Les méthodes d'interprétation, collectivement définies par toutes ces tendances, sont caractéristiques de notre fin de siècle : étant appliquées avec une égale faveur à d'autres auteurs de l'antiquité, elle n'autorisent pas à parler d'une renaissance stoïcienne. Tout au plus y reconnaîtrait-on le souci de la pensée contemporaine, incertaine d'elle-même (et privée, dirait Hegel, de substantialité), de se chercher des patronages (et des matériaux). Mais Aristote aussi, depuis quelque temps, a pu être sollicité à cette fin, voire les Epicuriens ; il n'y a guère que Platon qui, aux yeux de l'actualité, fait figure de coupable plutôt que de précurseur.

L'origine qu'on vient de rappeler des études stoïciennes fait comprendre pourquoi elles portent préférablement sur la logique, détachée, au mépris des textes, de l'ensemble du système ; quand d'autres questions sont abordées, elles sont soumises, la plupart du temps, à cette même exégèse analytique et parcellante. Là encore, plutôt que de rencontrer les Stoïciens, nous restons en tête à tête avec nous-mêmes.

Ce n'est pas à dire pourtant que le regain du stoïcisme repose entièrement sur un malentendu. Plutôt, croirait-on, sur une fascination mêlée de répugnance. D'abord, il y a un attrait réel pour la physique, et comme une nostalgie, dans la mesure où la philosophie contemporaine ne se risque plus guère à construire des cosmologies dont, d'autre part, le « besoin métaphysique » a bien du mal à se passer. Or la physique stoïcienne, pour un esprit moderne, est étrange et, par là même, inquiétante, et nous n'aimons pas l'inquiétude. L'exégèse analytique qui, sur tous les points où elle opère, procure précisément à l'interprète le rassurant sentiment de se croire plus « logique » que les grands auteurs, permet en l'espèce une auto-défense de nos présupposés historicistes : on « réfutera », par exemple, pour cause d'« incohérence », la doctrine du Retour Eternel. – En matière de physique encore : on comprend les innombrables tentatives, souvent décevantes et toujours recommencées, de résoudre le problème des Futurs Contingents : ce problème est à peu près l'unique expression sous laquelle la doctrine du Destin soit encore accessible, à la fois à notre « malaise » et à nos méthodes logiques ; derrière tous ces travaux, on devine une révolte contre la fatalité, une lutte, parfois héroïque, avec le Destin de Chrysippe et, chez les meilleurs, un effort d'*appropriation,* sur ce point du moins, du stoïcisme authentique.

Il y a ensuite notre attitude, elle aussi ambivalente, à l'égard de la morale, dont la vitalité nous donne le vertige. Celle de l'époque impériale nous comble d'ennui (on a rapporté, p. 249, le bon mot sur le « monumental moralizing dullness »), parce qu'elle agace nos habitudes de « démystification » et de lecture « au deuxième degré ». Pour désamorcer ce qu'elle a, pour nous, d'incommode, il est alors tentant de remonter à l'éthique de l'Ancien Stoïcisme, pour essayer de la jouer contre les diatribes de Sénèque et les épanchements de Marc Aurèle (on omet prudemment de mentionner, dans ce contexte, Epictète). Comme si le « suicide raisonnable » de Zénon s'accommodait davantage à notre lassitude !

Deux visées surtout, communes à beaucoup d'études stoïciennes, pourraient rendre compte de la véritable actualité de cette philosophie : expliquer le stoïcisme à partir d'Aristote, et le défendre contre le classique préjugé qui le tient pour une philosophie du déclin. Ces deux points sont étroitement liés et, autant que le stoïcisme, nous concernent nous-mêmes. En égalant le Portique à l'Ecole d'Aristote, en le lavant du reproche de décadence, nous rédigeons en fait notre propre apologie et, par une analogie tacite, tentons de nous persuader que la pensée du XXe siècle finissant pourrait elle aussi n'être pas tout à fait indigne des grands noms qui l'ont précédée.

On a essayé de dire ailleurs pourquoi l'opacité de l'avenir nous renvoie, en philosophie non moins qu'en théorie politique, au passé, pour nous livrer comme à une divination à rebours, et pour nourrir nos fantasmes du sang des créateurs. Cette démarche n'est ni à regretter ni à critiquer, puisque c'est décidément la nôtre. Au moins aurait-elle avantage, si vraiment elle doit nous sortir de nous-mêmes, à dépouiller d'abord nos préoccupations et nos préventions, le scepticisme distingué et l'esprit impérialiste — ascèse sans laquelle les textes nous resteraient irrémédiablement fermés.

Comme d'autres doctrines du passé, le stoïcisme a ses exigences qui ne sont plus les nôtres (et peut-être est-ce le premier pas vers l'intelligence du système que de comprendre à quel point elles sont éloignées de nos habitudes) et auxquelles il faut pourtant essayer de satisfaire, si l'on veut rencontrer cette doctrine dans son altérité même, au lieu de la transformer en miroir : nous nous connaissons à satiété, pour qu'il ne soit pas besoin d'appeler l'histoire de la philosophie en renfort à l'égotisme. L'une de ces exigences est précisément celle du *système.* Cela n'exclut pas sans doute des recherches de détail. Mais cela exclut ce que Cicéron, fort bon interprète sur ce point, avait appelé : *ad singula respondere,* et enjoint, même quand on est aux prises avec les *singula,* de ne pas perdre de vue qu'en dernier ressort, il faut *totam sententiam explicare* (p. 61).

Qu'il soit possible, même aujourd'hui, de conserver ce sens de la *totalité* (qu'il procède par synthèse ou par intuition), on le voit dans le beau livre, indiqué plus haut (p. 244) : *Hellenistic Philosophy.* Et comme l'histoire de l'exégèse, pas plus que celle de la philosophie, ne fait apparaître un *progrès* assignable (p. 245), je tiens à rappeler ici, une fois de plus (p. 10, 251), le nom d'Emile Bréhier : les études stoïciennes auront grandement progressé le jour où elles retrouveront l'esprit de l'interprétation que Bréhier avait donnée du système.

Octobre 1979.

TABLE DES MATIÈRES

B. PASSAGE A LA MORALE

DEUXIÈME PARTIE

ASPECTS TEMPORELS DE LA MORALE STOÏCIENNE

A. LA CONNAISSANCE

Achevé d'imprimer en juin 2025 sur les presses de
La Manufacture - *Imprimeur* – 52200 Langres – Tél. : (33) 325 845 892
Imprimé en France – N° : 250288 – Dépôt légal : 1979